国家骨干高等职业院校建设成果
中央财政支持重点建设专业教材

高速铁路路基施工与维护

主 编 安 宁

人民交通出版社

内容提要

本书是国家骨干高等职业院校建设成果、中央财政支持重点建设专业教材之一，就我国高速铁路路基施工与维修所采用的新技术、新工艺、新设备和新材料进行了系统介绍。全书共分五个单元，内容包括：高速铁路线路要览、路基主体施工、路基附属工程施工、路基监测、路基维护。本书构思新颖、重点突出，十分注重基本理论与工程实践的结合，以适应当前铁路施工企业、铁路局工务部门的岗位需求变化，满足职业岗位群对高端技能型人才在知识、能力及素质结构等方面的需求。

本教材适于高职高专高速铁道、铁道工程、城市轨道交通工程等专业学生选作教材使用，也可供相关工程技术人员培训或作为参考书使用。

图书在版编目（CIP）数据

高速铁路路基施工与维护／安宁主编. —北京：
人民交通出版社，2014.8
ISBN 978-7-114-11093-1

Ⅰ.①高… Ⅱ.①安… Ⅲ.①高速铁路－铁路路基－工程施工－高等职业教育－教材②高速铁路－铁路路基－维修－高等职业教育－教材 Ⅳ.①U213.1

中国版本图书馆 CIP 数据核字（2013）第 306550 号

书　　　名：	高速铁路路基施工与维护
著 作 者：	安　宁
责任编辑：	杜　琛　卢　珊
出版发行：	人民交通出版社
地　　　址：	（100011）北京市朝阳区安定门外外馆斜街3号
网　　　址：	http://www.ccpress.com.cn
销售电话：	（010）59757973
总 经 销：	人民交通出版社发行部
经　　　销：	各地新华书店
印　　　刷：	北京市密东印刷有限公司
开　　　本：	787×1092　1/16
印　　　张：	25
字　　　数：	620 千
版　　　次：	2014 年 8 月　第 1 版
印　　　次：	2019 年 1 月　第 2 次印刷
书　　　号：	ISBN 978-7-114-11093-1
定　　　价：	55.00 元

（有印刷、装订质量问题的图书由本社负责调换）

前 言

本书编写组针对高速铁路路基施工及维护的特点,借鉴国内外高职教育的卓有成效理论和经验,基于工作过程的教学理念,按照情境组织教材内容,力求任务驱动理实一体。本书吸取了国内高速铁路路基建设过程中应用的新工艺、新方法,内容涉及施工管理、质量监测和维护等几方面,严格依据最新规范进行编写。本书内容的选取力争做到全面性、系统性、实用性和先进性,从普速铁路的相关内容入手,逐渐引入重点高速铁路的相关概念和施工方法。

全书共五个单元,单元一介绍普速铁路、高速铁路线路的技术特点及路基设计基本要素;单元二介绍一般条件下和特殊条件下的主体施工,包括机械及土石方调配等;单元三主要介绍防排水、防护加固工程及相关工程的施工;单元四介绍高速铁路路基沉降监测;单元五介绍高速铁路路基病害与维护。建议课时为 90~120。

本书是由陕西铁路工程职业技术学院为主体,联合中铁一局等企业合作开发,集学院骨干教师与企业资深专家近十余年教学及施工经验,合力精心打造的精品教材。本书编写组由陕西铁路工程职业技术学院安宁教授、邹建风讲师、郎儒林讲师、李英杰讲师,中铁一局集团有限公司副总工程师、资深项目经理李新江高级工程师、赵三益高级工程师组成。

本书单元一由安宁编写,单元二由安宁、郎儒林编写,其中任务一、二由郎儒林编写,任务三~七由安宁编写,案例与实训由李新江编写;单元三由安宁、赵三益编写,其中任务一、任务二由安宁编写,任务三、四及案例与实训由赵三益编写;单元四由安宁、李英杰编写,其中任务一由安宁编写,任务二、三由李英杰编写;单元五由邹建风编写;技能训练及参考答案由安宁编写整理。全书由安宁主编、统稿。

本书在编写过程中,陕西铁路工程职业技术学院高速铁路技术专业 2011 级梁杰、梁蒙、李世凯、朱志坤、樊羽、张荣博等同学也做了很多文字整理工作,此外还有很多同事、朋友提供了宝贵意见,在此一并表示衷心的感谢! 由于编写组水平有限,难免有所疏漏甚至错误,烦请广大读者在使用过程中给予指正,不胜感激!

主编 安 宁
2014 年 5 月

目 录

单元一　高速铁路线路要览 ……… 1
　任务一　高速铁路概要 …………… 2
　任务二　路基设计概要 …………… 34

单元二　路基主体施工 ………… 63
　任务一　路基施工 ………………… 64
　任务二　特殊地质条件下的路基
　　　　　施工 ………………………107
　任务三　地基处理 …………………134
　任务四　基床以下路堤施工 ………195
　任务五　过渡段施工 ………………221
　任务六　路堑施工 …………………227
　任务七　基床施工 …………………245

单元三　路基附属工程施工 ……267
　任务一　路基排水 …………………268
　任务二　路基边坡防护 ……………283
　任务三　路基加固 …………………299

　任务四　路基相关工程及附属
　　　　　设施施工 ……………………308

单元四　路基监测 ………………321
　任务一　路基沉降监测技术 ………322
　任务二　路基检测 …………………335
　任务三　路基评估技术 ……………341

单元五　路基维护 ………………343
　任务一　路基常见病害 ……………344
　任务二　病害的预防与整治 ………350
　任务三　铁路路基事故案例及
　　　　　分析 ………………………358
　任务四　高速铁路路基维修
　　　　　案例 ………………………364

技能训练及参考答案 ……………373

单元一

高速铁路线路要览

知识目标

1. 铁路的等级及主要技术标准、高速铁路的技术特征。
2. 普速铁路和高速铁路在区间、站坪及线桥隧的平纵断面设计要素：圆曲线、夹直线、缓和曲线、坡度、坡度长度、最大坡度折减。
3. 普速铁路和高速铁路在区间、站坪及线桥隧平纵断面图。
4. 高速铁路的路基特点。
5. 高速铁路路基基床结构：基床表层、基床底层。
6. 高速铁路路基的地基条件。
7. 高速铁路路基过渡段。

能力目标

1. 掌握铁路的等级及主要技术标准。
2. 能理解普速铁路和高速铁路在区间、站坪及线桥隧的平纵断面设计要素。
3. 能读懂相关的平纵断面图，认知相关的设施、设备。
4. 能理解普速铁路和高速铁路路基、过渡段的构造，各个组成部分的功能和作用。

技能训练1　普速铁路的平纵断面图及路基模型

1. 材料(设备)准备：普速铁路平纵断面图电子版、打印版、专业模型、橡皮泥及辅助用品，如大头针、牙签、小刀、直尺、三角尺、缝衣线等。以下技能训练对橡皮泥及附属用品的要求相同。
2. 步骤：识读普速铁路平纵断面图，分别制作平纵断面图所表达的3D模型。
3. 成果：小组完成3D模型一组。

技能训练2　高速铁路的平纵断面图及路基模型

1. 材料(设备)准备：高速铁路平纵断面图电子版、打印版、专业模型、橡皮泥。
2. 步骤：识读高速铁路平纵断面图，分别制作平纵断面图所表达的3D模型。
3. 成果：小组完成3D模型一组。

任务一　高速铁路概要

 中国发展高速铁路、高速铁路发展中国

高速铁路代表了世界铁路现代化发展的大趋势,高速铁路是 20 世纪交通运输的重大成果,是人类的共同财富。作为铁路大国,我国必须大力发展高速铁路。

1. 经济及社会发展的需要

2020 年前中国将全面建设小康社会,这一时期经济仍将快速发展,运输需求必将高速增长。人口的增长,城市化进程的加快,人民物质文化生活水平的提高,人际间的频繁交流,这些都预示着客运需求的潜力增大,而且旅客运输需求的增长将高于货物运输。随着社会节奏的加快,时间价值观念越来越强,旅客运输的高速化,是我国经济及社会发展的必然结果。

对我国而言,土地、能源、环境方面的压力远大于其他国家。国土面积略小于我国、3 亿人口的美国拥有 600 多万千米的公路,其中 8 万多千米为高速公路,公路承担了 80% 以上的旅客周转量,但仅高速公路就占地 $4800km^2$。我国人均耕地面积仅 $0.0008km^2$(约 1.2 亩),耕地严重短缺,加之以煤为主的能源结构,使我国不能选择美国目前客运主要依靠公路的交通运输模式。日本人口密度大,土地匮乏,国土面积小,虽短途客流多,但仍选择了节约土地及能源、运输效益高的高速铁路作为公共旅客运输的骨干,以满足经济及社会发展的需求,并取得了极好的社会和经济效益。在我国,高速铁路可以充分发挥其技术经济优势。发展高速铁路是我国经济和社会发展的需要,也是我国国情的需要。

2. 客流特点适宜发展高速铁路

我国未来的铁路客流具有以下四大特点。

(1) 量大。这是我国人口众多决定的。今后 10~15 年,即使每人每年坐一次往返的火车,铁路旅客发送量将达 26 亿人次以上。据预测,京沪高速铁路客流密度远期将达到 9000 万人以上,繁忙区段接近 11000 万人。即使作为一个长 1300km 以上的运输通道,这样大的运量在世界上也是少有的。

(2) 集中。这是人口分布和工业布局主要集中在东部沿海的必然结果。我国客流主要集中在京沪、京广、京沈、哈大、陇海、浙赣等主要干线上。由于我国的城市群也主要分布在这些铁路干线沿线,客流集中的趋势还将加剧。

(3) 行程长。这是广阔的疆域、人们的活动范围较大所形成的。2002 年铁路旅客平均行程达到了 472km。根据以往的统计,铁路旅客行程在 100~1000km 者,其周转量占总周转量的 51.4%;1000km 以上行程的旅客约 70% 乘火车,只有 30% 左右乘飞机。

量大、集中、行程长正是高速铁路的优势所在,据报道,2013 年铁路春运再破纪录:2.4 亿人次,刷新春运铁路运输记录,日均 601 万人,同比增长 12.1%。其中高速铁路共发送旅客 6727.8 万人,占旅客发送总量的 29.1%,同比增长 37.5%。高速铁路成网的第一年,其旅客增量占全路旅客增量的 70%,成为带动春运客流大幅度增长的主力,这是公路和航空都难以达到的。

(4) 安全性高。铁路运输具有无可比拟的安全性,特别是在我国,2000 年至 2010 年间我国铁路系统累计运送旅客 130 亿人次,每亿人次重大事故死亡人数 2 人;同期,日本铁路每亿人次重大事故死亡人数 9 人;印度每亿人次重大事故死亡人数 920 人。将上述数据平均到每年,铁路重大事故死亡仅 26 人;相比之下,公路事故 2011 年死亡 6 万人,近十年公路运输死亡超过 60 万人,所以,对于大众来说,铁路是最安全的出行方式。

3. 客货分线为发展高速铁路创造了条件

客流集中的线路也正是货运繁忙的线路,这是我国铁路运输的基本特点。这些线路目前已是双线自动闭塞。由于今后客货运量的增长仍将集中在这些线路上,进一步的扩展只能是修建第二双线,实行客货分线运输。由于货运系统(专用线、货场等)已定型,难以挪动,一般既有线将主要承担货运任务;新建第二双线以客运为主。这样就为发展高速铁路创造了条件。

4. 发展高速铁路是贯彻可持续发展战略的体现

高速铁路的社会成本远远低于公路和航空,因此,发展高速铁路是在交通运输领域贯彻可持续发展战略、调整交通运输结构的重要手段。基本国情及客流特点决定了我国主要应发展大容量、低能耗、少占地、适应性强的公共交通体系。高速铁路就是这样的公共交通体系中的佼佼者,它既能适应我国客流的特点,也能较好地解决人们有限的支付能力与日益增长的旅行需求之间的矛盾,以及日益增长的客流与有限的运输能力之间的矛盾。同时由于高速铁路具有能耗低、占地少、污染轻的特点,在我国发展高速铁路同样是在交通运输领域贯彻可持续发展战略、优化交通运输结构的重要手段。

因此,在我国发展高速铁路是从国情出发的最现实的选择;是发展交通运输,优化和提升交通运输结构的重大战略决策;是我国铁路高层次、大幅度扩大旅客运输能力的新途径;是交通运输领域贯彻可持续发展战略的具体体现。

各国高速铁路运营里程见表 1-1。

各国高速铁路运营里程　　　　　　　　　　　表 1-1

序号	国家	运营里程(km)	序号	国家	运营里程(km)
1	中国大陆	9356*	7	比利时	212
2	日本	2779	8	法国/英国	52
3	法国	1914	9	韩国	426
4	德国	1020	10	中国台湾	345
5	西班牙	1518	11	英国	109
6	意大利	1014	12	比利时/荷兰	120

注:* 截至 2012 年 12 月 26 日京广高速铁路全线开通运营。

预计到"十二五"末,以"四纵四横"高速铁路为骨架的快速铁路网基本建成,高速铁路里程将达 1.8 万公里左右,包括时速 200~250km 的高速铁路 1.13 万公里,时速 300~350km 的高速铁路 0.67 万公里,基本覆盖我国 50 万以上人口的城市。

我国高速铁路的里程碑——京沪高速铁路线路从北京站引出,经天津、济南、徐州、蚌埠、南京到上海,全长 1300 多公里。除京沪两市外,经由大城市时既考虑了设新站直接通过,又考虑了接入既有客站。运输组织模式采用本线旅客列车和跨线旅客列车共线运行的客运专线模式。设计最高运行速度 350km/h,初期运行速度 300km/h。本线旅客列车采用运行速度 300km/h 及以上的动车组,跨线旅客列车采用运行速度 200km/h 及以上的动车组。主要技术标准如下。

(1) 正线数目:双线;

(2) 正线线间距:5.0m;

（3）最小曲线半径：7000m；
（4）最大坡度：12‰，困难条件下不大于20‰；
（5）到发线有效长度：650m；
（6）牵引种类：电力；
（7）列车运行控制方式：自动控制；
（8）调度指挥方式：综合集中调度。

高速铁路主要技术特征

高速铁路在激烈的客运市场竞争中以其突出的优势，不但在其发祥地日、法、德等国家已占据了城际干线地面交通的主导地位，并且在世界诸多经济发达的国家和地区也迅速扩展。高速铁路在不长的时期内之所以能取得如此的发展势头，根本原因是基于轮轨系的高速技术充分发挥了既先进又实用的特点，特别是在中长距离的交通中的独特优势。实践表明，高速铁路已是当代科学技术进步与经济发展的象征。高速铁路虽然源于传统铁路，但借助于多项高新技术已全面突破了普速铁路的概念，形成了一种能与既有路网兼容的新型交通系统。高速铁路在运营过程中更新换代，其技术还在不断发展与完善。

1. 高速铁路是当代高新技术的集成

在世界上，高速铁路的诞生是继航天行业之后，最庞大复杂的现代化系统工程。它所涉及的学科之多、专业之广已充分反映了系统的综合性。20世纪后期科学技术蓬勃发展，迅速转化为生产力的三大技术有：计算机及其应用，微电子技术、电力电子器件的实用化与遥控自控技术的成熟，新材料、复合材料的推广。高速铁路绝非依靠单一先进技术所能成功，它正是建立在这些相关领域高新技术基础之上，综合协调，集成创新的成果。因此，高速铁路实现了由高质量及高稳定的铁路基础设施、性能优越的高速列车、先进可靠的列车运行控制系统、高效的运输组织运营管理体系等综合集成，如图1-1所示。系统协调的科学性，则是根据铁路行业总的要求，各子系统均围绕整体统一的经营管理目标，彼此相容，完整结合，达到整个系统的合理与优化。

图1-1 综合集成的高速铁路总示意图

2. 高速度是高速铁路高新技术的核心

高速铁路的速度目标值作为高速行车技术的核心指标，是高速铁路总体设计的决定性参数。列车运行速度属于第一层次的系统目标，只有将速度目标值确定之后才能选定线路的设计参数、列车总体技术条件、列车运行控制及通信信号系统。当然,运量规模、行车密度、运输组织、成本效益等也均属第一层次系统目标,但是在各种交通运输方式中,速度始终是技术发展的核心,它是技术进步的具体体现,所以速度目标应是第一位的。自20世纪后半叶以来,铁路旅客列车速度连续跃上三大台阶:20世纪60年代第一代高速列车速度为230km/h,20世纪80年代初第二代高速列车速度达到270km/h,20世纪90年代第三代高速列车速度已达到并超过了300km/h。21世纪初,350km/h的高速列车问世。2012年12月3日,中国自主研发的"和谐号"CRH380高速动车组列车在京沪高铁枣庄至蚌埠段试验运行最高时速达486.1km。这是中国铁路创造的世界纪录,更是世界铁路发展史上值得书写的重要篇章,因为,高速铁路是人类文明与智慧的宝贵结晶,是人类社会走向现代化的重要标志和有力支撑。

3. 系统间相互作用发生了质变

高速铁路由于行车速度至少提高1倍以上,引发铁路行业各系统及其相互关系的质变。过去用于普速铁路行之有效的规范标准不能照搬于高速铁路。高速铁路从可行性研究、规划、设计、施工、制造到运营管理,都需要系统地进行研究才能付诸实施。随着速度的提高,各子系统原有的规律和相互间关系将转化为强作用而需重新认定。系统中某项参数或标准选择不当都将引发连锁反应。例如,线路参数、路基密实度或桥梁刚度选择不合理,不仅是线路质量问题,还将影响列车运行的平稳性及可靠性,也增加维修工作量,干扰运输组织、行车指挥。反之,确定列车主要参数及性能时也必须考虑线路参数与控制系统方案,否则最终都要制约整个系统效能的发挥。高速铁路系统之间的关系远比普速铁路复杂。

4. 系统动力学问题更加突出

高速铁路系统动力学问题包括以下几方面的内容。

1) 高速列车的振动与冲击问题

高速列车在线路上行驶,速度越高,发生的振动与冲击越强,致振的敏感因素越多。高速铁路的基础设施及运载装备不但应具备优良的固有特性,还必须在界面上彼此都要保有均匀、平顺、光滑的特征。这是建立高速铁路各子系统都必须遵守的共性准则。系统振动与冲击力学分析,最主要的目的是协调各子系统组成部分的特性参数,保证系统功能优化。对于高速铁路来说,最重要的是确保列车持续、安全、平稳运行。因此,必须预见在各种速度工况下系统的动力响应,突出的问题有:轮轨间接触力的变化,将影响列车牵引与制动的实现、轮轨的磨损与疲劳、运行的安全指标;车—线—桥系统的动力反应,将影响结构功能与列车平稳运行;弓网系统的振动,将影响受电效能及安全等。所以动力响应是涉及高速行车技术深层次的基本问题,必须认真处理。

2) 高速列车运行中的惯性问题

高速列车运行中的惯性问题直接影响旅客的安全与舒适。例如,对于舒适度,人体承受振动的能力与振动频率密切相关,根据试验结果,人体对频率在10Hz以下的低频振动更为敏感,此时,振动加速度达到$0.1g$人就感到不舒服。列车运行加速或减速时,旅客均要承受纵向惯性力的作用,通常也以加速度衡量。加速时由于受到牵引功率的限制,一般准静态(平均)加速度值都不超过$0.05g$,所以加速时在正常操纵下,不会给旅客带来不适感。但制动时为确保列车安全,减速距离较短,如列车速度为300km/h时,紧急制动距离小于3700m,其准静态(平均)制动加速度低于$0.1g$,考虑车辆制动时动作不一致将有冲动现象发生,瞬时制动加速度将接近$0.3g$,这时旅客将感到不适,所以紧急制动只能在非常情况下使用。在一般常用制动情况下,当制动参数取 0.8 或 0.5 并操纵得当时,其制动加速度分别为 $0.075g$ 及 $0.05g$。所以,为保证列车行驶时旅客的舒适度必须重视运动中的惯性问题。这应从线路基本参数、列车性能及操纵技术上予以保证。

3) 高速列车空气动力学问题

(1) 列车空气阻力问题

地面交通系统都有一个难以避免的共性问题,这就是空气动力学问题。在地表大气层中,交通载体所受到的空气阻力、竖向力、横向力和压力波等都与速度平方成正比,随着速度的提高而急剧增加,从而成为提高地面高速交通速度主要的制约因素。高速列车时速超过 200km 就必须认真研究这一问题。为减缓空气动力的影响,通过大比例风洞模型试验及三维有限元空气动力学理论分析,筛选设计方案,可做出技术经济合理抉择。在一定速度下,高速列车空气阻力及其他空气动力作用取决于列车的外形、列车的截面及外表面的光滑平顺度。所以,在列车的总体设计及车体设计中都必须周密处置,使整列车具有良好的气动性能。

(2) 列车内部空气密封问题

高速运行的列车,由于各种气动效应影响使列车内外压差增大。若列车密封性差,则必将引起车内气压的变化超过一定范围,导致人体各种不适感。所以,对车窗、车门、车辆间的连接风挡都要求具有良好的密封性。

(3) 线间距问题

两列相对行驶的高速列车在线路上会车时,各种空气动力作用比单列车行驶时强烈,并将影响列车运行的平稳性与车内人员的舒适感。这种影响在其他条件一定的情况下,与高速铁路的线间距成反比。高速铁路的线间距应根据车速、车宽、列车头形系数、车体密封程度、车窗玻璃承压能力等因素来考虑。如果在线路上有各种不同类型列车运行,应顾及性能较差列车的承受能力。

(4) 隧道断面选择问题

对于有限界面的隧道而言,高速铁路的空气动力学作用将比在明线环境条件强烈,在一定速度下,其幅值主要与隧道断面的堵塞比密切相关。所以,列车速度越高,隧道断面应越大,对长隧道来说还必须考虑隧道内空气有较通畅的导流途径以缓解其动力效应。

5. 对高速铁路主要子系统的基本要求

(1) 高速铁路的基础设施

高速铁路的基础设施是确保高速行车的基础。高速铁路与普速铁路相比最大的区别在于线路高平顺度特性方面。高平顺性最终体现在轨道上,无论轨道是在路基上或在桥梁上,也无论何种类型的轨道,都要求它不仅在空间上要具有平缓的线形,而且在时间上还必须具有稳固的高保持性。由此决定了高速铁路基础设施各主要组成部分——路基、桥梁、隧道等的主要技术参数与技术规定,必须互相协调,使之整体上满足高速行车在运动学、动力学、空气动力学及运输质量方面的各项技术指标。所有基础设施在运营管理方面还必须具备高可靠度与可维修、少维修的条件,以利于降低成本及提高效能。

(2) 高速列车

高速列车是高速铁路的运输载体,是实现高速铁路功能的关键。为确保高速行车主要功能指标的落实,高速列车在车型、牵引、制动、减振、列控、检测、供电等一系列专业技术上都要取得重大突破。建立在轮轨系基础上的各型高速列车吸取了当代相关高新技术,已做出为世人瞩目的成就。但为满足更高的目标需求,仍在不断更新换代,其技术发展永无止境。

(3)高速铁路的运行控制、行车指挥及运营管理

高速铁路的运行控制、行车指挥及运营管理各系统是确保高速铁路列车运行安全有序、发挥效率与效益的核心体系。虽然高速铁路与普速铁路相似,其主要软硬技术都由区间轨道电路、自动闭塞、车站计算机联锁等所构成的调度系统支持,但由于运行速度大幅度的提高,列车密度增加,行车组织节奏明显增快,高速铁路的运行控制及调度系统应更加完备,运输组织与经营管理体系应更加严密。高速铁路调度指挥系统是以行车调度为核心,集动车底调度、电力调度、综合维修调度、客运服务调度、防灾安全监控为一体的综合自动化系统,该系统应能确保高速高密行车的安全与效能。高速铁路的经营管理从模式、体制到运作方法都必须结合国情与路情做出切合实际的选择,以促进高速铁路效能发挥。

 铁路等级与主要技术标准

1. 铁路等级

铁路等级是根据铁路线路意义和在铁路网中的作用,并结合国家要求的远期年输送能力来决定的。它是铁路的基本标准,也是确定铁路技术标准和设备类型的依据。设计铁路时需先确定铁路等级,然后选定其他主要技术标准和各种运输装备的类型。

《铁路线路设计规范》(GB 50090—2006)(以下简称《线规》)和《高速铁路设计规范(试行)》(TB 10621—2009)规定新建和改建铁路(或区段)的等级,应根据其在铁路网中的作用、性质和远期客货运量确定,并应符合下列规定:

Ⅰ级铁路,铁路网中起骨干作用的铁路,远期年客货运量大于或等于2000万t者。

Ⅱ级铁路,铁路网中起骨干作用的铁路,远期年客货运量小于2000万t者;或铁路网中起联络、辅助作用的铁路,远期年客货运量大于或等于1000万t者。

Ⅲ级铁路,某一区域服务具有地区运输性质的铁路,远期年客货运量小于1000万t者且大于或等于500万t者。

Ⅳ级铁路,某一区域服务具有地区运输性质的铁路,远期年客货运量小于500万t者。

铁路的等级可以全线一致,也可以按区段确定。如线路较长,经行地区的自然、经济条件及运量差别很大时,宜按区段确定等级。但应避免同一条线上等级过多或同一等级的区段长度过短,使线路技术标准频繁变更。

2. 铁路主要技术标准

铁路主要技术标准是指对铁路输送能力、工程造价、运营质量以及选定其他有关技术条件有显著影响的基本标准和设备类型。《线规》中明确规定下列内容为各级铁路的主要技术标准:正线数目、限制坡度、最小曲线半径、车站分布、到发线有效长度、牵引种类、机车类型、机车交路、闭塞类型。这些标准是确定铁路能力大小的决定因素,一条铁路的能力设计,实质上是选定主要技术标准。同时这些标准对设计线的工程造价和运营质量有重大影响,并且是确定设计线一系列工程标准和设备类型的依据。其中前五项属工程标准(固定设备标准),建成后很难改变;后四项则属技术装备类型,可随着运量的增长逐步进行更新改造。由于铁路主要技术标准是铁路建筑物和设备的类型、能力和规模的基本标准,对铁路能力、运营安全、运输效率、投资规模、经济效益和社会效益有重要影响,而且主要技术标准之间联系密切,相互影响。因此,主要技术标准应根据国家要求的年输送能力和确定的铁路等级在设计中综合考虑,经技术经济比选确定,以保证技术上先进、经济上合理、标准间协调。

铁路输送能力由货物列车牵引吨数和通过能力决定，并受列车运行速度的影响。主要技术标准对三者都有不同程度的影响。

1）影响牵引吨数的主要技术标准

（1）牵引种类

牵引种类是指机车牵引动力的类别。我国铁路目前的牵引种类有电力、内燃两种，不同的牵引种类具有不同的特点，对铁路运输能力、行车速度、运营条件及工程与运输经济具有重要的影响。蒸汽机车已停产多年。今后牵引动力的发展方向为大功率电力和内燃机车。

①电力牵引。电力机车热效率高，火力发电为14%～18%，水力发电可达60%，整备一次走行路线长，不需燃料供应和中途给水，机车利用率高。解除功率大、速度高、牵引力大，可显著增大铁路能力。除噪声外，不污染环境，且乘务员工作条件好。与内燃机厂相比，机车造价低，但需用接触网供电，机车独立性差，且投资大。我国电力机车已构成不同轴数和轴式的韶山型机车系列，可根据不同运营条件选用。

②内燃牵引。内燃机车热效率高达22%～28%。机车不需供电设备，独立性好。缺点是需要消耗贵重的液体燃料，且机车构造复杂、造价较高。高温、高海拔地区牵引功率降低，使用效率低。中国内燃机车已构成不同轴数和轴式的东风型机车系列，可根据不同运营条件选用。

牵引种类应根据路网与牵引动力规划、线路特征和沿线自然条件以及动力资源分布情况，结合机车类型合理选定。运量大的主要干线、大坡度、长隧道或隧道毗连的线路上应优先采用电力牵引。

（2）机车类型

机车类型系指同一牵引种类中机车的不同型号。它对铁路运输能力、行车速度、运营条件及工程与运输经济具有重要的影响。机车类型应根据牵引种类、运输需求以及与线路平、纵断面技术标准相协调的原则，结合车站分布和临线的牵引质量，经技术比选确定。

（3）限制坡度

一定类型的机车，牵引（单机牵引）一定质量的列车，在持续相当长的最大上坡道上行驶，仍能保持以计算速度作等速运行，这个最大坡度称为限制坡度。

限制坡度大小，对线路工程造价和运输条件有重大影响。一条铁路若使用大的限制坡度，则线路短，工程数量小，造价低，运营费高，安全条件差；若使用小的限制坡度，则线路将增长，工程数量大，造价高，运营费低，安全条件好。因此，铁路线路的限制坡度必须根据铁路等级、地形条件、牵引种类和运输要求来比选确定，并应考虑与邻接铁路的牵引定数相协调。限制坡度的数值，以千分率"‰"符号表示，即每1000m水平距离的高差数值。对于线路上坡、下坡和平坡，常用（+）、（-）、（0）来表示。如+2‰，表示每1000m的水平距离线路上升2m，读作正千分之二，即千分之二的上坡。-3‰，表示每1000m的水平线路下降3m，读作负千分之三，即千分之三的下坡。

限制坡度的数值，《线规》规定，各级铁路的限制坡度，不得超过表1-2规定的数值。

限制坡度最大值（‰） 表1-2

铁 路 等 级		I			II		
地形类别		平原	丘陵	山区	平原	丘陵	山区
牵引种类	电力	6.0	12.0	15.0	6.0	15.0	20.0
	内燃	6.0	9.0	12.0	6.0	9.0	15.0

(4) 到发线有效长

车站内除正线外,其他指定作为列车到达和出发的股道,称之为到发线。

到发线有效长度,是指列车在到发线上停留时,不妨碍邻线列车通过的股道最大长度。它对货物列车长度(即牵引吨数)起限制作用,从而影响列车对数、运输能力和运行指标,对工程投资、运输成本等经济指标也有一定的影响。

《线规》规定：I、II级铁路分为1050m、850m、750m及650m四种标准；III级铁路分为850m、750m、650m及550m四种标准。

到发线有效长度主要受货物列车长度控制,而货物列车长度又受牵引定数控制。在现阶段,货物列车载质量未提高前,牵引定数大、货物列车就长,到发线有效长度相应也长；反之就短。

我国高速铁路采用的客运专线的形式,客货分离,所以其到发线长度规定为650m。

改建既有线和增建第二线的货物列车到发线有效长度采用上述系列值引起较大工程时,可根据实际需要计算确定。

近期货物列车长度一般较远期为短,若初、近期到发线有效长度按远期铺设,则不但增加初建期投资,而且增大初、近期调车作业行程,增加运营支出,故近期有效长度应按实际需要铺设。

2) 影响通过能力的主要技术标准

(1) 正线数目

正线数目是指连接并贯穿车站线路的数目。按正线数目可把铁路分为单线铁路、双线铁路和多线铁路。单线铁路是区间只有一条正线的铁路,在同一区间或同一闭塞分区内,同一时间只允许一列车运行,对向列车的交会和同向列车的越行只能在车站上进行。双线铁路是区间有两条正线的铁路,分为上行线和下行线,在正常情况下,上下行列车分别在上下行线上行驶,但在同一区间或同一闭塞分区的一条正线上,同时只允许一列车运行。多线铁路是区间有多于两条正线的铁路。

单线和双线铁路的通过能力悬殊很大。单线半自动闭塞铁路的通过能力为42~48对/d；双线自动闭塞则为144~180对/d。双线的通过能力远远超过两条单线的通过能力,而双线的投资比两条平行的单线少约30%,双线旅行速度比单线高约30%,运输费用低约20%。可见,运量大的线路修建双线是经济的。

我国高速铁路都是双线。

(2) 车站分布

车站分布距离大小决定列车在区间的往返走行时分,从而影响通过能力。车站分布距离因影响车站数量,故对工程投资有较大影响；因影响列车起停次数和旅行速度,故对运营支出有直接影响。

新建单线铁路站间距离不宜小于8km,新建双线铁路不宜小于15km,枢纽内站间距不得小于5km。

(3) 闭塞方式

铁路为了保证行车安全、通过运输效率,利用信号设备等来管理列车在区间运行的方法,称为闭塞方式。闭塞方式决定车站作业间隔时分,从而影响通过能力。我国的基本闭塞方式有半自动闭塞和自动闭塞,在次要支线和地方铁路有的还采用电气路签闭塞。

① 半自动闭塞。半自动闭塞是闭塞机与信号机发生连锁作用的一种闭塞装置。列车进入

区间的凭证是出站信号机显示绿灯,但出站信号机受闭塞机的控制,只有在区间空闲、双方车站办理好闭塞手续之后,出站信号机方能再次显示绿灯。

采用半自动闭塞时,因列车进入区间的凭证是信号机的显示,省去了向司机递交路签的时间,从而缩短了列车在车站接发车作业时分,提高了通过能力。

②自动闭塞。自动闭塞时,区间被分为若干闭塞分区(图1-2),进一步缩短了同向列车的行车间隔距离。列车运行完全根据色灯信号机的显示,红色灯光表示前方的闭塞分区被占用,列车需要停车;黄色灯光表示前方只有一个闭塞分区空闲,要求列车减速;绿色灯光表示前方至少有两个闭塞分区空闲,列车可以按规定速度运行。由于信号的显示完全由列车所在位置通过轨道电路来控制,所以称为自动闭塞。

图1-2　自动闭塞分区

单线上使用自动闭塞,可以提高通过能力,但效果不甚显著。双线采用自动闭塞可使两同向列车的追踪间隔时分缩短到 8~10min,通过能力达 100 对/d 以上。

单线线路远期应采用半自动闭塞,双线线路应采用自动闭塞。一个区段内应采用同一闭塞类型。

我国高速铁路上的列车运行控制方式规定为自动闭塞。

3)运行行车速度的主要技术标准

(1)最小曲线半径

最小曲线半径是设计线采用的曲线半径最小值。最小曲线半径不仅影响行车安全、旅客舒适等行车质量指标,而且影响行车速度、运行时间等运营技术指标和工程投资、运营支出、经济效益等经济指标。详见 P15 页圆曲线部分。

(2)机车交路

铁路上运转的机车都在一定的区段内往返行驶。机车往返行驶的区段称为机车交路,其长度称为机车交路距离。机车交路两端的车站称为区段站。区段站一般都设置一定的机务设备。机车交路距离影响列车的旅途时间和直达速度。

四　线路平纵面设计

线路中心线是用路基横断面上 O 点纵向的连线表示的(图1-3)。O 点为距外轨半个轨距的铅垂线 AB 与路肩水平线 CD 的交点。线路的空间位置是由它的平面和纵断面决定的。线路平面是线路中心线在水平面上的投影,表示线路平面状况。线路纵断面是沿线路中心线所作的铅垂剖面展直后线路中心线的立面图,表示线路起伏情况,其高程为路肩高程。

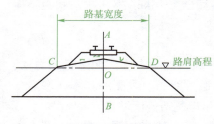

图1-3　路基横断面

各设计阶段编制的线路平面图和纵断面图是线路设计的基本文件。各设计阶段的定线要求不同,平面图和纵断面图的详细程度也各有区别。图1-4为新建铁路概略的平

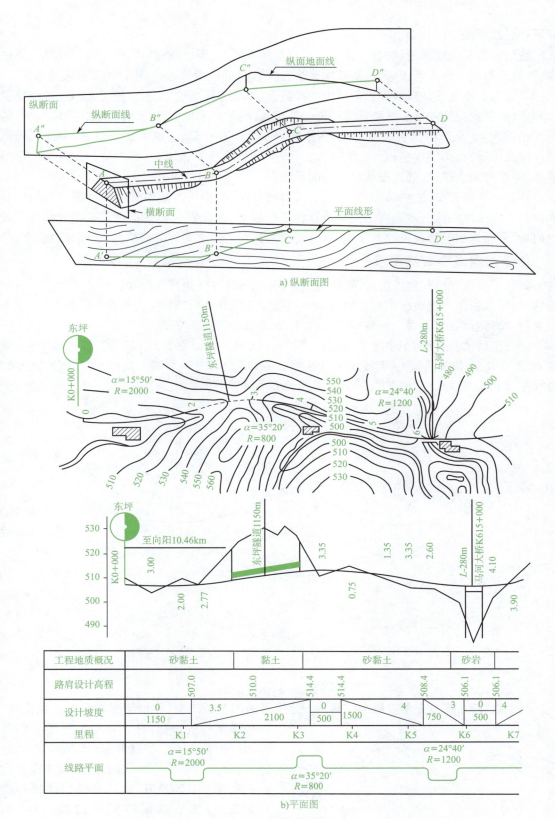

图 1-4　新建铁路线路图

面图和纵断面图。

线路平面和纵断面设计,必须保证行车安全和平顺,主要指:不脱钩、不断钩、不脱轨、不途停、不缓运与旅客乘车舒适等,这些要求反映在《线规》的技术标准中,设计时要遵守其规定。

平面与纵断面设计既应当力争减少工程数量、降低工程造价,又要为施工、运营、维修提供有利条件,节约运营开支。从降低工程造价考虑,线路最好顺地面爬行,但因起伏弯曲太甚,给运营造成困难;从节约运营开支考虑,线路最好又平又直,但势必增大工程数量,提高工程造价。因此设计时,必须根据设计线的特点,分析设计路段的具体情况,综合考虑工程和运营的要求,通过方案比较,正确处理两者之间的矛盾。

铁路上要修建车站、桥涵、隧道、路基、道口和支挡、防护等大量建筑物。线路平面和纵断面设计不但关系到这些建筑物的类型选择和工程数量,并且影响其安全稳定和运营条件。设计时,既要考虑到各类建筑物的技术要求,还要考虑到它们之间的协调配合、总体布置合理。

1. 平面组成和曲线要求

线路平面由直线和曲线组成,直线应该尽可能的长,曲线由圆曲线和缓和曲线构成。概略定线时,平纵面图中仅绘出未加设缓和曲线的圆曲线,如图 1-5a) 所示。圆曲线要素为:偏角 α,半径 R。偏角 α 在平面图上量得,曲线半径 R 系选配得出。

详细定线时,平纵面图中要绘出加设缓和曲线的曲线,如图 1-5b) 所示。曲线要素为:偏角 α、半径 R、缓和曲线长 l_0、切线长 T 和曲线长 L。偏角 α 在平面图上量得,圆曲线半径 R 和缓和曲线长 l_0 由选配得出,切线长 T 和曲线长 L 可计算得出。

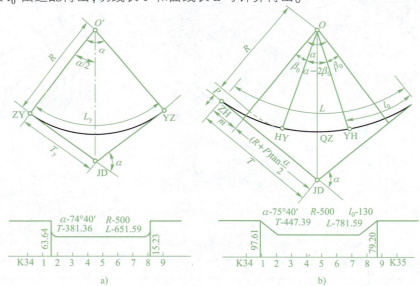

图 1-5 铁路曲线示意图

纸上定线时,在相邻两直线之间需用一定半径的圆曲线连接,并使圆弧与两侧直线相切。曲线半径的选配,可使用与地形图比例尺相同的曲线板,根据地形、地质与地物条件,由大到小选用合适的曲线板,决定合理的半径。若地势开阔,可先绘出两相邻的直线段,然后选配中间的曲线半径,如图 1-6a) 所示;若曲线毗连,则先在需要转

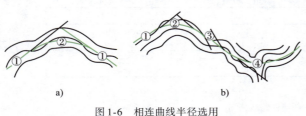

图 1-6 相连曲线半径选用

弯处绘出恰当的圆弧,然后用切于两圆弧的直线连接,如图 1-6b)所示。选定曲线半径后,量出偏角,再计算曲线要素和起讫点里程。

2. 圆曲线

1) 曲线半径对工程和运营的影响

最小曲线半径是一条干线或其中某一路段允许采用的曲线半径最小值。它是铁路主要技术标准之一。最小曲线半径是限制列车最高速度的主要原因之一,且对工程费和运营费都有很大影响,因此合理地选择最小曲线半径是线路设计的重要任务之一,应在初步设计阶段比选确定。

(1) 曲线限制速度

曲线限制速度 v 由曲线半径 R,外轨实设超高 h_{SH} 和允许欠超高 h_q 计算确定,见式(1-12)。

(2) 曲线半径对工程的影响

地形困难地段,采用较小的曲线半径一般能更好地适应地形变化,减少路基、桥涵、隧道、挡土墙的工程数量,对降低工程造价有显著效果,但也会由于下列原因引起工程费用增大。

① 增加线路长度。对单个曲线来说,当曲线偏角一定时,小半径曲线的线路长度较采用大半径曲线增加如图 1-8 所示。

$$\Delta L_Y = 2(T_D - T_X) + K_X - K_D \quad (\text{m}) \tag{1-1}$$

式中:ΔL_Y——由小半径圆曲线改为大半径圆曲线增加的线路长度。

T_D——大半径曲线的切线长;

T_X——小半径曲线的切线长;

K_D——大半径曲线的弧长;

K_X——小半径曲线的弧长。

对一段线路来说,在困难地段采用小半径曲线,便于随地形曲折定线,从而增加曲线数目和增大曲线偏角,使线路增长(图 1-7)。

a) 小半径曲线的线路　　　　b) 大半径曲线的线路

图 1-7　小半径曲线增加线路长

② 降低黏着系数。机车在小半径曲线上运行,车轮在钢轨上的纵向和横向滑动加剧,引起轮轨间黏着系数的降低,黏着系数降低,导致机车黏着牵引力的降低。

在用足最大坡度的持续上坡道上,如黏着系数降低后引起机车黏着牵引力控制,则必须在曲线范围内额外减缓坡度,进而引起线路的额外展长。

③ 轨道需要加强。小半径曲线上,车轮对钢轨的横向冲击力加大。为了防止钢轨被挤压而引起轨距扩大,以及整个轨道的横向移动,所以轨道需要加强。加强的方法是装置轨撑和轨距杆,加铺轨枕,增加曲线外侧道床宽度增铺道砟,从而增大工程投资。

④ 增加接触导线的支柱数量。电力牵引时,接触导线对受电弓中心的最大容许偏移量为 500mm。曲线地段,若接触导线的支柱间距不变,则曲线半径越小,中心弧线与接触导线的矢

度越大。为防止受电弓与接触导线脱离,接触导线的支柱间距应随曲线半径的减小而缩短,见表1-3,从而增加了导线支柱的数量。

导线支柱的最大间距 表1-3

曲线半径 R(m)	300	400	500	600	800	≥1000	∞
导线支柱最大间距(m)	42	47	52	57	62	65	65

⑤增加轮轨磨耗。列车行经曲线时,轮轨间产生纵向滑动、横向滑动和横向挤压,使轮轨磨耗增加。曲线半径越小,磨耗增加越大。钢轨磨耗用磨耗指数(每兆吨总质量产生的平方毫米磨耗量)表示。运营部门实测的磨耗指数与曲线半径的关系曲线如图1-8所示。当曲线半径 $R<400$m 时,钢轨磨耗急剧加大;$R>800$m 时,磨耗显著减轻;$R>1200$m 时,磨耗与直线接近。车轮轮箍的磨耗,大致和钢轨磨耗规律相近,也是随曲线半径的减小而增大。

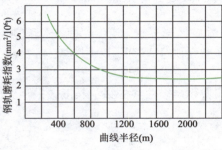

图1-8 钢轨磨耗指数

另外,曲线路段的钢轨磨耗,还与坡度大小和机车类型有关。曲线位于平缓坡度上时,因速度较高、牵引力不大,且一般不需要制动,故轮轨间的相互作用力较小,磨耗相应减轻;曲线位于陡峻坡度上时,因上坡时牵引力大,下坡时往往需要制动,轮轨间的相互作用力大,磨耗因而加剧。当既有线提速、增加运量,蒸汽机车更换为电力机车时,$R≤400$m 的曲线磨耗明显加大,这是因为蒸汽机车有导轮、动轮有横动量,且重心高对钢轨的横向推力小,因而磨耗较小;而电力机车无导轮、动轮直径小,转向架转向不灵活,且重心低对钢轨的横向推力大,因而磨耗较大。

为了减少钢轨磨耗,我国很多工务部门已在小半径曲线上铺设耐磨钢轨,或在钢轨头内侧涂油;有的机车上还装有自动涂油装置,可在通过小半径曲线时,自动向钢轨轨头内侧涂油。这些措施可有效地减轻轮轨磨耗。

⑥维修工作量加大,行车费用增高。小半径曲线地段,轨距、方向容易错动。采用木枕时,容易产生道钉孔扩大和垫板切入枕木等病害,钢轨磨耗严重。电力牵引时轨面更容易出现波浪形磨耗,需要打磨轨面、倒轨、换轨。这样,必将增加维修工作量和维修费用。

综合以上分析,小半径曲线在困难地段,能大量节省工程费用,但不利于运营,特别是曲线限制行车速度时,影响更为突出。因此必须根据设计线的具体情况,综合工程与运营的利弊,选定设计线合理的最小曲线半径。

2) 普速铁路的最小曲线半径

《线规》规定,对采用的参数进行细致研究,结合我国铁路的工程和运营实践,《线规》确定了各级铁路不同路段设计速度的最小曲线半径值。

(1) 因地制宜由大到小合理选用

各个曲线选用的曲线半径值不得小于设计线选定的最小曲线半径。采用小半径曲线的线路,可以顺其自然地形多绕弯,以减少工程量,节约投资等。但小半径曲线的缺点较多,曲线阻力大,行车速度低,钢轨、轮箍磨耗大,轨道容易变形,养护困难且工作量大,需要增加轨枕和轨距拉杆等设备以加强轨道,同时小半径曲线多,线路总的转向角将增大,相应地加大了曲线坡度折减,从而展长了线路等。故选配曲线半径时,应遵循由大到小、宁大勿小的原则进行。选用的曲线半径,应适应地形、地质、地物条件,以减少路基、挡墙、桥隧工程量,少占农田,并保证线路的安全稳定。

（2）结合线路纵断面特点合理选用

坡道平缓地段与凹形纵断面坡底地段，行车速度较高，应选配不限制行车速度的较大半径。在长大坡道地段、凸形纵断面的坡顶地段和双方向均需停车的大站两端引线地段，行车速度较低，若地形困难，选用较大的曲线半径引起较大工程量时，可选用较小曲线半径。

设计线选定的最小曲线半径，一般不应小于表1-4所列的规定值。特殊困难地段的个别曲线，有技术经济比较依据，并经鉴定批准，Ⅰ、Ⅱ级铁路在行车速度为80km/h路段的个别曲线，可采用比该表略小的曲线半径。

最小曲线半径　　　　　　　　　　　表1-4

路段旅客列车设计行车速度（km/h）		160	140	120	100	80
最小曲线半径（m）	工程条件					
	一般地段	2000	1600	1200	800	600
	困难地段	1600	1200	800	600	500

3）普速铁路曲线半径的选用

设计线路平面时，各个曲线选用多大的曲线半径，要考虑下列设计要求。

为了测设、施工和养护的方便，曲线半径一般应取50m、100m的整倍数，即12000m、10000m、8000m、7000m、6000m、5000m、4500m、4000m、3000m、2800m、2500m、2000m、1800m、1600m、1400m、1200m、1000m、800m、700m、600m、550m、500m；特殊困难条件下，用足限坡的长大坡道坡顶地段和车站前要用足坡度上坡的地段，虽然行车速度较低，但不宜选用600m或550m以下过小的曲线半径，以免因轮轨间黏着系数降低，而使坡度减缓，额外展长路线。

地形特殊困难，不得不选用限制行车速度的小半径曲线时，这些小半径曲线宜集中设置。如分散设置要多次限速，使列车频繁减速、加速、增加能量消耗，不便于司机操纵机车，且为运营中提速、改建增加困难。

一般，普速铁路的曲线半径都远远小于高铁的曲线半径，因为高速铁路列车的运行速度远远高于普速铁路。

4）高速铁路的最小曲线半径

最小曲线半径是高速铁路线路主要的设计标准之一。它与铁路运输模式、速度目标值、旅客乘坐舒适度和列车运行平稳度等有关。我国高速铁路在运输组织模式上为本线与跨线旅客列车共线运行的客运专线模式，在选用最小曲线半径时考虑了两个方面的因素：一方面是高速列车设计最高速度v_{max}，实设超高与欠超高之和的允许值$[h_{SH}+h_q]$等因素；另一方面是高速列车最高运行速度v_G、跨线旅客列车正常运行速度v_D、欠超高与过超高之和的允许值$[h_q+h_g]$等因素。

（1）速度目标值

我国高速铁路运输组织模式为高、低速列车共线运行，高速列车设计速度为350km/h、300km/h，与低速列车的匹配关系为350/(200~250)km/h、300/200km/h。最小曲线半径的确定首先要满足设计速度350km/h的要求，其次还要满足不同速度匹配条件下的速差要求。

（2）实设超高、欠超高、过超高的最大允许值

①实设超高允许值$[h_{SH}]$。

实设超高允许值$[h_{SH}]$主要取决于列车在曲线上停车时的安全、稳定和旅客乘坐舒适度要求。根据我国铁道科学研究院1980年的试验研究，当列车停在超高为200mm的曲线上时，部分旅客感到站立不稳，行走困难且有头晕不适之感。日本新干线中最大实设超高$[h_{SH}]$

除东海道新干线为 200mm 外,其余各线为 180mm;德国 ICE 线和法国 TGV 线最大超高 $[h_{SH}]$ 均为 180mm。《高速铁路设计规范(试行)》(TB 10621—2009)规定,最大实设超高 $[h_{SH}]$ 为 170mm。

②欠超高允许值 $[h_q]$。

高速铁路的欠超高允许值 $[h_q]$ 主要取决于旅客乘坐舒适度要求,同时考虑到过大的欠超高可能带来较大的线路养护维修工作量,所以在选择欠超高允许值时,应考虑留有一定的余地。1993 年铁道科学研究院在环行铁道上的试验表明,当 $[h_q]$ = 30mm 时,乘客感觉良好;当 $[h_q]$ = 55mm 时,感觉较好;当 $[h_q]$ = 80mm 时,感觉略有不舒适;当 $[h_q]$ = 108mm 时,感觉不舒适。

据此,高速铁路的允许欠超高 $[h_q]$ 的取值如下。

舒适度良好:$[h_q]$ = 40mm。

舒适度较好:$[h_q]$ = 60mm。

舒适度一般:$[h_q]$ = 70mm。

舒适度较差:$[h_q]$ = 100mm。

③过超高允许值 $[h_g]$。

对跨线旅客列车的过超高允许值 $[h_g]$,根据试验结果,过超高与欠超高对旅客乘坐舒适度的影响是同等的。在我国既有客货共线运行干线过超高允许值 $[h_g]$ 远小于欠超高允许值 $[h_q]$,即 $[h_g] \leqslant [h_q]$,这主要是考虑货物列车的轴重及通过总重大于客运列车,其对曲线内轨磨耗及线路的破坏作用较大,故需较严格地限制对货物列车的过超高允许值 $[h_g]$。在本线与跨线旅客列车共线的客运专线上,考虑到跨线旅客列车的车辆走行性能比货物列车要好得多,因而过超高引起的对内轨磨耗和对线路破坏作用要小一些,故其过超高允许值 $[h_g]$ 可以适度放宽。同时考虑到高速铁路的本线与跨线旅客列车共线运营模式是以高速为主,重点应保证高速列车的旅客乘坐舒适度,因此取过超高允许值 $[h_g]$ 与欠超高允许值 $[h_q]$ 一致,即 $[h_g]$ = $[h_q]$。

④本线、跨线旅客列车共线运行时欠超高和过超高之和的允许值 $[h_q + h_g]$。

本线、跨线旅客列车运行在半径为 R、实设超高为 h_{SH} 的圆曲线上,对选定的欠超高允许值 $[h_q]$ 和过超高允许值 $[h_g]$ 存在下列关系,如式(1-2)、式(1-3);可见超高 h 和 $1/R$ 存在图 1-9 的表示的关系。

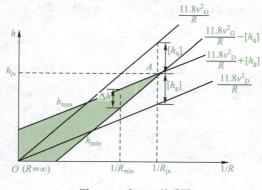

图 1-9 h 和 $1/R$ 关系图

$$h_{SH} = \frac{11.8v_G^2}{R} - h_q \geqslant \frac{11.8v_G^2}{R} - [h_q] \qquad (1-2)$$

$$h_{SH} = \frac{11.8v_D^2}{R} + h_g \leqslant \frac{11.8v_D^2}{R} + [h_g] \qquad (1-3)$$

从图 1-9 中可见,同时满足上列两式的点 A 对应的曲线半径 R_{jx}、超高 h_{jx} 是唯一的。而现场的实设超高 h_{SH} 是由通过曲线的各次列车速度及其质量决定的,与 h_{jx} 往往有些区别,存在下列差值:

$$\Delta h = h_{jx} - h_{SH} = \frac{v_{jx}^2 - v_{SH}^2}{v_G^2 - v_D^2}([h_q] + [h_g]) \tag{1-4}$$

式中：h_{jx}——理论计算的曲线超高；

h_{SH}——现场实际设置的曲线超高；

v_{jx}——理论计算的曲线均衡速度；

v_{SH}——曲线上实际运行的均方根速度；

v_G——高速列车最高运行速度（下标 G 代表时速较高的高速列车）；

v_D——跨线旅客列车正常运行速度（下标 D 代表时速较低的动车组）。

在实际列车运行时，有可能欠超高或过超高超出允许值，所以在确定 R_{min} 时，对于欠、过超高的允许值应留有余量：

$$[h_q + h_g] = [h_q] + [h_g] - \Delta h \tag{1-5}$$

Δh 和本线、跨线列车对数、质量、速度有关，结合京沪高速各区段客运量、对数等资料计算 Δh：

$$30\text{mm} \leqslant \Delta h \leqslant 50\text{mm}$$

(3) 最小曲线半径的确定

①高速铁路设计速度要求的最小曲线半径 R_{min}。

为了满足高速铁路的设计速度要求，采用上述的实设超高与欠超高之和允许值 $[h_{SH} + h_q]$ 时，其最小曲线半径应按下式计算确定：

$$R_{min} = 11.8 \frac{v_{max}^2}{[h_{SH} + h_q]} \tag{1-6}$$

式中：v_{max}——高速铁路设计速度目标值，按 300km/h、350km/h 考虑。

②高、低速列车共线运行条件下最小曲线半径 R_{min}。

高、低速列车共线运行在半径为 R 的圆曲线上，它们的实设超高 h_{SH} 与其相应的欠超高 $[h_q]$、过超高 $[h_g]$ 及其之和的允许值 $[h_q + h_g]$ 之间满足式(1-2)、式(1-3)，因此，在高、低速列车共线运行条件下最小曲线半径 R_{min}，应按下式计算确定：

$$R_{min} = 11.8 \frac{v_G^2 - v_D^2}{[h_q + h_g]} \tag{1-7}$$

5) 最大曲线半径及曲线半径的选用

(1) 最大曲线半径

最大曲线半径标准关系到线路的铺设、养护、维修能否达到要求的精度。曲线的线形或轨道的平顺主要依据基桩控制曲线的正矢值来保持。基桩的定位精度决定于测设精度；正矢值则与曲线半径成反比，与弦长的平方成正比。当曲线半径大到一定程度后，正矢值将很小，测设和检测精度均难于保证极小的正矢值的准确性，可能反而成为轨道不平顺的因素。因此，应对圆曲线的最大半径加以限制。

根据国外高速铁路的测设经验，如日本、法国，在曲线地段沿线每隔 10m 设置一个基桩作为线路的基准。法国高速线路基桩的点位误差控制在 1mm。

我国高速铁路设计规范要求的精度更高，如表 1-5 京津城际控制网所示。

综合考虑线路测设精度和轨道检测精度，并参考国外试验线上最大曲线半径情况，我国高速铁路设计规范规定，最大曲线半径一般不宜大于 12000m，个别不大于 14000m。

京津线控制网的布置 表1-5

序号	测量控制网		间距	精度
1	基础网	首级平面控制网	每隔30km布设1个,分别为BJ01、CQ03、CQ04、CQ05、TJ02	点位均选在建筑物楼顶,采用安装强制归心标
		GPS加密网	加密GPS网为1~2km埋设一对点位,点与点之间距离>500m	每1000m水平位置10mm,高程2mm
2	精密导线网		距离为150~300m	每250m水平位置5mm,高程1mm
3	轨道设标网(GVP)		固定支座上方的防撞墙上,32m简支梁每2跨设2个。路基设在电化接触网支柱上	水平位置1mm,高程0.5mm
4	轨道基准网(GRP)		每块轨道板接缝处有1个点	水平位置0.2mm,高程0.1mm

（2）曲线半径的选用

根据上述参数和公式，可以进行平面圆曲线半径的计算分析。《高速铁路设计规范（试行）》(TB 10621—2009)中正线平面圆曲线半径根据轨道结构类型按表1-6取。优先选用推荐曲线半径，慎用最小和最大曲线半径。曲线半径的选用应因地制宜、由大到小、合理选用，以使其既能满足行车速度和设置建筑物的技术要求，又能适应地形、地质等条件，减少工程量，做到技术经济合理。高速铁路由于曲线半径直接决定行车速度，应根据线路不同地段的行车速度适当选定相应的曲线半径；对于位于车站两端减、加速地段，由于行车速度较低，为减少工程量，可选用与实际行车速度相适应的较小曲线半径；对于地形、地质条件困难，工程艰巨地段，也可适当选用较小曲线半径并宜集中设置，以免列车频繁限速，恶化运营条件。为增加曲线半径选择的灵活性，以适应特殊地形条件下节省工程投资的需要，必要时可采用最大与最小曲线半径间100m整数倍的曲线半径。同时要求正线不应设计复曲线，区间正线宜接线间距不变的并行双线设计，曲线地段应以左线（下行线）为基准，右线设计为左线的同心圆。

平面曲线半径表(m) 表1-6

设计行车速度(km/h)	350/250	300/200	250/200	250/160
有砟轨道	推荐8000~10000；一般最小7000；个别最小6000	推荐6000~8000；一般最小5000；个别最小4500	推荐4500~7000；一般最小3500；个别最小3000	推荐4500~7000；一般最小4000；个别最小3500
无砟轨道	推荐8000~10000；一般最小7000；个别最小5500	推荐6000~8000；一般最小5000；个别最小4000	推荐4500~7000；一般最小3200；个别最小2800	推荐4500~7000；一般最小4000；个别最小3500
最大半径(m)	12000	12000	12000	12000

注：个别最小半径值需进行技术经济比选，报部批准后方可采用。

3. 缓和曲线

为使列车安全、平稳、舒适地由直线过渡到圆曲线或由圆曲线过渡到直线，在直线与圆曲线间必须设置一定长度的缓和曲线。缓和曲线是在直线与圆曲线的一段变曲率、变超高线段，其作用是在缓和曲线范围内完成由曲率无限大的直线上逐渐变化到某一曲率的圆曲线，曲线外股钢轨高度从直线上左右股钢轨水平一致逐渐变化到圆曲线时达到外轨超高值。在高速行车条件下，旅客对乘坐舒适度比较敏感，因而对缓和曲线的设置要求也更为严格。对于高速铁路的缓和曲线研究的重点是缓和曲线的线形和长度。

换句话说,缓和曲线的作用是:在缓和曲线范围内,其半径由无限大渐变到圆曲线半径,从而使车辆产生的离心力逐渐增加,有利于行车平稳;在缓和曲线范围内,外轨超高由零递增到圆曲线上的超高量,使向心力逐渐增加,与离心力的增加相配合;当曲线半径小于350m,轨距需要加宽时,可在缓和曲线范围内,由标准轨距逐步加宽到圆曲线上的加宽量。所以,在普速铁路的缓和曲线上是变曲率、变超高、变轨距的。高速铁路中曲线最小半径远远大于350m,所在以高速铁路中不存在轨距加宽的问题,只是曲率、变超高。

设计缓和曲线时,有线形选择、长度计算、如何选用和保证缓和曲线间圆曲线的必要长度四个问题。本节重点介绍缓和曲线选用和圆曲线最小长度问题。

缓和曲线长度影响行车安全和旅客舒适,拟定标准时,一要保证超高顺坡不致使车轮脱轨;二要保证超高时变率不致使旅客不适;三要保证欠超高时变率不致影响旅客舒适。缓和曲线长度应取三个计算值中的较大者,并进整为10m的倍数。《线规》规定的最小缓和曲线长度见表1-7。

最小缓和曲线长度表(m) 表1-7

v(km/h) 工程条件 曲线半径(m)	160 一般	160 困难	140 一般	140 困难	120 一般	120 困难	100 一般	100 困难	80 一般	80 困难
12000	40	40	20	20	20	20	20	20	20	20
10000	50	40	30	20	20	20	20	20	20	20
8000	60	50	40	20	30	20	20	20	20	20
7000	70	50	50	30	30	30	20	20	20	20
6000	70	50	50	30	30	20	20	20	20	20
5000	70	60	60	40	40	30	20	20	20	20
4500	70	60	60	40	40	30	30	20	20	20
4000	80	70	60	40	50	30	20	20	20	20
3500	90	70	70	50	50	40	40	20	20	20
3000	90	80	70	50	50	40	40	20	20	20
2800	100	90	80	60	50	40	40	20	20	20
2500	110	100	80	70	60	40	40	30	30	20
2000	140	120	90	80	60	50	50	40	30	20
1800	160	140	100	80	60	50	50	40	30	20
1600	170	160	110	100	70	60	50	40	40	20
1400			130	110	80	70	60	40	40	20
1200			150	130	90	80	60	50	40	30
1000					120	100	70	60	40	30
800					150	130	80	70	50	40
700							100	90	50	40
600							120	100	60	50
550							130	110	60	50
500									60	50

1) 缓和曲线线型的选定

目前世界上普速铁路和高速铁路常用的缓和曲线线型有：

（1）三次抛物线型；

（2）三次抛物线余弦改善型；

（3）三次抛物线圆改善型；

（4）七次四项式型；

（5）半波正弦型；

（6）一波正弦型。

从理论上讲，曲线型超高顺坡的缓和曲线，最能全面满足高速列车的运行要求；例如，日本新干线采用半波正弦型。但是缓和曲线的长度势必增长，且缓和曲线的超高递升很慢，有时甚至在1/4范围内，缓和曲线尚未偏离切线，给缓和曲线的铺设和养护带来了很大的困难，使得缓和曲线的有效长度实际上变得很短，从研究和实测结果表明，只要缓和曲线长度达到一定要求，各种线型均能保证高速行车安全和旅客舒适度要求。国外高速铁路的运营实践也证明了这一点，考虑到三次抛物线型简单，设计方便，养护经验丰富等特点，我国高速铁路采用三次抛物线型，当曲线半径采用困难条件标准或缓和曲线不能保证足够长度时，可采用三次抛物线改善型缓和曲线。

2) 缓和曲线长度的选定

缓和曲线长度是高速铁路线路平面设计重要参数之一，随着列车运行速度的提高，要求缓和曲线应有足够的长度，使缓和曲线上的曲率和超高的变化不致太快，满足旅客乘车舒适的要求和确保行车的安全，但过长的缓和曲线长度会影响平面选线和纵断面设计的灵活性，会引起工程投资的增大。

缓和曲线线形选定以后，就可考虑这些因素来确定缓和曲线长度：①车辆脱轨；②未被平衡横向离心加速度时变率（欠、过超高时变率）；③车体倾斜角速度（超高时变率）。

（1）普速铁路按车辆脱轨条件确定缓和曲线长度

由于在缓和曲线上一个车辆转向架的四个车轮处于三点支承状态，因此脱轨条件的分析应给予充分重视。为防止车辆脱轨，假设车体和转向架刚性接触，并且车体对扭转有无限抵抗，缓和曲线长度由转向架中心间距决定；在完全由心盘支承，且不考虑其摩擦力的情况下，缓和曲线长度由转向架轮对间距和轮缘高度决定。

《线规》规定，为防止车辆脱轨的最大超高顺坡率不大于2‰，即1/500。所以对于超高线性变化的三次抛物线及其改善型缓和曲线上，由车辆脱轨条件确定的缓和曲线长度，对时速低于160km的普速铁路是合适的，但对于缓和曲线普遍较长的高速铁路，由脱轨安全要求计算的缓和曲线长度就不合适了，《高速铁路设计规范（试行）》(TB 10621—2009)要求以舒适度为控制指标，见表1-8。

缓和曲线长度(m) 表1-8

设计行车速度 (km/h)	350			300			250		
曲线半径(m)	(1)	(2)	(3)	(1)	(2)	(3)	(1)	(2)	(3)
12000	370	330	300	220	200	180	140	130	120
11000	410	370	330	240	210	190	160	140	130
10000	470	420	380	270	240	220	170	150	140

注：表中(1)栏为舒适度优秀条件值；(2)栏为舒适度良好条件值；(3)栏为舒适度一般条件值。

（2）高速铁路按未被平衡横向加速度时变率（欠超高时变率）确定缓和曲线长度

列车通过曲线时，超高、曲率与列车速度不适应，就会产生未被平衡的横向加速度。在缓和曲线上，未被平衡加速度是不断变化的，过大的未被平衡横向离心加速度变化率会引起旅客乘坐条件的恶化。因此，对最大未被平衡横向离心加速度时变率应有所限制，以保证旅客必要的舒适度。

对高速铁路而言，以车体倾斜角速度（超高时变率）要求为确定缓和曲线长度的控制条件。也就是采用直线型超高顺坡的三次抛物线及其改善型缓和曲线以未被平衡横向加速度时变率确定缓和曲线长度，故影响缓和曲线长度的要素只是设计超高 h_{jx} 的取值问题，h_{jx} 值越大，缓和曲线越长，反之则短，高速铁路缓和曲线长度明显要比普速铁路长得多。

我国高速铁路设计规范规定缓和曲线长应根据设计速度、曲线半径和地形条件按表1-8、表1-9合理选用，一般应在最大长度和一般长度之间选用，困难条件下可在一般长度和最小长度之间选用，并为10m的整倍数。

缓和曲线长度（m）　　　　　　　　　　　　　　　表1-9

设计行车速度（km/h） 曲线半径(m)	350			300			250		
	(1)	(2)	(3)	(1)	(2)	(3)	(1)	(2)	(3)
9000	530	470	430	300	270	250	190	170	150
8000	590	530	470	340	300	270	210	190	170
7000	670 680*	590 610*	540 550*	390	350	310	240	220	190
6000	670 680*	590 610*	540 550*	450	410	370	280	250	230
5500	670 680*	590 610*	540 550*	490	440	390	310	280	250
5000	—	—	—	540	480	430	340	300	270
4500	—	—	—	670 585*	510 520*	460 470*	380	340	310
4000	—	—	—	670 585*	510 520*	460 470*	420	380	340
3500	—	—	—	—	—	—	480	430	380
3200	—	—	—	—	—	—	480 490*	430 440*	380 400*
3000	—	—	—	—	—	—	480 490*	430 440*	380 400*
2800	—	—	—	—	—	—	480 490*	430 440*	380 400*

注：1.（1）、（2）、（3）栏含义同表1-24。
　　2. *为曲线设计超高175mm时的取值。

3）限速曲线的缓和曲线长度标准的确定

铁路选线定线设计时，在受地形、地物等各种条件控制的困难地段及位于大型车站两端减、加速地段,往往只能采用较小半径的曲线,曲线地段的行车速度也受到限制。同时在限速地段内,往往有小偏角的曲线需要采用较大曲线半径和较小缓和曲线长度的情况,因此缓和曲线长度应与限速曲线的行车速度相适应。

4. 夹直线

在地形困难曲线毗连地段,两相邻曲线间的直线段,即前一曲线终点(HZ_1)与后一曲线起点(ZH_2)间的直线段,称为夹直线。设计时,两缓和曲线间的圆曲线和夹直线一并考虑(以下统称为夹直线),力争使夹直线长度长一些,以利于为行车和维修创造有利条件。但为适应地形节省工程,需要设置较短的夹直线时,其最小长度往往受下列条件控制。

(1)线路养护要求

夹直线太短,特别是反向曲线路段,列车通过时,因频繁转换方向,车轮对钢轨的横向推力加大,夹直线的正确位置不易保持。实践证明:夹直线长度不宜短于 2~3 节钢轨,钢轨标准长度为 25m,即 50~75m;地形困难时,至少应不小于一节钢轨长度,即 25m。

(2)行车平稳要求

旅客列车从前一曲线通过夹直线进入后一曲式线的运行过程中,因外轨超高和曲线半径不同,未被平衡的横向加速度频繁变化,引起车辆左右摇摆,反向曲线地段更为严重。为了保证行车平稳、旅客舒适,夹直线长度不宜短于 2~3 节客车长度。中国 22 型和 25 型客车全长分别为 24.0m 和 25.5m,故夹直线长度不宜短于 48.0~76.5m。客车通过夹直线时,要跨过夹直线前后的缓直点和直缓点,车轮与钢轨冲击引起转向架弹簧的振动。为使缓直点和直缓点产生的振动不叠加,以保证旅客舒适,夹直线应有足够长度,使客车通过夹直线的时间不小于弹簧振动消失的时间。根据这一条件可知,夹直线长度与行车速度成正比,即行车速度愈高,所需的夹直线长度愈长。

为保证行车平稳,并考虑维修方便。《线规》规定:圆曲线的最小长度和夹直线相同,见表 1-10。

圆曲线和夹直线最小长度 表 1-10

路段旅客列车设计行车速度(km/h)	200	160	140	120	100	80
圆曲线和夹直线最小长度(m)	140(100)	130(80)	110(70)	80(50)	60(40)	50(30)

注:括号内的数值为特殊困难条件下,经技术经济比选后方可采用的圆曲线或夹直线最小长度。

设计线路平面时,若曲线偏角较小,设置缓和曲线后,圆曲线长度达不到规定值,则宜加大半径增加圆曲线长度。如条件限制,不易加大曲线半径或加大后仍不能满足要求时,则可采用较短的缓和曲线长度,或适当改动路线平面。

1)高速铁路的夹直线(及圆曲线)最小长度

在地形困难曲线毗连地段,两相邻曲线间的直线段,即前一曲线终点(HZ_1)与后一曲线起点(ZH_2)间的直线段,称为夹直线。高速铁路中缓和曲线间夹直线和圆曲线的最小长度主要受列车运行平稳性和旅客乘坐舒适条件控制。

理论上列车运行平稳、旅客乘坐舒适所要求的夹直线和圆曲线的最小长度,通常按列车在缓和曲线出入口(即夹直线或圆曲线的起终点)产生的振动不致叠加考虑,与列车振动、衰减特性和运行速度有关。根据实验结果,车辆振动的周期约为 1.0s,列车在缓和曲线出入口产生的振动在一个半至两个周期内基本衰减完毕。

我国既有干线一般地段夹直线长度标准为 $(0.6 \sim 0.67) v_{max}$,国外高速铁路相应最高运营速度 200~350km/h 的夹直线和圆曲线的最小长度为 $(0.4~1.0)v_{max}$。

计算机模拟计算结果表明,夹直线长度为 $0.8v_{max}$ 时,在夹直线起终点对高速车辆产生的激扰振动不会叠加,对行车平稳和旅客乘坐舒适性没有明显的影响,所以,我国《高速铁路设计规范(试行)》(TB 10621—2009)规定夹直线及圆曲线最小长度一般按大于等于 $0.8v_{max}$ 计算确定;困难条件下按大于等于 $0.6v_{max}$ 计算确定,v_{max} 为远期速度目标值 350km/h。圆曲线或夹直线最小长度,见表 1-11。

圆曲线或夹直线最小长度　　　　表 1-11

设计行车速度(km/h)	350	300	250
圆曲线或夹直线最小长度(m)	280(210)	240(180)	200(150)

注:括号内为困难条件下采用的最小值。

2) 建筑限界

建筑限界分为铁路建筑限界、隧道建筑限界和桥梁建筑限界。世界各国的高速铁路建筑限界,由于所采用的机车车辆性能、结构尺寸、最高速度以及运输模式各不相同,加之国情也不一样,所采用的研究方法和基本尺寸亦有所不同。建筑限界是高速铁路的基本技术标准之一,与设备设施的设计密切相关。通过分析,电气化铁路建筑限界的高度主要与接触网悬挂方式、结构高度、导线高度、带电体对地绝缘以及隧道、桥梁的断面尺寸和施工误差等因素有关;建筑限界的宽度主要与机车车辆限界的宽度、机车车辆运行中横向振动偏移量、轨道状态及一定的安全富裕量等因素有关。

我国现行的普速电气化铁路建筑限界、电气化隧道建筑限界和桥梁建筑限界三者略有不同,主要差别在隧道下部轮廓线根据隧道边墙形状而定,桥梁下部轮廓线根据下承式板梁角撑尺寸确定,且两者的限界上部均有用于安装照明、通信、信号等设备的空间,因此比铁路建筑限界宽。由于我国时速 300~350km 高速铁路的隧道净空面积较大,在建筑限界之外,有足够的空间布置照明、信号等设备,各种跨度桥梁均不采用下承式板梁,建筑限界轮廓不再受桥梁结构形状的限制。所以,我国高速铁路的建筑接近限界同样适用于隧道和桥梁,即我国规定三种限界合一,具体尺寸如图 1-10 所示。

曲线地段的建筑限界,应考虑因超高产生车体倾斜对曲线内侧的限界加宽。其加宽量为

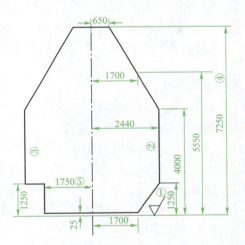

图 1-10　高速铁路建筑限界轮廓及基本尺寸
(尺寸单位:mm)

①-轨面;②-区间及站内正线(无站台)建筑限界;③-有站台时建筑限界;④-轨面以上最大高度;⑤-线路中心线至站台边缘的距离(正线不适用)

$$W = \frac{Hh}{1500} \quad (1-8)$$

式中:W——曲线内侧加宽值(mm);
　　　H——轨顶面至计算点的高度(mm);
　　　h——外轨超高值(mm)。

曲线上建筑限界的加宽范围,包括全部圆曲线、缓和曲线和部分直线,按图 1-11 所示阶梯加宽方法

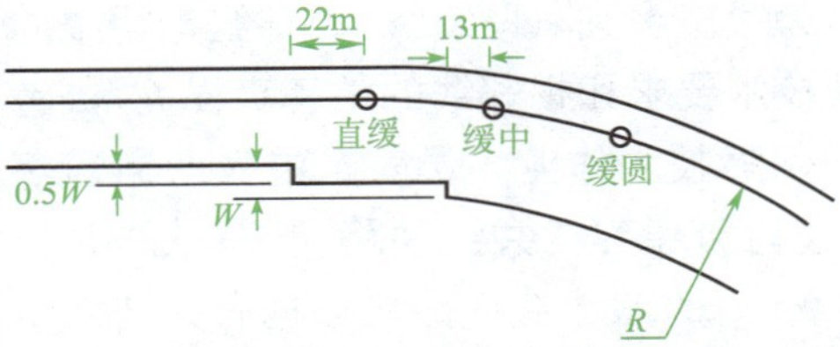

图 1-11　高速铁路建筑限界的曲线加宽方法

加宽。

3) 线间距

线间距是指相邻两股线路(区间正线地段实际为上、下行线)中心线之间的最短距离。由于高速列车运行时会产生列车风,相邻线路高速列车相向运行所产生的空气压力冲击波易振碎车窗玻璃,使旅客感到不适,甚至影响列车运行的稳定性,故高速铁路的线间距较普速铁路有所增大。其大小取决于机车车辆幅宽、轨距、高速列车相遇产生的风压以及考虑将来铺设过渡线道岔等条件。

高速铁路线间距标准主要受列车交会运行时的气动力作用控制。一方面,要满足列车承受会车压力波的最大允许值;另一方面,要分析研究各种客运列车交会运行时,作用在列车上的会车压力波最大值及其时变率,以及与交会列车相邻侧壁净间距 y(或线间距 D)的规律。

现场试验研究和数值模拟计算研究表明,列车交会时产生的会车压力波有以下几项主要特征:

(1) 交会列车上的会车压力波值基本上与邻线迎面驶来的列车(以下简称通过列车)的运行速度平方成正比。

(2) 外形相似的列车交会时,速度较低列车上受到的会车压力波比速度较高列车受到的会车压力波大,而速度相当的列车彼此交会时其会车压力波大致相当。

(3) 会车压力波值与交会列车相邻侧壁间的净距 y 成反比。

$$y = D - (B_1 + B_2)/2 \tag{1-9}$$

式中:D——线间距;

B_1——被交会列车宽度;

B_2——通过列车车头宽度。

(4) 会车压力波值与列车外形(列车头部的流线程度、列车的宽度、列车长度和车体流线型程度)密切相关,其中列车头部流线程度影响最为显著。

(5) 会车压力波与测点高度有关。高度越低,压力波越大。

(6) 一节车厢同一高度处会车压力波平均值与最大值之间存在一定的差别,表明会车压力波具有非定常性。

确定线间距标准是一个灵活性相当大的问题。日本高速铁路的线间距最窄,它的会车压力波最大,对机车车辆的设计和制造提出了很高的要求,但可以节省土建工程投资,这对国土窄小的日本是十分重要的。而德、法两国的线间距比较宽,虽然对机车车辆的气密性、门窗等设计要求相对降低,但土建投资较高。

根据国内的研究成果、国外高速铁路经验的关系,结合国情、路情,我国《高速铁路设计规范(试行)》(TB 10621—2009)规定区间及站内正线线间距按 5.0m(设计最高行车速度 350km/h)和 4.8m(设计最高行车速度 300km/h)选用,曲线地段可不加宽。位于车站两端减、加速地段,可采用与设计速度相适应的线间距。正线与跨线旅客列车联络线、动车组走行线并行地段的线间距,应根据相邻一侧正线的行车速度及其技术要求和相邻线的路基高程关系,考虑站后设备、路基排水设备、声屏障、桥涵等建筑物以及保障技术作业人员安全的作业通道等有关技术条件综合研究确定,最小不应小于 5.0m。正线与新建客货共线铁路、既有铁路并行地段线间距不应小于 5.3m。当线间设置接触网杆柱等设备时,最小线间距应根据有关技术条件综合研究确定,见表 1-12。

区间及站内正线线间距   表 1-12

设计行车速度(km/h)	350	300	250
最小线间距(m)	5.0	4.8	4.6

4) 安全退避距离

列车是在地面上高速运行的长大物体,不同于汽车,更不同于航空航天飞行器,有其独特的空气动力问题需要研究解决。由于空气的黏性作用,列车在地面高速运行时将带动列车周围空气随之运动,形成一种特殊的非定常流动,通常称为列车风。列车风以空气流动和压力变化的形式表现出列车对周围环境及道旁人员安全的影响。列车风的作用随着离开列车侧面距离的增加而减少,为保障站台上旅客和轨侧作业人员安全,必须保证人体与列车侧壁之间有一定距离,这一距离即为列车安全退避距离。

列车安全退避距离主要有两方面研究内容:一是列车风作用下人体受力情况及列车风速度及压力分布;二是制订判别人体安全性的标准。主要是依赖于实车试验的测量结果。制订判别人体安全性的标准,根据所采用的物理量不同,有风速标准和气动力标准两种。在制订人体安全退避距离时,各国采用的标准不尽相同。日本以平均风速 9m/s 作为确定站台安全距离的危险标准。法国和德国采用气动力为判断依据,规定人体允许承受的气动力为 100N。

我国对于列车安全退避距离的研究,同时参考国外标准采取类比法提出了我国人体允许承受的气动力值和风速值:站台上旅客允许承受的气动力为 100N;轨侧线路作业人员允许承受的气动力为 130 N;站台上旅客和轨侧线路作业人员列车风允许风速为 14m/s。

根据上述研究成果,我国高速铁路设计规范对站台安全距离标准取 2.0m,轨侧铁路员工安全退避距离取 3.0m。轨侧安全退避距离较站台上的安全退避距离标准增大了 1.0m,其原因是,轨侧人员受到列车裸露的走行部分所引起的列车风的影响明显大于站台上人员受到列车侧壁所引起的列车风的影响。

5. 线路纵断面设计

1) 坡度

线路纵断面是由长度不同、陡缓各异的坡段组成的。坡段的特征用坡段长度和坡度值表示,如图 1-12 所示。坡段长度 L_i 为坡段两端变坡点间的水平距离(m)。坡度值 i 为该坡段两端变坡点的高差 H_i 与坡段长度 L_i 的比值,以千分数表示,即

$$i = \frac{H_i}{L_i} \times 1000 (‰) \qquad (1\text{-}10)$$

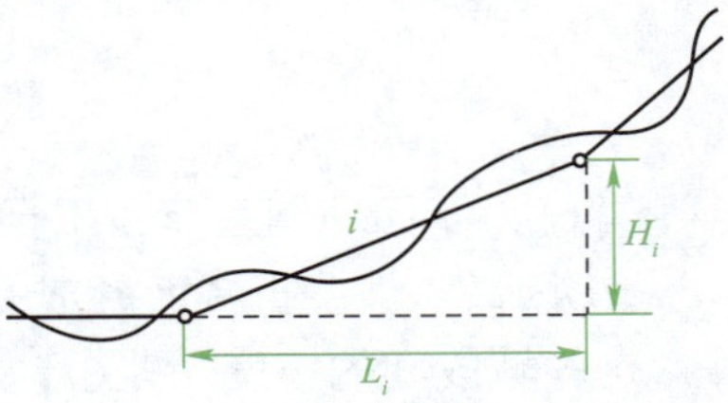

图 1-12 坡度示意图

上坡取正值,下坡取负值。如坡度为 4‰,即表示每千米高差为 4m。

线路纵断面设计,除在初步设计阶段确定最大坡度外,主要包括坡段长度、坡段连接与坡度折减等问题。以下分别阐述其设计要求、技术标准和相互配合问题。

2) 最大坡度

在一定自然条件下,线路的最大坡度与设计线的输送能力、牵引质量、工程数量和运营质量有着密切的关系,有时甚至影响线路走向。客货共线的铁路,线路最大坡度由货物列车运行要求所决定。高速列车采用大功率、轻型动车组,牵引和制动性能优良,能适应大坡度运行。但各国高速铁路由于采用的运输组织模式和线路条件各不相同,采用的线路最大坡度也不大

一样。

结合国情,我国高速铁路设计规范规定正线的最大坡度,一般条件下不应大于20‰,困难条件下,经技术经济比较,不应大于30‰,动车组走行线的最大坡度不应大于35‰。

3)坡段长度

变坡点是指相邻两坡段的坡度变化点。坡段长度是指相邻两变坡点间的水平距离。

从运营角度看,列车通过变坡点时,变坡点前后的列车运行阻力不同,车钩间存在游离空间,将使部分车辆产生局部加速度,影响行车平稳;同时也使车辆间产生冲击作用,增大列车纵向力。坡段长度要保证不致产生断钩事故。

从工程数量上看,采用较短的坡段长度可更好地适应地形起伏,减少路基、桥隧等工程数量(图1-13)。但最短坡段长度应保证坡段两端所设的竖曲线不在坡段中间重叠。

图1-13 坡段长度示意图

货车车钩强度允许的纵向力,拉伸力取980kN,压缩力取1960kN。在可能设置的最大坡度代数差和列车非稳态运行(如紧急制动、由缓解到牵引)的不利工况下,坡段长度所决定的车钩应力与列车牵引吨数有直接关系,牵引吨数用远期到发线有效长度表示。经过铁道科学研究院的理论计算与实践验证,《线规》规定了一般路段的最小坡段长度,见表1-13。

最小坡段长度　　　　　　　　　表1-13

远期到发线有效长度(m)	1050	850	750	650
最小坡段长度(m)	400	350	300	250

凸形纵断面坡顶为缓和坡度差而设置的分坡平段,其长度宜为200m,如图1-14a)所示;凹形纵断面底部为缓和坡度代数差而设置的分坡平段,其长度仍按表1-13取值,如图1-14b)所示。

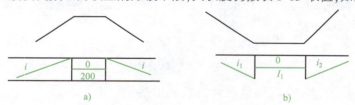

图1-14 凸形和凹形坡段长度示意图

(1)为了因地制宜节省工程,在下列情况下,坡段长度允许缩短至200m。

①因最大坡度折减而形成的坡段如图1-15a)所示,包括折减坡段及其中间无需折减的坡段,这些坡段间的坡度差较小,坡长可以缩短。

②在两个同向坡段之间为了缓和坡度差而设置的缓和坡段如图1-15b)所示,缓和坡段使纵断面上坡度逐步变化,对列车运行平稳有利,故允许缩短为200m。

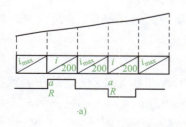 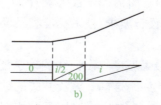 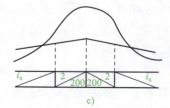

图1-15 200m坡段

③长路堑内为排水而设置的人字坡段如图 1-15c) 所示。人字坡段的坡度一般不小于 2‰,以利于路堑侧沟排水。

(2) 最小坡段长度

从列车运行的平稳性要求出发,纵断面坡段长度宜设计为较长的坡段;但从节省工程投资的角度分析,较短的坡段能够较好地适应地形,减少工程数量,降低工程投资。因此,最小坡段长度的确定,既要满足列车运行的平稳性要求,又要尽可能地节约工程投资,使两者取得最佳的统一。

为保证高速运行的高舒适性,高速铁路最小坡段长度除应满足两竖曲线不重叠外,同时还应考虑两竖曲线间有一定的夹坡段长度,以保证列车在前一个竖曲线终点产生的振动在夹坡段长度范围内完成衰减,不至于与下一个竖曲线起点产生的振动叠加。

同时,为提高行车舒适度,避免列车运营过程中的频繁起伏,提高舒适程度,不得连续采用"N"形短坡段。相邻大坡段宜避免采用"V"形纵断面。我国《高速铁路设计规范(试行)》(TB 10621—2009)规定见表 1-14。

最 小 坡 段 长 度　　　　　　　　　　表 1-14

设计行车速度(km/h)	350	300	250
一般条件(m)	2000	1200	1200
困难条件(m)	900	900	900

注:困难条件的最小坡段长度需进行技术经济比选,报部批准后方可采用。

(3) 最大坡段长度

法国高速铁路的最大坡段长度与坡度有关,坡度正常值应随坡段长度而变化。法国高速铁路规定:对于从最小值至 3km 的长度,其坡度不应超过 18‰;对于 3~15km 的长度范围,其坡度逐步从 18‰降至 15‰;对于大于 15km 的长度,最大坡度不超过 1.5‰,在实际应用中,上述坡度再降 2‰;对于坡度大于 25‰的线路,考虑平均坡度 25‰,最大坡长不宜超过 4km。

德国科隆至莱茵/美茵线对最大坡度规定在坡段长度 10km 范围内不应大于 25‰,在坡段长度 6km 范围内不应大于 35‰。

日本新干线,困难条件下 18‰的坡段最大长度为 2.5km,20‰的坡段最大长度为 1km。

《高速铁路设计规范(试行)》(TB 10621—2009)规定,区间正线的最大坡度,不宜大于 20‰,困难条件下,经技术经济比较,不应大于 30‰。动车组走行线的最大坡度不应大于 35‰。

对于最大坡段长度,我国高速铁路设计规范对此没有做具体规定。可根据实际情况,具体问题具体分析。一般情况下,当采用最大坡度 15‰时,最大坡段长度不宜大于 9km;当采用最大坡度 20‰,最大坡段长度不宜大于 5km。

4) 坡段连接

(1) 相邻坡段坡度差

纵断面的坡段有上坡、下坡和平坡。上坡的坡度为正值,下坡的坡度为负值,相邻坡段坡度差的大小,应以代数差的绝对值 Δi 表示。如前一坡段的坡度 i_1 为 4‰下坡,后一坡段的坡度 i_2 为 2‰上坡,则坡度差 Δi 为:

$$\Delta i = |i_1 - i_2| = |-4 - 2| = 6‰$$

相邻坡段的坡度差,都是以保证列车不断钩来制定的。20 世纪 60 年代前后,我国沿用国外的经验,曾规定坡度差不能大于限制坡度值的一半,但实际调查中发现,不少大于限制坡度值的坡度差,运营中并未发生断钩事故,故20世纪70~80年代的老《线规》规定:坡度差不应大于重车方向的限制坡度值。近年来,根据铁道科学研究院的理论研究、模拟计算和现场试验,列车通过变坡点时的纵向力有如下规律。

①列车纵向力随变坡点坡度差值的增大,而有所增大。

②凸形纵断面列车纵向拉力增大,压力减小;凹形纵断面拉力减小,压力增大。

③列车通过变坡点时的纵向力主要取决于列车牵引吨数(列车长度)、机车操纵工况和纵断面形式。

根据列车通过变坡点时产生的纵向力不大于车钩强度,即保证列车不断钩,进行计算,最大坡度差可以达到2倍限制坡度值。但考虑到远期列车牵引吨数可能增大,最大坡度差应留有适当余量,故以远期到发线有效长度作为拟定坡度差的参数。最新《线规》对最大坡度差的规定见表1-15。

最大坡度代数差 表1-15

远期到发线有效长度(m)		1050	850	750	650	550
最大坡度差(‰)	一般	8	10	12	15	20
	困难	10	12	15	18	25

相邻坡段的坡度差允许的最大值,主要由保证运行列车不断钩这一安全条件确定,普速铁路相邻坡段的坡度差主要受货物列车制约。由于旅客列车高铁列车轴重远低于货物列车,国外高速铁路对相邻坡段的坡度差均未做规定。

(2)竖曲线

在线路纵断面的变坡点处设置的竖向圆弧称为竖曲线。为保证列车在变坡点的运行安全和乘客的舒适性要求,我国规范要求必须设置竖曲线。

①普速铁路上的竖曲线设置条件。在线路纵断面上,若各坡段直接连接成折线,列车通过变坡点时,产生的车辆振动和局部加速度增大,乘车舒适度降低;当机车车辆重心未达变坡点时,将使前转向架的车轮悬空,图1-16为蒸汽机车导轮悬空情况;悬空高度大于轮缘高度时,将导致脱轨;当相邻车辆的连接处于变坡点近旁时,车钩要上下错动(图1-17),其值超过允许值将会引起脱钩。所以必须在变坡点处用竖曲线把折线断面平顺地连接。

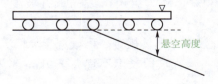
图1-16 导轮悬空示意图

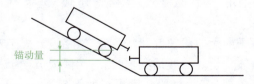
图1-17 车钩错动示意图

据此,《线规》规定:

a. 路段设计速度为160km/h的地段,当相邻坡段的坡度代数差大于1‰时,此时要设置竖曲线,竖曲线半径应采用15000m;

b. 路段设计速度小于160km/h的地段,当相邻坡段的坡度代数差大于3‰时,此时要设置竖曲线,竖曲线半径应采用10000m。

②竖曲线的几何要素。

a. 由图1-18知竖曲线切线长T_{SH}:

$$T_{SH} = R_{SH} \cdot \tan\frac{\alpha}{2} \approx \frac{R_{SH}}{2} \cdot \tan\alpha = \frac{R_{SH}}{2} \cdot \tan|\alpha_1 - \alpha_2|$$

$$= \frac{R_{SH}}{2} \left| \frac{\tan\alpha_1 - \tan\alpha_2}{1 + \tan\alpha_1 \cdot \tan\alpha_2} \right| \approx \frac{R_{SH}}{2} |\tan\alpha_1 - \tan\alpha_2|$$

$$= \frac{R_{SH}}{2} \left| \frac{i_1}{1000} - \frac{i_2}{1000} \right|$$

$$= \frac{R_{SH} \cdot \Delta i}{2000} \tag{1-11}$$

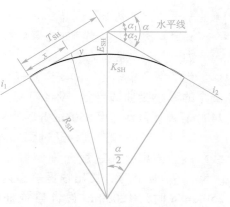

图 1-18 竖曲线

式中：α——竖曲线的转角(°)；

α_1、α_2——前后坡段与水平线的夹角(°)，上坡为正值，下坡为负值；

i_1、i_2——前后坡段的坡度(‰)，上坡为正值，下坡为负值；

Δi——坡度差的绝对值(‰)。

$v_{max} \geq 160 \text{km/h}$ 时，$\qquad T_{SH} = 7.5\Delta i \quad (\text{m})$

$v_{max} < 160 \text{km/h}$ 时，$\qquad T_{SH} = 5\Delta i \quad (\text{m})$

b. 竖曲线长度 K_{SH}：

$$K_{SH} \approx 2T_{SH} \tag{1-12}$$

c. 竖曲线纵距 y：

$$(R_{SH} + y)^2 = R_{SH}^2 + x^2$$

$$2R_{SH}y = x^2 - y^2 \ (y^2 \text{ 值很小，略去不计})$$

$$y = \frac{x^2}{2R_{SH}} \quad (\text{m}) \tag{1-13}$$

式中：x——切线上计算点至竖曲线起点的距离。

变坡点处的纵距称为竖曲线的外矢距 E_{SH}，计算式为：

$$E_{SH} = \frac{T_{SH}^2}{2R_{SH}} \quad (\text{m}) \tag{1-14}$$

变坡点处的路基面高程，应根据变坡点的设计高程，减去(凸形变坡点)或加上(凹形变坡点)外矢距的高度；路基填挖高度应根据路基面高程计算。

当变坡点处的坡度差 Δi 不大时，竖曲线的外矢距值 E_{SH} 很小；施工中，路基面不易作出竖曲线线型，故变坡点处的设计高程可按折线断面计算，不需计入外矢距的调整值。铺轨时，变坡点处的轨面能自然形成竖曲线，并不影响行车的安全和平稳。至于变坡点的道砟厚度，仅需较标准厚度增减 10~11.5mm，也不会影响轨道强度。

③高速铁路上的竖曲线设置条件。

为保证列车在变坡点的运行安全和乘客的舒适性要求，《高速铁路设计规范(试行)》(TB 10621—2009)规定，相邻坡段的坡度差大于1‰时，应采用圆曲线形竖曲线连接；当时速低于160km 时，按现行普速铁路设计规范，相邻段的坡度差大于3‰设竖曲线。

竖曲线半径的大小可从竖向离心力和竖向离心加速度两个因素来考虑。当列车在凸形竖曲线上运行时，就会产生向上的离心力，使轮载减轻；当列车在凹形竖曲线上运行时，就会产生向下的离心力，使轮载增大。所以竖向离心力会对列车运行的安全性产生影响，也会对旅客的乘坐舒适性产生影响。

a. 竖向离心力。当列车在竖曲线上制动时,制动力就会产生竖向分力,此竖向分力与竖向离心力一起形成竖向合力。

为了保证车辆运行的安全,一般认为轮重减载率不大于10%。根据研究,保证列车运行安全的最小竖曲线半径:设计目标速度250km/h时为5200m;设计目标速度300km/h时为7400m;设计目标速度350km/h时为9900m。

b. 竖向离心加速度。通过国外高速铁路线路竖向离心加速度允许值的分析,高速铁路线路的竖向离心加速度允许值取$0.4m/s^2$较为合适,困难时竖向离心加速度允许值取为$0.5m/s^2$。据此可计算出根据舒适度要求的高速铁路线路最小竖曲线半径:设计目标速度250km/h时为12060m;设计目标速度300km/h时为17370m;设计目标速度350km/h时为23640m。

从以上可知,竖曲线半径显然应按照旅客舒适性的要求选择。表1-16为《高速铁路设计规范(试行)》(TB 10621—2009)中关于最小竖曲线半径采用标准的规定,是根据上述计算后取整所得的,设计时应根据所处区段远期设计最高速度选用相应的竖曲线半径值。同时,由于竖曲线半径增大到一定程度,养护维修很难达到其设置要求。

最小竖曲线半径 表1-16

设计行车速度(km/h)	350	300	250
最小竖曲线半径(m)	25000	25000	20000

我国高速铁路设计规范规定,正线相邻坡段的坡度差大于或等于1‰时,应采用圆曲线形竖曲线连接,最小竖曲线半径应根据所处区段设计行车速度按表1-29选用,最大竖曲线半径不应大于30000m,最小竖曲线长度不得小于25m。

动车组走行线相邻坡段坡度差大于3‰时设置圆曲线形竖曲线,竖曲线半径一般条件5000m,困难条件3000m。

【例1-1】 某高速铁路,设计时速为250km/h,凸形变坡点A的地面高程为476.50m、设计高程为472.36m、相邻坡段坡度为$i_1 = 6‰$,$i_2 = -2‰$,求A点的挖方高度。

A点的坡度差Δi:

$$\Delta i = |6 - (-2)| = 8(‰)$$

A点的竖曲线切线长T_{SH}:

$$T_{SH} = 5\Delta i = 40m$$

A点的竖曲线外失距E_{SH}:

$$E_{SH} = \frac{T_{SH}^2}{2R_{SH}} = \frac{40^2}{2 \times 10000} = 0.08m$$

A点的路基面高程为:

$$472.36 - 0.08 = 472.28m$$

A点的挖方高度为:

$$476.50 - 472.28 = 4.22m$$

④普速铁路设置竖曲线的限制条件。

a. 竖曲线不应与缓和曲线重叠。竖曲线范围内,轨面高程以一定的曲率在变化。缓和曲线范围内,外轨高程以一定的超高顺坡在变化。如两者重叠,一方面在轨道铺设和养护时,外轨高程不易控制;另一方面外轨的直线形超高顺坡和圆型竖曲线,都要改变形状,影响行车的平稳。为了保证竖曲线不与缓和曲线重叠,纵断面设计时,变坡点离开缓和曲线起终点的距离,不应小于竖曲线的切线长(图1-19)。

b. 竖曲线不应设在明桥面上。在明桥(无砟桥)面上设置竖曲线时,其曲率要用木枕高度调整,每根木枕厚度都不同并要按固定位置顺序铺设,给施工、养护带来困难。为了保证竖曲线不设在明桥面上,变坡点距明桥面端点的距离,不应小于竖曲线的切线长(图1-20)。

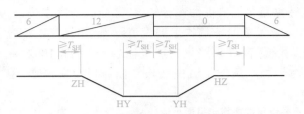 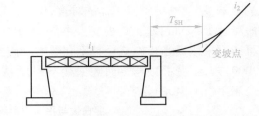

图1-19 变坡点距缓和曲线起讫点的距离　　　　图1-20 变坡点距明桥面桥头的距离

c. 竖曲线不应与道岔重叠。道岔的尖轨和辙叉应位于同一平面上,如将其设在竖曲线的曲面上,则道岔的铺设与转动都有困难;同时道岔的导曲线和竖曲线重合,列车通过道岔的平稳性降低。为了保证竖曲线不与道岔重叠,变坡点与车站站坪端点的距离,不应小于竖曲线的切线长。

⑤高速铁路竖曲线与竖曲线、缓和曲线、圆曲线和道岔重叠设置问题。

相邻的两个竖曲线重叠设置时,保证各自的竖曲线形状是很难达到的,测设工作也将更加困难。目前国外的标准也不允许竖曲线重叠。

铁路线路平面曲线(圆曲线及缓和曲线)与纵断面竖曲线重叠设置一直是铁路工作者感到头痛的问题。两种曲线的重叠不但给线路测设工作带来一定的难度,对行车的安全性、平稳性和舒适度也会有一定的影响,更主要的是给线路的养护维修工作增加了难度。竖曲线与缓和曲线重叠有如下不利影响。

a. 增加线路测设工作量:竖曲线与缓和曲线重叠设置的情况下,平面曲线的内轨在立面上要维持竖曲线的几何状态,而外轨又要叠加进缓和曲线超高的变化量,这时线路的测设工作要求更加严格。特别是对于高速铁路,由于竖曲线半径大、换算曲线超高顺坡率小,每10m的轨道高程变化量很微小,以致测设仪器的分辨率难于保证精度的要求。

b. 对行车安全和乘坐舒适度的影响:竖曲线与缓和曲线重叠设置,将造成缓和曲线平、立面线形不相适应。由于外轨叠加了超高顺坡量,其结果既不是标准的缓和曲线线形,又不是标准的竖曲线线形,因而对轮轨相互作用将会有一定的影响。此外,当列车运行在凸形竖曲线与圆曲线重叠的地段时,列车产生竖向离心加速度,减少重力加速度对未被平衡离心加速度的抵消作用,相对加大横向未被平衡离心加速度,也就是加大了列车运行时产生的欠超高,降低了旅客舒适度。附加欠超高连同平面曲线上产生的欠超高之和大于一定值时,还将带来不安全因素。

c. 增加了养护维修工作的难度:由于缓和曲线很长,其曲率及其变化率均甚微,轨道检测精度已难于保证其检测结果的真实性,若加上竖曲线的重叠设置,检测仪器更难分别提取竖曲线和缓和曲线的不平顺值了。

同时考虑到缓和曲线长度相对圆曲线较短,避免重叠设置容易处理,《高速铁路设计规范(试行)》(TB 10621—2009)规定竖曲线(或变坡点)与缓和曲线、道岔及钢轨伸缩调节器均不得重叠设置,而且要有一定的间距,具体见表1-17。

正线缓和曲线与道岔间的直线段最小长度　　　　　　表1-17

设计行车速度(km/h)	350	300	250
直线段最小长度(m)	210(170)	180(150)	150(120)

注:括号内为困难条件下采用的最小值。

竖曲线与圆曲线重叠设置,同样增加线路测设工作量,对行车安全和乘坐舒适度产生不利的影响,增加养护维修工作的难度,但由于高速铁路平面圆曲线半径较大,圆曲线长度较长,一般可达1~2km以上,为避免竖曲线与圆曲线重叠设置而增加的工程投资巨大,同时此项重叠可通过采取适当措施减轻其不利影响。因此,我国《高速铁路设计规范(试行)》(TB 10621—2009)规定,竖曲线与平面圆曲线不得重叠设置,困难条件下竖曲线与圆曲线可重叠设置,但应满足表1-18的要求。

竖曲线与平面圆曲线重叠设置的曲线半径最小值　　　　　　表1-18

设计行车速度(km/h)		350	300	250
平面最小圆曲线半径(m)	有砟轨道	7000	5000	3500
	无砟轨道	6000	4500	3000
最小竖曲线半径(m)		25000	25000	20000

如果竖曲线与道岔重叠设置,由于高速道岔总长度较长,一方面道岔全长不在一个坡度上,列车通过道岔过程中,车轮对尖轨及导曲线将产生较大的冲击力,导曲线未被平衡的加速度对车体产生横向作用,同时叠加竖向作用力后,降低了乘客的舒适度和安全度;另一方面,为保证竖曲线形状,道岔铺设时的测设工作及养护维修时的检测工作都更加困难,增加了测设和检测工作量和更多的维修工作量。因此,《高速铁路设计规范(试行)》(TB 10261—2009)规定竖曲线与道岔不得重叠设置。

5)最大坡度折减

线路纵断面设计时,在需要用足最大坡度(包括限制坡度与加力牵引坡度)的地段,当平面上出现曲线和遇到长于400m的隧道时,因为附加阻力增大、黏着系数降低,而须将最大坡度值减缓,以保证普通货物列车通过该地段的速度不低于计算速度或规定速度。此项工作称为最大坡度的折减。

五 线路平面图和纵断面图识读

线路平面图和纵断面图是铁路设计的基本文件。在各个设计阶段都要编制要求不同、用途不同的各种平纵面图,其比例尺、项目内容和详细程度均不相同。各种平纵面图都有标准的格式和要求,设计时,可参照通用图《铁路线路图式》。

现从教学出发,介绍线路平面图和详细纵断面图的基本要求和图中数据计算的方法。

1. 线路平面图

线路平面图,是在绘有初测导线和经纬距的大比例带状地形图上,设计出线路平面和标出有关资料的平面图,如图1-21所示。

(1)线路里程标和百米标

整千米处注明线路里程,里程前的符号初步设计用CK,技术设计用DK。千米标之间的百米标注上百米标数。数字写在线路右侧,面向线路起点书写。两方案或两测量队衔接处,应在图上注明断链和断高关系。

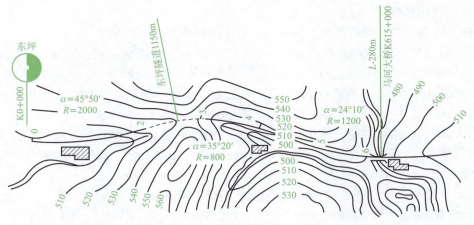

图 1-21 线路平面图

(2) 曲线要素及其起终点里程

曲线交点应标明曲线编号，曲线转角应加脚注 Z 或 Y，表示左转角或右转角。曲线要素应平行线路写于曲线内侧。曲线起点 ZH 和终点 HZ 的里程，应垂直于线路写在曲线内侧。

(3) 线路上各主要建筑物

沿线的车站、大中桥、隧道、平立交道口等建筑物，应以规定图例符号表示，并注明里程、类型和大小。如有改移公路、河道时，应绘出其中线。

(4) 初测导线和水准基点

图中连续的折线表示初测导线，导线点符号为 C，脚注为导线点编号。图中应绘出水准基点的位置、编号及高程，其符号为 BM。

2. 详细纵断面图

详细纵断面图，横向表示线路的长度，竖向表示高程，如图 1-22 所示。

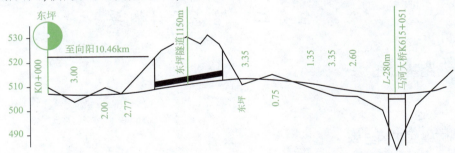

工程地质概况	砂黏土		黏土		砂黏土			砂岩	
路肩设计高程	507.0		510.0	514.4	514.4		508.4	506.1	506.1
设计坡度	0 / 1150	3.5 / 2100			0 / 500	4 / 1500	3 / 750	0 / 500	4
里程	K1	K2		K3	K4	K5		K6	K7
线路平面	$\alpha=15°50'$ $R=2000$			$\alpha=35°20'$ $R=300$				$\alpha=24°40'$ $R=1200$	

图 1-22 线路纵断面图

1)线路资料和数据

该部分内容标注在图的下方。自下而上的顺序如下。

(1)连续里程:一般以线路起点车站的旅客站房中心线处为零起算,在整千米处注明里程。

(2)线路平面:凸起部分表示右转曲线,凹下部分表示左转曲线。凸起与凹下部分的转折点依次为 ZH、HY、YH、HZ 点。在 ZH 和 HZ 点处要注上距前 100m 的距离。曲线要素注于曲线内侧。两相邻曲线间的水平线为直线段。要标注其长度。

(3)百米标与加标:在整百米标处标注百米标数,加标处应标注距前 100m 的距离。

(4)地面高程:各百米标和加标处应填写地面高程。在地形图上读取高程时,精度为 1/10 的等高线距;外业测得的高程,精度为 0.01m。

(5)设计坡度:向上或向下的斜线表示上坡道或下坡道,水平线表示平道。线上数字表示坡度的千分数,单位为‰,坡度值一般为整数,如遇曲线折减,车站和困难地段可用至小数点后第一位;线下数字表示坡度长度(m)。

(6)路肩设计高程:图上应标出各变坡点、百米标和加标处的路肩设计高程,精度为 0.01m。

(7)工程地质特征:扼要填写沿线各路段重大不良地质现象、主要地层构造、岩性特征、水文地质等情况。

2)纵断面示意图

此内容绘于图的上方,表示线路纵断面概貌和沿线建筑物特征。细线表示地面线,粗线表示路肩高程线,如图 1-22 所示。

纵断面示意图的左方,应标注线路的主要技术标准。

车站符号的左、右侧,应写上距前、后车站的距离和前、后区间的往返走行时分。

设计路肩高程线的上方,要求标出线路各主要建筑物的名称、里程、类型和大小。

绘出断链标和水准基点标的位置和数据。

任务二 路基设计概要

一 路基概述

1.概述

1)路基工程的组成

铁路路基是铁路线路的重要组成部分。它与桥梁、隧道相连,共同组成一个线路整体。路基工程主要由三部分建筑物构成,如图 1-23 所示。

(1)路基本体

路基本体是直接铺设轨道结构并承受列车荷载的部分,例如:路堤、路堑等。它是路基工程中的主体建筑物。

(2)路基防护和加固建筑物

路基防护和加固建筑物属路基的附属建筑物,例如:挡土墙、护坡等。

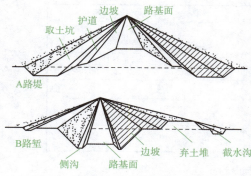

图 1-23 路基结构的组成

(3) 路基排水设备

排水设备也属路基的附属建筑物,例如:排除地面水的排水沟、侧沟、天沟和排除地下水的排水槽、渗水暗沟、渗水隧洞等。

对所有这些路基工程建筑物应如何正确合理地进行设计和施工是路基工程工作的基本内容。

2) 路基工程的性质和特点

从路基所起的作用来看,路基是轨道的基础;从路基作为一种建筑物来看,它是一种土工结构物。作为一种土工结构物,路基工程具有某些不同于一般的钢铁或混凝土结构物的独特的特点。

(1) 路基主要由松散的土(石)材料所构成

路基或者直接以土(石)作建筑材料(例如路堤);或者直接建造在地层上(例如路堑支挡建筑物等)。

(2) 完全暴露在大自然中

路基处在各种复杂的变化着的自然条件之下,例如:地质、水、降雨、气候、地震等条件,因而它时刻受到自然条件变化的侵袭和破坏。因为路基材料是土等松散体,所以路基本身的强度和稳定性也是常常变化的。其工程性质对自然条件变化十分敏感,抵抗能力差。

(3) 路基同时受轨道静荷载和列车动荷载的作用

列车荷载属于交通荷载,其特点为多次重复作用。路基土在重复荷载作用下产生累积变形,而且土的强度会降低,表现出疲劳的特性。另一方面,路基同轨道结构一起共同组成的这种线路结构是一种相对松散连接的结构形式,抵抗动荷载的能力弱。

上述这些特点决定了路基工程的复杂性,我们必须分析研究路基工程所处的环境及工作条件,研究土的工程性质,掌握其变形和强度的变化规律,研究路基建筑物与土介质之间的相互作用,以及路基与轨道之间的动力学问题。在此基础上才能做出正确合理的设计,保证路基工程具有坚固、稳定和耐久性,能抵抗各种自然因素的侵袭和破坏。

2. 路基设计内容

1) 路基设计分类

路基设计分为一般设计和个别设计两类。

路基一般设计是指在一般的工程地质、水文地质条件下,边坡高度不超过《铁路路基设计规范》(TB 10001—2005)(以下简称《路规》)和《高速铁路设计规范(试行)》(TB 10621—2009)中所规定的边坡表的范围,可采用一般的施工方法进行施工的路基。路基一般设计可采用标准设计。这种路基在线路中最常见,工程量也很大。

路基个别设计是指除上述一般设计以外,在特殊条件下的路基工程设计,包括:

(1) 工程地质、水文地质条件复杂或路基边坡高度超过《路规》中路基边坡表规定的路基。

(2) 修筑在陡坡上的路堤(填料与基底均为不易风化岩石时,地面横坡等于或陡于1:2,其他情况等于或陡于1:2.5)。

(3) 修筑在特殊条件下的路基如滑坡、软土和泥沼地区、裂隙黏土地区、冻土、盐渍土、河滩、水库等地区的路基。

(4) 有关路基的防护加固及改移河道工程。

(5) 采用大爆破及水力冲填施工方法的路基。

个别设计的路基,应做好工程地质和水文地质的调查,对路基断面和边坡、基底的设计要进行必要的检查。采用各种防护加固设施时,常需作多种方案的综合技术经济比较,以确保路基的坚固稳定。

2) 路基设计内容

路基设计内容,在初步设计和施工设计两个阶段各不相同。

(1) 初步设计阶段

初步设计是为编制总概预算提出主要工程数量、材料、劳力、用地面积,以便上报批准后作为编制施工设计的依据。本阶段路基设计的文件有说明及图表。

设计说明书包括:说明路基设计地段的地形、地质条件及设计原则;路基加固、防护和附属工程设计原则;土石方调配原则和节约用地、修路造田的措施;施工及养护注意事项;采用先进技术;有待进一步解决的问题等。

设计文件包括:路基工点表(含主要工程数量);挡土墙表;重大路基工程设计图;路基加固防护工程数量表;土石方数量总表;铁路用地分类数量汇总表等。

(2) 施工图设计阶段

施工设计是为施工有依据而提供各项建筑物的施工图表、工程数量及有关设计说明。在本阶段路基设计的文件有说明及图表。

设计说明书包括:阐明设计依据及初步设计审查意见执行情况、沿线自然情况、施工方法,采用先进技术与养护注意事项等。

设计文件包括:路基工点表;挡土墙表;路基加固、防护、排水及附属工程数量表;路基宽度及填挖高度表;土石方数量计算表、总表;土石方数量调配明细表(或条配图);采用标准图、通用图一览表;一般路基设计横断面图;路基个别设计图集;铁路用地及排水系统图等。

对地形困难、地质条件复杂的线路,在施工阶段,路基设计人员应配合现场施工,发现施工设计有不符合实际情况者,及时变更设计,免误工期。

 路基构造

1. 路基的组成

铁路路基是铁路工程的重要组成部分,是轨道的基础,也叫线路下部结构,是承受轨道和列车荷载的基础。它和铁路桥梁、隧道共同组成一个线路整体。路基是由路基本体、路基防护和加固建筑、路基排水设备三部分建筑物组成。

路基是轨道的基础,也称线路下部结构。高速铁路的出现对传统铁路的设计施工和养护维修提出了新的挑战。我国高速铁路设计规范规定,路基主体设计使用年限为100年,路基排水设施结构设计使用年限为30年,路基边坡防护结构设计使用年限为60年。高速铁路路基要按土工结构物进行设计,其地基处理、路堤填筑、边坡支挡防护以及排水设计等必须具有足够的强度、稳定性和耐久性,使之能抵抗各种自然因素作用的影响,确保列车高速、安全和平稳运行。

路基主体是路基的主要组成部分。它是天然的地层里挖成的堑槽或在地面上用土石堆成的路堤,其各部位的名称如图1-24所示。

(1) 路基面:路堤两边坡起点之间的表面或半堤半堑一边边坡起点与侧沟边坡起点表面或路堑两侧沟边坡起点之间的表面。

(2) 轨道基础:路基面中部为铺设轨道需要被道床覆盖的部分。

(3) 路肩:路基面两侧未被道床覆盖的部分。它起到加强路基稳定性、保障道床稳固,以及方便养护维修作业的作用。

(4) 路基面宽度：两路肩边缘（即路基面的边缘）之间距离。

(5) 路基边坡：路堤两侧的斜坡或半堤半堑各侧的斜坡及路堑侧沟两侧的斜坡。

(6) 路基边坡高度：指路基的边坡线与地面线的交点（坡脚）处到路肩边缘的竖直距离，若左右两侧的边坡高度不等，则规定以大者代表该横断面的边坡高度。

(7) 路基高度：指路基中心线的地面高程与该处的路肩高程之间的竖直距离。

(8) 路基基底：指堤身所覆盖的地面线以下的地层。路堑基底是指路堑路基面下的天然地层。

(9) 天然护道：指路基边坡线与地面线交点以外的一定距离。在此距离内不许开垦或引水灌溉，以维持路基边坡原有湿度，从而稳定边坡。

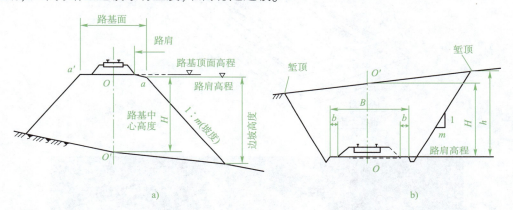

图 1-24　路基本体的组成

2. 高速铁路路基的三个特点

(1) 高速铁路路基的多层结构系统

高速铁路线路结构，已经突破了传统的轨道、道床、土路基这种结构形式，既有有砟轨道也有无砟轨道。对于有砟轨道，在道床和土路基之间，已抛弃了将道砟层直接放在土路基上的结构形式，做成了多层结构系统。

图 1-25 为日本、德国高速铁路板式轨道路基的断面形式之一。

(2) 控制变形是路基设计的关键

控制变形是路基设计的关键，采用各种不同路基结构形式的首要目的是为了给高速线路提供一个高平顺、均匀和稳定的轨下基础。由散体材料组成的路基是整个线路结构中最薄弱、最不稳定的环节，是轨道变形的主要来源。它在多次重复荷载作用下所产生的累积永久下沉（残余变形）将造成轨道的不平顺，同时其刚度对轨道面的弹性变形也起关键性的作用，因而对列车的高速走行有重要影响。高速行车对轨道变形有严格的要求，因此，变形问题便成为高速铁路设计所考虑的主要控制因素。就路基而言，过去多注重于强度设计，并以强度作为轨下系统设计的主要控制条件。而现在强度已不成为问题，一般在达到强度破坏前，可能已经出现了过大的有害变形。

(3) 路基的重要性

在列车、线路这一整体系统中，路基是最重要的组成部分之一。高速铁路变形问题相当复杂，是一个世界性的难题。日本及欧洲等国虽然实现了高速，但他们都是通过采用高标准的昂贵的强化线路结构和高质量的养护维修技术来弥补这方面的不足。日本对此不惜代价，在上越和东北新干线上，高架桥延米数所占比例分别为线路全长的49%和57%，路基仅占1%和6%，而我国武广客运专线全线基本采用无砟轨道，共948.218km，一次铺设跨区间无缝线路。正线路基共计388km，占线路总长的40.1%；全线桥隧总长579.549km，占线路长度的59.9%。共有桥梁661座401.239km，占线路长度的41.4%，隧道237座178.858km，占线路长度的18.5%。对于软基、高填方地段采取以桥代路方式，且对路基地段采取基底处理、控制填料、填层厚度等综合手段，很好地解决了路基变形的问题。

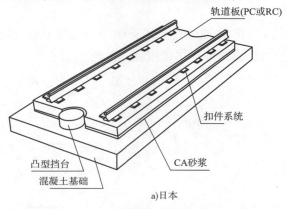

a) 日本

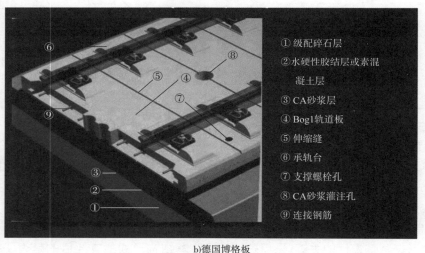

b) 德国博格板

图1-25 日本、德国高速铁路板式轨道路基断面形式

变形问题是轨下系统设计的关键。由于普速铁路行车速度慢、运量小，因此在以往的设计中，一般孤立地研究轮、轨的相互作用，并把这种相互作用狭义地理解为轮、轨接触部位的几何学、运动学、动力学的关系，而忽略了路基的影响，这对速度较低的普速铁路来说是可行的，但对高速铁路来说就不够了。

对于高速铁路，轮轨系统应该是车轮、钢轨、道床、路基各部分相互作用的整体。因为包括路基在内的轨下系统的垂向变形集中反映在轨面上，而且又直接影响着轮轨作用力的大小。所以，在轮轨系统相互作用的研究中，必须把各部分作为一个整体系统来分析，建立适当的模型，着眼于各自的基本参数和运用状态，进行系统的最佳设计，实现轮轨系统的合理匹配，尽可能降低轮轨作用力，以保证列车的高速安全运行。

路基作为承受轨道和列车荷载的基础，如果选择合理的刚度，即弹性模量，则能明显地影响轮载的分配，足以使轨面的最大支承力减小60%~70%，而且还可以改善基床动应力分布，减弱重复荷载的动力作用，减少车荷载对线路的不良影响。因此，在高速铁路技术研究中，无论机车车辆、轨道结构或路基、桥梁、隧道专业，都应当把自己的问题放在整个系统中去考察。设计中所采用的设计参数应当使系统的各个部分相互间有合理的匹配。对于路基来说，这些参数主要是弹性系数、阻尼、参振质量、变形模量、动刚度、固有频率以及与之相联系的压实度和含水率等。

3. 高速铁路路基的荷载

路基的荷载是指作用在路基面上的应力。它包含两部分：一部分是线路上部结构的质量作用在路基面上的应力，即静荷载；另一部分是列车行驶时轮载力通过上部结构传递到路基面上的动应力，即动荷载。

普速铁路路基设计需要考虑荷载的影响时，在计算中常把静荷载和动荷载一并简化作为静荷载处理，即换算土柱法。高速铁路的路基设计不能简单地把动荷载作为静荷载处理，必须进行动态分析，计算由于列车动荷载的作用在路基中产生的动应力大小和分布规律。

(1) 静荷载

铁路路基面上作用有列车荷载和轨道荷载。列车荷载与轨道荷载是确定路基本体构造要求的重要依据之一。

作用在轨道上的轮重实际上由两部分组成：①机车车辆静轴重；②机车车辆与轨道的相互作用而产生的附加作用力。前者对于特定的机车车辆是常数，后者是与诸多因素有关的一个随机变量。

(2) 动荷载

在列车动荷载作用下，路基保持长期稳定是列车高速运行的基础。要保持路基长期稳定，不产生任何危及正常运行的过大有害变形，就必须了解列车在高速运行时通过钢轨、轨枕、道床传到路基表面的动应力幅值及其频率，以及振动加速度及位移的大小。在列车动荷载作用下，路基动应力的幅值与机车车辆运行情况、线路及基础状态等有关，因受诸多因素的影响，很难用简单的数学模型来表达，一般采取实测与理论分析相结合的方法来分析。

确定路基设计动应力幅值的方法有两种：一种是在高速条件下进行动应力实测，另一种是运用计算机模拟计算。目前仅知路基面动应力幅值是与列车速度、轴重、机车车辆动态特性、轨道结构、轨道不平顺、距轨底深度及路基状态有关的一个随机函数，有待进一步研究探索。列车动应力和路基自重应力沿深度的变化曲线，如图1-26所示。

在高速铁路路基设计中，不仅需要知道列车荷载通过钢轨、轨枕、道砟传递到路基面的动应力数值的大小，还需要了解其在路基面上沿线路纵向分布情况和动应力沿深度的衰减情况，这样才能确定路基基床的厚度。动应力沿深度衰减曲线，如图1-27所示。通过大量试验和研究，《高速铁路设计规范（试行）》(TB 10621—2009)规定，路基基床厚度为3m即可满足要求。

4. 路基横断面

1) 路基横断面的形式

路基横断面是垂直线路中心线而截得的断面。因地形条件不同，有路堤、路堑、半路堤、半路堑、半堤半堑、不填不挖六种形式，如图1-28所示。

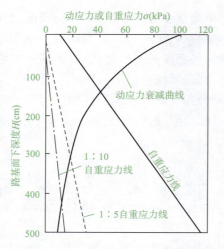
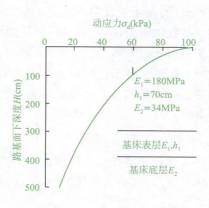

图1-26 列车动应力与路基自重应力沿深度的变化曲线　　图1-27 动应力沿深度衰减曲线

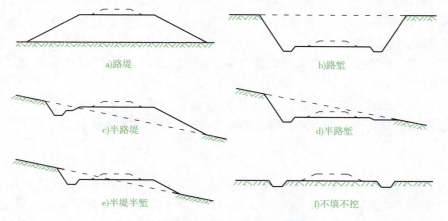

图1-28 路基横断面图示

2) 路基面宽度

（1）直线段路基面宽度

路基面的宽度等于道床覆盖的宽度加上两侧路肩的宽度之和。路基横断面宽度和布置形式设计要考虑路基稳定的需要、线间距、轨道结构形式、曲线超高设置、路肩宽度、通信信号和电力电缆布置、接触网立柱基础位置、声屏障等因素的影响，并应综合考虑路基防排水问题。当道床的标准既定时，路基面的宽度便决定于路肩的宽度。

路肩宽度：路堤的路肩宽度不应小于0.8m，路堑的路肩宽度不应小于0.6m。直线地段的路基面宽度，应按表1-19采用。

普速铁路直线地段标准路基面宽度(m)　　表1-19

项 目	单位	I级铁路					II级铁路		
		特重型	重型			次重型	次重型	中型	轻型
旅客列车设计行车速度 v	km/h	160	$120 \leq v < 160$	160	$120 \leq v < 160$	120	120	$80 \leq v < 120$	$80 \leq v < 100$	80
双线线间距	m	4.2	4.0	4.2	4.0	4.0	4.0	4.0	4.0	4.0
道床顶面宽度	m	3.5	3.5	3.4	3.4	3.4	3.3	3.3	3.0	2.9

续上表

项目			单位	I级铁路						II级铁路		
				特重型		重型			次重型	次重型	中型	轻型
基床表层类型	土质	道床厚度	m	0.5	0.5	0.5	0.5	0.5	0.45	0.45	0.4	0.35
		单线 路堤	m	7.9	7.9	7.8	7.8	7.8	7.5	7.5	7.0	6.3
		单线 路堑	m	7.5	7.5	7.4	7.4	7.4	7.1	7.1	6.6	5.9
		双线 路堤	m	12.3	12.1	12.2	12	12	11.7	11.7	11.2	10.5
		双线 路堑	m	11.9	11.7	11.8	11.6	11.6	11.3	11.3	10.8	10.1
	硬质岩石	道床厚度	m	0.35	0.35	0.35	0.35	0.35	0.3	0.3	0.3	0.25
		单线路堑	m	6.9	6.9	6.8	6.8	6.8	6.5	6.5	6.2	5.7
		双线路堑	m	11.3	11.1	11.2	11	11	10.7	10.7	10.4	9.9
	级配碎石或级配砂砾石	道床厚度	m	0.3	0.3	0.3	0.3	—	—	—	—	—
		单线 路堤	m	7.1	7.1	7	7	—	—	—	—	—
		单线 路堑	m	6.7	6.7	6.6	6.6	—	—	—	—	—
		双线 路堤	m	11.5	11.3	11.4	11.2	—	—	—	—	—
		双线 路堑	m	11.1	10.9	11.0	10.8	—	—	—	—	—

注：1. 特重型、重型轨道的路基面宽度为无缝线路轨道、III型混凝土枕的标准值。对 $v=120 \text{km/h}$ 的重型轨道；当采用无缝线路轨道和II型混凝土枕时，路基面宽度应减小0.1m；当采用有缝线路轨道和II型和III型混凝土枕时，路基面宽度应减小0.3m；

2. 次重型轨道的路基面宽度为无缝线路轨道、II型混凝土枕的标准值。当采用有缝轨道时，路基面宽度应减小0.2m。

3. 中型、轻型轨道的路基面宽度为有缝线路轨道、II型混凝土枕的标准值。

4. 采用大型养路机械的电气化铁路，当接触网的立柱设在路肩上时，直线地段路基面宽度应满足以下标准：单线铁路不小于7.7m；双线铁路160km/h地段不小于11.9m（其他不小于11.7m）；表1-12中宽度小于该标准时应采用该标准。

我国《高速铁路设计规范（试行）》（TB 10621—2009）规定高速铁路直线地段路基面宽度应不小于表1-20的规定值。

路基面标准宽度　　　　　　　表1-20

轨道类型	设计最高速度（km/h）	双线线间距（m）	路基面宽度（m）	
			单线	双线
无砟轨道	250	4.6	8.6	13.2
	300	4.8		13.2
	350	5.0		13.6
有砟轨道	250	4.6	8.8	13.4
	300	4.8		13.6
	350	5.0		13.8

（2）普速铁路曲线加宽

曲线地段的外轨需设置超高。外轨超高是靠加厚外轨一侧枕下的厚度来实现的。由于道砟加厚，道床坡脚外移，因而在曲线外侧的路基宽度亦应随超高的不同而相应加宽才能保证路肩所需的宽度标准，加宽的数值可根据超高计算确定。区间单线曲线地段的路基面宽度，应在曲线外侧按表1-21的数值加宽。加宽值在缓和曲线范围内线性递减。

区间双线曲线地段的路基面加宽值，应根据线间距、外轨超高、道床宽度、路拱形状等计算确定。

曲线地段路基面加宽值 表 1-21

铁路等级	旅客列车设计行车速度(km/h)	曲线半径(m)	路基面外侧加宽值(m)
Ⅰ级铁路	160	$1600 \leq R \leq 2000$	0.4
		$2000 < R < 3000$	0.3
		$3000 \leq R < 10000$	0.2
		$R > 10000$	0.1
	140	$1400 \leq R \leq 2000$	0.4
		$2000 < R < 3000$	0.3
		$2000 \leq R \leq 6000$	0.2
		$R > 6000$	0.1
Ⅱ级铁路	120	$800 \leq R < 1200$	0.4
		$1200 \leq R < 1600$	0.3
		$1600 \leq R < 5000$	0.2
		$R \geq 5000$	0.1
Ⅲ级铁路	100	$600 \leq R < 800$	0.4
		$800 \leq R \leq 1200$	0.3
		$1200 < R < 4000$	0.2
		$R \geq 4000$	0.1
	80	$500 \leq R \leq 600$	0.3
		$600 < R \leq 1800$	0.2
		$R > 1800$	0.1

（3）曲线地段路基面加宽值

有砟轨道正线曲线地段路基面加宽值应在曲线外侧按表 1-22 的规定加宽。曲线加宽值应在缓和曲线内渐变。无砟轨道一般不加宽，当轨道结构和接触网支柱等设施的设置等有特殊要求时，根据具体情况计算确定。

有砟轨道曲线地段路基面加宽值 表 1-22

设计最高速度(km/h)	曲线半径 R(m)	路基外侧加宽值(m)
250	$R \geq 10000$	0.2
	$10000 > R \geq 7000$	0.3
	$7000 > R \geq 5000$	0.4
	$5000 > R \geq 4000$	0.5
	$R < 4000$	0.6
300	$R \geq 14000$	0.2
	$14000 > R \geq 9000$	0.3
	$9000 > R \geq 7000$	0.4
	$7000 > R \geq 5000$	0.5
	$R < 5000$	0.6
350	$R > 12000$	0.3
	$12000 \geq R > 9000$	0.4
	$9000 \geq R \geq 6000$	0.5
	$R < 6000$	0.6

3) 路肩宽度

路肩虽不直接承受列车荷载作用,但它对保证路基受力部分的稳固十分重要。路肩宽度选择应同时满足敷设接触网支柱,安放通信信号设备,埋设必要的线路标志,通行养路机具等要求。

路肩宽度取决于以下几个因素。

(1) 路基稳定的需要,特别是浸水以后路堤边坡的稳定性。

根据经验,在降雨量最大的地区,加大路肩宽度对于保证路线畅通有重要作用。一般路堤浸水后,边坡部分土质会软化,在自重与列车荷载产生的振动加速度的共同作用下,容易产生边坡的浅层滑坡。路肩较宽时,即使发生浅层坍滑,也不会影响路堤承受部分,从而可不影响列车的正常通行。此外,路肩部分需考虑设置电杆、电缆槽位置,路堑地段则需考虑为边坡剥落物留有空地及开挖排水沟时不影响边坡稳定。

(2) 满足养护维修的需要。

高速铁路虽说是高标准、高质量的线路,但小型、紧急补修还是不可避免的,因此仍需考虑线路维修时搁置或推行小型养路机械所必须的路肩宽度。

(3) 保证行人的安全,符合安全退避距离的要求。

(4) 为路堤压密与道床边坡坍落留有余地。

路堤在建成以后多多少少会发生一些沉降,特别是高路堤、软弱地基路堤,即使施工质量很好也会有压密沉降。日本 1964 年修建东海道新干线时规定为一侧设 0.5m 的人行道,另一侧设 1.0m 宽的作业通道。但经运营实践,增加了路肩宽度标准。自山阳新干线以后制订的路基标准规定,路堤的路肩宽度增加到 1.2m,路堑为 1.0m。法国修建东南线时,考虑到养护人员乘车行走,特别是电弧焊装置使用的发动机组能在路肩上通过,双侧设 1.2m 宽的路肩通道。但在修建大西洋干线时,增宽为在接触网支柱处设 0.7m 宽的 SES 马道,马道外再设宽 0.9m 的路肩,其结果使路基面宽度从 13.0m 增至 13.6m。

我国高速铁路路肩宽度亦根据所采用的机车外形、车辆幅宽、列车长度、行车速度等,在参考其他国家资料的基础上,提出路基两侧路肩宽度,双线不小于 1.4m、单线不小于 1.5m 的标准。

4) 普速铁路路基边坡

路基边坡设计是路基横断面设计的主要内容,它包括边坡形状的设计和边坡坡度的确定。边坡坡度必须保证路基的稳定性。设计的边坡是否稳定,一般要结合地质条件通过稳定检算来评价,同时还应考虑到某些不可能在计算中涉及的外界因素的影响,例如雨水冲刷对边坡的损坏等,边坡设计的好坏直接影响到铁路的正常运营。图 1-29 和图 1-30 为边坡设计的效果图。

图 1-29　路堤效果图

图 1-30　路堑效果图

5) 高速铁路路基边坡

(1) 路堤边坡

路堤边坡坡度决定于填土的性质和所处的环境,如抗震、防洪等。根据我国目前积累的经验,只要地基稳定,填土碾压质量符合设计要求,按现行规范确定的路堤边坡坡度是稳定的。

由于高速铁路路堤一般均采用较好的填料,因此世界各国的边坡坡度基本上都相当接近,路堤边坡基本上均在 1:1.5~1:2.0 之间。我国高速铁路路堤边坡坡度可依据《铁路路基设计规范》(TB 10001—2005)等,根据路基填料、路堤高度、基底地质条件、水文气候条件等因素综合确定。

路堤边坡坡度应根据填料的物理力学性质,边坡高度和路堤基底的工程地质条件等确定。如果路基基底的情况良好,边坡高度不大于表 1-23 的范围时,其边坡形状和坡度应按照表 1-23 采用。表中所规定的坡度值是具有代表性的普通填料的物理力学性质,考虑列车荷载的作用,经过大量稳定检算,并结合边坡的实践经验,综合分析而制定的。对于特殊填方边坡高度太大的路基,则应另行个别设计。

路堤边坡形式和坡度　　　　表 1-23

填料类别	边坡高度(m)			边坡坡度			边坡形式
	全部高度	上部高度	下部高度	全部高度	上部高度	下部高度	
细砾土	20	8	12	—	1:1.5	1:1.75	折线型
粗砾土(细砂、粉砂、黏砂除外)碎石类土、卵石土、漂石土	20	12	8	—	1:1.5	1:1.75	折线型
巨粒土硬块石土	8	—	—	1:1.3	—	—	直线型
	20			1:1.5			直线型

注:1. 如果有可靠资料和经验时,可不受本表限制。
　　2. I 级铁路的路堤边坡高度不宜大于 15m。
　　3. 填料为粉砂、细砂、膨胀土等时,其边坡形式应按《铁路特殊路基设计规范》(TB 10035—2006)有关规定执行。

路堤边坡高度大于表 1-22 所列的数值时,其超出的下部边坡形式和坡度,应根据填料的性质由稳定性分析计算确定,最小稳定安全系数应为 1.15~1.25,边坡形式宜用阶梯形。

路堤坡脚外应设置不小于 2m 宽的天然护道。在经济作物区高产田地段,应当保证路堤稳定,可设宽度不小于 1m 的人工护道或设坡脚墙。

(2) 路堑边坡

土质路堑边坡形式及坡度应根据工程地质、水文地质条件、土的性质、边坡高度、排水措施、施工方法,并结合自然稳定山坡和人工边坡的调查及力学分析综合确定。边坡高度不大于 20m 时,边坡坡度可按表 1-24 设计。

土质路堑边坡　　　　表 1-24

土 的 种 类		边坡坡度
黏土、粉质黏土、塑性指数大于 3 的粉土		1:1~1:1.5
中密以上的中砂、粗砂、砾砂		1:1.5~1:1.75
卵石土、碎石土、圆砂土、粗砂、中砂、角砾土	胶结和密实	1:0.5~1:1
	中密	1:1~1:1.5

注:1. 细砂、粉砂、黄土、膨胀土等特殊土路堑边坡形式及坡度应按《铁路特殊路基设计规范》(TB 10035—2006)有关规定执行。
　　2. 如果有可靠资料和经验时,可不受本表限制。

岩石路堑边坡高度小于 20m 时，边坡坡度可按表 1-25 规定设计。

岩石路堑边坡　　　　　　　　　　表 1-25

岩石类别	风化程度	边坡坡度
硬质岩	未风化、微风化	1:0.1 ~ 1:0.3
	弱风化、强风化	1:0.3 ~ 1:0.75
	全风化	1:0.75 ~ 1:1
软质岩	未风化、微风化	1:0.3 ~ 1:0.75
	弱风化、强风化	1:0.5 ~ 1:1
	全风化	1:0.75 ~ 1:1.5

注：1. 膨胀岩等特殊岩质路堑边坡形式和坡度应按《铁路特殊路基设计规范》（TB 10035—2006）有关规定执行。
　　2. 如果有可靠资料和经验时，可不受本表限制。

路堑边坡高度大于 20m 时，其边坡形式及坡度应按表 1-15 规定并结合边坡稳定性分析计算确定，最小稳定安全系数为 1.15 ~ 1.25。

在碎石类土、砂类土及其他土质路堑中，应在侧沟外侧设置平台，其宽度应由坡度高度和土的性质决定，不宜小于 1m。当边坡全部设防护加固工程时，可不设平台。

不同地层组成的较深路堑，宜在边坡中部或不同地层分界处设置平台，并在平台上设置截水沟或挡水墙，平台宽度不宜小于 2m。在年平均降水量小于 400mm 地区，边坡平台上可不设截水沟，但应设置坡脚方向不小于 4% 的排水横坡，平台宽度不宜小于 1m。

6）普速铁路路基标准设计横断面

（1）常见的路基标准横断面

路基横断面的标准设计也称为路基标准横断面，是根据有关横断面的设计原则和规定而编制的，仅适用于一般水文、地质条件，填挖高度不大的普通土质路基，常见断面形式如下。

① 路堤标准横断面。

边坡高度不大于 8m（图 1-31）。

当填方高度大于 8m 而小于 20m 时，采用上陡下缓的变坡形式（图 1-32）。

地面横坡大于 1:5 而小于 1:2.5 的斜坡上的路堤断面（图 1-33）。

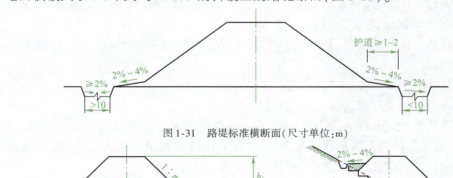

图 1-31　路堤标准横断面（尺寸单位：m）

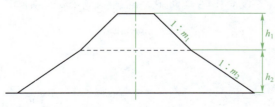

图 1-32　路堤标准横断面（变坡）

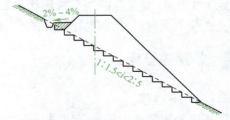

图 1-33　路堤标准横断面（地面横坡大）

② 路堑标准横断面。

图1-34为设有侧沟平台的路堑断面,适用于黄土及黄土类土、细砂土及易风化岩石的路堑。图1-35为碎石类、砾石类、不易风化的岩石路堑断面,边坡陡,开挖断面小。

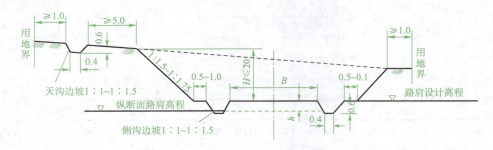

图1-34　直线地段粗、中砂及黄土路堑横断面(尺寸单位:m)

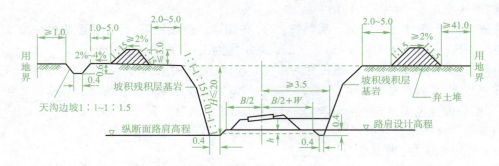

图1-35　曲线地段岩石路堑横断面(尺寸单位:m)

(2)路基个别设计条件

对一般条件下的路基可按前述各设计原则及规范中有关规定进行设计,但是如遇下列情况之一,均应根据具体条件作个别设计。

① 工程地质、水文条件复杂或路基边坡高度超过规范规定(表1-23、表1-24)的范围。

② 修筑在陡坡上的路堤(陡坡:当填料或基底均为不宜风化的岩石时,地面横坡等于或陡于1:2,其他情况的地面横坡等于或陡于1:2.5)。

③ 修筑在特殊条件下的路基,例如:滑坡、软土、裂隙黏土(膨胀土)、冻土、盐渍土、河滩、水库等地区的路基。

④ 有关路基的防护加固及改移河道工程。

⑤ 采用大爆破或水力冲填法施工的路基。

我国设计速度为350km/h的高速铁路线间距根据所采用机车车辆类型、运行速度等因素确定为5.0m。高速铁路路基面形状为三角形,并设有由路基面中心向两侧成4%的横向排水坡。曲线加宽时,仍应保持路基面的三角形形状。

路基基床

1. 基床概念

基床是指路基上部承受轨道、列车动力作用,并受水文气候变化影响而规定的一定深度,如图1-38所示。其状态直接影响列车运行的平稳和速度的提高。

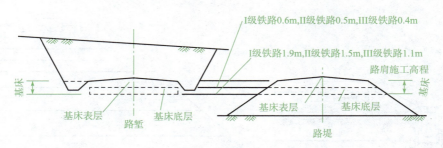

图 1-38 路基基床

一般情况,高速铁路路基基床是由基床表层和底层组成的两层结构。有的国家针对填料、气候、无砟轨道等不同线路情况,将基床表层再细分成两层或多层,每层使用不同材料或结构。

我国高速铁路有砟轨道基床由表层和底层组成,表层厚度为 0.7m,底层厚度为 2.3m,总厚度为 3.0m。其中,基床表层由 5~10cm 厚的沥青混凝土和 65~60cm 厚的级配碎石组成。无砟轨道路基表层厚度与无砟轨道的混凝土支承层或混凝土底座的总厚度不小于 0.7m,底层厚度为 2.3m。混凝土支承层或混凝土底座以外的路基面设防排水层。

图 1-37a)~图 1-37f) 分别是为国外高速铁路一般路基基床的断面形式,保护层的厚度为 25~30cm。

图 1-37f) 为日本高速铁路板式轨道的基床结构形式之一,他们把基床表层称为路盘或强化路盘,厚 30cm,强化路盘的表面为 5cm 的沥青混凝土;其下为级配碎石(或高炉矿砟),粒度成分如表 1-26 所示。

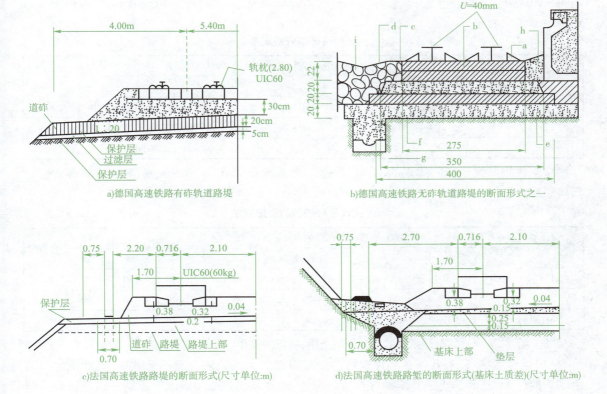

图 1-37

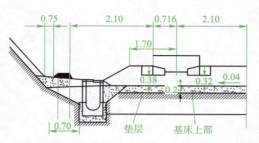
e) 法国高速铁路路堑的断面形式(基床土质好)(尺寸单位:m)

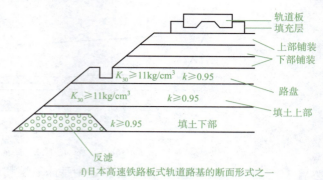
f) 日本高速铁路板式轨道路基的断面形式之一

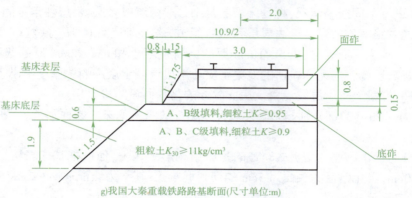
g) 我国大秦重载铁路路基断面(尺寸单位:m)

图 1-37 各国高速铁路路基断面

a-UIC60 钢轨扣件；b-钢筋混凝土连续板；c-混凝土绝缘层及支持层；d-素混凝土；e-矿渣混凝土；f-下伏土层；g-透水材料；h-冷沥青层；i-道砟

基床表层砂砾石级配要求　　　　　　　　　　　　　　　　　　　　表 1-26

级配编号	通过下列筛孔(mm)的质量百分比(%)									
	50	40	30	25	20	13	5	2.5	0.4	0.074
1	100	90~100			60~90		30~65	20~50	10~30	2~10
2		100	95~100		60~90		30~65	20~50	10~30	2~10
3			100	95~100		65~85	30~65	20~50	10~30	2~10

中国铁道科学研究院建议的高速铁路基床表层厚度为 0.7~0.8m，采用级配碎石或砂砾石填筑，如图 1-35g) 所示，粒度成分见表 1-27。

基床表层砂砾石的级配要求　　　　　　　　　　　　　　　　　　　表 1-27

级配编号	通过下列筛孔(mm)的质量百分比(%)									液限 %	塑性指数
	50	40	30	20	10	5	2	0.5	0.75		
1	100	90~100		65~85	45~70	30~55	15~35	10~20	4~10	<28	6
2		100	90~100	75~95	50~70	30~55	15~35	10~20	4~10	<28	6
3			100	85~100	60~80	30~50	15~30	10~20	2~8	<28	6

如上所述，基床是列车动荷载的主要影响范围，基床的作用以及对基床的要求主要有三个方面。

(1) 强度要求：应有足够的强度以抵抗列车荷载产生的动应力而不至破坏；能抵抗道床传给基床的压力，从而防止道砟陷槽等病害的形成；在路基填筑阶段能承受重型车辆走行而不留下印坑，以免留下隐患。

（2）刚度要求：在列车荷载的重复作用下，塑性累积变形要小，以免形成过大的不均匀下沉造成轨道的不平顺，增加养护维修的困难。在列车高速行驶时，基床的弹性变形应满足走行的安全性要求，同时能保障道床的稳固。

（3）优良的排水性：能够防止雨水侵入软化和冻融等危害。

基床有表层与底层之分，普速铁路基床的厚度应符合表 1-28 的规定。

普速铁路基床厚度（m）　　　　　　　　　　　　　　　表 1-28

铁路等级 层位	Ⅰ级	Ⅱ级	Ⅲ级
表层	0.6	0.5	0.4
底层	1.9	1.5	1.1

陡坡地段的半填半挖路基，路基顶面以下 1m 内应予以挖除换填，填料应符合基床土的要求。挖方顶面应设 4% 的向外排水坡。

2.普速铁路路堤基床填料选用

（1）基床表层填料的选用

①Ⅰ级铁路应选用 A 组填料（砂类土除外），当缺乏 A 组填料时，经经济比选后可采用级配碎石或级配砂砾石。

②Ⅱ级铁路应优先选用 A 组填料，其次为 B 组填料。对不符合要求的填料，应采用土质改良或加固措施。

③填料的颗粒粒径不得大于 150mm。

（2）基床底层填料的选用

①Ⅰ级铁路应选用 A、B 组填料，否则应采用土质改良或加固措施。

②Ⅱ级铁路应优先选用 A、B、C 组填料。当采用 C 组填料时，在年降雨量大于 500mm 地区，其塑性指数不得大于 12，液限指数不得大于 32%，否则应采用土质改良或加固措施。

③填料的最大粒径不得大于 200mm。

（3）基床的压实度

①基床表层的压实标准：对细粒土、粉砂、改良土应采用压实系数 K_h 或地基系数 K_{30} 作为控制指标；对砂类土（粉砂除外）应采用相对密度或地基系数作为控制指标；对砾石类、碎石类、级配碎石或级配砂砾石应采用地基系数和孔隙率作为控制指标。应符合表 1-29、表 1-30 的规定。

基床表层的压实度　　　　　　　　　　　　　　　　　表 1-29

层位	填料类别 铁路等级 压实指标	细砾土、粉砂、改良土		砂类土（粉砂除外）		砾石砂		碎石类		块石类	
		Ⅰ级	Ⅱ级	Ⅰ级	Ⅱ级	Ⅰ级	Ⅱ级	Ⅰ级	Ⅱ级	Ⅰ级	Ⅱ级
基床表层	压实系数 K_h	—	(0.93)	—	—	—	—	—	—	—	—
	地基系数 K_{30}（MPa/cm）	—	(100)	—	110	150	140	150	140	—	—
	相对密度 D_r	—	—	—	0.8	—	—	—	—	—	—
	孔隙率 n（%）	—	—	—	—	28	29	28	29	—	—

注：1. K_h 为重型击实实验的压实系数。

2. K_{30} 为 30cm 直径荷载板试验得出的地基系数，一般取下沉量为 0.125cm 时的荷载强度。

3. 细粒土、粉砂、改良土一栏中，有括号的仅为改良土的压实标准，无括号的为细粒土、粉砂、改良土的压实标准。

级配碎石或级配砂砾石的基床表层厚度及压实标准　　　表 1-30

填料	厚度（m）	地基系数 K_{30}（MPa/cm）	孔隙率 n（%）	适用范围
级配碎石或级配砂砾石	0.6	≥150	<28	路堤
级配碎石或级配砂砾石	0.5	≥150	<28	软质岩、强风化硬质岩及土质路堑
中粗砂	0.1	≥130	<28	

②基床底层的压实标准:对细粒土、粉砂、改良土应采用压实系数或地基系数作为控制指标;对砂类土(粉砂除外)应采用相对密度或地基系数作为控制指标;对砾石类、碎石类、级配碎石或级配砂砾石应采用地基系数和孔隙率作为控制指标;对块石类应采用地基系数作为控制指标,并应符合表 1-31 的规定。

基床底层的压实标准　　　表 1-31

层位	填料类别 铁路等级 压实指标	细砾土、粉砂、改良土		砂类土（粉砂除外）		砾石砂		碎石类		块石类	
		Ⅰ级	Ⅱ级	Ⅰ级	Ⅱ级	Ⅰ级	Ⅱ级	Ⅰ级	Ⅱ级	Ⅰ级	Ⅱ级
基床底层	压实系数 K_h	(0.93)	0.91	—	—	—	—	—	—	—	—
	地基系数 K_{30}（MPa/cm）	(100)	90	100	100	120	120	130	130	150	150
	相对密度 D_r	—	—	0.75	0.75	—	—	—	—	—	—
	孔隙率 n(%)	—	—	—	—	31	31	31	31	—	—

3. 普速铁路路堑基床

(1)Ⅰ级铁路基床表层土质不满足前面基床表层填料使用要求时,应进行换填处理;Ⅱ级铁路基床表层土质不满足前面基床表层填料使用要求时,应进行换填或土质改良处理等措施。

(2)基床表层土的压实度应不小于表 1-29、表 1-30 的规定值,否则应采取压实措施。

(3)基床底层厚度范围内天然地基的静力触探贯入阻力 P_s 值:Ⅰ级铁路不得小于 1.2MPa,Ⅱ级铁路不得小于 1.0MPa。天然地基基本承载力 σ_0:Ⅰ级铁路不得小于 0.12MPa,Ⅱ级铁路不得小于 0.10MPa,否则应进行加固处理。

4. 基床表层

基床表层是路基直接承受列车荷载的部分,又常被称为路基的承载层或持力层,因此基床表层的设计是路基设计中最重要的部分之一。

(1)基床表层的作用有如下几个方面。

①增加线路强度,使路基更加坚固、稳定,并具有一定的刚度,使列车通过时的弹性变形控制在一定范围之内。

②扩散作用到基床底层顶面上的动应力,使其不超出基床底层填料的临界动应力。

③对于有砟轨道,防止道砟压入基床及基床填料颗粒进入道砟层。

④防止雨水浸入基床使基床软化,发生翻浆冒泥等基床病害,并保证基床及路肩表面不被雨水冲刷。

⑤防冻等。实践表明,基床表层的优劣对轨道变形影响很大。不良基床表层引起的轨道变形是良好基床表层的几倍,而且其差距还随速度的提高而增大,所以,高速铁路设置一个良好基床表层是必不可少的,因此,需要对基床表层厚度、填料、结构及压实标准等多方面进行精心设计、施工。

(2)基床表层厚度。基床表层厚度的确定是由变形控制因素决定的。计算方法有动强度控制法和弹性变形控制法两种。

①动强度控制法。动强度控制法以作用在基床底层表面上的动应力不超过基床底层填料的临界动应力为控制条件。其基本出发点是列车荷载通过基床表层扩散后,传递到基床底层顶面的动应力必须小于其填料的临界动应力。该方法的主要内容是,确定作用于路基面上的设计动应力幅值大小;确定路基基床底层填料的临界动应力。

填料的临界动应力可通过动三轴试验确定,其大小与填料的种类、密实度、含水率及围压大小、荷载的作用频率等紧密相关。试验结果表明,由散体材料组成的弹塑性土体在重复荷载的每一次加、卸载作用下都要产生不可恢复的塑性变形,塑性变形随重复次数的增加而累积。但塑性变形速率则是随重复次数的增加而减少,最后塑性变形趋向稳定。当实际动应力大于临界动应力时,填料的累计塑性变形随重复作用次数的增加而增加,而且变形速率加快,最终变形过大而失稳。

临界动应力也是动强度的反映,通过不同的围压试验,可以求得土的动强度指标,试验结果表明,动强度约为静强度的50%~60%。如果把荷载动应力沿深度的衰减曲线与路基土动强度随深度增加的曲线叠加于同一张图上,它们的交点则表示所要求的基床表层深度,如图1-38所示。在此交点以上的基床范围,荷载的动应力大于土的临界动应力,需要进行加固处理或换填优质填料,以提高临界动应力。这就是基床表层厚度的确定原则。由于确定土的临界动应力的试验工作量很大,常用静强度乘以0.6的折减系数来代替。当基床土的压实系数$K=1.0$时,则基床表层厚度约需0.6m左右。如果压实系数$K=0.95$时,则需要基床表层厚度在0.8m左右。

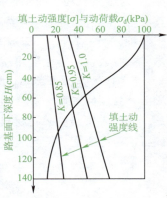

图1-38 基床表层厚度的确定

②弹性变形控制法。弹性变形控制法是日本铁路在设计强化路基基床表层时提出的。日本强化路基基床表层采用的是沥青混凝土,厚5cm。路面回弹变形折角小于2.5‰,根据日本铁路基床荷载分布情况,应控制基床表层弹性变形不应大于2.5mm,否则沥青混凝土面层将开裂,影响基床表层的特性。

对于非沥青混凝土表面的基床表层,弹性变形控制法同样适用。我国许多现场调查资料表明,若基床表面的弹性变形大于4mm时,将引起道砟的侧向流动,从而加速线路状态的恶化。而我国高速铁路路基基床表层为级配碎石或级配砂砾石,属柔性材料,因此可以将3.5mm作为京沪高速铁路路基基床表层的弹性变形控制值。试验研究表明,当基床表层材料的变形模量为180MPa,基床底层填料变形模量为34MPa,基床表层厚度为0.7m时,能够满足3.5mm的控制条件。

综合强度控制与变形控制两方面的计算结果,我国高速铁路有砟轨道路基基床表层的厚度取为0.7m。为有利于自然降水的排出,基床表层和基床底层顶面都应设置4%的横坡。基床表层的防排水问题应在设计中引起重视,应在路基基床表层增设5~10cm沥青混凝土防排水层,表层总厚度不变。

(3)基床的表层填料。从日、法、德三国和我国铁路以前进行的强化基床的试验研究来看,基床表层使用的材料大致有以下几类:级配砂砾石、级配碎石、级配矿物颗粒材料(高炉炉渣)和各种结合料(如石灰、水泥等)的稳定土。

《高速铁路设计规范(试行)》(TB 10621—2009)规定,高速铁路路基基床表层填料采用级配碎石。

级配碎石是我国高等级公路上普遍采用的用作路基基层的填料。它是由粒径大小不同的粗、细碎石集料和石屑各占一定比例的混合料,并且其颗粒组成符合密实级配要求,可用作高速铁路基床表层填料。级配碎石的颗粒粒径、级配范围和材料性能应符合《高速铁路设计规范(试行)》(TB 10621—2009)规定,并且在变形、强度等方面应满足高速铁路路基基床表层的有关技术条件。为了防止道砟嵌入或基床底层填料进入基床表层,级配碎石与上部道床碎石及下部填土之间也应满足 $D_{15} < 4d_{85}$。当与基床底层填料之间不能满足该要求时,基床表层应采用颗粒级配不同的两层结构,或在基床底层表面铺设土工合成材料。

(4)基床表层结构。高速铁路路基基床表层一般均由上下两层结构组成,上层大多要求填料变形模量大,渗透系数小。但这两个要求的统一是较难满足的。上层较薄,要求变形模量高,还对填料颗粒的耐磨性提出要求,因此,基床表层级配碎石材料的选择有一定的硬度要求。其次,为了提高该层的刚度,填料的最大粒径可适当提高,粗颗粒含量增加。下层的作用偏重于保护,颗粒粒径应与基床填料匹配,使基床底层填料不能进入基床表层,同时要求防水、防渗,渗透系数小,至少要小于 10^{-4} m/s。

《高速铁路设计规范(试行)》(TB 10621—2009)规定,路基基床应由基床表层和基床底层构成。基床表层厚度无砟轨道为0.4m,有砟轨道为0.7m,基床底层厚度为2.3m。

基床表层级配碎石材料由开山块石、天然卵石或砂砾石经破碎筛选而成。基床表层级配碎石的粒径级配应符合表1-32的规定。其不均匀系数 C_u 不得小于15,粒径0.02mm以下颗粒质量百分率不得大于3%。基床表层级配碎石粒径级配曲线如图1-39所示。

基床表层级配碎石粒径级配　　　　表1-32

方孔筛孔边长(mm)	0.1	0.5	1.7	7.1	22.4	31.5	45
过筛质量百分率(%)	0~11(5)	7~32	13~46	41~75	67~91	82~100	100

注:括号内数字适用于寒冷地区铁路。

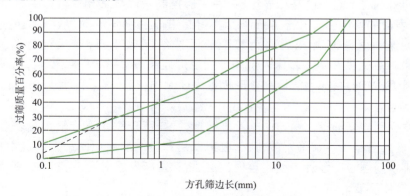

图1-39　基床表层级配碎石粒径级配曲线

(5)基床表层的压实标准。我国高速铁路路基基床表层的压实标准见表1-33,采用地基系数 K_{30}、动态变形模量 E_{vd}、孔隙率 n 三项指标控制。采用无砟轨道时,还应增加对变形模量

E_{v2} 的控制标准。

基床表层压实标准　　　　　　　　　　　　　　　　　　表 1-33

压实标准	级配碎石	压实标准	级配碎石
压实系数 K	≥0.97	动态变形模量 E_{vd}(MPa)	≥55
地基系数 K_{30}(MPa/m)	≥190	—	—

注：无砟轨道可采用 K_{30} 或 E_{v2}。当采用 E_{v2} 时，其控制标准为 E_{v2}≥120MPa 且 E_{v2}/E_{v1}≤2.3。

5. 基床底层

我国高速铁路路基基床底层填料只能用 A、B 组填料或改良土，其压实标准见表 1-34，采用地基系数 K_{30}、动态变形模量 E_{vd}、压实系数 K 或孔隙率 n 三项指标控制。采用无砟轨道时，还应增加对变形模量 E_{v2}、E_{v1} 的控制标准，具体见表 1-34。

基床底层填料及压实标准　　　　　　　　　　　　　　　表 1-34

压实标准	化学改良土	砂类土及细砾土	碎石类及粗砾土
压实系数 K	≥0.95	≥0.95	≥0.95
地基系数 K_{30}(MPa/m)	—	≥130	≥150
动态变形模量 E_{vd}(MPa)	—	≥40	≥40
70d 饱和无侧限抗压强度(kPa)	≥350(550)	—	—

注：1. 无砟轨道可采用 K_{30} 或 E_{v2}。当采用 E_{v2} 时，其控制标准为 E_{v2}≥80MPa 且 E_{v2}/E_{v1}≤2.5。
　　2. 括号内数字为寒冷地区化学改良土考虑冻融循环作用所需强度值。

四　高速铁路路堤

1. 基床以下路堤填料的要求

高速铁路基床以下路堤(以下简称路堤)填料应满足三个基本要求：①在列车和路堤自重荷载作用下，路堤能长期保持稳定；②路堤本体的压缩沉降能很快完成；③其力学特性不会受其他因素(水、温度、地震)影响而发生不利于路堤稳定的变化。因此，只要土质经过处理后能满足上述要求，就可以用作基床以下路堤填料。

对于高速铁路而言，使用的填料应该是最好的。这样既可以减少工后沉降，又可以有较高的安全储备以保证路堤的稳定，并保证不产生病害。因此，首先应采用《铁路路基设计规范》(TB 10001—2005)所要求的优质材料。实际观测表明，采用优质级配良好的粗颗粒可以大大减少路基的工后沉降。然而，对于线路较长的高速铁路，通过地段的地质条件变化复杂，都使用优质填料的可能性不大。调查表明，优质填料 A 组缺乏，B 组填料和 C 组块石、碎石、砾石类填料也不太丰富，其实，缺乏优质填料不仅是我国，在世界各国都存在这个问题。因此，各国都在努力使可用作填料的范围扩大。C 组填料细粒土经改良后也可以作为高速铁路基床以下路堤填料。

2. 基床以下路堤填料的压实标准

试验结果表明，填土的压实系数除与路堤的自然压缩量关系密切外，还与填土的水稳定性有关。从已有的试验资料看，压实系数从 0.85 提高到 0.90，相对压缩量可减小 70%；从 0.90 提高到 0.95，又可减小 35%~40%。因此，为了保持高速铁路路基的变形稳定性，提高碾压压实度是非常必要的。

高速铁路对于路基基床强度有着较高的要求，为保证路基基床强度，当路堤高度小于基床厚度时,软弱天然地基往往需要通过采取换填等措施加固后才能满足要求,同时还需要加强排水以避免基床被水浸泡引起强度降低。而且软弱天然地基往往位于平原及低洼地区,排水条件比较困难,容易留下产生路基病害的隐患。但对于路堤高度低于基床厚度也能够保证基床强度的硬质岩等良好地基条件,就无需限制路堤高度;同时由于特殊条件限制,如堤堑过渡处等,路堤高度小于基床厚度的情形又不能够完全避免。对既有铁路路基病害分析表明,平原区的低路堤,尤其是软弱地基和地下水位高的地段的低路堤与一定高度路堤相比,其排水不良、翻浆冒泥、下沉等基床病害更普遍,轨道状态保持更加困难。

《高速铁路设计规范(试行)》(TB 10621—2009)中规定基床以下路堤应优先选用 A、B 组填料和 C 组碎石、砾石类材料,当选用 C 组细粒土填料时,应根据填料性质进行改良后填筑,其填料及压实应符合表 1-35 的规定。采用无砟轨道时还应增加对变形模量 E_{v2} 的控制标准。

基床以下路堤填料及压实标准　　　　　　　表 1-35

压实标准	化学改良土	砂类土及细砾土	碎石类及粗砾土
压实系数 K	≥0.92	≥0.92	≥0.92
地基系数 K_{30}（MPa/m）	—	≥110	≥130
7d 饱和无侧限抗压强度（kPa）	≥250	—	—

注:无砟轨道可采用 K_{30} 或 E_{v2}。当采用 E_{v2} 时,其控制标准为 E_{v2}≥45MPa 且 E_{v2}/E_{v1}≤2.6。

路基的稳定安全系数考虑列车荷载作用时不应小于 1.25。

软土地基沉降可按《高速铁路设计规范(试行)》(TB 10621—2009)的规定计算,沉降计算值应经实际工程观测资料检验修正。软土及松软土路基应结合工程实际,选择代表性地段提前修筑试验段。受洪水或河流冲刷及受水浸泡的路堤部位,应采用水稳性好的渗水性材料填筑,并应放缓边坡坡率、设置边坡平台、加强边坡防护。雨季滞水及排水不畅的低洼地段,浸水影响范围应以渗水性材料填筑,并应采取排水疏导措施。在高地下水位(地下水位距地表不大于 0.5m)的黏性土地基上填筑路堤时,路堤底部应填筑渗水性材料。有条件时,宜采取降低地下水位的措施。

3. 高速铁路路基的地基条件

现代铁路修筑经验表明,作为支承路堤(亦称路基)的地基不允许发生基底破坏,也不允许发生过大的工后沉降和沉降速率。以往的铁路设计标准,只考虑对基底强度作要求,即不允许发生基底破坏,而对其变形的要求没有给予重视。我国铁路路基主要病害是路基下沉,除因填土压实度不足造成外,还有不少是因基底变形所致的。对支承高速铁路路基的地基来说,除了强度要求外,还有变形条件要求。此外,即使发生地震,也不致发生破坏和下沉。为确保上部轨道结构的平顺性,减少养护维修工作量,高速铁路必须严格控制沉降变形,因此,对地基的要求相应有所提高。

我国首次在大秦重载铁路提出的地基要求见表 1-36。提出的路堤地基条件必须满足 N≥4,P_s≥1MPa(N 为标准贯入锤击数,P_s 为静力触探比贯入阻力)。

路基工后沉降控制标准　　　　　　　表 1-36

设计行车速度 （km/h）	一般地段工后沉降 （cm）	桥台台尾过渡段工后沉降 （cm）	沉降速率 （cm/年）
250	10	5	3
300、350	5	3	2

注:有砟轨道路基工后沉降应符合表 1-40 要求。

《铁路路基设计规范》(TB 10001—2005)规定,基床底层厚度范围内天然地基的静力触探比贯入阻力值,Ⅰ级铁路 $P_s \geq 1.2\text{MPa}$,Ⅱ级铁路 $P_s \geq 1.0\text{MPa}$,否则应进行加固处理。

《高速铁路设计规范(试行)》(TB 10621—2009)中规定路基施工应进行系统的沉降观测,铺轨前应根据沉降观测资料进行分析评估,确定路基工后沉降符合要求后方可进行轨道铺设。

为使列车高速、安全、舒适运行,并尽可能减少维修,严格控制路基的变形、沉降是很重要的因素。路堤建成后发生的变形、沉降主要有:路堤(主要是基床)在列车荷载作用下发生的变形;路堤本体在自重作用下的压密沉降;支承路基的地基压密沉降。在路堤填料的材质与施工质量有保证的前提下,前两部分的数值是有限的,路堤填土的压密沉降主要通过压实密度来控制。

根据实测资料,路堤填土压实沉降量,当路堤以粗粒土、碎石类土填筑时,约为路堤高度的0.1%~0.3%;当以细粒土填筑时,约为路堤高度的0.3%~0.5%。因此控制路堤沉降主要是控制地基的工后沉降。对软土地基来说,由于软土的压缩性大,渗透系数小等特性,路堤建成后,不仅沉降量大,而且沉降延续时间较长。例如,日本良好地基的有砟轨道路堤填筑后一般放置1个月以上,地基不良地段路堤放置6个月以上;黏土地基上的板式轨道路堤放置6个月以上,其他地基放置3个月以上;同时,进行必要的沉降观测,并测算沉降稳定时间。法国和德国强调要进行详细的地质勘察,一般安排路堤施工工期比较长,以保证预压时间,达到稳定时间和沉降要求。在我国,除采用以上方法外,也采用堆载预压的工法,以减少工后沉降延续的时间,达到缩短施工工期的目的。

满足高速铁路的轨道平顺性除要严格控制路基的均匀沉降外,不均匀沉降控制更为关键。路基与桥台及路基与横向结构物过渡段、地层变化较大处和不同地基处理措施连接处,是不均匀沉降容易产生的常见部位,故在地基处理和路堤设计中应采取逐渐过渡的方法减少不均匀沉降,以满足轨道平顺性要求。

借鉴国外高速铁路经验,为了满足高速铁路设计速度的要求,必须严格控制路基的工后沉降量,《高速铁路设计规范(试行)》(TB 10621—2009)要求路基工后沉降量应符合下列规定:

无砟轨道路基工后沉降应符合扣件调整能力和线路竖曲线圆顺的要求。工后沉降不宜超过 15mm;沉降比较均匀并且调整轨面高程后的竖曲线半径符合式(1-15)的要求时,允许的工后沉降为 30mm。

$$R_{sh} \geq 0.4 v_{sj}^2 \tag{1-15}$$

路基与桥梁、隧道或横向结构物交界处的工后沉降差不应大于5mm,不均匀沉降造成的折角不应大于1/1000。

五 高速铁路路基与桥梁过渡段

1. 设置过渡段的原因

铁路线路是由不同特点、性质迥异但又相互作用、相互依存、相互补充的构筑物(桥、隧、路基等)和轨道构成的。由于组成线路的结构物强度、刚度、变形、材料等方面的巨大差异,因此,必然会引起轨道的不平顺。为了满足列车平稳舒适且不间断地运行,必须将其不平顺控制在一定范围之内。轨道的不平顺有静态不平顺和动态不平顺之分。静态不平顺是指轮轨接触面不平顺,如钢轨轨面不平顺、不连续(接头、道岔)、车轮不圆顺等;动态不平顺是指轨下基础弹性不均匀,如扣件失效、枕下支承失效、路基不均匀以及桥台与路基、路堤与路堑、路基与隧道等过渡段的弹性不均匀等。

以路桥过渡段为例,与桥梁连接处的路堤(过渡段),一直是铁路路基的一个薄弱环节,由于路基与桥梁刚度差别很大,一方面引起轨道刚度的变化,另一方面,路基与桥台的沉降也不一致,在桥台与路基过渡点附近极易产生沉降差,导致轨面发生弯折。当列车高速通过时,必然会增加列车与线路的振动(图1-40),引起列车与线路结构的相互作用力的增加,影响线路结构的稳定,甚至危及行车安全。在路基与桥梁之间设置一定长度的过渡段,可使轨道的刚度逐渐变化,并最大限度地减少路基与桥梁之间的沉降差,达到降低列车与线路的振动,减缓线路结构的变形,保证列车安全、平稳、舒适运行的目的。

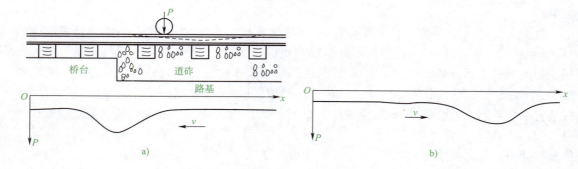

图 1-40　轮轨作用力在路桥过渡段的分布

2. 路桥过渡段变形不一致的原因

路桥过渡段受到高速运行车辆动荷载的作用时,在桥头处往往会出现振动较大的跳车现象,这种现象在高速铁路或高速公路的路桥过渡区段都有可能出现。产生这种现象的主要原因有以下几个方面。

(1) 路基与桥梁结构的差异

由于路基与桥台本身所用材料的不同,桥台的竖向位移、塑性变形等比路堤小得多。路桥过渡段作为柔性路堤与刚性桥台的结合部位,在结构上是塑性变形和刚度的突变体(图1-40)。只有当柔性路堤的塑性变形相对为零或其值的大小所引起的轨面弯折(轨道不平顺)满足高速行车的要求时,才不会出现如图1-41所示的情况。而由散体材料组成的柔性路堤发生变形是不可避免的,因此,必须从过渡段的地基条件、软基的处理方法、填料选择、压实标准、质量检测上采取措施,以减少两者之间的塑性变形差,实现平稳过渡。

(2) 地基条件的差异

现在许多既有线路都是修筑在条件比较差、修筑标准低的软弱地基土上的。在软土地基上,路桥过渡段的路基和桥梁的工后沉降量

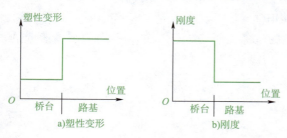

图 1-41　过渡段塑性变形和刚度突变图

是不同的,因此在路桥过渡处必然有沉降差。路桥过渡段由于其结构的原因,桥头路基的填筑高度较大,产生的基础应力也较高,因此,地基在路桥过渡段产生的沉降较其他路段要大一些。

地基土的性质及结构不同,所产生的沉降和沉降达到稳定所需要的时间也不同。对于粉

土地基和中、低压缩性的黏土地基,如果不进行特别的处理,其全部沉降完成需要几年时间;对于高压缩性黏土地基、饱和软黏土地基,则其全部沉降完成需要十几年甚至几十年时间。所以,地基工后沉降是造成轨道不平顺和桥头跳车的重要原因。

桥台后路堤填料以前一般全是填土。由于施工的原因,往往作业空间狭小,碾压质量不易控制,其压实度往往达不到设计要求。即使施工时压实度全部达到了设计的要求,但因运营时路堤填土本身的自重和列车动荷载的作用,也将使路堤填土产生进一步的压缩变形,使得路桥过渡处出现沉降差。

桥台前的防护工程由于受到水平土压力的作用,将产生一定的水平位移。这一水平位移将会导致荷载分布不均匀而使得路桥过渡处路堤出现沉降变形。

路桥过渡处常会产生细小的伸缩裂缝,经过地表水或雨水的渗透后,会使路堤填土出现病害,强度降低,产生沉降,或由于水的渗透流动带走填料中的细颗粒土,使得路桥过渡处出现沉降变形,所以这些地段的防排水处理是非常重要的一个环节。

(3) 设计及施工问题

设计时对路桥过渡段的施工碾压过程考虑不周,对填料的要求不严格,对桥台后的排水设计考虑不周,都将影响其施工质量。

施工时对工期或工序安排不当,以至路桥过渡段的填料碾压工作安排在施工工期的尾部,往往被迫赶工期,不能够很好地控制填料压实质量,使得填料本身出现沉降变形。施工时对路桥过渡段的回填料不按设计要求填筑,或采用不良填料,或碾压厚度超过设计要求,或压实度达不到设计要求,都将造成质量缺陷。施工时碾压器械配置欠佳,压实功率不够,不进行分层次质量检查,也会使压实质量达不到控制要求。

(4) 重桥轻路意识的影响

设计和施工中重桥轻路的意识是影响路桥过渡段施工质量的又一因素。目前在铁路建设工程中,桥梁建设不仅工程规模大,投资多,而且有时还是保证线路正常通车的关键性控制工程。从以往的施工过程看,往往是路桥分家,重桥轻路。桥梁施工中集中了大量优秀的工程技术人员,而路基施工却未能投入必要的技术力量。在设计中没有把路桥过渡段作为一种结构物来考虑,没有较为合理的设计要求。现在的新规范里已经明确,路基是作为结构物来进行设计和施工。在施工过程中路桥过渡区段又是质量控制的薄弱环节。往往在铺轨架桥时,或正常运营一段时间后,路桥过渡段的问题才明显出现。除以上主要原因外,在路桥过渡段,影响线路运行质量的因素还有以下三个方面。

① 桥上轨道技术状态和种类。桥上是有砟轨道还是无砟轨道,桥上轨枕(称为桥枕)及枕垫刚度值的大小,都与传递到桥台后路堤上的作用力大小有关。

② 路桥过渡段轨道技术状态和种类。过渡段内钢轨和轨枕类型以及钢轨是否有接头或损伤,与传递到路堤上的作用力大小有关。

③ 机车车辆的类型、运行速度和技术状况。过渡段内动荷载(轴重与轮轨冲击力)的大小与机车车辆的类型、运行速度和技术状况等有关。

3. 路桥过渡段的处理方法

世界各国在发展高速铁路过程中,都对线路容易发生不平顺的部位特别加以重视,并依据系统工程的观点,从结构设计到施工组织,从工期安排到质量检测等方面都采取了措施,严格控制轨道的刚度变化和由于沉降不均匀引起的轨面变形(弯折角),以达到线路的高平顺度,保证高速列车安全和平稳运行的目的。

铁路轨道结构是由不同力学性能的材料(钢轨、轨枕、道砟、扣件等)组合而成的,弹性较好,阻尼较大,但结构比较松散,由各种因素引起的轨面变形可通过起拨道捣固作业来调整,故我国铁路系统过去对路桥过渡段一直未予重视,路桥过渡段的设计也过于简单和原则,参数指标和技术条件(标准)不够明确。在施工过程中,由于路桥过渡段的位置特殊,常使桥台后路堤的填料不易达到最佳的压实效果,工后沉降也较大。另外,工程建设施工计划的安排也常使过渡段的处理难度加大。桥梁结构作为重点工程一般都优先进行施工,路基工程由于难度较小而放在最后,路桥过渡段一般是在铺架前突击施工,没有一定的静置稳定时间,因此运营后沉降变形大就不足为奇了,需要频繁地进行养护维修作业才能保证轨道的平顺。大量的调查分析表明,我国铁路路桥过渡段的病害广泛而严重,经常的维修使得一些线路桥台后的路堤道砟囊厚度达 2~3m,纵向延伸 10~30m。

随着高速铁路的修建并成功地投入运行,我国在处理线路过渡段(包括桥头桥台、隧道出入口等)方面已有一定的研究基础,并积累了较丰富的经验,提出了一些经时间检验是可行的技术处理措施,归结起来主要有以下几类。

1) 增大过渡段较软侧路基基床的竖向刚度

该类处理方法的主要目的是通过加强路基结构来减少路基与桥台之间在刚度与沉降方面的差异,进而减少路桥间线路的不平顺,具体的处理方法如下。

(1) 加筋土路堤法

加筋土路堤法是在过渡段路堤填料(必要时也可包括地基)中埋设一定数量的加筋材料,如土工合成材料等,形成加筋土路堤结构,加筋土不仅能增加路堤的强度,而且还能大幅度提高路堤的刚度,显著减少路基的变形。试验研究表明,使用加筋土路堤结构来强化处理桥台结构有两大作用:一是能大大减小桥背路堤的沉降,二是能将桥背路堤与桥台交界处的台阶式跳跃沉降变成连续斜坡式沉降。因此,通过调整加筋材料的布置间距和位置,可方便地达到路桥间线路平顺过渡的目的。

(2) 碎石填料填筑法

碎石填料填筑法是指使用强度高、变形小的优质材料,如碎石类填料等,进行过渡段填筑的方法,该方法无论是在铁路系统还是在公路系统,都是一种最常用的减小路桥间沉降差的处理方法。其设计意图明确,材料性质可靠,易控制,刚度与变形可实现均匀过渡。该处理方法可能存在的问题是桥台台背窄小空间的压实质量不易得到保证,碎石填料相对较大的自重引起的地基沉降也较大。

2) 增大过渡段较软路基侧轨道的竖向刚度

该类处理方法主要是通过提高轨道竖向刚度来减小路桥间轨道刚度的变化率,但其不能解决路桥间沉降差引起的轨面弯折问题。具体的处理方法如下。

(1) 通过调整轨枕的长度和间距来提高轨道的刚度

在过渡段范围内,通过使用逐步增长的超长轨枕和减小轨枕的间距可实现轨道刚度的逐步过渡。

(2) 通过增大轨排的抗弯模量来增加轨道的刚度

图 1-42 为我国秦沈客专某桥梁过渡段的布置图。

(3) 通过增加道床厚度来提高轨道的刚度

道砟是一种强度高、变形小的硬质材料,道床的模量一般比路基基床大。在过渡段范围内逐渐增加道床的厚度,减小路基的高度,也可逐步提高轨道的刚度。

a) b)

图 1-42 渝怀线鱼嘴 2 号隧道过渡段

3）过渡段较硬侧设置轨下、枕下、砟底橡胶垫块（板）

对于桥梁和隧道等刚性结构物上的无砟轨道,可通过调整轨下垫板的刚度和设置枕下垫块的方法,使轨道的刚度值与较软一侧轨道的刚度值相适应。垫板(块)的刚度参数可通过室内试验、计算及现场测试确定。

4. 高速铁路路桥过渡段的设置

《高速铁路设计规范（试行）》（TB 10621—2009）中规定,路堤与桥台连接处应设置过渡段,可采用沿线路纵向倒梯形级配碎石过渡段,如图 1-43 所示。从过渡段刚性过渡来看,用倒梯形的过渡段形式比较有利于刚度过渡。设计和施工时应根据桥台和路基的地基条件、高度和施工顺序采用。

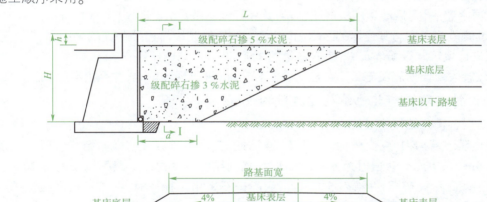

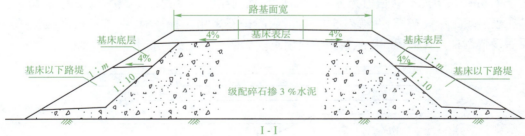

图 1-43 台尾过渡段设置示意图

过渡段路基基床表层和一般路基基床表层一样,应满足规范或设计要求的压实标准,在与桥台连接的 20m 范围内基床表层的级配碎石内掺入 5% 的水泥,表层以下的倒梯形级配碎石掺入 3% 水泥并分层填筑,压实标准应满足地基系数 $K_{30} \geqslant 150\text{MPa/m}$、动态变形模量 $E_{vd} \geqslant 50\text{MPa}$ 和孔隙率 $n < 28\%$。采用无砟轨道时,压实标准还应满足变形模量 $E_{v2} \geqslant 80\text{MPa}$ 的要求。级配碎石的级配范围应符合表 1-37 的规定。

碎石级配范围 表1-37

级配编号	通过筛孔(mm)质量百分率(%)									
	50	40	30	25	20	10	5	2.5	0.5	0.075
1	100	95~100	—	—	60~90	—	30~65	20~50	10~30	2~10
2	—	100	95~100	—	60~90	—	30~65	20~50	10~30	2~10
3	—	—	100	95~100	—	50~80	30~65	20~50	10~30	2~10

注：颗粒中针状、片状碎石含量不大于20%；质软、易破碎的碎石含量不得超过10%。

过渡段地基需要加固时应考虑与相邻地段协调渐变，还应符合轨道特殊结构的要求。注意要与其连接的路堤同时施工，并按大致相同的高度分层填筑。距离台背2.0m范围内应用小型机具碾压密实并适当减小分层填筑厚度。

(1) 过渡段长度可按式(1-16)确定。

级配碎石倒梯形过渡段

$$L = a + (H - h) \cdot n \tag{1-16}$$

式中：L——过渡段长度(m)，一般不小于20m；

H——后路堤高度(m)；

h——基床表层厚度(m)；

a——倒梯形底部沿着线路长度方向的常数，一般取3~5；

n——常数，2~5。

(2) 过渡段桥台基坑应以混凝土回填或以碎石分层填筑并用小型平板振动机压实。路堤基底原地面平整后，用振动碾压机碾压密实，并保证地基系数K_{30}不小于60MPa/m。

(3) 过渡段路堤应与其连接的路堤同时施工，并将过渡段与连接路堤的碾压面，按大致相同的高度进行填筑。级配碎石中，掺入适量的水泥，充分振动碾压压实。

(4) 过渡段处理措施及施工工艺应结合工程实际，进行现场试验，并经批准后实施。

5. 高速铁路路堤与其他结构过渡段的设置

(1) 路堤与横向结构物过渡段

路堤与横向结构物(立交框构、箱涵等)连接处，应设置过渡段。横向结构物顶至轨底高度小于1.5m(采用无砟轨道时为$h<2.0m$)时，横向结构物顶面以上路堤以及两侧20m范围内基床表层填筑级配碎石，并掺入5%水泥，级配碎石采用正梯形时，在与正梯形级配碎石连接段后设置倒梯形过渡段，用A、B组填料填筑。如图1-44、图1-45所示。

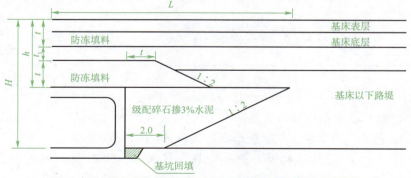

注：图中t为最大冻结厚度，当$t_1<0.3m$时涵顶全部填筑防冻填料。

图1-44 寒冷地区路堤与横向结构物($h>1.0m$)过渡段示意图(尺寸单位：m)

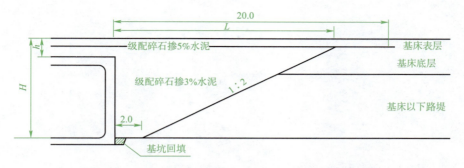

图 1-45　路堤与横向结构物($h \leqslant 1.0m$)过渡段示意图(尺寸单位:m)

(2) 路堤与路堑过渡段

路堤与路堑连接处应设置过渡段，过渡段可采用下列设置方式。

① 当路堤与路堑连接处为硬质岩石路堑时，在路堑一侧顺原地面纵向开挖台阶，台阶高度 0.6m 左右，并应在路堤一侧设置过渡段，如图 1-46 所示。

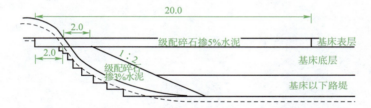

图 1-46　硬质岩石堤堑过渡段示意图(尺寸单位:m)

② 当路堤与路堑连接处为软质岩石或土质路堑时，应顺原地面纵向挖成 1:2 的坡面，坡面上开挖台阶，台阶高度 0.6m 左右，并应在路堤一侧设置过渡段，如图 1-47 所示，其开挖部分填筑要求应与路堤相同。

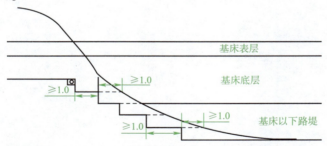

图 1-47　软质岩石或土质堤堑过渡段示意图(尺寸单位:m)

(3) 土质、软质岩及强风化硬质岩路堑与隧道连接地段

土质、软质岩及强风化硬质岩路堑与隧道连接地段，应设置过渡段，并采用渐变厚度的混凝土或掺入适量水泥的级配碎石填筑。

(4) 无砟轨道与有砟轨道连接处路基应设置过渡段，并符合轨道形式过渡要求。

(5) 两桥之间、桥隧之间及两隧之间的短路基宜采取适宜措施，平顺过渡；当两桥间为小于 150m 非硬质岩路堑时，路基基础可采用桩板结构或保证刚度平顺过渡的工程措施。

单元二

路基主体施工

知识目标
1. 施工准备的主要内容。
2. 土石方调配。
3. 路堤的填筑、路堑的开挖、机械化施工技术。
4. 季节性及特殊条件下的路基施工技术。
5. 高速铁路路基的地基处理技术。
6. 基床底层、表层及基床以下的路堤施工技术。
7. 过渡段施工技术。
8. 高速铁路路基施工的质量控制技术。

能力目标
1. 会写施工调查报告,能完成一定的施工准备工作。
2. 能用专业软件进行比较简单的土石方调配工作。
3. 能根据实际情况,完成简单的路堤、路堑的施工组织、指导工作。
4. 能较为熟练地组织、指导架子队进行高速铁路路基的地基处理的安全施工及质量控制。
5. 能较为熟练地组织、指导架子队进行高速铁路路基的基床底层、表层的安全施工及质量控制。
6. 能较为熟练地组织、指导架子队进行高速铁路路基过渡段的安全施工及质量控制。
7. 能较为熟练地完成各个环节的施工质量控制工作,熟悉质量监管体系。
8. 能初步完成路基施工方案的编制。

技能训练1　运用专业软件进行土石方调配
1. 材料(设备)准备:普速铁路平纵断面图电子版、打印版,专业模型,橡皮泥。
2. 步骤:识读等高线地形图,识别等高线地形图所表达的3D模型;看视频教程熟悉专业土石方调配软件,进行土石方调配。
3. 成果:小组完成3D模型一组,土石方调配成果。

技能训练2　路堑开挖方式、路堤填筑方式的编制(各组任务不同)
1. 材料(设备)准备:上个任务所完成的成果、土方施工机械图片及视频、计算机、CAD图、等高线地形图、橡皮泥。
2. 步骤:识读等高线地形图,分组制作等高线地形图所表达的3D模型;选择合适的施工机械,编写机械化开挖和填筑方案。
3. 成果:小组完成3D模型一组,开挖或填筑方案一套(含机械配套方案)。

技能训练3　路基施工方案的编制
1. 材料(设备)准备:上个任务所完成的成果、高速铁路路基工程施工质量验收标准、高速铁路路基工程施工技术指南、CAD图、等高线地形图、橡皮泥。
2. 步骤:编制路基施工方案。
3. 成果:各个小组完成路基施工方案一套。

任务一　路基施工

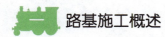

一　路基施工概述

铁路路基是以土、石材料为主而建成的一种条形建筑。在挖方地段,路基是开挖天然地层形成的路堑;在填方地段,则是用压实的土石填筑而成的路堤。它与桥梁、隧道、轨道等组成铁路线路的整体。要保证线路的质量和列车的安全运行,路基必须具有足够的稳定性、坚固性与耐久性,即在其本身静力作用下地基不应发生过大沉陷;在车辆动力作用下不应发生过大的弹性或塑性变形;路基边坡应能长期稳定而不坍塌;同时还要经受各种自然因素的破坏。

所谓路基施工,就是以设计文件和施工技术规范为依据,以工程质量为中心,有组织、有计划地将设计图纸转化为工程实体的建筑活动。路基施工包括路堑、路堤土石方,防排水设施,挡土墙等防护加固构筑物以及为修建路基而作的改移河道、道路等。其中路基土石方工程是最主要的,它包括路堑工程的开挖、路堤工程的填筑以及路基的平整工作,包括平整路基面、整修路堑(路堤)边坡、平整取土坑等,而有关防排水这方面的工程,由于项目众多且较为零星,往往受到忽视,但是防排水是保证路基主体工程得以稳固的根本措施,因此必须妥当安排、保证质量。

路基施工时的基本操作是挖、装、运、填、铺、压,虽然工序比较简单,但通常需要使用大量的劳动力及施工机械,并占用大量的土地,尤其是重点的土石方工程往往会成为控制工期的关键工程。修筑路基时常会遇到各种复杂的地形、地质、水文与气象条件,给施工造成很大的困难。因此,要得到满意的路基工程施工质量,必须严密组织,精心施工。

1. 基本建设项目的划分

(1) 基本建设项目

基本建设项目一般是指具有设计任务书和总体设计,经济上实行独立核算,行政上独立的组织形式,在一个场地上或者几个场地上,按一个总体设计施工的各个工程项目的总和为基本建设项目(简称建设项目)。

进行基本项目的企业或事业单位称为建设单位。一般一个建设单位也就是一个建设项目。

在铁路建设中,一般是以一条新建线、增建第二线、既有线改扩建等为建设项目。

(2) 单项工程(又称工程项目)

单项工程是指具有独立的设计文件,竣工后可以独立发挥生产能力或使用效益的工程。它是建设项目的组成部分。一个建设项目可以是一个单项工程,也可以包括若干个单项工程。

例如,对于一条新建铁路,为了早日形成运输生产能力,以发挥铁路运输效能,采取分区段施工,每一区段可谓这条铁路建设项目的一个单项工程,而对每一区段中的单个路基、桥、涵、隧道等工程,不能视为单项工程。因其竣工后无法形成运输生产能力,只有各项工程完成并铺轨通车后,才能发挥使用效益。

(3) 单位工程

单位工程是指具有独立设计,可以独立组织施工的工程。它是单项工程的组成部分。在实际工作中,为了便于组织施工,通常根据工程的性质、作用和能否独立施工的要求,将一个单项工程划分为若干个单位工程。新建铁路的路基、桥、涵、隧道、轨道等工程均是新建铁路线路的单位工程。

(4) 分部工程

分部工程是单位工程的组成部分。它是按单位工程的各个部位、设备种类和型号、使用的材料和工种等的不同,划分为若干个分部工程,分部工程一般应按一个完整部位或者主要结构、施工阶段划分。

例如铁路路基工程中,有地基处理、基床、基床以下路堤、路堑、路基支挡、路基防护、路基排水、附属工程等分部工程。

在分部工程中,由于构造、形式、规格各异,其人工、材料等消耗的差别很大,还需把分部工程按照各自的施工方法、构造、规格等进一步分项。

(5) 分项工程

分项工程是分部工程的组成部分。它根据分部工程划分的原则,按照不同的施工方法、工序、材料、规格等,对分部工程再进一步划分为若干个分项工程。而每一分项工程可通过较为简单的施工过程就能生产出来,其数量可用适当的计量单位,通过测定或计算确定。一般说,它的单独存在是没有意义的,只是为了便于计算和确定工程建筑造价而划分出来的分项工程,是一种假定的工程产品。

例如路基工程中,地基处理中的原地面平整、碾压分项工程、换填、强夯、洞穴处理、砂井等分项工程;基床分部工程的基床底层、基床表层、路基面分项工程;基床以下路堤分部工程中的一般路堤填筑、路堤边坡、填石路堤、黄土路堤填筑等分项工程;重力式挡土墙的明挖基坑、基础、桩基础、承台、墙身及墙背填筑等分项工程。

2. 路基施工的特点

概括地说,路基施工具有如下特点。

(1) 工程量大

俗话说,路基工程就是"土石方大搬家",一条新建铁路的路基土石方工程量往往达到千、万立方米。据有关资料表明,每公里新建铁路的路基土石方数量:平原为 $0.8 \sim 4.5$ 万 m^3,丘陵、山岳为 $4.5 \sim 8.5$ 万 m^3,困难山区为 $8.5 \sim 13.5$ 万 m^3。路基工程占总投资的比例很高,占用土地的土地量最多,使用劳动力的数量也较多。以宝成线和鹰厦线为例,见表2-1。

当然,随着技术的发展及施工水平的不断提高,许多高填、深挖的路基工程将逐渐为桥、隧结构物所取代,这样既可提高线路质量,又可减少养护工作,有利于运营。另外,随着机械化施工水平的日益提高,需要劳动力的绝对数量也会日益下降。

线路工程数量表　　　　　　　　　　　　　　　表2-1

线　路	路基土石方工程量(m^3)	路基土石方占总造价的百分比(%)	所使用劳动力的数量(人)
宝成线	6877万	21.4	113000
鹰厦线	6773万	31.2	84000

(2) 地形复杂多变

铁路线路绵延成百上千公里,因此路基工程必然会遇到众多复杂的自然环境。面对各种地形、地质所带来的各种施工困难,如施工中处理不当,就会给日后的铁路运营遗留无穷后患。

(3) 施工质量控制难度大

路基工程是以土、石这种松散体为建筑材料的,材料特性随时随地而有所不同,较难准确掌握,因此施工质量的控制也更为复杂。

(4) 施工条件差

路基施工是野外操作,特别是边远山区自然条件差,运输不便,物资设备的供应及施工队伍的调度极为困难,加上路基工地分散,工作面狭窄等,这些困难易使一般的技术问题变得复杂化,某些复杂的技术问题,更是难以用一般常规的方法和经验加以解决。

此外,在路基施工中还存在场地布置难、临时排水难、用土处置难、土基压实难等不利的因素。

3. 路基施工的基本方法

路基施工的基本方法,按其技术特点大致可分为:人力施工、简易机械化施工、综合机械化施工和爆破法施工等。

人力施工是传统的施工方法,使用手工工具、劳动强度大、工效低、进度慢、工程质量亦难以保证,现已不适应现代铁路工程施工的要求。

为了加快施工进度,提高劳动生产率,实现高标准高质量施工,有条件时对于劳动强度大和技术要求相对较高的工序,在施工过程中应尽量配以机具或简易机械。但这种施工方法工效有限,只能用于工程量较小、工期要求不严的路基或构造物施工,特别不适宜高速铁路和Ⅰ级铁路路基的大规模施工。

机械化施工和综合机械化施工是路基施工的基本方式,对于路基土石方工程来说,更具有适用性。机械化施工是通过合理选用施工机械,将各种机械科学地组织成有机的整体,优质、高效地进行路基施工的方法。如果选用专业机械,按路基施工要求对施工的各工序进行既分工又联合的作业,则为综合机械化施工。实践证明,如果给主机配以辅机,相互协调,共同形成主要工序的综合机械化作业,则工效能够大大提高。以挖掘机开挖土质路堑为例,如果没有足够的汽车配合运输土方;或者汽车运土填筑路堤,如果没有相应的摊平和压实机械配合;或者不考虑相应辅助机械为挖掘机松土并创造合适的施工面,整个施工进度就无法协调,难以紧凑工作,工效亦势必达不到应有的要求,所以,对于工程量大、技术要求高、工期紧的高速铁路和Ⅰ级铁路路基工程,必须实现综合机械化施工,科学地严密组织施工,这是路基施工现代化的重要途径,也是我国路基施工的发展方向。

爆破法是利用炸药爆炸的巨大能量炸松土石或将其移到预定位置,它是石质路基开挖的基本方法。另外,采用钻岩机钻孔,亦是岩石路基机械化施工的必备条件。除石质路堑开挖外,爆破法还可用于冻土、泥沼等特殊路基施工,以及清除地面、开岩取料与石料加工等。

上述施工方法的选择,应根据工程性质、工期、现有条件等因素而定,而且应因地制宜和各种方法综合使用。

4. 路基工程的施工顺序

铁路工程的施工顺序,一般均为大中桥、小桥涵和隧道先行施工,接着是路基土石方,而土石方工程又常是先选择重点或填挖方较大的地段进行。小桥涵必须在路基施工前完成,以保证路基机械施工的效率和工程质量。特别是对重点土石方或工程量大起控制作用的涵洞,更要引起足够的重视。如:成昆铁路尼波车站14号涵洞未能在路基施工前竣工,从而控制了路基机械施工土石方接近30万 m^3 的施工作业。为了减轻施工干扰不致延误工期,曾被迫采取在正线上游先修几节涵洞作为机械走行通道的措施,才使得涵洞两侧的站场土石方机械施工得以全面展开,从而扭转了被动局面。

5. 路基施工的组织原则

(1) 集中力量保证重点工程分期分段施工。对于重点工程还应编制单独的实施性施工组

织计划,按原铁道部规定的建设程序批准后据以施工。对于路基工程来说,这些重点工程包括:

①技术复杂和特殊土地区、特殊条件下的路基工程;
②一次用药量在 5t 以上的路基爆破工程;
③区段站路基工程,既有线站场改建、扩建工程和改线、改坡线路的路基工程;
④控制工期的数量大于 $3 \times 10^5 m^3$ 的站场土石方工程。

(2)实现机械化施工,推广应用新技术、新材料、新工艺、新机具、新测试方法。在施工中应认真作好原始记录、积累资料,不断总结经验,提高路基施工技术水平。

(3)实现工厂化施工。

(4)全体不间断施工。

(5)流水作业施工。

(6)积极推广经济数学方法的运用。

二 路基施工准备工作

要保证工程项目能够如期高质量地完成,任何一项工程在正式开工前,都必须做好必要的施工准备工作。路基施工前,必须根据工程的实际情况做好组织准备、物资准备和技术准备工作,使各项施工活动能正常进行。在施工过程中,所有的施工活动都必须严格按照有关施工规范进行,以确保工程质量,最后得到质量优良的路基实体。

1. 组织准备

(1)我国现行的铁路施工管理机构(表 2-2)

中国中铁和中国铁建作为我国主要的铁路建设单位,下属的工程公司分为综合工程公司和专业化工程公司。工程公司下设地方分公司、工程子公司,以下设项目部等临时机构。

地方铁路管理机构,指由地方投资并修建的铁路。它的施工,一般由地方铁路管理机构负责。

临时机构一般指一个大的建设项目临时组成的指挥部、指挥所等,便于统一管理和协调。

铁路施工管理机构 表 2-2

	固定机构	工程局、工程公司
属中国铁路工程总公司、建筑总公司管理	临时机构	临时成立的指挥部、指挥所等
属地方管理	固定机构	地方铁路开发公司
	临时机构	临时成立的指挥部、指挥所等

(2)开工前的施工准备

施工企业承接施工任务后,开工前的组织准备工作主要是建立健全工程管理机构和施工队伍,明确各自的施工任务,制订施工过程中必要的规章制度,确定工程应达到的目标等。组织各级施工管理机构、施工队伍、材料供应及运输管理部门,组织附属企业,进行劳动力培训,与其他单位签订各种协议合同等。组织准备是其他准备工作的开始。

路基施工要消耗大量的人工、材料和机具,因此开工前应进行所需材料的购进、采集、加工、调运和储备工作,同时要检修或购置施工机械,作好施工人员的生活、后勤保障准备。劳动力、机械设备和材料的准备工作是路基施工组织计划的重要组成部分。

2. 施工调查

1) 施工调查的意义

根据施工调查,可以了解和核对线路的全面情况、重点工程情况和沿线的施工条件等,确定符合实际情况的施工部署和施工方法,决定材料来源和运输方法,落实各项辅助工程和附属企业的设置,规划临时工程,作为编制施工组织设计和概预算的重要依据。因此,施工调查既是设计部门勘测设计中的一项重要工作,也是施工企业在基本工程开工前必须进行的一项工作。

2) 施工调查的主要项目

(1) 全线工程分布情况与地质特征,特别是与重点工程的施工条件、施工顺序及施工方法等有关的自然条件。

(2) 特殊土地区和特殊条件下路基的地质情况、河道情况、地下水位、冻结深度、风沙或泥石流季节等。

(3) 核对土石的类别及其分布,进行填料初步复查和试验。调查高填、深挖和站场的施工环境及取土、弃土困难地段的填料来源、弃土位置和运土条件等。

施工前,根据设计文件提供的资料,按照《铁路工程土工试验规程》(TB 10102—2010)对路基填料进行复查和试验,确定填料类别,按规定填写土工试验报告,经审查签证后方可使用。对需改良的特殊岩土,除进行常规试验外,尚需进行专门的鉴别试验,以确定其种类和处理方法。

(4) 调查核对大量石方爆破地段的地形、地貌、地质和建筑物、交通与通信设施情况。

(5) 调查核对大型土石方施工机械的运输及组装场地。

(6) 调查当地的风俗习惯、医疗卫生、生活供应、文化教育等情况。

(7) 调查当地可供利用劳动力的工种、人数以及沿线可承包工程的施工单位的能力、信誉等。

(8) 改建既有线或增建第二线时,既有线的运营情况、路基状况,以及为采取安全、合理、施工方便的工程措施所需的资料。

(9) 农作物收割、播种季节及平均产量和为办理用地、补偿工作所需的资料。

(10) 为办理房屋、道路、管线、线路等拆迁补偿工作和清理施工场地所需的文件规定及计费办法和单价资料。

(11) 修建各项临时工程、辅助工程及附属企业等设施的现场位置、地形、地貌、水文、地质等情况和施工防排水的措施。

(12) 新技术、新工艺、新机具、新材料等特殊需要的资料。

上述施工调查的项目应根据具体工程的不同有所侧重,调查前应编写调查提纲,有的放矢地进行调查工作。

3) 编写施工调查报告

施工调查完毕,应整理好资料,及时写出调查报告。施工调查报告包括以下内容。

(1) 工程概况:地形、地貌、地质、水文、气象情况;重点工程情况;施工的有利条件和影响因素等。提出有关方案意见和施工措施。

(2) 交通情况:简要说明沿线铁路、公路、水运状况,以及地方道路的改扩建计划,并提出方案意见。

(3) 材料供应:对当地材料的产地、储量、产量、质量及运输方法等详细列出;缺料地段提出供应措施;对外来料考虑如何进入施工地段,布置主要材料供应基地、预制基地等,并提出方案意见。

(4) 沿线水、电、生活资料供应情况;提出供电、通信方案意见,以及对缺水地区提出解决措施。

(5) 提出有关改善设计的建议。

(6) 使用地方劳动力和向地方施工单位提出发包工程的意见。

(7) 有关编制概预算的资料。

(8) 有待进一步解决的问题。

(9) 有关图表及说明。

3. 技术准备

路基施工前的技术准备工作包括核对设计文件、线路复测、清理施工场地以及试验段施工等工作,同时应作好施工防排水工作。此外,路基土石方调配方案,也须在开工前做好。

1) 接收施工图表及设计文件

施工图表是铁路施工单位进行铁路施工的重要依据,只有在接到施工设计文件和图表后才能照图开始施工。路基工程必须按照批准的设计文件施工;如需变更,应按现行的变更设计处理办法执行。

路基施工图表的内容见表2-3。

路基施工图表 表2-3

内　　容	用　　途
路基横断面图	路基施工应根据横断面进行
填挖高度、路基面宽度;边坡表	了解路基填筑高度、开挖高度、路面宽度和路基边坡坡度
土石方数量表	了解路基土石方数量
加固工程表	了解路基加固地段的地点、加固类型

需要特别指出的是,施工单位接到设计文件后,应组织有关技术人员进行审核,及时到施工现场核对。如发现误差,应与设计人员联系,更正设计错误。必要时,会同设计单位、建设单位(监理单位)进行图纸会审,共同解决设计文件中的差、错、漏等问题。会审会议必须做好相应的会议纪要,并尽快发放到参加会议的各方代表手中。会议纪要是竣工资料的重要组成部分,具有与施工图表一样的法律效力。

施工单位应在全面熟悉设计文件的基础上,充分了解工程的设计标准、规模、意图,对设计文件进行核查,并做好核查记录。

2) 交接桩及线路复测

施工单位接收任务后,应会同设计单位进行交接桩工作,然后进行线路复测。

(1) 交接桩

①交接桩的准备工作。由施工单位的技术人员及测工等组成的接桩小组,会同勘测设计部门的交桩小组,共同进行交接桩与补桩工作。如果一条线路有几个施工单位施工,则各施工单位的接桩起讫点应是其管界外两边的一个交点或转点。其交界处的中线、高程,应联测贯通,互相核对,保持一致。

线路控制桩和路基中线、高程测量误差应符合现行高速铁路工程测量的有关规定,测量工作必须贯彻"双检制"。对主要的中线控制桩应测设护桩并作出记录。边桩应根据贯通后的中线、高程测设,在地形、地质变化处应加测横断面的地面线。

②交接桩的内容。施工单位按照有关图表文件,在现场进行交接桩,逐一接收水准基点桩、中线控制桩、站场的基线桩、三角网的主要控制桩、隧道及桥的导线网、重点工程中心桩、直线上的交点桩、副交点桩、缓和曲线和圆曲线的起、终点和中心桩等。中线、高程必须与相邻地段贯通闭合,两端为桥梁或隧道时,应以桥梁或隧道中线、高程为准。在两个施工单位的分界处,应由双方共同复测签认,线路中线和高程必须与管界外的控制桩和水准点闭合。

③交接桩的过程。交接双方按图表在现场对桩位逐一交点,施工单位以仪器复核,做好书面记录,并检查桩的完好稳定程度,必要时加护桩。线路控制桩和路基中线、高程测量误差应符合现行《高速铁路工程测量规范》的有关规定,测量工作必须贯彻"双检制"。交接桩的验收标准按现行《铁路测量技术规则》的有关规定办理。对主要的中线控制桩应测设护桩并作出书面记录。边桩应根据贯通后的中线、高程测设,在地形、地质变化处应加测横断面的地面线。在交接中,如误差超过允许范围时,应由设计单位复核更正。

交接完毕后,根据交接记录,说明交接情况、存在问题及解决办法,双方正式在记录上会签,视为线路交接完成。

(2) 线路复测

交接桩后,施工单位应进行线路的复测和加钉桩号工作。这是施工前最后一次线路定测工作。其工作内容包括:测定中线位置;复核线路转向角;测设曲线;复核各转点间的直线方向;核对设计单位的水准基点,并联系水准基点进行全线纵向水准测量;横断面测量;桥隧等重点工程的位置和中心线的定测。在两个施工单位的分界处,应由双方共同复测签认,线路中线和高程必须与管界外的控制桩和水准点闭合。复测完毕,及时编制测量成果书,并要认真复核,才能作为今后线路中线水平使用的依据,并完整保存至工程竣工。

3) 编制施工组织设计

工程开工前,施工单位根据施工调查资料、设计文件、设计部门编制的施工组织设计,结合施工单位的实际情况,充分分析有利因素和不利因素,经过综合分析研究,编制该工程施工组织设计,作为指导施工的技术文件,并落实施工方案。施工组织设计必须按审批制度报批后执行。

4) 编制工程预算和施工预算

施工单位在开工前,根据施工组织设计有关规定等资料编制工程预算,并在工程预算的基础上编制施工预算,作为施工单位内部成本核算、签订承发包和统计验工计价的依据。

5) 填筑试验段

路基工程施工全面开工前,应选择一定长度的试验区段进行试验。确定机械设备组合、施工工艺、摊铺厚度、压实遍数、改良土配合比、级配料配合比等施工参数及试验、检测的方法。

4. 测量放线

线路中线是线路施工的平面控制系统,也是铁路路基的主轴线,在施工时必须保持定测时的位置。由于定测以后往往要经过一段时间才进行施工,定测时所钉设的桩点不可避免会丢失或被移动。因此,在线路施工开始之前,必须进行一次中线复测,把定测时的中线恢复起来;同时还应检查定测资料的可靠性,这项工作称为线路复测。它包括钉好百米标桩、边桩和加桩,钉好圆曲线和缓和曲线,核对地面高程和原有水准基点,并增设施工时需要的临时水准基点等。

设置加桩的目的是由于在施工阶段对土石方的计算要求比设计阶段准确,横断面要求测得密些,所以需要设置加桩。

修筑路基之前,需要在地面上把标志路基的施工界线桩钉出来,作为线路施工的依据,这些标桩称为边桩。测设边桩的工作,称为路基边坡的放样。具体来说就是要沿线路中线桩两侧用桩标志出路堤边坡坡脚和路堑边坡坡顶的位置,作为填土或挖土的边界。路基工程的填挖方都是根据边桩起坡的,因此,正确确定边桩的位置对整个施工都十分重要。边坡放样的方法很多,常用的有图解法和逐步接近法。

1)图解法

图解法(图2-1)就是在路基横断面上,按图的比例尺量出路基坡脚或坡顶至中线桩的距离,并把它填在边桩位置表中(表2-4)。到现场即可根据此表,用方向架、皮尺直接量出边桩的位置,钉上木桩,并在各桩间标出界线,撒石灰或犁出沟槽作为填挖方起坡的依据。为避免施工中毁坏、丢失,应在边桩外

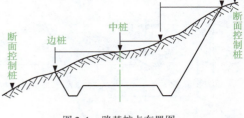

图2-1 路基桩点布置图

数米处(横断面方向线上)加钉断面控制桩,并注明距边桩的距离。

边 桩 位 置 表　　　　　　　表2-4

里 程	填挖高(m)		边桩位置(m)		备 注
	填	挖	左	右	
DK7+540	1.8		4.8	5.5	
DK7+750		2.2	6.3	5.6	
DK7+900	2.0		5.9	6.7	

用图解法放边桩时,要核对表上的数字有无错误,以及横断面与实际地形是否符合。此法优点是手续简单、速度快,适用于地形变化不大的地段,但当地形变化很大,横断面测量误差较大。

2)逐步接近法

(1)平地上放边桩。当地面无横向坡度时,可根据路基面的宽度、边坡坡度、填挖高度,计算边桩距离,如图2-2所示。其计算公式为:

$$D_1 = D_2 = \frac{b}{2} + mH \tag{2-1}$$

式中:D_1、D_2——线路中心至边桩的距离(m);

b——路基顶面宽度(m);

m——边坡坡率(%);

H——路堤高度或路堑深度(m)。

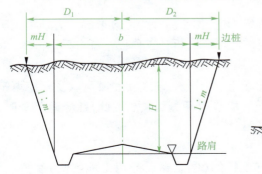 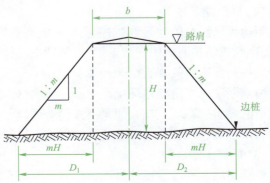

图2-2 平地上放边桩示意图

计算出 D 值后,用皮尺从线路中心桩向垂直线路方向量出距离 D_1、D_2,即为边桩位置。

(2)坡地上放边桩。在有横向坡度的地面上放边桩,其 D_1、D_2 不等,因而只能采用试算的方法,如图2-3所示。其计算公式为:

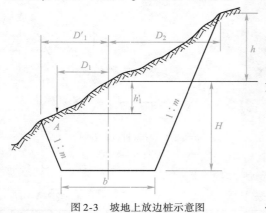

图2-3 坡地上放边桩示意图

$$D_1 = \frac{b}{2} + mH - mh_1' \quad (2-2)$$

$$D_2 = \frac{b}{2} + mH + mh \quad (2-3)$$

式中:h——路堑中桩与上坡侧边桩试算点的高差(m);

h_1'——路堑中桩与下坡侧边桩试算点的高差(m)。

其他符号含义同前。

此式用于路堤放边桩,则下坡侧用 D_1 式,上坡侧用 D_2 式。

具体做法是:先在断面图上量取边桩距离,或大致估计边桩位置,如图2-3中 A 点,测得中桩至 A 点的高差为 h_1',水平距离为 D_1',用公式(2-2)计算 D_1。若 D_1 不等于 D_1' 时,则需要重新移动边桩位置,每移动一次 A 点,就有一个新的 D_1'、h_1',同时算出一个 D_1,直至 $D_1 = D_1'$。一般试算一两次即可定出边桩位置。

路基工程一旦开工,路基填挖断面以内的桩点将遭到损坏,因此,在复测后,应将中线主要桩移到取土或弃土地点或者施工机械走行的范围以外,设置护桩,桩上应写明桩号及填挖高度,并在桩侧插立标杆。

总之,标志线路中心位置的中心桩和标志路基施工界线的边桩是铁路施工的重要依据,必须加以妥善保护,以确保工程的顺利完成。

5. 清理施工现场

(1)改移线路

对于施工用地范围内的各种管线,如水渠、通信电缆、电网等,必须在工程开工前与相关部门取得联系,尽快进行线路的改移。

临时运输道路、施工管道等均应满足开工需要。当利用原有公路运输大型机械时,应先实地检查;当其路基、桥梁宽度和载重等级以及最小曲线半径不适应时,应采取临时加宽或加固措施。

(2)拆迁建筑物

新建铁路经过的地区,常常需要对建筑物进行拆迁,如房屋、水井、坟墓等。必须事先明确搬迁、拆除或防护方案的完成期限,以保证在工程开工之前,拆迁工作已全部办妥。同时,对拆迁户应按照国家有关规定给予补偿。

修筑路基可能对当地环境产生不良影响,如取土、弃土、爆破、尘埃、噪声以及开挖填筑涉及原有的灌溉、蓄水系统时,如果不妥善处理,均可能造成不良后果。因此,在修建路基时,应重视农田水利、节约用地,并注意环境保护。

(3)征租土地

铁路用地及界内设施的拆迁、补偿必须遵守现行的《国家建设征用土地条例》有关规定。通常的办法是依据设计规定的路基用地范围与取、弃土用地范围划定用地界限,计算征地数量;同时依施工设备、料场、生产和生活房屋等计算租地数量。向政府土地管理机关报送征、租地计划,经批准后按政府统一定价补偿。

(4)砍伐树木

路堤基底及路堑顶面范围内的树木以及有可能影响行车安全的树木,应在施工前予以砍伐或移植。若路基内留有树木,会因腐朽或发育降低土体密度和强度,对基床的影响尤其大;在填方地段,树墩还有碍于填料的压实作业。

在挖方地段砍伐,应拔出树墩和主根。

在填方地段砍伐,主根以上填筑高度大于基床厚度时(现行规范规定的Ⅰ级线路基床厚度是2.5m),可留置露出地面不大于0.2m且不侵入路基基床部分的树墩;主根以上填筑高度等于小于基床厚度时,应拔出树墩和主根。

在森林地带或有风沙、雪害及洪水冲刷的线路上砍伐和移植树木,应根据当地条件进行特殊处理。

(5)干燥场地

与湿润土壤相比,干燥土壤更容易挖掘和运送,用它作材料所建造的路基工程质量也更加稳定。因此,在工程开工之前,应当对施工场地作必要的处理,使之先行干燥。干燥场地最主要是修建良好的排水设备,做到地面排水和地下排水两不误。

通常可以采用如下方法:在路堑地段应开挖天沟。路堤地段,应在取土坑地点挖排水沟。

场地内土壤含水过多时,可挖纵横沟网。当路基基底有地下水时,若地下水埋藏浅,可采用明沟、排水槽,若地下水埋藏较深,可采用渗井、渗水隧道等。

高速铁路、Ⅰ级铁路、特殊地区铁路以及采用新技术、新工艺、新材料的路基,在正式施工前,应采用不同的施工方案和施工方法,铺筑试验段并进行相关的试验分析,从中选出最佳施工方案和施工方法以指导大面积路基施工。所铺筑的试验段应具有代表性,施工机械和工艺过程要与以后全面施工时相同。通过试验段施工可确定不同压实机械压实各种填料的最佳含水率、适宜的分层厚度、相应的碾压遍数、最佳机械配置和施工组织方法等。

三 土石方调配

为了有成效地组织路基施工,首先要解决的是土石方的调配问题。所谓土石方调配就是要解决从路堑里挖出来的土应该运到哪里去,路堤上需要的土应该从哪里运来的问题。

1.路基横断面面积的计算

计算路基土石方数量必须先求出路基横断面的面积。对于地面比较平坦规则的断面,可将其分成矩形、梯形、三角形分别计算。对于不规则地面的断面,通常采用两脚规量算法,可以较快地求出面积。图2-4为按一定比例尺绘制的路基横断面。从横断面的中心向两侧每隔1m画一竖线,如图中$a,b,c,\cdots,a_1$等(如用方格纸绘制横断面图,则可利用印好的格线),用两脚规逐次量其纵距并累计起来(可以逐渐张开两脚规的两脚求其总和)即得横断面图的面积。

由图2-4可知纵距a及a_1为左右两侧小三角形的底边,同时$a,b,c,\cdots,a_1$等为中间各梯形的底边,由于这些纵距的间隔为1m,即中间各梯形的高均为1m。如两端小三角形的高均认为它是1m(这样取近似值不会产生较大

图2-4 条分法计算图

的误差,对于计算土石方数量来说进度已足够),则路基横断面的面积为

$$F = \frac{a}{2} + \frac{a+b}{2} + \frac{b+c}{2} + \cdots + \frac{a_1}{2} = a + b + c + \cdots + a_1 \tag{2-4}$$

可见,路基横断面的面积等于相隔1m的纵距之和。

2. 土石方工程量计算

计算线路土石方工程量的方法通常有两种,即平均断面法和平均距离法。

(1) 平均断面法

按照线路测量桩号分段计算。每段土石方的体积等于该段前后两个断面面积的平均数乘上该段的长度。如图2-5所示的土石方体积为:

$$V = \frac{F_1 + F_2}{2} \times l \tag{2-5}$$

(2) 平均距离法

如图2-6所示,该段土石方的体积为:

$$V = F_1 \times \frac{l_1}{2} + F_2 \times \frac{l_1 + l_2}{2} + F_3 \times \frac{l_2}{2} \tag{2-6}$$

由于施工现场的地形千变万化,路基横断面积的数值也随之不断变化,因此在实际工作中常常采用平均距离法计算土石方工程量。

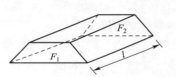
图2-5 平均断面法计算图

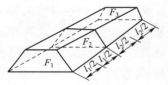
图2-6 平均距离法计算图

3. 土石方调配原则

从路堑挖出的土壤,一般应尽量利用作填筑路堤,这叫移挖作填。这是路基工程的一个重要特点,在经济比较的前提下,争取最大限度地移挖作填,就能最大限度地降低施工工程量。土石方调配就是解决这一问题的工作。

在这里先介绍两个术语:断面方和施工方。设计单位根据测量结果算出来的填挖方数量叫做断面方。例如,某段线路的路堑挖方是56000m³,路堤填方是30000m³,那么工程量是86000m³断面方。施工时所做的挖运方数叫做施工方。这段线路如果采用横向运土,有86000m³断面方就得做86000m³施工方,即路堑里的56000m³是挖出来弃掉的,而路堤上需要的30000m³则另外从取土坑运来;如果移挖作填,作一方施工方就可以完成两方断面方,所以,如果采用纵向运土移挖作填可以利用27000m³,其余3000m³填方取土填筑,那么施工方就只有59000m³[29000(弃土)+27000(利用)+3000(取土)]了。

应该特别引起注意的是,路基土石方工程的施工工程数量并不决定于路基建筑几何体积的计算,而是决定于路基土石方调配方案。因此在正式开工前做好最优的土石方调配工作,注意考虑土石方的松散系数,可以大大减少工程造价。

在进行土石方调配的规划时,以下原则是应该加以考虑的。

(1) 节约用地,尽量利用荒地、劣地、空地作为取土、弃土的场地,少占耕地,并结合施工改地造田。取土坑的深度与弃土的堆置地点,要考虑排水系统的全面规划,禁止弃土堵塞渠道。

取土坑的深度应使坑底高程与桥涵沟底高程相适应,以利排水。

(2) 好土应尽量用在回填质量要求较高的地段。

(3) 挖方量与运距之积尽可能为最小,即总土方运输量或运输费用为最小。

(4) 充分利用移挖作填,减少废方和借方,使挖方和填方基本达到平衡;同时选择恰当的调配方向、运输路线,使土方运输无对流现象。

如果挖方少于填方数量时,可以先横向取土填筑路堤底部,再纵向利用路堑的挖土填筑路堤的上部。如果路堤两侧取土有困难时,可采用放缓路堑边坡或扩大断面的方法取土。当挖方数量大于填方数量时,可先横向将多余土方丢弃,再纵向运输到路堤处填筑。如图 2-7 所示。

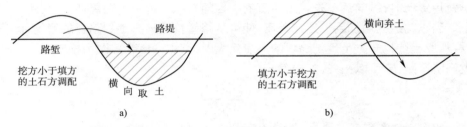

图 2-7 土石方调配示意图

(5) 在规划土源时也应考虑附近其他余土的利用问题。可充分利用改河、改沟、改移公路等附属工程的土方。隧道开挖出来的坚石、次坚石可充分利用来修建桥涵、挡土墙等建筑物,还可用作线路道砟。预留的复线位置或拟扩建站场的范围,都不应在其挖方上弃土,亦不应在预留填方处取土,最好将挖方上的弃土弃于预留填方处。

(6) 在调配土方平衡土源时,还应考虑以下因素。

①土石方经过挖掘、运输、填筑及压实后,其体积较原来有所变化。有的体积增加,有的却减少,可以用松散率或压缩率表示,其数值的大小与土石成分、性质、夯实密度、含水率和施工方法等有关。在调配时对土石方的数量,应根据其压缩率或松散率的经验数值进行调整。

②路堤基底的沉陷量,为路堤填土高度的 1%~4%。

③土石的挖、装、运、卸过程中的损耗。

④用机械填筑路堤时,为了保证路基边沿部分的填土压实,施工时须将普速铁路路堤每侧多填宽约 0.3m,高速铁路路堤要求每侧多填宽 0.5m。

一般来说,可按填土的断面方数增加 15% 来规划取土土源,但计算所完成的工程量时,只能按设计的断面方数计算。

(7) 土石方调配与施工方法密切相关。施工方法不同,土石方调配的方数和经济运距也不同。

要做好土石方调配工作,不能单靠设计文件和图纸,必须进行现场调查。只有结合现场的实际情况进行调配,才能使调配的方案具有实际的意义。

4. 土石方调配方法

区间的路基是线形土石方建筑物,大型站场的路基是广场型土石方建筑物,在对两者进行土石方调配时,所采用的调配方法是不同的。通常对区间的路基土石方调配采用线法调配,而对大型站场的路基土石方调配采用面法调配。

1) 线法调配

(1) 线法调配方法

线法调配主要是借助于线路纵断面图和土积图来实现。所谓土积图是指在线路纵断面图下方,按照各桩号处的累计土石方数量(挖方为正、填方为负)所绘制的该段线路的土石方量累计曲线。通过线路纵断面图和土积图,可以确定区间路基土石方调配的最大经济运距,从而得出最合理的移挖作填方案。

采用线法调配通常有两个运土方向:纵向运土和横向运土。纵向运土是指从路堑运土到两端的路堤。横向运土是指从路堑运土到弃土堆或从取土坑运土到路堤。当从路堑挖一方土纵向运到路堤的费用,比起将路堑挖一方土横向运到弃土堆,再从取土坑挖一方土横向运土到路堤的总费用更低时,纵向运土是较为经济的。但随着纵向运土的距离增大,利用方的单价也随之增大。当纵向运土增加到一定的距离,使得从路堑挖运一方土到路堤的费用,比将土运到弃土堆,再从取土坑挖一方土运到路堤的总费用大时,则纵向运土应改为横向运土。这一运距叫做最大经济运距,它可以由式(2-7)算出:

$$L_E \leq \frac{a + b(L_c + L_f) + d}{b} \tag{2-7}$$

式中:a——挖装 $1m^3$ 土石方的费用,其值随施工方法和土的等级而不同;

b——$1m^3$ 土石方运送 $1m$ 距离的费用,其值随运输方法而不同;

d——$1m^3$ 弃土和 $1m^3$ 取土所占用土地的地亩费用;

L_c——$1m^3$ 土石方从路堑运送到弃土地点的运送距离;

L_f——$1m^3$ 土石方从取土坑运送到路堤的运送距离。

路基土石方的线法调配,是在较熟练地掌握调配原理和符合经济条件的前提下,在每百米的土石方数量图上进行的。现以实例说明,如图 2-8 所示。

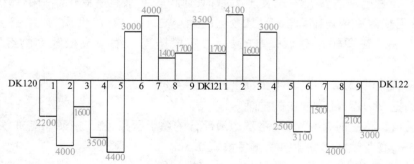

图 2-8 百米标土石方数量图

土石方数量图的横坐标为距离(以百米标表示),纵坐标为每百米标的土石方数量,挖方画在上面,填方画在下面。按比例画成矩形,并在矩形内注明土石方数量。

当综合考虑了各种因素和确定了纵向调配的最大经济运距之后,即可在土石方数量上进行具体调配。由图 2-8 可看出 DK120+500~DK121+400 间为挖方,其余前后两段为填方。该段挖方可调往前一段,也可调往后一段填筑路堤作为利用方,究竟怎样调,能调配多少方,主要取决于经济运距。

在调配时,可由填挖交界处向两边进行土石方累计,每累计一次则计算一次纵向平均运距,同时观察其是否接近经济运距,经过几次试算后,至接近时即将两边累计的土石方数量(即挖与填的数量)调整到相等,并定出两端的桩号,这两个桩号之间的距离即为纵向调配范围。在此范围以外,则采取横向取、弃土。

本段线路处于荒野,取弃土不占农田,无青苗可损,从有关单价表中查得挖土单价0.20元/m^3,运1m^3 ±0.05元/m^3,L_c = 196m,L_f = 200m。根据式(2-7)计算得

$$L_E = \frac{0.20 + 0.05(196 + 200)}{0.05} = 400\text{m}$$

根据以上所述,经过试算,就可以较容易地定出该段路基纵向移挖作填和横向取弃土的范围。调配结果是:将DK120 + 500 ~ DK120 + 972处挖方12620m^3纵向调至DK120 + 122 ~ DK120 + 500处作填方是经济的。其纵向平均运距可以较精确地用各百米标内土石方数量与距离的加权平均值计算其填挖方各重心间的距离。即

$$\begin{aligned}平均运距 L_{cp} = &\{[3120 \times 339 + 1600 \times 250 + 3500 \times 150 + 4400 \times 50] + [2520 \times 436 + \\ & 1700 \times 350 + 1400 \times 250 + 4000 \times 150 + 3000 \times 50]\}/12620 \\ = & 395.9\text{m} < 400\text{m}\end{aligned}$$

同理,将DK120 + 996 ~ DK121 + 400处挖方10540m^3纵向调至DK121 + 400 ~ DK121 + 786处作填方也是经济的。

其平均运距为

$$\begin{aligned}L_{cp} = &\{[140 \times 402 + 1700 \times 350 + 4100 \times 250 + 1600 \times 150 + 3000 \times 50] + \\ & [3440 \times 343 + 1500 \times 250 + 3100 \times 150 + 2500 \times 50]\}/10540 \\ = & 399.5\text{m} < 400\text{m}\end{aligned}$$

根据上述结果,从理论上讲,DK120 + 972 ~ 120 + 996处挖方840m^3应作横向弃土,DK120 + 000 ~ DK120 + 122处所需填方3080m^3和DK121 + 786 ~ DK122 + 000处所需填方5660m^3均需横向取土填筑。

应当指出,移挖作填的合理运距不能单纯从经济上考虑。在线路穿经城镇、工矿、森林、农田、果园等地区时,必须尽可能压缩取、弃土用地宽度,适当加大移挖作填距离,这不仅在宏观上是合理的,而且随着运土机械的发展,也是可能的。而对于不可避免地必须占地的场合,则需要尽可能地不占好地,或通过施工改地造田,造地还田。

(2)与其他工程的相互利用

在路基土石方调配中,除了合理安排区间路基土石方本身的利用和取弃土外,还应充分考虑与其他工程的相互利用和配合,以减少施工方数和降低工程造价。

①附属工程的利用。在进行调配时,应注意对附近的附属工程(改河、改沟、开挖侧沟、扩大开沟、改移公路等)的土石方加以利用,不仅可以减少施工方数,而且少占用土地。

②隧道出砟的利用。隧道开挖的土石方可利用填筑路堤,其数量为除去本身(混凝土用的碎石与拱背回填片石)利用之外,隧道每延长米可利用30m^3作路堤填料用。对于短隧道的开挖,一般为两端并进,两端出砟,会合处不一定在中点,故每端只能考虑利用隧道全长2/5的数量。在调配中,对该项土石方的利用方数不计入施工方数,而列在隧道出砟内。

③桥梁回填土壤的取用。对桥头渗水土壤与桥台两侧锥体护坡所需的土壤,在土石方调配时应适当考虑。当开挖路堑有这种土壤时,可将该种土壤就近弃于路堑附近的弃土堆,待桥梁需要使用时再作第二次运输,其倒装和第二次运输的费用列于桥梁工程中。

④石料和道砟的供应与路堑石方的利用。路堑内开挖的石方,不仅可填筑填石路堤,而且还可以用作桥隧建筑和附属工程的片石、碎石材料以及线路道砟材料。如路堑石方数量较少不够应用时,应先满足填石路堤的需要。当路堑中石方很充裕且可用作建筑材料时,应将该石方调配作为弃方堆放于弃土堆,以备运用,不得用以填筑路堤,以便节省料费。

2) 面法调配

站场(区段站、编组站或较大站坪等)土石方调配与区间路基不同。其特点是施工范围广且施工场地宽;工程量大而集中,山区铁路尤为显著(如成昆铁路新建的八个区段站中,有普雄、金江、广通三个站的土石方都超过 $1.0\times10^6\mathrm{m}^3$,另外还有白石岩、尼波、泸沽、拉鲊四个中间站也都超过 $8.0\times10^5\mathrm{m}^3$);站内建筑物多且施工顺序先后不一,有时还要考虑分期施工并需满足扩建要求;取土、弃土受城市建设的限制(不能在站场范围或距站场较近地点挖坑取土或堆置弃土堆)。因此,站场土石方调配一般采用面法调配进行。

面法调配主要用于大型站场和重点高填深挖的大面积土石方调配。其运土方向无一定的规律性,只要能做到在站场范围内将土石方合理分配即可。

采用面法调配时必须同时考虑站场附近其他设施的施工对土石方调配的影响。如果对这些情况不了解,或者对其给土石方调配带来的影响程度估计不足,将使得调配工作复杂化,造成不必要的浪费,增大了工程成本。在考虑填挖方数时,要把同一站场内施工的建筑物基坑、地道及其他可以利用作填方的挖土数量计算进去;在大量修建作为疏干场地用的排水沟及渗沟时,须计算其土方数量,因为这些土方有时数量很大,能影响土方调配;大型编组站施工进度计划中所规定的线群铺设及开通次序对土方工程施工方法的选择及土方调配具有决定性影响;对于附近是否有可以利用的设备、利用的程度等均要全盘考虑。

(1)面法调配的调配程序

①在站场地形平面图上画出方格,方格的大小应根据地形条件和要求的精度确定,一般每边长 $10\sim100\mathrm{m}$,并将方格编上号,如图 2-9a)所示。

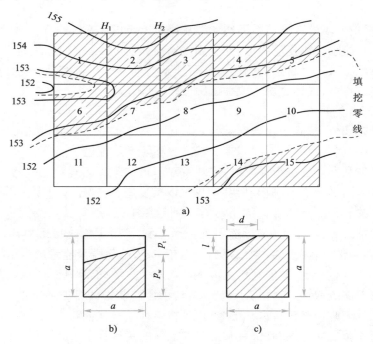

图 2-9 广场土石方调配方格

②根据设计高程和地形断面(地面实测高程)确定填挖零线。

③计算每一方格填挖数量,编制"广场土石方数量计算表"(表 2-5)。

④进行土石方调配,选择施工方法,确定运土线路,并编制"广场土石方调配表"(表 2-6)。

在进行各方调配时,必须遵守运距最短和运输互不干扰的原则。

(2)广场土石方的计算

广场土石方可采用四方棱柱体公式计算每个方格内的土石方填挖数量。

①当一个方格中全是挖方或填方时,如图2-9a)中第2方格(全挖)和第12方格(全填),其土石方数量是该方格的面积与其平均填挖高的乘积。即

$$V = \frac{H_1 + H_2 + H_3 + H_4}{4} a^2 \quad (m^3) \tag{2-8}$$

式中: a——方格的边长(m);

H_1、H_2、H_3、H_4——方格顶点的填挖高(m)。

对于挖方:挖高 = 地面高程 – 设计高程

对于填方:填高 = 设计高程 – 地面高程

②当一个方格中有部分填方和部分挖方时,其填方和挖方的土石方数量应分别计算。如图2-9b)、c)所示。

当填挖方格呈图2-9b)时,使用式(2-9)、式(2-10)计算。

$$V_t = aP_t(A' - B') \tag{2-9}$$

$$V_w = aP_w(B' - A') \tag{2-10}$$

当填挖方格呈图2-9c)时,则使用式(2-11)、式(2-12)计算。

$$V_t = \frac{dl}{2}(A' - B') \tag{2-11}$$

$$V_w = (a^2 - d \times l/2)(B' - A') \tag{2-12}$$

式中: V_t——一个方格中的填方数量(m³);

V_w——一个方格中的挖方数量(m³);

A'——一个方格中的平均设计高程(m);

B'——一个方格中的平均地面高程(m);

P_t——填方部分的平均宽(m);

P_w——挖方部分的平均宽(m)。

土石方计算完毕后,应将其计算结果填入"广场土石方计算数量表"(表2-5)内。

广场土石方数量计算表　　　　　　　表2-5

方格编号	土石方数量(m³)		方格编号	土石方数量(m³)	
	填方	挖方		填方	挖方
1	285	9650	9	5900	—
2	—	14400	10	6100	—
3	5	10500	11	7900	—
4	610	6120	12	7900	—
5	2435	2460	13	5855	30
6	1520	250	14	1860	1090
7	1935	1470	15	280	3920
8	4630	300	合计	47215	50190

(3)土石方调配

根据计算出的土石方数量,按全广场的填挖分布情况,结合施工方法及施工顺序合理地确

定调配方案。一般先求方格本身的填挖平衡,将剩余的挖方数量调往邻近需要填方的方格内去。待每一方格的填挖方平衡后,如填方不足或挖方有余,则从站场范围外靠近处取弃土,或结合支农,在指定地点取弃土。最后将调配结果填入"广场土石方调配表"(表2-6)中,表中数据,分子表示土石方数量(m^3),分母为运距(m),即表示各方格土石方的来源或去处。

广场土石方调配表　　　　　　　　　　　　　　　表2-6

挖方量(m^3) \ 填方量(m^3)	1	2	3	4	5	6	7	8	9	10	11	12	13	14	15	弃土堆	总计
	285		5	610	2435	1520	1935	4630	5900	6100	7900	7900	5855	1860	280		47215
1　9650	$\frac{285}{20}$					$\frac{1270}{120}$					$\frac{7900}{210}$					$\frac{195}{100}$	
2　14400						$\frac{465}{120}$						$\frac{7900}{210}$	$\frac{3255}{250}$			$\frac{2780}{100}$	
3　10500			$\frac{5}{20}$					$\frac{4330}{120}$	$\frac{2825}{150}$				$\frac{2570}{210}$	$\frac{770}{200}$			
4　6120				$\frac{610}{40}$				$\frac{3075}{120}$	$\frac{2435}{150}$								
5　2460					$\frac{2435}{50}$					$\frac{25}{100}$							
6　250						$\frac{250}{30}$											
7　1470							$\frac{1470}{60}$										
8　300								$\frac{300}{20}$									
13　30													$\frac{30}{20}$				
14　1090														$\frac{1090}{50}$			
15　3920									$\frac{3640}{120}$					$\frac{280}{30}$			
取土坑																	
总计　50190																2975	

站场土石方调配应在施工组织设计说明书内说明选定调配方案的主要理由以及所采取的有关施工方法和重要措施的基本内容。

对于高速铁路路基来说,对于填料的要求比较高,一般地挖方不经过改良很少能直接用于填方,甚至有些挖方直接就是废方。目前,工程实际中,主要是使用相关的土石方调配软件进行相关的计算。

四　路基施工

为保证路堤具有足够的强度、良好的稳定性及耐久性,应选用符合要求的填料,采用合理的方法来填筑路堤。在土质路堤的施工过程中,尤其要重视对填土的压实。

1. 路基基底处理

路基基底处理,亦称为地基处理,是非常重要的一个施工环节。路堤填筑前,应按基底的土壤性质、基底地面所处的自然环境状态,同时结合设计对基底的稳定性要求等,采取相应的方法和措施对基底予以处理,其作用是为了保证路堤的稳定,使之不致产生滑移和过度沉陷等现象。基底处理所涉及的因素很多,影响最大的四个因素为:基底土的土质、路堤高度、地下水、坡度。

2. 路堤填料的选择及鉴别

(1) 土的可松性

天然土体或岩石在施工过程中的变化,一般可以概括为三种状态。即:开挖前的自然状态,挖掘、装运后的松散状态,压实后的密实状态。自然状态下的土,经过开挖以后,其体积因松散而增大,以后虽经回填压实,仍不能恢复成原来的体积,这种性质称为土的可松性。

由于土方工程量是以自然状态下土的体积计算的,所以在计算土方调配、土方施工机械及土方运输工具数量时,应考虑土的可松性。土的可松性程度可用松方系数、压缩系数和沉陷系数来表示,即:

松方系数: $$K_1 = \frac{\text{土经开挖后的松散体积 } V_2}{\text{土在天然状态下的体积 } V_1} \tag{2-13}$$

压缩系数: $$K_2 = \frac{\text{土经回填压实后的体积 } V_3}{\text{土在天然状态下的体积 } V_1} \tag{2-14}$$

沉陷系数: $$K_3 = \frac{\text{土经回填压实后的体积 } V_3}{\text{土经开挖后的松散体积 } V_2} \tag{2-15}$$

土的可松性与土质有关,根据土的工程分类,松方系数和压缩系数可参考表2-7。而由式(2-9)~式(2-11),可知 $K_3 = \frac{K_2}{K_1}$。

各种土的可松性参考值 表2-7

序号	土的类别	松方系数 K_1	压缩系数 K_2
1	(一类土)砂土、亚砂土	1.08~1.17	1.01~1.03
2	(一类土)种植土、泥炭	1.20~1.30	1.03~1.04
3	(二类土)亚黏土、黄土、砂土、混合卵石	1.14~1.28	1.02~1.05
4	(三类土)轻黏土、重亚黏土、砾石土、亚黏土混合卵石(碎石)	1.24~1.30	1.04~1.07
5	(四类土)重黏土、卵石土、黏土混卵(碎)石、压密黄土、砂岩	1.26~1.32	1.06~1.09
6	(四类土)泥灰岩	1.33~1.37	1.11~1.15
7	(五~七类土)次硬质岩石(软质)	1.30~1.45	1.10~1.20
8	(八类土)硬质岩石	1.45~1.50	1.20~1.30

(2) 填料的选择

填料选择的好坏是决定路堤能否形成坚固和稳定的重要因素。根据填料的颗粒组成、颗粒形状及塑性指标进行分类,可将填料分为巨粒土、粗粒土以及细粒土三大类。巨粒土即岩块类是指粒径大于20mm的颗粒含量大于全重50%的填料,包括块石和碎石。粗粒土是指粒径大于0.1mm的颗粒含量大于全重50%的土,包括砾石和砂类土。细粒土是指粒径小于0.1mm的颗粒含量大于全重50%的土,包括粉土和黏性土。

为便于工程施工时的选择应用与管理,增强填料适用性,根据填料本身的风化程度及级配的优劣,将其归纳为5个组,具体如下:

A 组为优质填料,包括硬块石、碎石土、粗砂、中砂、级配良好的漂石土等。

B 组为良好填料,包括软块石、碎石土、粗砂、中砂、级配不好的漂石土等。A、B 两组填料在填筑路堤时可以任意使用。

C 组为可使用的填料,包括粉砂、粉土、滑石类土等。该组填料在使用时应限制其使用范围或对其作特殊处理。例如,白垩土及滑石类土,仅允许用于基底干燥且不受水浸的较低路堤,并在使用时进行个别设计,采取措施保持路基本体不致受水影响。又如,带有草皮的表层土,不得填于高度在 1.2m 以内的路堤。当路堤高于 1.2m 时,且地面横向坡度小于 1:5 时,可将其打碎用于路堤下层。

D 组为不应使用的填料,包括黏粉土、风化严重的软块石等。原则上一般在路基工程中不采用这一组别的填料,在不得不使用 D 组填料时,应按设计要求采取改良土质、加强压实以及做好防排水工程、加固坡面护坡等措施。

E 组为严禁使用的填料,主要是指有机土,例如淤泥及淤泥质土、含石膏及其他易溶盐类含量超过容许限度的土。该组填料绝对不得用于路堤填筑。

(3) 填料的鉴别

填料的鉴别主要有两种方式,一种是野外鉴别,另一种是试验室分类。野外鉴别主要适用于工地现场作业。对于巨粒土和粗粒土,一般用手触感觉(手感)、目视观察(目测)等简易方法鉴别。对于细粒土的鉴别就要相对复杂得多,它分为四个步骤:摇震反应、韧性试验、干强度试验和光泽反应,通过以上简易试验,可以对细粒土的野外鉴别定名。

建筑材料在使用以前必须经过严格的试验,得到符合规范要求的指标以后方可使用,填料也不例外。填料的试验室分类是按照下列各项试验进行的:筛分法、液限及塑限试验,对特殊土辅以专门的鉴别试验计算 C_u(不均匀系数)和 C_c(曲率系数)值,据此判别填料级别的好坏。关于这一部分内容,可参阅相关的《土力学》和《建筑材料》等书籍。

五 土方机械化施工

在铁路新线的修建中,路基土石方工程数量占的比重很大,土石方施工必须根据土石方工程面广、量大、劳动繁重、施工条件复杂等施工特点,尽可能地采用机械化与半机械化的施工方法,以减轻劳动强度,提高劳动生产率,加快施工进度。

土石方机械包括推土机、铲运机、挖掘机、装载机、平地机、压路机、凿岩机以及石料破碎、筛分机械等几个重要机种,土石方机械担负着土石方的铲装、填挖、运输、整平等作业,它具有施工速度快、作业质量高、生产效率高等优点,它们是工程机械中用途最广泛的一大类机械,也是铁路建设土石方工程中的主要施工机械。

土石方机械的作业对象是各种土、砂、石等物料。在进行施工作业时,机械承受负荷重,外载变化波动大,工作场地条件差,环境比较恶劣;同时由于工程的大型化,土石方机械继续向大型化方向发展,以适应巨大工程机械化施工的需要;以及为满足环保、窄小场地和小型土石方工程的要求,小型、多功能、机动性好的机种也得到进一步的发展。因此,要求土石方机械具有良好的低速作业性,足够的牵引力,整机的高可靠性和较高的作业生产能力。现代计算机、电子和激光等技术的发展以及这些技术在土石方机械上的应用,大大提高土石方机械的自动控制和智能化程度。同时,省力操纵、安全防护、降低噪声、提高可靠性及司机的舒适性等,将是土石方机械今后继续发展的方向。

1. 推土机施工

推土机是以工业拖拉机或专用牵引车为主机,前端装有推土铲刀,依靠主机的顶推力对土石方或散状物料进行切削或搬运的铲土运输机械。其行走方式有履带式和轮胎式两种,铲刀的操作方式有机械操纵(索式)和液压操纵两种。索式推土机的铲刀借本身自重切入土中,在硬土中切土深度较浅;液压式推土机由于用液压操纵,能使铲刀强制切入土中,切土深度较大。

推土机在建筑、道路、采矿、油田、水电、港口、农林及国防等各类工程中,均获得十分广泛的应用。它具有操纵灵活,运转方便,所需的工作面较小,行驶速度较快,易于转移等特点。它担负着切削、推运、开挖、填积、回填、平整、疏松、压实等多种繁重的土石方作业,主要用于纵向短距离运土和横向推土,是各类工程施工中必不可少的关键设备。此外,大型推土机加装松土器后还可以进行土石的劈松作业;加装多齿松土器可用于劈开较薄的硬土、冻土等;加装单齿松土器除能疏松硬土、冻土外,还可以劈松具有风化和有裂纹或节理发达的岩石。由于推土机切挖下来的土体只是堆置在推土板前地面上,被推移着运移,因此,推土机的推土量既不大,运距也不可能很大,通常适用于运距在100m以内的平土或移挖作填,尤其是当运距在20~70m之间,最为有效。

1)推土机推土方法

为了提高推土机生产率,可采用以下几种推土方法。

(1)下坡铲土法:借助于自然坡度地势向下坡方向切土,依靠机械本身的重力作用以增加推土能力和缩短推土时间。

(2)并列推土法:平整较大面积场地时,可采用两台或三台推土机并列推土,减小土的损失,提高效率。采用此法时,各推土机铲刀的间距以15~60cm为宜,且平均运距不宜超过50~75m,亦不宜小于20m。

(3)波浪推土法:推土机铲土时将铲刀最大限度地切入土中,直到发动机稍有超负荷现象时,将铲刀提起以使发动机恢复正常工作,再降下铲刀切土,再起刀,如此反复多次,直到铲刀前堆满土并将其推至指定地点,如图2-10所示。

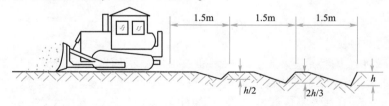

图2-10 波浪推土法

(4)槽形推土法:沿着同一路线连续推送若干次,使地面形成一条线槽,反复利用前次已推过土的原槽多次推土,可大大减少漏土损失,适用于大面积平整场地,如图2-11所示。

(5)多刀推土法:在较硬的土中,推土机的切土深度较小,应采用多次铲土、分批集中、一次推送的方法,以提高施工效率。推土机分段将所切土推运到各切土终点,等作业面上积聚成多个土堆后,然后再由远及近整批推运到卸土区,如图2-12所示。各土堆堆积间距不宜大于30m,积土高度以2m左右为宜。

(6)铲刀上附加侧板:在铲刀两侧装上侧板,以增加铲刀前的土方体积。

2)修筑路基时的施工方法

推土机横向运土填筑路堤时,一般有斜层填筑法和堆填法两种施工方法。

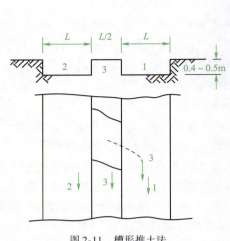
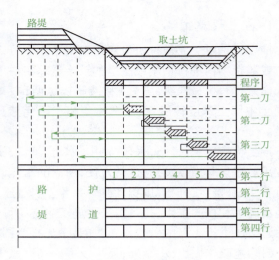

图 2-11　槽形推土法　　　　　　图 2-12　多刀推土法

(1) 斜层填筑法

对于一般的 Ⅰ~Ⅲ 级土常采用斜层填筑,其填筑顺序如图 2-13 所示。分层填筑的厚度为 20~30cm,每次铺填完毕后,推土机应继续前进 1.5~2m,使新铺土层得到碾压。每铺填 0.5m 高度后应进行一次纵向碾压(纵向延长至少要有 20m),碾压前推土机先在填土面上拨土修补好路堤外侧边坡的缺土,然后纵向行驶碾压 3~5 次。当路堤外侧顶层达到高出施工高程 20~30cm,并且宽度达到这个高程标准宽度的 70% 左右时,即停止从取土坑取土而把护道上的积土(作上坡道用的多余土方)推进路堤,补足内侧路肩的缺土。路堤接近完成时,在路堤面上应多留些土,保证路拱和补足路堤的需要以及预留沉降量和超填边坡的需要。最后平整护道和取土坑,平整时应保证有足够的排水坡度。

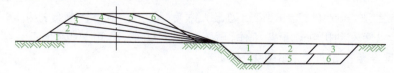

图 2-13　斜层填筑法

(2) 堆填法

堆填法(图 2-14) 的特点是:推土机把土推进路堤后不作散土而是成堆地向前推挤,等到路堤在一定长度内(20m 以上)布满土堆时,再进行纵向平整与碾压,施工速度较快。土层厚度根据每次推土量和土堆的密集程度而定,一般使平整后的层厚为 0.3~0.5m 为宜。接近完成时的平整与碾压,与斜层填筑法相同。

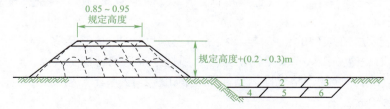

图 2-14　堆填法

推土机横向运土开挖路堑的施工方法与横向运土填筑路堤基本相同。遇到地面横坡较陡时,应向下坡的一侧弃土。路堑的长度在 100m 以内时,常用推土机作纵向开挖,从路堑两端出土移挖作填或弃土。由于纵向出土能利用下坡推土,因此生产效率较高。

2. 铲运机施工

在铁路工程施工中,铲运机是大规模路基施工中的一种生产率高、经济效益好的理想土方运输机械。它是一种能够独立完成铲土、运土、卸土、填筑、压实的土方机械,不需其他机械配合,易于转移,配合劳力少,生产效率高,是一种较为经济的施工机械。铲运机可以用来直接完成Ⅱ级以下较软土体的铲挖,对Ⅲ级以上较硬的土,应对其进行预先疏松后再进行铲挖,铲运机还可以对土进行铺卸平整作业,将土逐层填铺到填方地点,并对土进行一定的压实。铲运机施工适用于平整场地,开挖基坑,管沟,填筑路基、堤坝等土方工程。

铲运机有拖式铲运机和自行式铲运机两种。拖式铲运机由拖拉机牵引或推土机牵引,行驶速度较慢,适合于 $100\sim700m$ 的运土;自行式铲运机的行驶和工作靠自身的动力设备,行驶速度较快,适合于 $700\sim1500m$ 的远距运土,自行式铲运机的工作速度可达 $40km/h$ 以上,斗容可超过 $30m^3$。因此,在中长距离作业时,铲运机具有很高的生产率和良好的经济效益。

铲运机的工作装置是铲斗,铲斗前有一个能开启的斗门,铲斗前设有切土刀片。切土时,铲斗门打开,刀片切土;铲运机前进时,被切下的土挤入铲斗;铲斗装满土后,提起土斗,将土运至卸土地点。铲运机的斗容量一般为 $6\sim10m^3$,切土深度 $300mm$ 左右,卸土厚度 $200mm$ 左右。

1) 铲运机的工作过程

铲运机的工作过程由铲装、运土、卸土和回驶四个过程组成一个循环(图2-15)。

铲装过程[图2-15a)]:铲运机被牵引或自行在铲土场地上行进,通过操纵机构升起斗门,放下铲斗,此时斗口凭借刀片切入土中,随着机械的继续行进,铲下的土层被挤入斗中。

运土过程[图2-15b)]:铲斗装满土壤后,关闭斗门,将铲斗提升到一定高度。铲运机重载运行到卸土地段。

卸土过程[图2-15c)]:到达卸土地段后,放低铲斗,使斗口离地面一定高度,开启斗门并通过操纵机构使卸土板前移,将斗内土壤往外推卸,随着机械前行在地面上铺卸下一层土。

回驶过程:卸土完毕后,使卸土板回位并关闭斗门,将铲斗提升到利于行驶的高度上,铲运机空驶返回原铲土地段进行下一循环作业。

在铲装松土时,为了将铲斗装满到堆尖容量,或者在铲装较硬土壤时,增加足够的牵引力,通常使用助铲机(常用推土机)在铲运机尾部顶推助铲,如图2-15d)所示。

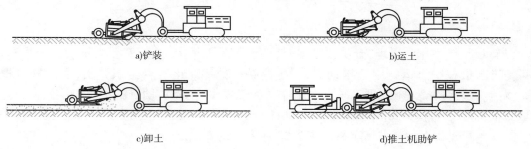

a) 铲装　　　b) 运土　　　c) 卸土　　　d) 推土机助铲

图 2-15　铲运机的工作过程

2) 铲运机铲土方法

为了提高铲运机的工作效率,常采用下列铲土方法。

(1) 一般铲土法:铲刀一开始即以最大切土深度铲土,随着铲运机行驶阻力不断增大而逐渐减小铲土深度,直到铲斗装满为止,如图2-16所示。

(2)起伏式铲土法:铲土时将铲斗最大限度地切入,随着铲运机负荷逐渐增加,发动机转速下降,切土深度相应减小,如此反复多次,直到铲斗装满为止,如图2-17所示。

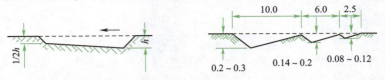

图2-16 一般铲土法　　　　图2-17 起伏式铲土法(单位:m)

(3)跨铲法:采用预留土埂、间隔铲土的方法,使得铲运机效率提高10%左右,如图2-18所示。其开挖顺序为:先在取土场第一排铲土道铲土(宽度为d),两铲土道间留土埂(宽度为$d/2$);第二排铲土道的起点与第一排的起点相距半个铲土长度(中线互错半个宽度)。第三、四排仿此后移,直至铲土结束。

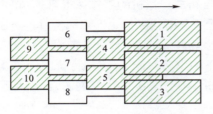
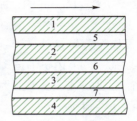

图2-18 跨铲法

(4)下坡铲土法:利用铲运机的重力分力所产生的下坡推力增大牵引力,使得铲斗切土加深,从而提高铲土效率,如图2-19所示。下坡坡度一般为3°~9°,效率可提高25%左右,但最大不宜超过15°。坡度过大铲运机空回困难,反而增长了作业时间。

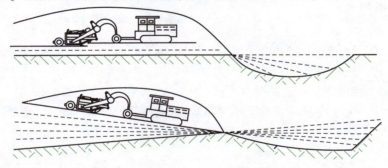

图2-19 下坡铲土法

(5)助铲法:在地势平坦、土质较坚硬时,切土的阻力很大,造成牵引力不能充分发挥,此时可用推土机在铲土运行中顶推助铲,以提高铲土效率。该法若组织得当,生产率可提高30%以上。采用助铲法施工要有一定的工作面和工作量,使担负助铲的推土机不致窝工。一般取土场宽度应不小于20m,长度不短于30m,铲运机半周程运距不短于250m。推土机进行助铲的次序可随工点的具体情况采用图2-20中所示的方式之一。

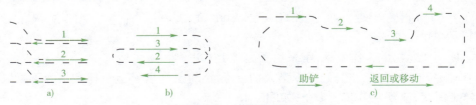

图2-20 推土机助铲顺序示例

当场地为Ⅰ~Ⅲ类土，挖土深度在3m以上，运距较远，工程量大且较为集中时，可采用挖掘机挖土，配合自卸汽车运土，卸土区配备推土机平整土堆。

3）铲运机的运行路线

铲运机铲土应达到运距短、坡道平缓、工程量小的目的，为此应根据地形条件、工作性质、工程量、运距等具体情况综合考虑后选择合理的运行路线。铲运机运行路线主要有以下几种方式。

（1）椭圆形路线

这是铲运机最简单也最常用的作业路线，每次循环只完成一次铲土和卸土。根据铲土和卸土的相对位置不同，可灵活布置，随时改变顺逆方向，减少运行中的干扰，如图2-21a）所示。当挖填交替而挖填之间的距离又较短，则可采用大循环路线，如图2-21b）所示。

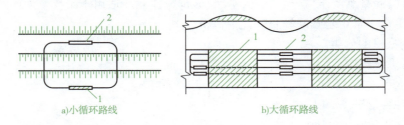

图2-21 椭圆形路线
1-铲土；2-卸土

（2）"8"字形路线

如图2-22所示，这种运行路线的铲土和卸土，轮流在两个工作面上进行，每次循环能完成两次铲土和卸土，施工效率高，转弯方向左右交替进行，可减少机械不均匀磨损。特别是可避免重车上坡转弯急的缺陷，节省转向时间。

（3）"之"字形路线

在几个取土段落内，铲运机在同一方向上间隔取土与卸土，可消除跑空车现象，减少转弯次数，提高生产率，如图2-23所示。

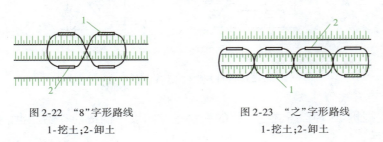

图2-22 "8"字形路线　　　　图2-23 "之"字形路线
1-挖土；2-卸土　　　　　　　1-挖土；2-卸土

4）修筑路基时的施工方法

铲运机开挖路堑时，如果先铲靠近边坡的两边部分，后铲其余的中间部分[图2-24a)]，就比较容易掌握断面的尺寸，既可以避免超挖，又可以减少路基面边角的留土量。

路堤必须分层填筑，分层压实。填筑的次序，也要先两边、后中间，如图2-24b)所示，这样机械在边上行驶时是向线路中心线倾斜，比较安全而且易于保持准确的边坡，减少整修的工作量，靠近边坡的土也能得到压实。多雨时，则应使路堑的中间部分略低，路堤的中间部分略高，防止雨水冲刷路堑的边坡和路堤表面积水。

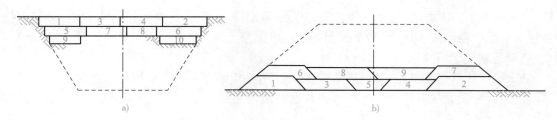

图 2-24 铲运机开挖与填筑路堤的次序

3. 单斗挖掘机

单斗挖掘机是土石方工程施工机械中主要的机械之一。通常,单斗挖掘机是与自卸汽车、运土拖车等运输工具配套使用的。单斗挖掘机主要用于挖土和装土,还可通过更换工作装置,完成起重、装载、混凝土浇筑、打桩、钻孔、夯土、破碎等作业。适用于工程量大而集中的路基工程施工,路基工程中常用全圆回转履带式挖掘机。

1) 单斗挖掘机的分类

单斗挖掘机一般按下列主要特征来分类。

(1) 根据铲斗容量分

① 小型:斗容量在 $1m^3$ 以下。

② 中型:斗容量在 $1 \sim 4m^3$。

③ 大型:斗容量超过 $4m^3$。

(2) 根据工作装置类型分(图 2-25)

① 正铲挖掘机:铲斗向上挖掘停机面以上的工作面。

② 反铲挖掘机:铲斗向下挖掘停机面以下的工作面。

③ 拉铲挖掘机:铲斗是由钢索悬吊和操纵的,铲斗在拉向机身时进行挖掘,适用于开挖停机面以下的工作面和抛掷卸土。

④ 抓铲挖掘机:合瓣形的铲斗由钢索悬吊和操纵,适于开挖停机面以上和以下的工作面。

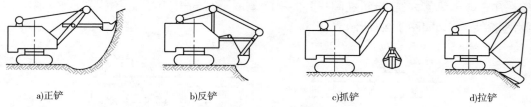

a) 正铲　　b) 反铲　　c) 抓铲　　d) 拉铲

图 2-25 单斗挖掘机工作装置的类型

(3) 根据行走方式分

① 轮胎式挖掘机:这种自行式挖掘机的底盘是专门设计制造的轮胎底盘。最大优点是机动性高,操作灵活。

② 履带式挖掘机:大、中型单斗挖掘机普遍采用履带式行走装置。这种履带装置与拖拉机相比,有更宽的履带板,履带刺很短或没有,接地压力小,便于转向而不致破坏地面。最大优点是工作时很稳定,机身不下沉和歪斜。

2) 挖掘机的开挖方式

(1) 正铲挖掘机

正铲挖掘机主要用来挖掘高出掘进机停留面的土堆,也可作装载松散材料(碎石等)之用。分为履带式和轮胎式两种,挖装作业灵活,回转速度快,工作效率高,铲斗容积为 $0.25 \sim 2.0m^3$。

正铲挖掘机的开挖方式,可分为正向开挖和侧向开挖。正向开挖时,挖掘机在前,沿前进方向挖土,运输工具停在后面装土,如图2-26a)所示。此法挖土面大,但回转角度大,运输工具需倒车进入,生产效率低。侧向开挖时,挖掘机沿前进方向挖土,运输工具停留在侧面装土,如图2-26b)所示。此种方式挖掘机卸土时,动臂回转角度小,运输工具行驶方便,生产效率高。

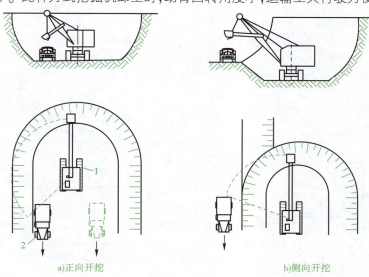

图2-26 正铲挖掘机开挖方式
1-正铲挖掘机;2-自卸汽车

(2) 反铲挖掘机

反铲挖掘机的工作面(所谓工作面是指挖掘机在一个停点所能开挖的土方面,其大小与基坑横断面尺寸、机械性能、挖土方式及土壤性质等因素有关)可低于其停留面以下3~6m,常用于挖基坑、沟槽等,其生产效率比正铲挖掘机略低,铲斗容积为$0.25 \sim 1.0 m^3$。

反铲挖掘机的开挖方式,可分为沟端开挖和沟侧开挖。沟端开挖时挖掘机停在沟端,向后倒退挖土,汽车停在两旁装土,开挖工作面宽,卸土时动臂只需回转40°~45°即可[图2-27a)];沟侧开挖时挖掘机沿沟的一侧直线移动挖土,此法能将土弃于距沟较远处,但挖土深度受限制,卸土时动臂回转小于90°即可[图2-27b)]。

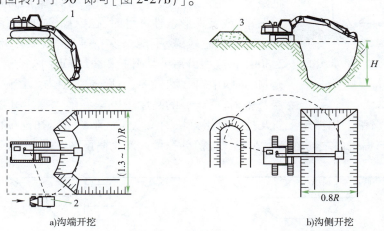

图2-27 反铲挖掘机开挖方式
1-反铲挖掘机;2-自卸汽车;3-弃土堆

（3）拉铲挖掘机

拉铲挖掘机用于开挖停机面以下的一、二类土。它工作装置简单，可直接由起重机改装。其特点是：铲斗悬挂在钢丝绳下而不需刚性斗柄，土斗借自重使斗齿切入土中，开挖深度和宽度均较大，常用于开挖大型基坑和沟槽。但与反铲挖掘机相比，开挖精确性差，且大多将土弃于土堆，如需卸在运输工具上，则操作技术要求高，效率低。

拉铲挖掘机的开挖方式与反铲挖掘机相同，如图 2-28 所示。

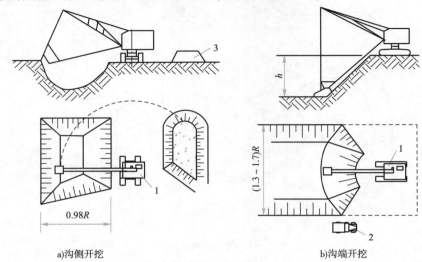

a)沟侧开挖　　b)沟端开挖

图 2-28　拉铲挖土方式
1-拉铲挖掘机；2-自卸汽车；3-弃土堆

（4）抓铲挖掘机

抓铲挖掘机是在挖掘机臂端用钢索装一抓斗而成，也可由履带式起重机改装。抓铲土斗工作示意如图 2-29 所示，可挖掘 I、II 类土。

3）正铲挖掘机配合汽车修筑路基

挖掘机开挖路堑时，如果路堑不深，挖掘机一次行程就能把路堑挖通，工作较为简单。汽车可以像正向开挖那样，在机后装车；或者地形条件许可时，在挖掘机的侧面装车。

如果路堑较深，不能一次挖通时，就要采用分层开挖[图 2-30a)]，或者分层分块开挖[图 2-30b)]。分层和分块的原则是：挖掘机的行程次数要少；路基范围内所留的土角要少。分层开挖时，每一层的高度可以取到最大挖土高度，第一个挖掘

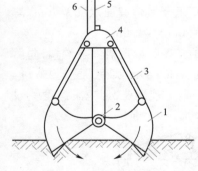

图 2-29　抓铲土斗工作示意图
1-斗瓣；2-中心铰；3-拉杆；4-顶铰；
5-升降索；6-取土索

行程[图 2-30a)]中 1 相当于正向开挖。分层分块的特点是汽车总可以在挖掘机的侧面装车。分块时停车面与停机面之间的高度 h 应保证铲斗在最大卸土高度时能顺利地装车。

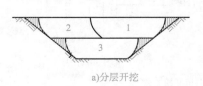

a)分层开挖

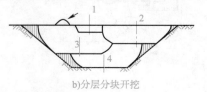

b)分层分块开挖

图 2-30　正铲开挖路堑施工顺序

正铲配合汽车填筑路堤时,在卸土处要配备推土机进行分层摊平、压实工作。

4. 单斗装载机

单斗装载机是在专用的拖拉机前面臂架上装有一个能升降和翻转的铲斗,主要用来铲、装、卸、运土与砂石一类散状物料的机械(图 2-31),也可对岩石、硬土进行轻度铲掘作业。与挖掘机相比,装载机比较机动,本身能兼做清理场地、移运孤石等作业,不进行装载时又可以当推土机使用。如果换不同工作装置,还可以扩大其使用范围,完成推土、起重、装卸其他物料的工作。在铁路施工中,它主要用于路基工程的填挖、材料的集料和装料等作业。由于它具有作业速度快、效率高、操作轻便等优点,因而装载机在国内外得到迅速发展,成为铁路建设中土石方施工机械的主要机种之一。

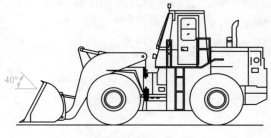

图 2-31 轮胎铰接式装载机

装载机的作业对象主要是:各种土壤、砂石料、灰料及其他筑路用散粒状物料等。

1)装载机铲装作业方法

(1)对松散物料的铲装作业

首先将铲斗放在水平位置,并下放至与地面接触,然后以一挡、二挡速度前进,使铲斗斗齿插入料堆中,此后,边前进边收斗,待铲斗装满后,将动臂升到运输位置(离地约50cm),再驶离工作面。如装满有困难时,可操纵铲斗上下颤动或稍举动臂。其装载过程如图 2-32 所示。

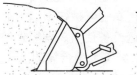
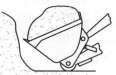
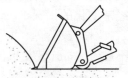

a)边前进边收斗,装载后举升至运输位置   b)操纵铲斗上下颤动

图 2-32 装载机铲装松散物料

(2)铲装停机面以下物料作业

铲装时应先放下铲斗并转动,使其与地面成一定的铲土角,然后前进,使铲斗切入土中,切土深度一般保持在 150~200mm,直至铲斗装满,然后将铲斗举升到运输位置,再驶离工作面运至卸料处。铲斗下切的铲土角约为 10°~30°。对于难铲的土壤,可操纵动臂使铲斗颤动,或者稍改变一下切入角度。其装载过程如图 2-33 所示。

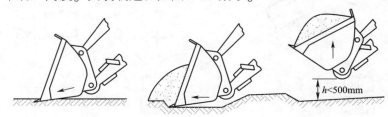

图 2-33 装载机铲装停机面以下土壤

(3)铲装土丘时作业

装载机铲装土丘时,可采用分层铲装或分段铲装法。分层铲装时,装载机向工作面前进,随着铲斗插入工作面,逐渐提升铲斗,或者随后收斗直至装满,或者装满后收斗,然后驶离工作

面。开始作业前,应使铲斗稍稍前倾。这种方法由于插入不深,而且插入后又有提升动作的配合,所以插入阻力小,作业比较平稳。由于铲装面较长,可以得到较高的充满系数,如图2-34a)所示。

如果土壤较硬,也可采取分段铲装法。这种方法的特点是铲斗依次进行插入动作和提升动作。作业过程是铲斗稍稍前倾,从坡角插入,待插入一定深度后,提升铲斗。当发动机转速降低时,切断离合器,使发动机恢复转速。在恢复转速过程中,铲斗将继续上升并装一部分土,转速恢复后,接着进行第二次插入,这样逐段反复,直至装满铲斗或升到高出工作面为止,如图2-34b)所示。

a)分层铲装法　　　b)分段铲装法

图 2-34　装载机铲装土丘作业方法

2) 装载机与自卸汽车配合填筑路基

装载机与自卸汽车配合填筑路堤等施工中,装载机的转移卸料与车辆位置配合的好坏对装载机生产率影响较大。施工组织原则是根据堆料场的大小和料堆的情况尽可能做到来回行驶距离短、转弯次数少。最常用的施工作业有"V"形和穿梭式(图2-35)。但在运距不大或运距与线路坡度经常变化的情况下,如采用装载机与自卸汽车配合进行装运作业,就会使工效降低、费用提高。在此情况下可单独采用装载机作为自铲运设备使用。据国外经验整个铲、装运作业循环时间不超过3min,装载机作为自铲运设备使用,经济上是合算的。

"V"形是汽车停在一个固定的位置,与铲装工作面斜交,如图2-35a)所示。装载机装满斗后,倒车驶离工作面的同时转向30°~45°,然后向前对准汽车卸料。卸料后在驶离汽车时也同样转向30°~45°,然后对准工作面前进,进行下一次铲装。这种方法对于装载机特别有利,铲斗装满后只需后退3~5m即可转向汽车卸料。有时为了更好地配合运输车辆,也可采用双"V"形,即两台装载机分别从两侧对一台汽车装料,这样可以进一步缩短装车时间。

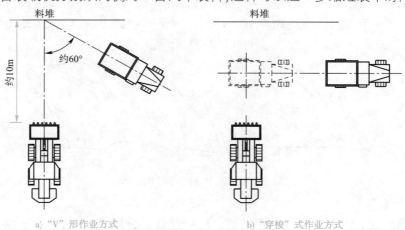

a)"V"形作业方式　　　b)"穿梭"式作业方式

图 2-35　装载机作业方式

穿梭式作业方式是装载机只在垂直工作面的方向前进、后退,而汽车则在装载机与工作面之间像穿梭一样来回接装和驶离,如图 2-35b) 所示。汽车待装位置可以平行于工作面,也可以与工作面斜交。装载机驶离工作面的距离一般不超过 6~10m,使汽车能安全通过即可。

装载机与汽车配合装车,必须根据料场的地形、地质以及材料的类别和周围环境的不同来选择不同性能的装载机和作业方法。

5. 自行平地机

1) 适用性

自行平地机是一种以铲土刮刀为主、配有其他多种辅助作业装置,进行土的切削、刮送和整平作业的工程机械。它可进行路基面的整形和维修,表层土、积雪或草皮的剥离,路堤、路堑、取土坑与弃土坑边坡的整修作业,以及排水沟和截水沟的开挖等工作。还可完成材料的混合、回填、推移、摊平作业。平地机配以辅助装置如耙子、推土铲、松土器、变形刮刀、扫雪器、碾压滚等,可以进一步提高工作能力,扩大其使用范围。因此,平地机是一种效能高、作业精度好、用途广泛的施工机械。

2) 平地机施工作业方式

路基及场地的平整是平地机的主要作业项目。在平地机工作装置中,铲刀是一种多功能作业机具。

(1) 铲土角选择

铲土角即切削角,指刮刀切削刃与地面的夹角。铲土角的大小一般依作业类型来确定。一般平地机铲土角都有一定的调整范围以适应不同的作业要求。中等切削角(60°左右)适用于通常的平整作业。在切削、剥离土壤时,需要较小的铲土角,以降低切削阻力。当进行物料混合,应选用较大的铲土角,这样可以避免大粒物料对铲刀的推挤力,大粒物料容易从刮刀下滚过去,刮刀载料减少,使物料滚动混合作用增强。

(2) 刮刀回转角选择

刮刀回转角 ω 是指利刃与横坐标 x 轴正向的夹角。当回转角增大时,工作宽度 b 减小,但物料的侧移输送能力提高,切削能力也提高,刮刀单位切削宽度上的切削力增大。对于剥离、摊铺、混合作业及硬土切削作业,回转角可取 30°~50°;对于推土摊铺或进行最后一道刮平以及进行松软或轻质土刮整作业时,回转角可取 0°~30°。回转角应视具体情况及要求来确定,如图 2-36 所示。

在狭窄地段和短距离施工时,将刮刀回转 180°,平地机可以在倒退行驶状态下作业,可提高作业效率。

(3) 前轮倾斜的使用

平地机在作业时,由于刮刀有一定回转角,或由于刮刀在机体外刮侧坡,使机器受到一个侧向力的作用,常会迫使机器前轮发生侧移以致偏离行驶方向,加剧轮胎的磨损,并对前轮的转向销轴产生很大的力矩,使前轮转向(偏摆)的阻力增大,这时,可以采用倾斜前轮的方法来避免。原则是:前轮的倾斜总是与外力呈相抵消状态。

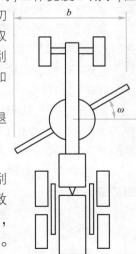

图 2-36 刮刀回转角 ω

前轮倾斜除了用来抵消机器受到的侧向力外,还可用于刮坡作业时刮刀切入深度的微调以提高刮削精度。

(4) 斜行作业

利用车架铰接或全轮转向的特点，平地机可以斜行作业。在很多作业场合需要采用斜行作业方法，使车轮避开料堆，保持机器更加稳定。

(5) 保持机器的稳定

在平地机作业时，应尽可能保证后轮在比较平坦的地面上行驶，必要时可以让前轮在坡道上和土丘上行走，而机身放在平坦的地面以保持机器的稳定。这样机器便于控制，刮刀也易于调节，可以保证具有较好的作业效果。

(6) 刮刀侧移

平地机作业时，除了采用前轮或后轮转向操纵机器沿要求的行驶路线作业外，还常需要同时操纵刮刀侧移来辅助实现刮刀的运动轨迹。当在弯道上或作业面边界呈不规则的曲线状地段作业时，可以同时操纵转向和刮刀侧向移动，机动灵活地沿曲折的边界作业。当侧面遇到障碍物时，一般不采用转向的方法躲避，而是将刮刀侧向收回，过了障碍物后再将刮刀伸出。

(7) 刮刀移土作业

①铲刀刮土直移。此种作业方式适合场地平整和整形作业。采用铲刀直移刮土，将刮刀回转角置为 0°，即刮刀轴线垂直于行驶方向，此时切削宽度最大，然后操纵铲刀升降，油缸下降，将铲刀平置于地面。并适当控制铲刀切削深度，选用低档向前推移作业。这样，铲刀即可在行进中完成切土、积土、铺散、整平和刮送等连续作业工序。

②铲刀刮土侧移。铲刀刮土侧移常用于场地平整、路基整形、回填沟渠等。

作业前，应根据土壤的性质选择和确定铲刀的平面角。铲刀平面角（回转角）越小，铲刀切削刃单位有效切削长度上的铲掘力也越大。通过调整铲土角，选用较大铲土角可减少铲刀刮土阻力，选用较小的铲土角则可提高地面平整精度。

铲刀刮土侧移应选用作业档起步，在行进中将同步降下铲刀。由于铲刀斜置，铲刀刮削的土壤和物料可侧移卸出，形成一道土堤。改变铲刀左右侧的伸出量，即可改变铲刀卸土位置。实现铲刀机外卸土，或实现机内轮间卸土。

刮土侧移作业也常用于物料混合，将待混合的物料用刮刀一端切入，从刮刀另一端流出，这时应注意刮刀的回转角大小要适当，并要有较大的铲土角。但如果回转角过大，物料也得不到充分的滚动混合，影响混合质量。

③铲刀机外刮土。修整路基、路堑、边坡或开挖边沟，通常采用铲刀机外刮土的方式作业。

刮坡作业时，应操纵铲刀摆动油缸偏摆牵引架，并将铲刀倾斜伸出机外，然后回转铲刀，将铲刀上端朝前。此时，平地机应以最低档速度前进，同时落下铲刀开始刮坡。作业时，铲刀刮削的土屑则沿铲刀卸于平地机左右车轮之间，最后再清除轮间土屑。

调整铲刀机外伸出量，则可开挖边沟或刮（刷）边坡坡度，如图 2-37e)、图 2-37f)、图 2-37g) 所示。

④铲刀刀角铲土侧移。刀角铲土侧移适用于开挖边沟，铲挖的土方可填筑路堤，也可用于路基面整形。

作业前，应根据土质调整好铲刀回转角和铲土角，然后以最低档速度前进，同时在垂直面内倾斜铲刀。将铲刀朝前的一端降下入土切削，朝后的一端抬起，形成侧倾角开挖边沟。铲挖的土方则沿铲刀方向侧移卸土，或卸于边沟，或卸于左右车轮之间。图 2-37 为平地机基本作业示意图。

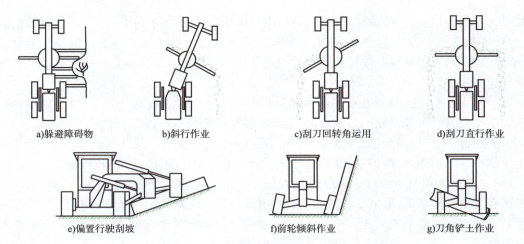

图 2-37 平地机基本作业

6. 土方施工机械的选择

在土方工程施工中合理地选择土方机械,充分发挥机械效能,并使各种机械在施工中配合协调,对于加快施工进度、保证施工质量以及降低工程成本具有十分重要的作用。常用的土方施工机械适用范围见表 2-8。

土方施工机械适用范围　　　　　表 2-8

机械名称	适用的作业项目		
	施工准备工作	基本土方作业	施工辅助作业
推土机	1. 修筑临时道路 2. 推倒树木,拔除树根 3. 铲除草皮,消除积雪 4. 清理建筑碎屑 5. 推缓陡坡地形 6. 翻挖回填井、坟、陷穴	1. 高度 3m 以内的路堤和路堑土方工程 2. 运距 100m 以内的土方挖运、铺填与压实 3. 傍山坡的半挖半填路基土方	1. 路堤缺口土方的回填 2. 路面的粗平 3. 取土坑及弃土堆的平整 4. 土层的压实 5. 配合挖掘机和铲运机松土 6. 斜坡上挖台阶
拖式铲运机	1. 铲除草皮 2. 移运孤石	运距 60~700m 以内的土方挖、运、铺填与压实	1. 路基面及场地粗平 2. 取土坑及弃土堆的平整
自动平地机	1. 铲除草皮 2. 消除积雪 3. 疏松土层	修筑高 0.75m 以内路堤及深 0.6m 以内路堑,挖填结合路基的挖、运	1. 开挖排水沟、截水沟 2. 平整场地及路面 3. 修刮边坡
拖式松土机	1. 翻松旧道路的路面 2. 清除树根、树墩和灌木丛	—	1. 疏松含有砾石的普通土及硬土 2. 破碎 0.5m 以内的冻土层
挖掘机	—	1. 半径 7m 内的土方挖掘及弃卸 2. 用于配合自卸汽车的装土远运	1. 开挖沟槽及基坑 2. 水下捞土

土方施工机械的选择通常应遵循如下原则。

(1) 应根据工程特点选择适宜的主要工程的施工机械。例如:对基坑开挖,当基坑深度在 1~2m,而长度又不太大时,可采用推土机;对于深度在 2m 以内的线状基坑,宜用铲运机开挖;当基坑面积较大,工程量又集中时,可选用正铲挖掘机挖土,自卸汽车配合运土;如地下水位较高,又不采用降水措施,或土质松软,则应采用反铲挖掘机施工。

(2) 各种辅助机械与直接配套的主要机械的生产能力应一致。为了发挥主要机械的效率,在选择与主要机械直接配套的各种辅助机械和运输工具时应使其生产能力相互协调一致。

例如:土方工程采用单斗挖掘机施工中,一般需用运土车辆配合,共同作业,将土随时运走。因此,为使挖掘机充分发挥生产能力,运土车辆的载重应与挖掘机的每斗土重保持一定倍率关系,一般情况下,运土车辆载质量宜为每斗土重的3~5倍,并应有足够数量的运土车辆以保证挖掘机连续工作。

(3)在同一工地上,应使施工机械的种类和型号尽可能少。在同一施工工地,如果拥有大量不同类型或者同类而不同型号的机械,会给机械管理带来困难,同时增加了机械转移的工时消耗。因此,对于工程量大的工程应采用专用机械;在工程量小而且分散的情况下,尽量采用多用途的机械。例如:有的挖掘机既可以用于挖土,又可用于装卸、起重和打桩。

(4)应尽量利用自有机械。选用施工单位的自有机械,可以减少施工的投资额,同时又提高了现有机械的利用率,降低工程成本。只有在原有施工机械满足不了工程需要时,才能购置或租赁机械。当需要租赁或购买施工机械时,必须在两者之间进行技术经济比较,选取性能价格比高的施工机械。土方施工机械的选用条件见表2-9。

土方施工机械的选用条件　　　　表2-9

路基种类及施工方法	填挖高度(m)	土方运距(m)	主要施工机械	辅助机械	机械施工运距(m)	最小工作段长度(m)
1. 路堤						
路侧取土	<0.75	<15	自动平地机	—	—	300~500
路侧取土	<3.00	<40	58.9kW 推土机		10~40	—
路侧取土	<3.00	<60	73.6~103kW 推土机		10~60	—
路侧取土	>6.00	20~100	6m³ 拖式铲运机		80~250	50~80
路侧取土	>6.00	50~200	6m³ 拖式铲运机	58.9kW 推土机	250~500	80~100
远运取土	不限	500~700	9~12m³ 拖式铲运机		<1000	>50~80
远运取土	不限	>500	9m³ 自动铲运机		>500	>50~80
远运取土	不限	>500	自卸汽车		>500	(5000m³)
2. 路堑						
路侧弃土	<0.6	<15	自动平地机	—	—	300~500
路侧弃土	<3.00	<40	58.9kW 推土机		10~40	—
路侧下坡弃土	<4.00	<70	73.6~103kW 推土机		10~70	—
路侧弃土	<6.00	30~100	6m³ 拖式铲运机	58.9kW 推土机	100~300	50~80
路侧弃土	<15.0	50~200	6m³ 拖式铲运机		300~600	>100
路侧弃土	<15.0	>100	9~12m³ 拖式铲运机		<1000	>200
纵向利用	不限	20~70	58.9kW 推土机	推土机	20~70	—
纵向利用	不限	<100	73.6~103kW 推土机		<100	—
纵向利用	不限	40~600	6m³ 拖式铲运机		80~700	>100
纵向利用	不限	<80	9~12m³ 拖式铲运机	58.9kW 推土机	<100	>100
纵向利用	不限	>500	9m³ 自动铲运机		>500	>100
纵向利用	不限	>500	自卸汽车		>500	(5000m³)
3. 半挖半填路基						
横向利用	不限	<60	73.6~103kW 斜角推土机	—	10~60	—

注:本表适用于Ⅰ、Ⅱ类土,如果土质坚硬,应先用推土机翻松。

(5) 保持机械的良好工作状态

对于提供使用的机械,必须了解其运转情况、设备的完好率和利用率,估算机械保养、维修的停歇时间,准备适量的后备机械和替补机械,保证生产的连续性。同时,应配备适应于流动的辅助、维修设备,使大型机械能具备机动灵活、行动迅速、维修及时的条件,满足工程施工的需要。

应特别指出的是:机械化施工不能仅局限于用机械施工替代人的劳动或人工无法完成的施工作业,而是要不断提高机械化施工水平,即不断提高机械化程度和施工管理水平。根据工程实际情况合理选用各种机械,并用先进、科学的管理方法将各种机械有机地组织起来,优化施工组织计划,以便充分发挥各施工机械的生产效能。

六 特殊环境施工

特殊环境施工主要是指冬期(低温)及雨季路基施工,它们属于特殊条件下的土方施工。所谓特殊环境条件,在这里是指对工程施工不利的气候条件。由于我国幅员辽阔,在进行铁路建设时,出现特殊环境施工是不可避免的。我国东北、华北、西北及青藏高原等地区的冬季时间长、气温低并有不同程度的冻结现象;南方地区虽全年气温比较温和,但雨季中雨频量多,这些特殊环境不仅使施工的困难增多,而且对工程质量产生严重的影响,对路基施工极为不利;如填土的反复冻融,洪水来临时,结构长期浸泡于水中等。对这些特殊环境下的土方施工,有相应的特定施工要求,在施工过程中必须严格遵守,不得随意违反,以免造成工程事故。

1. 低温施工

所谓低温施工,是当昼夜平均气温在 0℃ 以下且连续 15d 以上时,或气温虽未达到上述程度但当路堤中掺填冻土时,均应按低温施工办理。在低温施工时,由于气候寒冷,不但会使施工效率受到一定的影响,而且还增大了工程的成本,如为保温、防寒、破冻而增加的额外成本;更重要的是,低温施工给路堤的填筑质量带来了不利因素,因此,除了按照正常施工条件下根据设计规定进行施工外,低温路基施工还有一些特殊要求。低温施工前应编制低温施工方案及技术措施,进行工艺试验验证和必要的论证,并对有关人员进行技术交底和培训。

1) 施工准备工作

只要工期安排上有可能,就应避免在低温安排土方施工,而把那些不受低温影响甚至在低温施工更为有利的工程安排在低温进行。为此,应根据工程的特点,明确不同项目最适宜的施工季节,从整体上做好施工项目工作安排。例如:对冻结的粗粒土进行开挖和填筑,在低温施工比暖季施工成本增加很多,施工难度也较大;而在泥沼地段或地下水丰富的地层中施工,低温施工反而更加方便和经济。对于决定安排在低温施工的工程,则必须在入冬前就做好充分的准备工作。在进行路基低温施工的准备工作时,主要应强调以下几个方面。

(1) 对土壤的冻结、解冻时期和冻结深度的详细复查。

(2) 保温、防寒、破冰材料与用具以及施工人员的防寒保暖用品的及早运输和储备。

(3) 施工人员和机械设备用的防寒棚和加热设备的建立。

(4) 准备适用于低温施工的施工机械。

(5) 路堤基底,在冻结前按规定清除草皮,并加掩盖保温。取土坑表层进行松土防冻。

(6) 组织施工人员学习低温施工的有关技术规定,以保证施工质量及施工安全。

2) 低温路堤施工

(1) 基底处理

地基应在冻结前处理。处理方法除了常规的规定外,还应清除基底范围内的冰雪和积水,其坑洼处须用与基底同类的未冻土填筑压实。处理好的基底应随即掩盖以防冻结。

(2) 填料要求

低温填筑路堤所用填料,除要满足一般路堤填料的规定外,应尽量选用级配良好的渗水未冻土。如果确有困难、不得不使用非渗水土时,其含水率宜低于塑限,而并非一般情况下的接近土的最佳含水率,这样会造成填土的压实效果不好。为了达到要求的填层密度,还应相应地采取加大压实功能的措施。

当用冻土与未冻土混合填筑时,冻土块不宜大于15cm,体积含量不宜大于30%。冻土块应均匀散布在填层内,并于其四周填以未冻土。

路堤顶面以下及两侧边坡1.0m范围内、桥涵缺口填土范围内、桥头路堤及位于河床上的路堤,均不得使用冻土填筑。由于规范对这些部位的压实密度及均匀性的要求均较高,如果采用冻土作填料,往往不能保证达到压实要求,冻土融解后容易产生填筑体的变形,故应限制使用冻土。

低温施工中对填料的特殊要求主要是为了取得较好的压实效果,避免产生较大的沉降。

(3) 填土压实和预留沉降量

填筑路堤必须严格按分层、横断面全宽度填筑、逐层压实,做到随挖、随运、随填、随压实。已铺土层未压实前,不得中断施工。应保证开挖、运填的周转时间小于土的冻结时间。

分层填筑铺土厚度应按一般规定减薄20%~25%,并不得铺成斜层;或者增加夯实次数以提高夯实密度。冻块之间应保持3~5cm的空隙,将松散土壤充填其中。

掺有冻土的路堤,由于其中的冻土不易压实,融化后将挤入其间的空隙而产生较大的沉降,因此预留沉降量应根据填料种类和冻土含量情况酌量增加;预留沉降加高量可按堤高的2%~4%适当选取。

施工中如果遇到大雪或其他原因不得不中途停工时,应整平填层及边坡面并用松土或草袋加以掩盖;继续施工前,应将表面的冰雪清除。

低温施工的路基面及边坡修整工作易在解冻后进行。如果在结冻时修整路基面,解冻后易产生变形,施工也较困难。

3) 土的防冻措施

由于气候寒冷给路基施工带来极大不便,因此土的防冻措施就显得十分重要。目前常见的防冻措施有以下几种。

(1) 覆盖法

① 松土及草袋覆盖:这类覆盖法主要用于取土场、路堑和路堤的外露土层防冻。所谓松土覆盖是将表层土耙松25~35cm,并耙平,形成空气隔热层覆盖保温。此法可减少1/5~1/4的冻结深度,松土粉碎得越细,效果越好。若场地不大,可用草袋装麦草等保温材料以减少冻结厚度。草袋覆盖的成本较高,不宜大面积使用,但保温效果较好。

② 积雪覆盖:地表松散的积雪有保温防冻作用,应随施工进度在临动工前逐段消除,尽量缩短地面暴露时间,因此,挖填工作不能全面铺开,未开挖的地段应保留地面积雪。

③ 设置防雪栅:在预计冬天开挖路堑或取土坑的位置,事先设置防雪栅或者保留地面的原生灌木或丛林,可以防止积雪冻结。

（2）组织不间断施工

土壤冻结程度与其暴露在低温条件下的时间成正比。路堤在低温期施工，如果工程量较大，应编制详细的施工组织设计，集中力量，分段完成，不宜全段铺开。施工时，除了应尽量缩短各工序的间歇时间外，宜组织昼夜连续施工，以保持施工过程土壤不冻或少冻。

4）土的开挖

冻土开挖包括路堑冻土开挖和取土场清除表层冻土后的取土，是路基低温施工的关键工序。而路堑边坡和侧沟宜待冻融后修建。冻土表层一经开挖，必须保持连续作业，以免重复冻结。若无法保证连续作业，则在已填挖的表面应用保温材料覆盖。

冻土开挖常用的施工方法有：钢钎破土法、铁楔劈土法、顶镐破土法和爆破法。

（1）钢钎破土法：对于用铁镐难以挖动的冻土，可以采用数根钢钎成排并立，劈破冻土。

（2）铁楔劈土法：用长 0.4～0.8m，刃宽 4cm 的方头铁楔，先垂直地面打入。打入深度由冻层厚度而定，但露出地面高度不得小于 0.1m。然后顺水平方向横打劈开冻土。此法适用于劈开 0.7m 厚以内的冻土层。

（3）顶镐破土法：在冻层下掏槽安置千斤顶或起道机等顶镐，向上顶压使冻土开裂。

（4）爆破法：适用于开挖冻层厚而坚硬的冻土。打眼采用烧热的钢钎，其工效较打冷钢钎提高 3～4 倍。炮眼不应穿过冻土层，其深度一般以冻土层厚度的 3/4 为宜。炮眼打好后，应使内部冻硬后再装药起爆，以增强爆破威力。

2. 雨季施工

与低温施工一样，在雨季进行路基土方施工同样会遇到很多困难，给施工质量带来不利的影响。主要体现在以下几个方面。

（1）地面泥泞，即使是机械化施工，也使作业困难，效率降低，甚至难于爬坡。

（2）因雨停工则损失了出工日数，影响工程进度。最显著的例子是贵州省，雨季长达四五个月，雨季停工天数能达 30d 以上，工时的损失是非常明显的。

（3）土壤含水率超过填土夯实必须控制的最佳含水率，路堤填筑质量难以保证。

（4）雨季施工还会引起一些工作项目的增加，例如下雨时的临时排水，雨后的地面疏干、甚至铲除表层湿土，运土道路的整理等。

因此，组织施工时，一般应将那些最不宜于雨季施工的土方工程，例如洼地路堤、高填深挖、黏土类土质地段的工程，安排在雨季以外进行施工，而把那些在雨季中施工困难不大的工点，如砂土类或砂夹石地段等，安排在雨季施工。

1）施工准备工作

（1）在山区以及暴雨和洪水危害比较严重地区，详细调查并掌握洪水资料，做好施工中的临时防护措施。对山区路堑施工，预先检查山体有无塌方、滑坡的可能，拟定防险措施。

（2）对主要材料工具要估计在雨季期间的储备量，并增建必要的防雨防洪设施，特别是石方爆破材料的防雨防潮设施。

（3）在洪水位以下的材料、活动房屋及机械设备，雨季前应搬移到最高洪水位以上的处所。

（4）对施工人员应配备必要的劳动保护用品，还应进行雨季施工和防洪抢险的教育。

（5）为保证工程质量，在路基施工中，应根据雨水情况，对部分工程项目或工序加以合理安排。如路基边沟、天沟、排水沟、取土坑排水等应在雨季前完成。

2) 土石方开挖与填筑

（1）土方的填挖

①雨季施工地段，应首先完成涵洞，并做好防水、防洪、排水工作，同时应注意防止雨天施工时填料含水率增大导致填层达不到要求的压实密度。若土质过湿，不宜用作填料时，应弃置晾晒风干后再用。

②填筑土质路堤，应分段快速施工。为了使填料保持刚挖下的天然含水率，不被地面水和雨水渗入而饱和，应随挖、随运、随散铺、随夯压，不得将运来的填料长期放置不用。分层夯压时，层面要有2%～3%的横向排水坡度，避免积水。

③用黏土填筑的路堤，天晴后易龟裂，必须及时修补，以免雨水顺裂缝流入路堤影响其稳定性。

④雨季填筑路堤，应根据使用机具的性能和数量，合理组织几个工点或几个工作面轮流作业，紧凑衔接，快速施工；不宜全面铺开。

（2）石方的填挖

①路堑施工应采用自上而下按照设计边坡分层下挖的原则，严禁掏底开挖。

②在开挖过程中，应随时注意观察石质情况，复核和改进设计坡度，以使边坡在雨水冲刷过程中，也能保持稳定。

③爆破作业受雨天影响，主要是炮眼内浸水，炸药受潮发生瞎炮。对此，应尽可能把炮眼钻成水平的、斜向的或采取防浸水的覆盖措施。

3. 风沙地区的路基施工

我国的风沙地区主要分布在新疆、内蒙古、宁夏、甘肃、青海等五个省区，陕西、吉林、黑龙江、辽宁等省也有小片分布，面积大约109万 km^2。在风沙地区的铁路路基，容易遭受风蚀或沙埋等病害，若在施工时没有良好的防护工程，运营后会给铁路的行车安全带来极大的隐患。

1) 风沙地区分类

沙丘按固定程度可分为固定沙丘、半固定沙丘和流动沙丘三种。固定沙丘呈钟形或坟堆形，植物覆盖面积达40%～50%，其沙害较微，如注意保护植物，封沙育林，则对铁路无危害。半固定沙丘呈椭圆形或长条形，植物覆盖面积在15%～40%之间，其沙害较轻，但必须有适当的防沙措施。流动沙丘密集分布，远望如海洋，植物覆盖面积在15%以下甚至裸露，其沙害严重，铁路两侧必须采取有效的防沙措施。

风沙地区按沙害严重程度不同可分为三种，见表2-10。

风沙地区分类表　　　　表2-10

风沙地区分类	沙　源	病害方式	年输沙量（m^3/m）
较微风沙地区	少数半固定沙丘，大部分为固定沙丘或沙地	少量流沙	≤5
一般风沙地区	少数流动沙丘，大部分为固定和半固定沙丘	以风沙流为主	5～15
严重风沙地区	成片的流动沙丘，沙丘面积在20%以上；或地面几乎都是裸露的疏松沙地	沙丘移动和风沙流并重	≥15

2) 风沙对铁路的危害

（1）风蚀

风沙地区修建路堤时，常采用粉砂或细砂来填筑。当风力达到起沙风速而作用于路堤时，沙粒被吹走,产生路基风蚀。路基坡面出现风蚀槽痕;顶面被磨成浑圆状,宽度减小,严重时造成枕木外露,影响行车安全。路基风蚀一般在路肩处最为严重,坡面次之,背风坡脚反而有积沙现象。

路堑地段,堑顶被风蚀成浑圆状或不规则形状;路堑坡面形成风蚀洞,引起坍方。

(2)积沙

路基本身是风沙流运行的障碍物,能导致风沙流运行速度降低,沙粒沉落,积沙于线路,形成积沙现象。当积沙超过一定程度或者沙丘体前移时,积沙会掩埋了道床,出现所谓的"沙埋"现象。

积沙的堆积形式不同,会对线路产生不同程度的危害。分布在道床内的均匀的"片状积沙"会导致掩埋钢轨,引起道床病害,可能造成行车事故;由于大风使大片流沙或流动沙丘舌状向前延伸形成的"舌状积沙",短时间可以掩埋路基,沿路基延长可达数米至数十米,高出轨面达数十厘米,对行车安全威胁较大;因沙丘体前移,流沙成堆状停积在线路上形成的"堆状积沙",则易造成行车险情,且积沙量大,清除工作艰巨。

3)风沙地区路基防护

路基防护通常采用固定、阻隔、疏导等综合治理措施,从路基本体保护、路基两侧保护和植树造林三方面着手,以植物治沙为主,机械固沙为辅,效果较为显著。

(1)路基本体防护

路基本体防护的目的是保护路基处于稳定状态,不受风沙的损害和破坏。防护材料一般采用耐干旱、须根发达且带土的草皮,其他如干草类(麦秸、蒲草)及碎石也可,但碎石最小粒径不得小于1cm。

路基本体防护主要形式有草皮防护、黏性土防护和碎石防护三种。

①草皮防护。

草皮防护只宜作为施工初期的坡面临时防护。草皮防护的施工步骤为:材料准备→路基中线→水平测量→按设计图纸检查各部尺寸→整修边坡→铺草皮→封闭缝隙→清理坡面。铺草皮按自下而上的顺序进行,第一块草皮在坡脚应埋入地面8~10cm。草皮块之间应有30cm的搭接长度;若采用顺序铺设,草皮块缝应交错布置,草皮块之间的缝隙需用黏土封闭,以减少草皮下的水分蒸发。如图2-38所示。

②碎石防护。

坡面平铺碎石厚度为5~7cm,路肩铺10cm厚的碎石层。碎石层厚度要均匀,并保证路基横断面尺寸准确,如图2-39所示。

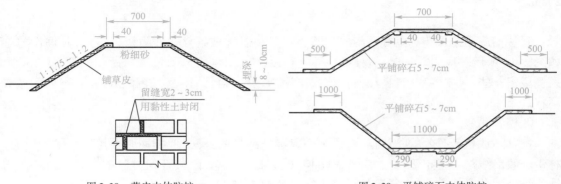

图2-38 草皮本体防护　　　　　　图2-39 平铺碎石本体防护

③黏性土防护。

采用黏性土防护的测量放线工作与草皮防护相同。施工也是自坡脚开始,自下而上边填土边拍实,坡面黏土层厚15～20cm,坡面填拍后应撒种草籽。

(2)路基两侧防护

①防沙体系。

防沙体系包括设防带和植被保护带,如图2-40所示。设防带一般采用两种以上的防沙措施,其宽度除考虑风沙严重程度外,尚应考虑风况、地形地貌及采用的防沙措施等。植被保护带宽度主要考虑风沙严重程度和当地人为活动情况。靠近铁路是加强防护区,绝不允许沙流越过该区而掩埋铁路工程;远离铁路,可允许少量沙流侵入加强设防区的外缘。

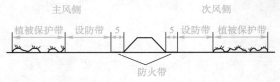

图2-40 路基两侧防护体系(单位:m)

②工程防沙。

防沙按其性质可分为工程防沙和植物防沙两大类。植物防沙必须用工程防沙过渡,所以工程防沙是新建铁路初期的基本防沙措施,它主要分为固沙、固阻沙和阻沙三种。

a. 固沙。

在路基两侧的设防带内,靠近路基一定范围内采取固沙(平铺)措施,一般迎风侧为100～200m,背风侧为50～100m。其外则采用阻沙措施。固沙主要采用不被风吹蚀的材料覆盖沙面,使得覆盖层下的砂子不再移动,但此法不能阻止风沙流中沙子的搬运。

固砂措施根据就近料源的情况,可分别选择卵石、砾石、矿渣及黏性土进行覆盖。覆盖沙丘时,宜先将陡立的落沙坡铲成缓坡,先铺迎风坡,后铺背风坡。当选用卵石、砾石、矿渣时,可以铺设成堆状,也可摊平,一般卵石土铺厚5～10cm,砾石土铺厚8～12cm,矿渣根据其性质比照卵石土决定平铺厚度。平铺时,播种抗干旱的灌木或半灌木种子。当选用黏性土进行覆盖时,宜铺成中部略高、两侧略低的条带状,铺设厚度一般为10～15cm,宽0.5m,应拍打密实,带间距离为1～1.5m,以便雨水下渗地层,有利形成旱生灌木林带。

b. 固阻沙。

固阻沙措施常采用低立式沙障。此类沙障兼有固沙和阻沙作用,还能保持沙中水分,以利植物生长。沙障露出地面高10～20cm,埋入地面深10cm左右。砂障材料可采用稻草、黏性土、草皮块及沥青毡等。图2-41为草方格沙障防护示意图,它适用于防护高大流动砂丘对路基的侵害,内层草方格为1.0m×1.0m,外层为2.0m×2.0m,草埋深15cm,外露15～20cm。

c. 阻沙。

阻沙措施通常采用高立式沙障,只起阻沙作用,以树枝条立式沙障最为常见,其埋设方法如图2-42所示。风向单一时,树枝条按环状布设,如图2-43所示,沙障排距一般为2～3m,上风侧应密一些;风向多变时,树枝条按格状布设,如图2-44所示,上风侧做成格状,下风侧做成环状。

③植物防沙。

植物防沙是最有效的防沙措施,通常采取种防沙林的办法,但初期必须用工程防沙过渡。林带一般沿线路平行布置,比沙害地段略长,形成封闭状态,阻截任何方向的流沙。当风向与铁路线为大角度相交时,树行可与线路平行。如图2-45所示。

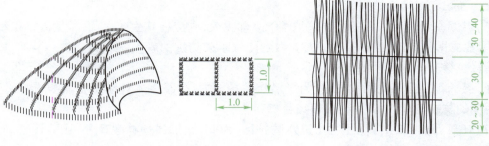

图 2-41 草方格沙障(单位:m)　　　　　图 2-42 树枝条立式沙障

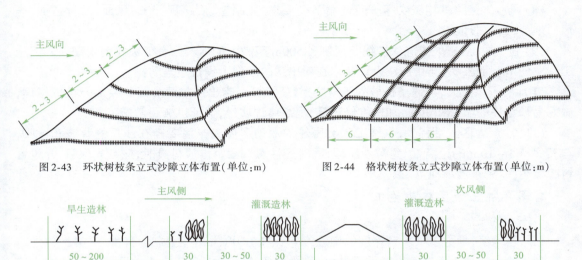

图 2-43 环状树枝条立式沙障立体布置(单位:m)　　　图 2-44 格状树枝条立式沙障立体布置(单位:m)

图 2-45 林带横断面图(单位:m)

植树要选好季节和部位。如:不耐旱的树种应在春季栽种,其余树种宜在秋季种植;杨柳和松树需要较多水分,则宜种在坡脚和丘间平地处;黄柳适应性强,可用于坡面;沙枣满身带刺,宜种于林带外围,可对林带起保护作用。

防护工程需要劳动力多,季节性又强,重点防护区要突击施工。因此,可与当地政府联系,动员当地人员参加施工,施工单位派人进行技术指导,以保证成型路基的防护工程在风季之前完成。

4) 风沙地区路基施工要求

(1) 应尽量抓住有利的施工季节。旱季多风缺雨,沙粒活动量较大,对施工不利;最适宜的施工季节为雨季及少风的季节,但夏季炎热,应尽量安排早晚施工。冬季则按冬期施工规定办理。

(2) 沙方工程与防护工程同时进行。填筑路堤或开挖路堑时,应集中使用机械、劳力和运输工具,分段进行沙方工程施工,完工一段,防护一段。防护工程施工时,先做主体防护,再按先近后远的原则做两侧防护。沙害严重地区要先做。

(3) 重视沙方调配。路堑开挖的沙方,应尽量用作填料。如确需弃方或取沙作填料时,弃沙堆和取沙坑应选择在避开主风向线路另一侧的相当距离以外。取沙坑离路堤坡脚 5m 以外,弃沙堆离路堑坡顶 10m 以外,并应采取防护措施。

(4) 在低填浅挖地段,应尽量采用铲运机施工,并合理拟定取土深度和机械行走路线,以减少破土面积和对地表植被的破坏。

(5)若路基两侧所采用的植物防护不能立即见效,则应在其生效之前,根据就地取材的原则,采取能立即生效的措施防风固沙,并做到能做永久防护的就不做临时防护。当然,施工时要分清轻重缓急。

(6)要因地制宜选定固沙方法,为了增强防护能力,除路基本体防护措施要选择适当外,路基两侧的防护应草、木并举,乔、灌结合。

(7)在靠近牧区处,应防止牲畜进入防护区,为此,除加强护林教育外,还要设置刺线、围栏等设施。

(8)风沙地区路基施工次序一般遵循下列要求:先路堑,后路堤;先迎风面,后背风面;先风口地段,后一般地段。

(9)施工中,应采取措施保护线路两侧各500m范围内的地表原有植被和地表硬壳。因施工作业使两侧地表受损时,应按设计要求在新出露的沙面上设置覆盖防护。

(10)由于风沙大,加速了机械的正常磨损,使机械经常出现故障。因此要加强机械修理,做好易损零件的储备和供应;加快维修进度,提高修理质量,保证机械正常施工。

(11)沙漠地区人烟稀少,供施工人员居住的活动房屋或帐篷要搭在沙丘的背坡和坡脚,与其保持5~10m的距离,以免被沙压埋,同时应注意加固。堆放料具时,应专人保管,并设置料牌标明,以免被沙所掩盖。

4. 多年冻土地区路基施工

1)冻土的概念

在严寒地区,地面以下一定深度的地温常年保持在0℃以下,土中含有冰,这类土称为冻土。含冰的土持续3年或5年以上不融化,称为多年冻土。在多年冻土地区的地表往下一定深度的土层(一般在3m以内),寒季冻结,暖季融化,此土层称为季节融冻层。多年冻土与季节融冻层的交界处称为多年冻土的"上限",多年冻土的下部界限称为"下限"。

多年冻土处于冻结状态时,有很高的强度,但是开挖路堑或填筑路堤从根本上改变了多年冻土的边界条件,破坏了原来的热平衡状态,引起多年冻土的上限移动,从而出现反复的冻胀或融化下沉,这往往造成房屋破坏、道路变形、管道断裂等冻害现象,带来很大的损失。

如图2-46所示,当路堤的修筑引起上限向地表移动时,土中的水结成冰,体积膨胀,出现局部的冻胀,抬起结构物。土冻结时,还引起水分向冻结面转移,更使土的冻胀量加大。当上限下降时,土中的冰融化成水,土的强度削弱,产生融化下沉或边坡坍塌的现象。路基融沉是非常普遍的现象,有些地段几年来累计融沉已达2m多,不得不每年用大量碎石道砟充填。这种融沉一旦发生,便在路基中形成融化槽。每年夏季大量雨水渗入,又带来大量热能,进一步促使融沉发展,造成较严重的路基病害。

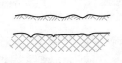 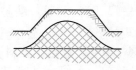 

a)原始地面及多年冻土上限　　b)筑堤后上限上升　　c)夏融后沿上限滑塌

图2-46　多年冻土地区修筑路堤

我国多年冻土分布很广,主要集中在东北的大小兴安岭、青藏高原、祁连山、天山等地,占全国总面积的1/5。多年冻土的工程性质,固然有其共性,但因其所在地的地理、气候条件不同,又各有其特殊性。因此,必须根据当地独特的情况,采取合理的处理措施。

2)冻土地区路基施工措施

对多年冻土地区病害的处理措施主要从三个方面着手:地基土改善、治水及保温。粉砂土或粉砂质黏土的冻胀量和融沉量都很大,在条件可能时,可考虑将这种地基土换成砾石、砂等粗颗粒土。换土后表层要做封闭层防止地表水流入。冻土中的水是造成一切冻害的主要原因,所以首先要防止地表水渗入结构物地基,同时也要拦阻地下水向结构物地基附近聚集,可考虑设置截水沟。设置保温层的目的是维持地温的相对稳定,防止结构物地基及其附近地温因施工引起过大的变化。保温材料最好能就地取材,如泥炭、草皮、炉渣等。

(1)多年冻土地区一般采用路堤通过,施工中应以不破坏或少破坏地基的热平衡状态为原则。若必须以路堑通过,则一般应尽量减少挖方,因为这样直接破坏了路堑本体工程的多年冰冻状态。只有严格按照设计要求施工,迅速做好边坡保温层、基底换填、边坡加固及排水等措施,方能保证路基的坚固稳定。

当路堑按保护冻土原则设计时,宜在寒季施工。如果需要在暖季施工,应采取临时性保温措施,并须防止地表水流入或渗入基底和冲刷边坡。不得在雨季施工。

(2)当地基为少冰冻土或多冰冻土时,对基底不作特殊处理;当路堤的基底位于或路堑基底穿过富冰冻土、饱冰冻土或含水冰层时,为消除冻土的冻胀危害,可采取将基底全部清除至多冰冻土层,回填渗水土或含水率小于1.2倍塑限的黏性土,并做好基底纵向排水。当回填渗水土时,其顶部0.5m厚应铺填黏性土[图2-47a)];当回填黏性土时,应在其底部0.3m厚铺填碎卵石[图2-47b)]。如果基底全部清除换填有困难或不经济时,可部分清除换填。基底换填开挖工程应在春融前完成。

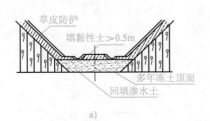 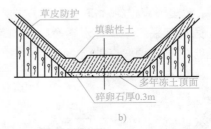

图2-47 基底全部换填断面形式

(3)在地下冰或冻土融化后呈现流塑性状态的地段,除对基底采取保护基底天然植被的保温措施外,可在路堤两侧设保温护道,以缓和多年冻土上限的上升速度及保证路堤边坡的稳定。护道一般高1~2m,宽2~3m,坡度为1:2~1:1.75,护道顶面设4%的排水横坡。护道和路堤本体填料相同时,应连在一起填筑压实,如图2-48所示。排水沟至路堤坡脚或保温护道坡脚的距离不应小于5m。

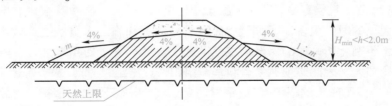

图2-48 路基面填渗水土的断面形式

(4) 如路堑边坡高度较大(大于6m),有较好的地基条件时,可修建挡土墙,墙后填筑保温材料,保护边坡冻土不致融化(图2-49)。当地基条件较差时,亦可采用锚杆挡土墙(图2-50)。

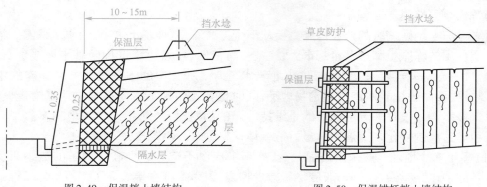

图 2-49 保温挡土墙结构　　　　　图 2-50 保温锚杆挡土墙结构

(5) 土方填筑以5—10月施工为宜。当基底为饱冰冻土或含水冰层时,路堤填料应根据路堤高度与最小保温高度(在东北地区大于1.5~2.0m,在西北地区大于1.0~1.5m)间大小关系来选定,同时应考虑冻土地区路堤填筑的特殊要求。应尽量优先采用粗颗粒的渗水土填筑路堤,并远离路堤集中取土,以保证多年冻土范围以内多年冻土状态不被破坏。如果必须在路基一侧取土时,取土坑宜在靠山一侧,离开路堤坡脚应有20m以上的距离。

施工时,基底换填和边坡填土应同时进行,先基底后边坡,最后铺砌草皮护坡或其他保温材料,如加气混凝土、泡沫塑料混凝土等。边坡填土须十分注意质量,否则不但降低了保温效果,而且会出现边坡滑动、坍塌。因此应保证夯实质量和填土与路堑坡面的良好结合,草皮等保温材料应待填土沉实以后铺设为宜。

(6) 当路堑边坡穿过饱冰冻土或含水冰层而清除有困难时,坡面应采取保温措施,设置边坡保温层。通常可采用平铺或水平叠砌式的草皮单层护坡(图2-51),或黏性土保温护坡,或采用两者结合的混合护坡(图2-52)。

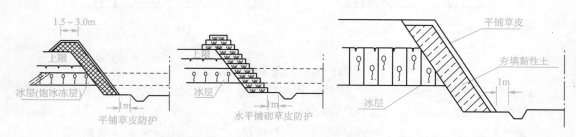

图 2-51 路堑边坡草皮单层护坡　　　　　图 2-52 路堑边坡黏性土草皮混合护坡

3) 冻土地区路基施工注意事项

(1) 多年冻土地区气候寒冷,平均气温低,因此有利于施工的季节很短。部分地区,如青藏高原全年有大风的时间太多,缺氧严重,使得机械功率和施工人员的生产效率均大大降低。加上为保证冻土不融化所采取的保温措施使得施工数量和施工费用增加,这些都造成多年冻土地区施工难度加大。因此必须抓紧有利季节组织快速施工,尽量在寒季备运工程用料。

(2) 严格保护多年冻土的路堤基底、路堤两侧天然护道范围内的植被。对路堤基底部分,植被空隙应从别处移取植被填补空隙。

(3) 水中携带了一定的热量，暖季时水在冻土中浮动会加速冻土融化，不利于路基施工和路基稳定；寒季则给路基造成冻胀危害，危及行车安全。因此，要做好路基排水。

(4) 在暖季开挖多年冻土，中午气温升高时会出现融化现象，可以用临时性的保温材料如麻袋、草袋等覆盖，以避免和减轻冻土融化。实践表明：清晨覆盖、傍晚掀开，其保温效果最好。故施工现场必须准备足够的临时保温材料。

(5) 施工及生活中产生的废水、废油、废液应统筹规划，排放至指定位置。施工机械应按照规划的道路行走，不得破坏底基的冻土状态。

任务二　特殊地质条件下的路基施工

我国幅员辽阔，地形、地质条件复杂多变，给建筑施工带采了极大的困难。特别是铁路新线的修建，往往穿越的地区更为广泛，这势必使得铁路工程施工的难度比其他工程项目更大，因此研究特殊地质条件下的铁路工程施工方法具有十分重要的意义。

我国特殊地形、地质条件包括滑坡地段、崩塌及岩堆地段、泥石流地段、浸水地区、软土和泥沼地区、膨胀土地区、岩溶及其他空洞地区等。本章先介绍特殊土地区的路基施工特点，关于特殊条件下的路基施工见第五章。

 一　泥沼及软土地区路基施工

(一) 泥沼及软土的特征

1 泥沼的特征和分类

泥沼是一种以泥炭沉积为主并包含着各种水草、淤泥和水的土层。泥沼的表面多呈现为洼地，被不深的水所浸漫，植物繁衍，承载力极低。在浅水湖泊或流速很慢的河流附近，沿岸生长的喜水植物死去后沉积水底，并在氧气不足的条件下缓慢地分解，如此年复一年地堆积，即成为泥沼。

我国泥沼主要分布在青藏高原的雪山草地、东北森林以及青海、新疆的低温地带。

在工程上按照泥沼沉积稳定程度分为三类，见表2-11。

泥沼沉积稳定程度分类　　　　　　　　　　　　　　　表2-11

类　型	沼泽内充满物	特　征	承载力参考值(MPa)
第一类沼泽	完全为稠度稳定的泥炭	无论含水率多少，温度在0℃以上时，深为2m的试坑，垂直边坡能保持五昼夜不变形的泥炭	0.1左右
第二类沼泽	完全为稠度不稳定的泥炭	无论含水率多少，温度在0℃以上时，深为2m的试坑，垂直边坡不能保持五昼夜不变形的泥炭	0.05～0.08
第三类沼泽	完全为水或流动的泥炭或淤泥	泥沼很烂，在饱和水分时，该地区的试样成流动状态；地势甚为低洼，地下水大多数露出地表，部分洼地有常年流水的水沟，芦苇及灌木生长很茂盛	≤0.03

泥炭的渗水性很强，当在泥炭上缓慢施加荷载时，泥炭的孔隙水迅速渗透排出，发生固结作用而沉落，其强度亦随之增长。这一特性为在泥沼地基上修筑路基提供了有利条件。

2. 软土的特征

软土是指水下沉积的淤泥或饱和软黏土为主的地层。它与泥沼相比,形成年代比较久远。软土地区近代地貌多为宽阔的平原,已不再为地表水所浸漫,表面常具有可塑硬壳,地下水位接近地表,下部为流动性淤泥,沉积厚度一般较深。

软土地区路基施工,如果施工方法和养护措施不当,常常造成重大事故。其工程地质问题主要体现在以下几个方面。

①软土属于高压缩土,压缩系数大($0.5\sim2.0\mathrm{MPa}^{-1}$),沉降量大,影响结构物的正常使用。若不加控制,不均匀沉降也较大,往往发生地基变形引起基础下沉和开裂,直至结构物不能使用。

②软土含水率高($34\%\sim72\%$),孔隙比大($1.0\sim1.9$),但透水性差(其渗透系数为$10^{-8}\sim10^{-7}\mathrm{cm/s}$),对路基基底的固结排水不利,导致沉降延续时间长,强度增长缓慢。

③软土的抗剪强度低,其快剪黏聚力在10kPa左右,快剪内摩擦角在$0°\sim5°$之间,在荷载作用下往往由于地基丧失强度而产生局部或整体剪切破坏。

④软土具有触变性,一旦受到扰动,土的强度明显下降,甚至呈流动状态。

(二)泥沼及软土路基的处理措施

1. 泥沼路基的处理措施

为了保证泥沼地区路基的稳定,在设计和施工上有如下的要求和措施。

(1)泥沼地区地下水位较高,如以路堑通过,不仅处理工程费用大,而且施工养护也困难,所以线路通过泥沼地区,一般采用路堤而不用路堑。要求路堤面高出泥沼地表不小于1.2m,否则应进行基底处理,不得直接在天然地基上填筑路堤。

(2)路堤填料应尽可能采用渗水材料。泥沼地表以下换填部分不允许用非渗水土填筑。

(3)不论哪种类型的泥沼,都应考虑泥沼地区的积水和地下水位是否有排除、疏干和降低的可能性。如果有条件,路基施工应配合桥涵设计做好泥沼地区的排水系统,改善泥沼的力学性质,以减少其加固措施,增强路基的稳定性。

(4)根据泥沼类型采取不同的施工方法,见表2-12。

泥沼地区路堤施工方法　　　　表2-12

泥沼类型	施工方法
第一类沼泽	1. 当路堤高度小于3m时,应采取部分挖填的方法,换填深度一般不超过2m
	2. 当路堤高度大于或等于3m时,泥沼一般不挖除,可将路堤直接置于泥炭表层,利用路堤本身质量把泥炭层压实
	3. 为使路基稳定,必须控制填土速度。在施工期间,要进行边桩和路基中线地面沉降观测。超过一定数值时,即停止填筑,等路基稳定后再开始增高
	4. 泥沼底部横向坡度陡于1:10时,应进行整平处理
第二类沼泽	1. 泥沼深度小于3.0m时,不论路堤高度多少,应将泥沼全部挖除,换填渗水土,使堤落到泥沼底
	2. 泥沼深度大于3.0m时,应考虑部分换填和采取路堤两侧增建反压护道的措施。换填深度不得小于3m
	3. 泥沼底部横向坡度陡于1:15时,应进行整平处理
第三类沼泽	1. 不论泥沼多深,路堤应落到实底上,或者将表层泥炭皮挖除后,抛填片石沉落到沼底
	2. 泥沼底部横向坡度陡于1:20时,应进行整平处理,整平方法有:开挖整平、爆炸整平以及片石填平等

2. 软土路基的处理措施

在软土地基上修筑路堤,有两个特点:一是容易坍塌,二是有较大的沉降。

在软土地区快速填筑路堤时,如果荷载增加速度大大超过地基固结速度,常常在尚未达填方预期高度时就发生塌方。这种对基底不作任何处理,而用快填施工所能填筑的路堤最大填筑高度称为临界高度,它与表层硬壳厚薄、淤泥厚度等有关,通常为 3~5m。

在软土地基上筑路,有的在填筑过程中便产生严重的下沉;有的经运营若干年后还有下沉现象。图 2-53 为一段软土地基上填筑的路堤,填到 2~3m 高时,就连同地基一起滑动,其扰动范围纵、横方向达百余米。在软土地区筑路,必须采取有效的加固措施。归纳起来,软土地基路堤的加固技术,可大致分为以下几类。

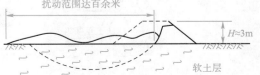

图 2-53 软土地基滑动破坏

1) 改变路堤结构形式

(1) 优化设计

减小路堤或结构物作用于软土地基上的压力,控制路堤高度,减轻结构物的自重或加大承载面积以减小单位面积压力。

(2) 反压护道

反压护道是在路堤两侧填筑一定宽度的低于路堤高度的护道,使路堤底地基土不被挤出和隆起,以增加路堤抗滑的稳定性,如图 2-54a) 所示。当软土层较薄且其下卧岩层面具有明显的横向坡度,可采用两侧不同宽度的反压护道,横坡下方的护道应较横坡上方的护道宽些,如图 2-54b) 所示。反压护道宜与路堤本体同时填筑;分开填筑时,必须在路堤填至临界高度前将护道筑好。反压护道外侧天然护道的宽度应不小于 6m。

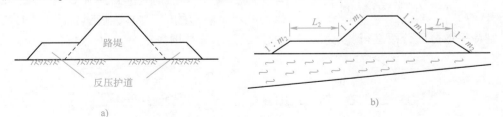

图 2-54 反压护道典型断面图

反压护道的优点是施工方便,不需要控制填土速率,可就地取材。缺点是后期沉降大,需经常抬道,给养护带来困难;同时占地面积多,土方量大,耕地地区应尽量少用。

2) 人工处理地基

(1) 换填

①直接换土。直接换土是用人工或机械挖除全部软弱土,换填以强度较高的黏性土或砂、卵石、砾石等渗水性材料。它从根本上改善了地基,不留后患,直接换土施工实例如图 5-55 所示。施工单位每换填 10000m³ 时抽样试验 2 组,每增加 5000m³ 增加 1 组检验。换填地段的压实标准应符合设计要求。路堤高度小于基床厚度的低路堤,设计需换填时,其换填后的地基压实质量应符合路基基床的压实标准。详见本单元任务三。

②抛石挤淤。抛石挤淤适用于软土层厚度为 3~4m 的湖泊或河流等积水洼地,如图 2-56 所示。抛投片石使用坚硬、不易风化的片石,其大小视软土稠度而定,一般截面最小尺寸大于等于 0.15m。当软土底地层平坦时,抛投应自地基中部向两侧逐渐进行,以便将淤泥从两旁挤

出。当下卧岩层层面具有明显横向坡度时,片石抛填应从高向低的一侧进行,并在低的一侧多填一些,以求稳定。片石抛出水面 0.5m 后,应在顶面用较小石块填塞垫平,用重型机械碾(夯)紧密,然后铺设反滤层及填土,最好能配合预压,使软土能彻底挤出。

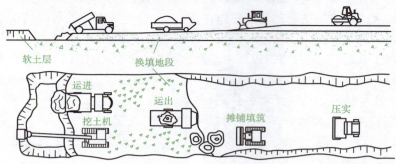

图 2-55 直接换土施工实例

③爆破排淤。爆破排淤是用炸药在软土中爆炸,把软土扬弃和压缩,然后回填以渗水土或强度较高的黏性土。它较一般换填方法加固深度大,工效高。爆破排淤法有两种工艺:一是先填后爆法,即先在原地面上填筑低于临界高度的路堤,随爆随沉,避免了回淤。但应注意严格控制炸药的用量,尽量做到既能炸开软土,又不致损毁已填路堤。此法适用于液性指数较大的软土,如图 2-57 所示。二是先爆后填法,即爆前先准备好充足的回填土,以便爆后在尽可能短的时间内填满基坑。如果工点面积

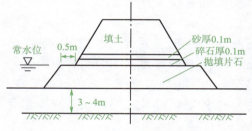

图 2-56 抛石挤淤典型断面图

过大,则应采取分区分段进行,以免回淤。此法适用于液性指数较小、回淤较慢的软土。

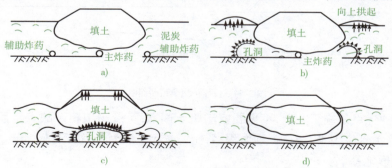

图 2-57 爆破排淤典型断面图

(2)灰土挤密桩

灰土挤密桩处理软土地基是采用机械成孔,通过挤压作用使地基土得到加密,然后分层填入生石灰、水泥和外加剂后夯实而成双灰桩。它利用生石灰的吸水膨胀、防热作用以及土体与石灰的化学反应、凝结反应,改善桩周土体的物理力学性能,使桩与桩周土共同承受荷载,从而达到提高原地基承载能力的目的。详见本单元任务三。

(3)土工合成材料加筋垫层

加筋垫层加固地基法是在路堤底部铺设一层或多层土工合成材料,可起到柔性木排的作用,如图 2-58、图 2-59 所示。土工合成材料主要是聚酯高分子材料的化合物,耐酸碱,耐腐蚀,

并具有较大的抗拉强度。通常土工织物端部要折铺一段,起锚固作用。

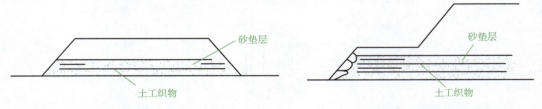

图 2-58　土工织物加固地基　　　　　图 2-59　土工织物锚固端构造

铺设土工合成材料前应先整平、压实底层,加筋垫层及下承层填料不得有尖石、硬块。铺设时,应使其长幅沿线路横断面方向铺设,其受力方向的接头强度不应低于整幅强度,土工织物各横幅之间采用搭接,搭接宽度不应小于 0.3~0.5m,土工格栅可不搭接,但应密排放置、连接牢固。土工合成材料应理顺、拉直、绷紧,不得有褶皱和破损。铺设后应按设计要求铺设回折段,严禁直接碾压,运输、碾压机械不得直接在其上行走,并及时填土覆盖。在加筋垫层上填第一层土时,先填两边、后填中间,避免挤动面砂,使土工合成材料松弛,压实时应先采用轻型碾压机械压实,只有当覆土厚度大于 0.6m 后,方能用重型机械压实。铺设两层以上土工合成材料时,应使上下层接头相互错开,错开距离不应小于 0.5m。详见本单元任务三。

(4) 侧向约束法

侧向约束法是在路堤两侧坡脚附近打入木桩、钢筋混凝土桩或者设置片石齿墙等,以限制基底软土的挤动,保持基底的稳定,如图 2-60 所示。它适用于软土层较薄、底部有坚硬土层和工期紧迫的情况,下卧层面具有横向坡度时尤其适合。

地基在施加侧向约束后,路堤的填筑速度可不加控制。该法较反压护道法节省土方,少占耕地,但需耗费一定数量的三材,成本较高。

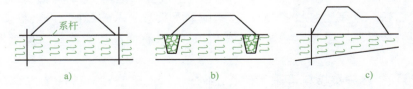

图 2-60　坡脚侧向约束示意图

(5) 旋喷搅拌桩和粉喷搅拌桩

利用工程钻机,将旋喷注浆管置入预定的地基加固深度,通过钻杆旋转,徐徐上升,将预先配制好的浆液,以一定的压力从喷嘴喷出,冲击土体,使土和浆液搅拌成混合体,形成具有一定强度的人工地基。旋喷法可以根据不同的施工对象、用途,调整灌入材料用量、浓度,使加固土体满足工程需要的强度。目前灌入材料以水泥浆为主,当土的渗透性较大或地下水流速过大时,为了防止浆液流失,可在浆液中掺加速凝剂。

当灌入材料为水泥或生石灰粉时,称为粉喷搅拌桩。其桩径为 0.5m,加固深度一般在 10~15m,如图 2-61 所示。

水泥加固软土是基于水泥和加固土的物理化学反应。水泥颗粒表面矿物很快与土体中的水发生水解和水化反应,生成氢氧化钙、水化硅酸钙、水化铝酸钙、水化铁酸钙等。水泥的各种水化物生成后,有的自身继续硬化,形成水泥石骨架;有的与周围具有一定活性的黏土颗粒发生反应,形成水泥土的团粒结构,并封闭各团之间的孔隙,形成坚硬的连接体。拌入水泥 7d 后,土颗粒周围充满水泥凝胶体;1 个月后,充填到颗粒间的孔隙中,形成网状结构;5 个月时,纤维状结晶辐射向外伸展，产生分叉，并相互连接形成空间网状结构，增加土体强度。详见本单元任务三。

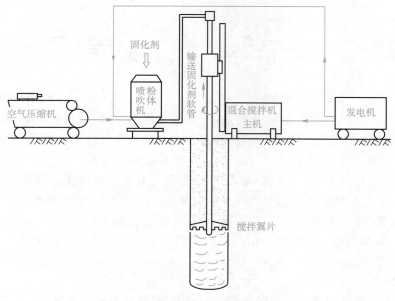

图 2-61　粉喷搅拌法

(6) 振冲碎石(砂)桩

振冲碎石桩法是利用能产生垂直和水平方向振动的管状设备，在高压水流冲切配合下，使地基成孔，然后向孔内分批填入碎石(砂)等坚硬材料，用振冲器将其挤密，形成碎石(砂)桩，如图 2-62 所示。这样，一方面碎石(砂)桩与地基土形成复合地基；另一方面，由于填入坚硬材料和振冲作用，使原地基土被挤密，原地基土中的水又被压入碎石(砂)桩，桩体同时起到排水通道的作用，故地基土的物理力学性能得到改善，从而使地基的承载力得以提高，沉降量得以降低。

桩体和桩顶排水垫层填料可采用碎石、卵石、砾石、矿渣和碎砖等渗水材料，粒径不宜大于 80mm，一般为 5～50mm，含泥量不得大于 5%，并不得含有土块和泥质岩石。制桩应分段投料振密，分段长度一般为 0.8～1.0m。施工开始后应及时进行复合地基承载力试验，以确认设计参数。碎石桩全部制成后，经检验合格方可铺设碎石垫层，并用重型振动压路机压实。

3) 排水固结

(1) 砂(碎石)垫层

砂(碎石)垫层是在路堤基底铺设一层较薄的砂砾土壤，以加速地基的排水固结，提高其稳定性。它是最简单的换土方法，其优点是不扰动软土结构，排水性能好，施工简便，费用较低；缺点是必须严格控制施加荷载的速率，且地基没有足够宽度时会出现侧向挤出。

砂垫层的铺设形式有两种，即排水砂垫层和换填砂垫层。排水砂垫层是在路堤底部的原地面上直接铺设薄层砂垫层。如图 2-63 所示，其厚度一般为 0.6～1.0m，为利于排水，一般在路堤坡脚外每侧伸出 1m 左右。换土砂垫层是先挖除地表硬壳，代以砂垫层，然后填筑路堤。

砂垫层应采用中、粗、砾砂，含泥量不得大于 5%；碎石垫层应采用未风化的碎(卵)石和砾石,最大粒径不得大于 50mm,其含泥量不得大于 5%,且不含草根、垃圾等有机杂质。垫层用砂、碎石进场时应进行进场验收,并对其杂质含量和粒径级配进行检验。垫层应分层碾压,其压实质量应符合要求。详见本单元任务三。

(2) 砂桩

砂桩是在软土地基中利用各种打桩机具获得的按一定规律排列的孔眼,并在孔眼中灌进粗砂形成砂柱,如图 2-64 所示。在地表再将各个砂桩用砂沟连接起来,使地基固结,水分自下而上(想想为什么?)排入砂桩后,很快由砂沟排去,从而加速软土的固结,提高地基强度。

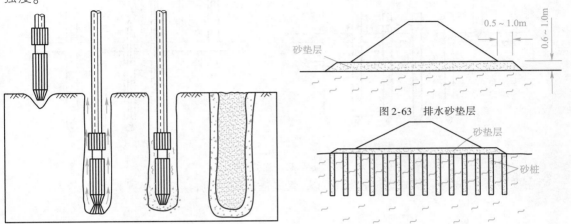

图 2-62 振动桩　　　　　　　　　　图 2-64 排水砂桩

砂桩深度应视软土厚度及结构物重要性而定,一般均应贯穿软土层到达坚固土层。但也不宜过深,以免施工困难。桩径一般采用 20~30cm,桩距一般为 2~5m 或为桩径的 7~10 倍,成梅花形排列,并超出两侧坡脚处各 1~2 排,如图 2-65 所示。砂桩所用的砂料应为渗水率高的中粗砂、砾砂,细度模数为 2.3~2.7,含泥量小于等于 5%。桩内灌砂深度不能小于桩深的 90%,并须保证灌砂的连续性。

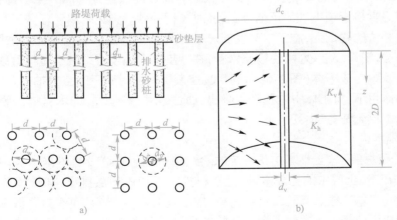

图 2-65 砂桩的布置

根据施工方法可分为打入式、射水式、螺旋式、振动锤式等,如图 2-66 所示。

(3) 袋装砂井

袋装砂井加固软土地基法属于垂直排水加固地基方法,是在一般砂桩法的基础上发展起来的一种新工艺。它是在需要加固地段的地面上先填筑好排水坡,并铺设好排水垫层,再将加工好的砂袋垂直置于地基中已成孔内,形成袋装砂井,然后对地基加载预压,使地基中的水分从袋装砂井中排出,从而达到加速地基土沉降固结的目的。

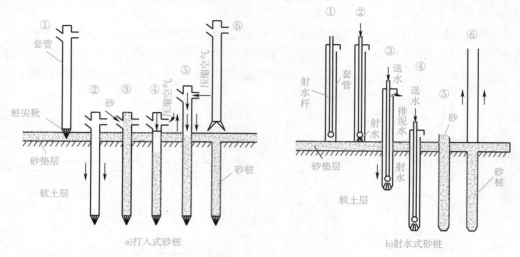

图 2-66　砂桩施工步骤

主要施工机械为导管式振动打桩机或导管式锤击打桩机,其施工步骤如图 2-67 所示。

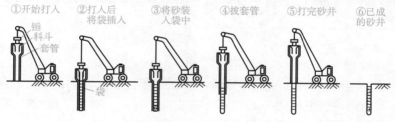

图 2-67　袋装砂井的施工步骤

另外,砂袋头应露出地面不小于 0.5m,保证伸入砂垫层至少 30cm,并不得卧倒。砂井施打后一周内应经常检查袋中砂的沉缩情况,及时进行补砂。详见本单元任务三和任务五。

在袋装砂井法的基础上,施工中又发展出砂井真空预压法。它是在需要加固的软土地基表面铺设砂垫层,搭设袋装砂井,埋设滤水管,在砂垫层上铺设不透气的塑料薄膜,用胶管将出膜装置与真空装置连成一体(图 2-68),利用真空装置将密封膜下的空气抽出,使其形成真空,在真空的吸力作用下,将土体中的孔隙水吸出,通过砂井、砂垫层、滤水管排出膜外,使土体压密固结。详见本单元任务三、任务七、任务八。

（4）塑料排水板

塑料排水板法是在软土地基中按一定的间距和布置形式打设塑料排水板,在上部预压荷载(路基)的作用下,土层中的孔隙水,通过塑料排水板和砂垫层排出,加快地基固结速率,使沉降在预压期间基本完成。其施工设备简单,排水效果好,工效高,可有效降低工程造价,是目前广泛应用的软土地基加固方法。塑料板的断面形状如图 2-69 所示,有两种结构,以复合结构型为好。

施工方法常采用有心轴的插入法。心轴有圆形、多边形等多种形式,通常采用图 2-70 的形状,用钢制成,中间留有可使塑板材通过的孔洞。

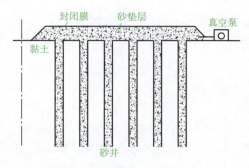

图 2-68 砂井真空预压法

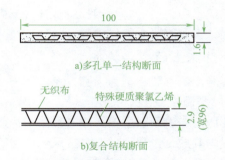

图 2-69 塑料排水板断面形式(尺寸单位:mm)

3. 泥沼及软土路基施工注意事项

(1) 当沼泽及软土地积水深度较浅时,可以在路堤四周修筑防水围堰进行抽水,换填渗水土。当积水较深时,可以在冬季采用冻结法层层开挖,换填渗水土。

(2) 在林木丰富的地区,路基通过泥沼地而不能采取明挖回填施工时,可采用木排下沉。它能起扩大基础、扩散荷载的作用。填土时为了防止木排倾斜,必须由中间向两侧散土,分层填筑。

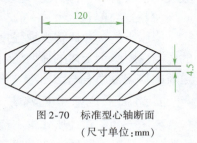

图 2-70 标准型心轴断面
(尺寸单位:mm)

(3) 采用砂垫层及砂井处理软土地基,其基底的固结过程往往需要经过较长时间;泥沼地区基底淤泥的强度在受压后,是缓慢地逐渐增加,而且是由浅至深增加。因此,软土和泥沼地区路堤宜提前安排施工,以利于加强预压固结效果,使路堤在铺轨通车前具有足够的稳定性,减少加固费用。

(4) 当路堤修筑到极限高度后,应注意观测,并严格控制施工速度以防止路堤丧失稳定。控制施工速度的主要依据是进行水平位移和地面沉降的观测。在测定边桩位移量的同时,还应进行路基中线部分的地面沉降观测,来测定地基沉降量。正常的沉降量每天在 15mm 左右。

(5) 填筑软土和泥沼地区路堤,应按其地基和路堤的后期沉落量一并加筑预留沉落量。计算土方数量时,除断面数量外,还应考虑路堤在施工期间内由于基底沉陷及路堤顶面预留加宽而增加的土方。

(6) 软土地基处理,除采用水下抛石挤淤方法外,均应于开工前疏干地表水;有条件时可采用降低地下水位的措施,如挖槽、打井、抽水等。

(7) 路堤填土一般从旱地取土,或从可耕面积以外的残丘山麓、废弃土堆等地区取土。只有在特别困难的情况下,才考虑从两侧耕地取土,但所得填料往往含水率超过规定,应先晾干后再行填土。

(8) 泥沼地区施工条件恶劣、多蚊蝇,并有影响施工人员健康的霉腐恶臭味道。因此必须配备足够的劳保用品及医药设备,并注意改善施工环境,以保证施工的顺利进展。

膨胀土地区路基施工

膨胀土是在最近十至二十年内铁路路基施工中遇到的越来越多的一种具有特殊性质的土。它的裂隙非常发育,土粒度成分黏粒比重较大,一般占 30% 以上,湿胀、干缩现象很显著,能引起路基基底或结构物地基基础变形甚至破坏,所以根据这些特征称之为膨胀土。

膨胀土在我国分布很广,从东南沿海到川西平原,从太行山到云贵高原均可见到。在以往的铁路建设中,把它作为一般黏土对待,未引起足够的重视。自20世纪60年代以后,在实践中开始认识到膨胀土的特殊性,才开始对它进行深入研究。

1. 膨胀土的主要特征

膨胀土的主要特征为下列几点。

(1) 裂隙发育

膨胀土中的裂隙主要为成岩裂隙和构造裂隙,另外还有各种杂乱无章的风化裂隙。裂隙的形成与其成土过程、胀缩效应、风化作用等许多因素有关。土体被各种裂隙割裂成柱状、板状和鳞片状,裂隙间常夹有软弱的填充物,故削弱了土体强度,且土体易沿裂隙产生变形。

(2) 干缩湿胀

膨胀土的矿物成分以伊利石为主,混有蒙脱石,而蒙脱石系膨胀性黏土矿物,吸水时体积膨胀,失水时则收缩出现裂缝。膨胀土暴露在自然界中,易于崩解软化,工程性质很差,即使边坡坡度很缓时,仍不免发生边坡溜坍。

(3) 强度差异

膨胀土的单独原状土块强度高,但由许多土块组成的土体,强度较低,其原因是受了裂隙的影响。膨胀土土体的强度还随裂隙各向分布的不同而有所差别,故用一般力学检算膨胀土边坡的稳定性尚有一定困难。

2. 膨胀土地基常见病害

膨胀土的工程性质非常不稳定,常常出现滑坍、翻浆冒泥等不良现象。例如陕西省境内某线路的裂隙黏土路堑边坡,坡高仅3m、4m,坡度虽缓至1:2但仍不稳定,经常发生滑坍现象。更有甚者,湖北省境内某线路的裂隙黏土路堑边坡,虽刷缓至1:4但仍不稳定,经常发生表层溜坍现象。裂隙黏土路基病害非常普遍,路堑主要有冲蚀、剥蚀、溜坍、滑坡;路堤主要有下沉、边坡坍滑、坍肩、路肩开裂,见表2-13。

膨胀土地基常见病害 表2-13

	病害名称	形成原因与特征	主要防治措施
路堑	溜坍	雨季中,坡凹处汇水下渗,膨胀的土层局部滑动、下沉、外移;坍界周围呈马蹄形	天沟、截水沟、侧沟平台及其他防冲刷、防渗设施;边坡坡面防护加固,边坡渗沟;有滑坡迹象时采用疏排水与支挡结合措施;疏排堑顶有害积水措施
	剥蚀	开挖土体卸荷,应力释放,边坡向临空面胀裂,再经风化,土层逐步散解成碎块、石屑剥落堆于坡脚,堵塞水沟	
	冲蚀	表面土中微裂隙由于反复胀缩,逐渐发育,终使土块破碎成颗粒。遇雨冲刷呈现无数冲沟使风化加剧,形成恶性循环,危及边坡土体稳定	
	滑坡	由于土体抗剪强度的过度降低引起。具有滑坡形成的一般特征,常为牵引式塑性滑坡并恶性扩大发展	
路堤	翻浆冒泥	路基顶部受气候、湿度等外力作用,多次膨胀变弱,在经水浸泡溶胀,强度骤减,受力后形成水囊,使道床下沉挤入土中,泥浆上翻冒出,引起轨道变形	采取换填透水填料及横向疏排水;设路基面封闭层
	边坡溜坍和滑坡	外力作用,使边坡部分土体强度降低,遇雨更骤减,产生局部的或由路基面至坡脚的滑动;多由于施工中使用填料不当,压实不够或排水防护工作不善而引起	采用非裂隙土适用填料或对裂隙土填料进行土质改良;加强压实,边坡分层铺设土工纤维;边坡开裂,有滑坡迹象,采用支挡或挖除坡体,翻填放缓边坡或换填;基底换填及引排地下水
	路肩开裂	由边坡溜坍或滑坡造成。裂隙一般位于距路肩边缘1~2m范围内,或发展至更远	

3. 膨胀土路基施工措施

(1) 膨胀土路基施工优先安排在非雨季施工。当无法避免时,应保证施工中排水通畅,不出现积水浸泡工作面场地的现象。应尽可能采用机械化快速施工。路基一经开工,其开挖、填筑、防护加固、支挡、防排水各项设施和工作应依序一次性完成,尽快缩短开挖面暴露时间。当防护工作不能紧跟开挖完成时,应留出不小于 0.5m 的保护层。

(2) 膨胀土地基的处理方法一般有 CFG 桩、强夯法、水泥搅拌桩、灰土挤密桩、换填改良土等。

(3) 膨胀土的裂隙方向、开挖时间长短及路堑边坡的高度对其边坡的稳定都有很大的影响。当裂隙倾向线路方向时,对线路稳定不利。刚开挖的边坡,有足够的稳定性,时间稍久,水分渗入裂缝,裂隙间的强度衰减,间断的裂隙连贯起来,就有发生边坡坍滑的可能。路堑边坡越高,发生坍滑的可能性就越大,故在膨胀土地区应尽量避免做深路堑,必要时用挡土墙来支挡边坡。路堤边坡高度在 6m 以内时,采用 1:1.5 的坡度;超过 6m 时要放缓坡度,或做反压护道。当路堑深度超过 10m,应设置宽度不小于 2m 的边坡平台分级开挖,且挖一级,护一级。

(4) 膨胀土地区的路堤填料应尽量选用经过搬运的膨胀土作填料。使用生土作填料,因土块较硬,不易碾碎压密,易产生路基病害,所以应预留必要的沉降量,其预留沉降量较一般路堤大。填筑路堤时,应注意防水,可将较差的土填在中间,外面用防水性较好的黏性土"包裹"(图 2-71)。每个填层都应用重型碾压机械压实,碾压时应严格保持最优含水率;压实层铺土厚度不宜大于 30cm;土块应击碎至块径 15cm 以下。

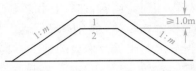

图 2-71 膨胀土路堤填筑方法
1-种植土、渗水土和其他黏性土;
2-刚开挖出来的膨胀土

当使用膨胀土填筑路堤时,虽然经过开挖、搬运及压实等重塑过程,膨胀土的工程性质已得到极大的改善,但由于重塑不可能很彻底,故仍保留一些裂隙土的性质,只是比天然裂隙土已大大改善了。此种路堤在建成的初期是稳定的,但经过几年后,仍有可能出现路堤下沉和边坡坍滑的问题。

(5) 表土溜坍是膨胀土路堑病害中最为普遍的,溜坍厚度常在 0.7m 左右。刷缓膨胀土的边坡,对其稳定是不起作用的。只有将刚挖出的路堑边坡及时防护好,使边坡的表层土不受日晒雨淋的影响,尽可能保持土体的天然含水率,才能真正限制风化作用的发展。选择防护加固结构物应考虑膨胀土坡面不均匀下沉及表层土体干缩湿胀的特点,目前常用的边坡防护加固措施有如下几种。

①植物防护。常用的是铺种草皮,或兼种植紫穗槐。及时铺种草皮,可有效地抑制风化,防止冲刷,加固坡面土层。种植紫穗槐可防止碎石状的表土溜坍。

②骨架防护。骨架护坡采用拱形及方格形骨架较多,是加固膨胀土路堑边坡效果较好、使用较多的一种方法。浆砌片石骨架需设在稳定的边坡上,埋入坡面的深度宜大于 0.5m,对易产生溜滑者,可加深至 1.5m。

③重塑土反压。如图 2-72 所示,重塑土顶宽不小于 2m,且要有一定的厚度,夯实密度应控制在最佳密度的 85% 左右。坡脚应设片石垛予以加强。

④坡脚挡土墙。可与重塑土反压措施配合使用,如图 2-73 所示。

⑤膨胀土的路堑出现坍滑的情况,以久旱后暴雨季节最为频繁,所以排除地面水,使之不侵入路堑坡面是很重要的。除做好坡面防护外,还必须在堑顶修筑天沟,以引走堑顶水流。如堑顶有积水洼地或池塘,最好填平。

⑥在路堤的基床范围内,填料最好用改良土填筑。路堑地段,在基床范围内换填级配砾石或级配碎石。如无换土条件时,须将表层土疏松掺砂修筑路拱,并做好侧沟的防渗处理。

⑦高速铁路通过地质不良地段如膨胀土地区一般采用以桥带路的方式,这样造价虽然比较高,但后续的维护量很小,总的使用成本反而较小。

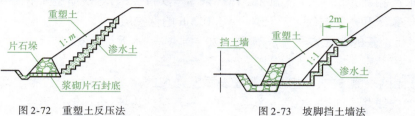

图 2-72　重塑土反压法　　　　　图 2-73　坡脚挡土墙法

三 黄土地区路基施工

黄土是第四纪(Q 为第四系地层代码)的一种特殊堆积物,它广泛分布于亚洲、欧洲、北美和南美等 10 多个国家。在我国,黄土主要分布于黄河中下游的甘肃、宁夏、内蒙、陕西、山西、河南和河北诸省,在东北和新疆也有少量黄土分布,覆盖面积达 64 万平方公里,约占我国领土面积的 6.6%。特别是我国西北地区,黄土分布广,厚度大,地层完整,地貌类型多而复杂,为世界上黄土最为发育的地区。其主要特征为:颜色以黄色为主,有灰黄、褐黄等色;含有大量粉粒,含量一般在 55% 以上;具有肉眼可看见的大孔隙,孔隙比在 1 左右;富含碳酸钙成分及其结核;无层理,垂直节理发育。具有易溶蚀、易冲刷尤其是湿陷性等工程特性。上述特征和特性,导致黄土地区路基容易产生多种特有的问题和病害。

1. 黄土的工程特性

1) 黄土的结构特征

(1) 黄土的结构

黄土的颗粒组成以粉粒(0.005～0.05mm)为主,可达 50% 以上,其中粗粉粒(0.01～0.05mm)含量又大于细粉粒(0.005～0.01mm)含量。因此,黄土的结构是以粗粉粒为主体骨架的结构。较大的砂粒"浮"在结构体中,细粉粒、黏粒和腐殖质胶体则附在砂粒及粗粉粒的表面,与易溶盐及沉积在该处的碳酸钙、硫酸钙一起形成了胶结性的连接。有了这种胶结性连接后,黄土结构也就稳固了。

(2) 黄土的多孔性

黄土结构中的孔隙可分为以下三类。

①大孔隙,基本上肉眼可见,为直径 0.5～1.5mm 的孔道。

②细孔隙,是架空结构中大颗粒的粒间孔隙。肉眼看不见,双目放大镜下可观察到。

③毛细孔隙,由大颗粒与附在其表面上的小颗粒所形成的粒间孔隙,肉眼更看不见。

这三种孔隙形成了黄土的高孔隙度,故又称黄土为大孔土。遇水易冲蚀、崩解、湿陷。黄土的孔隙率变化在 35%～60% 之间,有沿深度逐渐减少的趋势。在地理分布上则有着自东向西、自南向北孔隙率增大的规律。黄土中的孔隙呈垂直或倾斜的管状,以垂直为主、上下贯通。其内壁附有白色的碳酸钙薄膜,碳酸钙的胶结对黄土起着加固的作用。

(3) 黄土的节理

黄土节理以垂直节理为主。一般在干燥而固结的黄土层中比较发育,土层上部比下部发达。有时在黄土中发现有斜节理,这大都是由新构造运动所造成的。

2) 黄土的水理特性

(1) 渗水性

由于黄土具有大孔隙及垂直节理等特殊构造,故其垂直方向的透水性较水平方向为大。黄土经压实后大孔隙构造被破坏,其透水性也大大降低,一般新黄土的渗透系数 k 约为 $1 \times 10^{-2} \sim 10^{-3}$ m/s,老黄土的渗透系数 k 约为 $1 \times 10^{-3} \sim 10^{-5}$ m/s。此外,黏粒的含量也会影响黄土的渗透性。

(2) 收缩和膨胀

黄土遇水膨胀,干燥后又收缩。经多次反复后,容易形成裂缝及剥落。由于土的自重作用使粉粒在垂直方向的粒间距离变小,所以具有天然湿度的黄土在干燥后,水平方向的收缩量比垂直方向的收缩大,一般约大 50% ~100%。

(3) 崩解性

各类黄土的崩解性相差甚大。新黄土浸入水中后,很快就全部崩解。老黄土则要经过一段时间才全部崩解,红色黄土基本不崩解。

3) 黄土的物理力学特性

(1) 黄土的抗剪强度

原状黄土的各向异性。由于垂直节理及大孔的存在,原状黄土的强度随方向而异,黄土水平方向的强度一般较大,45°方向居中,垂直方向强度最小。但冲积洪积黄土则因存在有水平层理的关系,则以水平方向强度为最低,垂直方向强度最大,45°方向仍居中。

(2) 黄土的湿陷性

黄土可分为两类。一类为湿陷性黄土,另一类为非湿陷性黄土。湿陷性黄土又分为自重湿陷性和非自重湿陷性黄土,也有的老黄土不具湿陷性。黄土的湿陷性,可按下述方法鉴别。

将土样用普通固结仪加压至 200kPa,变形稳定后,浸水测定相对湿陷系数 δ_s。

$$\delta_s = (h_z - h_{z'})/h_z \tag{2-16}$$

式中:δ_s——相对湿陷系数;

h_z——试样在 200kPa 压力下变形稳定后高度(cm);

$h_{z'}$——上述加压稳定后的土样,在浸水作用下变形稳定后的高度(cm)。

当 $\delta_s \geq 0.02$ 时,黄土被认为是具有湿陷性的。

(3) 黄土的液塑限

从黄土的液塑限试验结果看,黄土是一种比较特殊的黏性土或粉性土。例如宝兰二线某合同段沿线取土场的试验结果表明(表2-14),其液限大多小于 28%,个别的略大于 28%,主要集中于低液限区,塑性指数一般都小于 12,大部分在 10 以下,最低的在 7 左右。黄土可命名为粉质中低液限黏土或低液限粉土,所以黄土较难压实。

黄土的液塑限试验结果表　　　　表 2-14

取土场桩号	液限(%)	塑限(%)	塑性指数
DK1384 + 458	26.2	18	8.2
DK1388 + 500	27.7	18.8	8.9
DK1386 + 400	28.3	18	10.3
DK1383 + 300	30.8	19.6	11.2

续上表

取土场桩号	液限(%)	塑限(%)	塑性指数
DK1391+300	27.4	17.4	10
DK1388+620	30.4	16.5	13.9
DK1378+400	21.4	16	5.4
DK1386+300	21.6	16	5.6
DK1421+600	28.5	21.4	7.1
DK1429+400	28.6	20.9	7.7
DK1433+330	27.2	18.9	8.3

(4) 黄土的击实特性

从黄土的重型击实曲线来看(图2-74),其最大干密度一般在$1.85 \sim 1.98 \text{g/cm}^3$之间,最佳含水率$11.5\% \sim 13.8\%$。最大干密度越小,曲线越平缓,这主要是黄土的孔隙发达所致。随着含水率的增加,大量的水分首先填满孔隙,然后润滑表面。因此孔隙越发达,曲线越平缓。

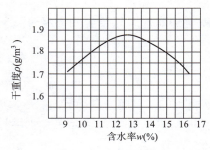

图2-74 取土场黄土击实曲线

但从曲线的峰值附近看,曲线半径越来越小,这就反映了黄土在达到高标准压实要求时,对含水率的敏感性,也就是说,使用黄土填筑路堤时施工含水率的控制范围很小,这就给黄土压实工作带来了一定的难度。一般土的含水率在最佳含水率3%上下范围时,压实度更容易达到要求。工程实践表明含水率小于最佳含水率时,压实效果不能明显增加;当含水率大于最佳含水率时,压实相对更容易些。这主要因为:①含水率大于最佳含水率时,施工中水分损失后,其压实时的含水率更接近最佳含水率;②水分较多时,土颗粒表面的水膜可起一定程度的"润滑"作用,土颗粒在外力作用下,更容易移动,使土颗粒挤压得更密实些。不过,像其他土质一样,含水率达到一定程度时,黄土压实时同样会出现"弹簧",最好不超过最佳含水率的2%。

2. 黄土路基施工措施

(1) 黄土路基宜在旱季施工。当雨季施工时,应集中力量快速施工,工作面应随时保持不小于4%的排水坡,路堤、路堑边坡坡脚不得受水浸泡、冲刷。地质不良、地基处理和重点土石方工点应避免雨季施工。

(2) 各工点施工前应先做好地面排水和防洪设施。各种水沟铺砌必须保证质量,严防渗漏。

(3) 对强湿陷性、高压缩性、承载力不足和有陷穴的地基,应按设计要求处理后才能填筑路堤。黄土地基的处理方法一般有CFG桩、强夯法、水泥搅拌桩、灰土挤密桩、垫层法、换填法等。

(4) 填筑路堤前应将松散的地基表面洒水压实至规定密度。路堤两侧排水沟以内的坑洼和松散地面皆应整平压实至干重度不小于15kN/m^3,且不得积水。

(5) 基床应采用改良土填筑,基床表层应采用级配碎石或者级配砾石填筑;基床以下路堤可采用各种黄土改良后填筑;注意做好防水设施。

(6) 填筑路堤应采用重型压实设备快填、快压;填料含水率应严格控制在规定范围内,并宜接近于最优含水率。

（7）应严格控制填土松铺厚度，路堤两侧填宽以 50cm 为宜，施工预留沉降量可按路堤高度的 1%～1.5% 设置。

（8）黄土路堑必须按设计坡度自上而下进行开挖，并保持坡面平顺。对深长路堑宜按边坡平台的高度分级开挖、分级排水、防护。

（9）施工前应做好天沟。天沟距堑顶边缘不得小于 5m。堑顶边缘外相当于边坡高度加 5m 范围内的洼地、裂缝应用土填平并压实至干重度不小于 $15kN/m^3$。

（10）弃土堆应远离边坡边缘，不得影响边坡稳定；深路堑边坡顶不得设置弃土堆。

（11）高速铁路通过地质不良地段如膨胀土、黄土地区一般采用以桥带路的方式，这样造价虽然比较高，但后续的维护量很小，总的使用成本反而较小。

（12）黄土陷穴处理施工应符合下列规定。

① 考虑到陷穴的发展，应对路堤或路堑上侧 50m，下侧 10～20m 以内的陷穴进行处理。

② 对浅的陷穴应按实际情况跟踪明挖，用黄土回填、分层夯实。

③ 对小而直的竖向陷穴可灌入干砂，用棒捣实，并用黏土封顶夯实。

④ 对洞径不大、洞身曲折、离路基较远的陷穴，可取黏土、水泥（约为土重的 10%～15%）加水拌和成泥浆，用泥浆泵多次灌注充填。

⑤ 对大而深的陷穴可跟踪开挖导洞，从内向外用黄土回填夯实，并用黏土夯填封口，厚度不小于 50cm。

四 崩塌地段的路基施工

1. 崩塌地段特征及成因

崩塌是指陡峭斜坡上的大量岩块在重力作用下突然而猛烈发生向下崩落、翻滚的地质现象。它是山区最常发生的不良地质现象，个别的下落岩块一般称为落石，而规模极大的崩塌称为山崩，如图 2-75 所示。崩塌的规模在几立方米到几万立方米之间，小规模的崩塌可根据具体的地形、地质情况采取相应的措施进行治理；而大规模的崩塌对铁路建筑物的危害则很大，往往造成道路破坏、河流堵塞，甚至直接摧毁结构物，处理起来也较为困难，是山区铁路施工的一个难点。

在我国西南、西北及华东地区，如宝成、成昆、贵昆、鹰厦等线路历年均有崩塌、落石的发生，几乎占了全部路基病害工点的 50% 以上，形成崩塌落石群。

崩塌的形成是多种因素共同作用的结果，主要原因有以下几个方面。

（1）地形条件

地形条件是崩塌发生的外因，坡度、坡高及坡形是影响崩塌的主要因素。高峻陡峭的地形是发

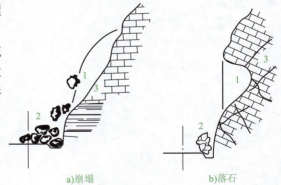

图 2-75　崩塌与落石
1-崩塌落石体；2-堆积块石；3-风化岩体

生崩塌最有利的条件。当坡度大于 45° 时，发生崩塌的概率大大增加，尤其是以 55°～75° 时居多。

（2）岩层性质及构造条件

岩石性质、成层及构造条件是决定斜坡形态及稳定性的直接因素。

不同的岩石性质,其强度、抗风化和抗冲刷的能力及渗水程度均不同。一般来说,直立陡峻的地形往往由硬质岩形成。硬质岩受风化作用后,岩石逐渐分解,崩塌也就随之形成。对于软硬相同的岩石形成的斜坡,如砂页岩互层,由于页岩易风化,砂岩突出,失去支撑,岩体受节理切割极易产生崩落。由软质岩构成的斜坡,由于软质岩风化严重,故斜坡坡度一般较缓,较少出现崩塌。

不同的成层,其斜坡稳定性不同。一般情况下,由单层比较完整均一的岩石组成的斜坡,稳定性较高;而由非均一的互层岩石组成的斜坡,稳定性较差。

不同的岩体构造,其斜坡结构面的空间位置也不同,出现崩塌的程度也各异。岩体节理发育,且结构面的组合位置处于不利情况时,易沿这些结构面发生崩塌;当山坡上方有断层破碎带时,易沿断层破碎带发生崩塌。

(3) 水的破坏作用

水是崩塌产生的最重要因素。当水渗入岩石裂隙后,岩石发生软化、润滑和动水压力作用,导致岩石强度降低,加速崩塌的发生。故绝大多数崩塌发生在雨季或暴雨之后。

(4) 其他因素的影响

爆破施工、列车振动、地震以及人工边坡过高过陡均有可能破坏岩体结构,造成斜坡的稳定性变差,形成崩塌。

只有充分了解崩塌的成因,才能采取合理的处理措施,对山坡上的危石、落石加以处理,防止危石、落石掉到路基上,阻碍行车。当然,在勘测设计时,应尽可能选择不通过崩塌地段的最优线路,或者尽量缩短线路通过崩塌地段的长度。

2. 崩塌防治措施

崩塌的防治措施很多,通常有支补、拦截及遮挡三种。

1) 支补

(1) 支顶墙。如路堑边坡顶部有上部探头下部悬空的危石时,为防止崩塌的发生,可设支顶墙支持危石,如图 2-76 所示。支顶墙一般采用浆砌片石或混凝土砌筑。

(2) 支挡墙。在软硬岩层互层地段,除有崩塌的危险外,路堑边坡也不稳定,可修建支挡墙。它既能承托边坡上部的危石,又能防止下部软岩的继续风化,且还具有挡土墙的作用,如图 2-77 所示。

(3) 插别。对于山坡上个别孤立的危石,当不易清除时,可采用插别法进行稳固,如图 2-78 所示。先在紧靠危石脚下适宜位置打出若干孔,插入适当长度的粗钢筋或废钢轨,紧贴危石,然后灌入水泥砂浆锚固住。

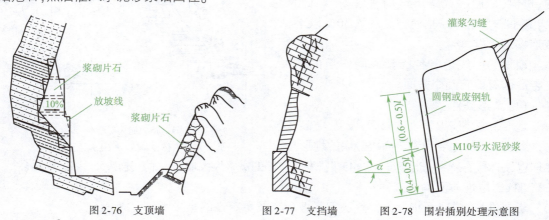

图 2-76 支顶墙   图 2-77 支挡墙   图 2-78 围岩插别处理示意图

(4) 压浆。节理或裂隙发育的斜坡,可采用压浆方法处理,即将水泥浆液或其他化学浆液,用高压水泵沿钻孔压入岩石裂隙中去,固结岩块,增加它们的连接性和岩块间的摩擦力,同时也可防止地表水的下渗。

2) 拦截

当山坡上部的岩石风化严重,落石较为频繁,且落石规模不大时,可修建拦截建筑物,以防落石跳到路基上。常见的拦截建筑物有:落石槽、落石平台、拦石墙、拦石网及桩障等。

(1) 落石槽及落石平台

当落石地带与路基之间有富裕的缓坡地带(倾角小于50°)时,可在缓坡上高出路基高程不超过 20~30m 处修筑落石槽,如图 2-79 所示。若崩落物有较大的冲击力,则落石槽外侧应配合设置拦石墙。

当落石地带与路基之间有一定距离的平缓地带,且路基高程较落石地带高出较多,则可因地制宜修筑落石槽,但在迎石边坡应采用干砌片石防护,如图 2-80 所示。

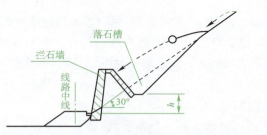
图 2-79 落石槽典型断面图之一

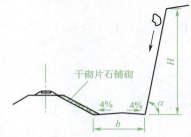
图 2-80 落石槽典型断面图之二

若路基高程与落石地带的高程相差不多(不超过 2~2.5m),宜修筑落石平台。当落石平台的高程与路基高程大致相同或略高时,宜在路基侧沟外侧加修拦石墙,如图 2-81 所示。当落石平台的高程略低于路基高程时,宜在路堤边缘修建路肩挡土墙,如图 2-82 所示。

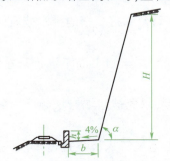
图 2-81 落石平台典型断面图之一

图 2-82 落石平台典型断面图之二

(2) 拦石网

如山坡上部坠落的石块为小粒石块,可在山坡下部的较缓地带或路基旁侧设置拦石网。拦石网是用木料或钢筋混凝土作立柱,露出地面的高度不小于 1.5~2.0m。柱间间距为 2~4m,柱间张拉铁丝网,略呈弧形,借以削减坠落石块的动能,如图 2-83 所示。

在边坡上设置桩障以及植树防护边坡也能起到减少、拦截落石的作用。拦石网应按设计要求结合实际地形布置施工,网不可绷得太紧,应放松略呈弧形。

(3) 拦石墙

当落石山坡的下部无缓坡,但有小于 40°斜坡的地方,可在这些斜坡上修建拦石墙。也可在路堑边坡坡脚修建拦石墙。拦石墙墙背通常用砂土填筑缓冲层,以防墙被撞坏,如图2-84所示。

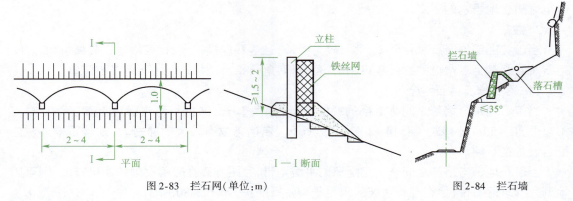

图2-83　拦石网(单位:m)　　　　　　　　图2-84　拦石墙

3)遮挡

当采用上述措施均不能有效地预防崩塌时,可考虑采用明洞、棚洞等遮挡建筑物,如图2-85所示。当危石体积较大时,明洞位置与危石地点间宜有一段水平距离作为缓冲地带,以免危石直接落在明洞上,对明洞造成过大的损伤。

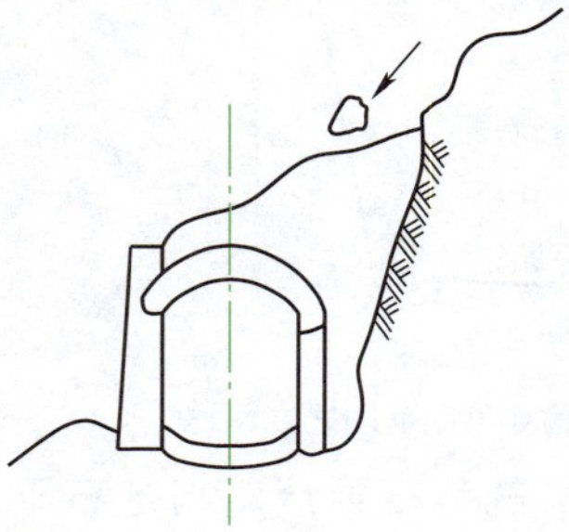

3. 崩塌地段路基施工要求

(1)施工中应加强安全检查和教育,对检查发现可能产生崩塌、落石和危石以及影响岩体稳定的不利因素,应及时采取有效措施。对违反安全操作的行为要立即纠正。

图2-85　防崩塌明洞

(2)当崩塌情况严重,采用清方明挖易造成人员伤亡时,应通过设计采取可靠的工程对策或变更防治措施。

(3)落石地段各项防治措施应及时配套完成。落石台和落石槽的排水坡坡面设有防渗设施时,应紧随落石台、落石槽同时完成。

(4)在崩塌地段施工,为防止造成坍方,只宜采用小爆破自上而下进行开挖作业,而且刷坡时,应明确清刷的具体范围,并做出明显标志。

(5)遮挡建筑物完成后应及时回填到一定的厚度,以免被崩塌岩块砸坏。落石坑应经常清理,防止堆积过多,影响效用。

(6)参与施工的人员应配置需要的安全设备。工地施工人员不宜过多,以避石处所的容量及其通道情况为限。在施工范围内两端应设置防护人员,通知往来行人绕避或注意。

五、滑坡地段的路基施工

随着我国铁路建设的迅猛发展,在山区兴建铁路与日俱增。山区山坡陡峭,地层遭受过多次构造变动,地质条件极差,再加上地面水流冲刷和地下水活动又较严重,容易产生各种山坡变形。在这种复杂情况下,修筑路基又人为地破坏了天然植被,扰动了其原有的平衡状态,使情况更加恶化。因此,在山区进行铁路工程施工,常常会遇到许多的不良地质现象,如:滑坡、崩塌、泥石流等,极大地增加了施工的难度。如果处理措施不够完善,就有可能在施工中造成大的工程质量事故,在运营时危及行车安全,给国家造成重大的经济损失。如宝成线某处滑坡,突然下滑 30 万 m^3 土石,将已建成的路堑向嘉陵江边推移了 800m,使江水一时为之断流,中断行车 7 天。又如狮子山滑坡,该处为 1340m 长的路堑,边坡高度 10~18m,1958 年 7 月施工,1959 年 3 月铺轨通车,大雨后滑坡路基破坏,使路堑内积水达 1m 以上,中断行车达 2 个月之久。后耗费大量人力和资金进行抢修,虽恢复通车,但滑坡仍不断有所发展,给该线正常运营带来极大的不利影响。此类事例不胜枚举。

1. 滑坡的概念

滑坡是在山坡一定的自然条件(如地层结构、构造岩性、水文地质条件等)下,由于地下水活动、河流冲刷、人工切坡、地震活动等因素的影响,部分岩体或土体失去稳定,在重力作用下沿着一定的软弱面,缓慢地整体向下发现滑动的地质现象。

一个发育完全的滑坡,一般具有下列各要素:整个滑动的滑坡体(滑体)、滑坡体上缘位移后产生的环状滑坡壁、因滑坡体各部分滑动速度和时期不同而形成的滑坡台阶、分隔滑坡体与不动体的滑动面、滑坡体前部舌状下伸的滑坡舌、滑体滑动后产生的各种裂缝以及封闭洼地等。如图 2-86 所示。

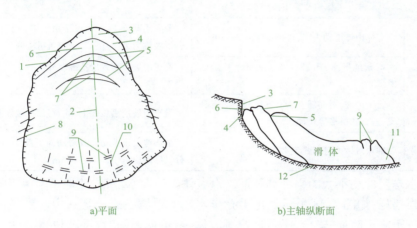

图 2-86 典型滑坡外貌示意图

1-滑坡周界;2-滑坡主轴;3-滑坡壁;4-主裂缝;5-张拉裂缝;6-封闭洼地;7-滑坡台阶;8-剪切及羽毛状裂缝;9-鼓张裂缝;10-放射状裂缝;11-滑坡舌;12-滑坡床

2. 滑坡的整治

对新建铁路,在滑坡地段,线路应尽量设法绕避。如不能绕避,则应将线路置于滑坡的合理位置。但是在铁路建设中,往往是勘测阶段未发现滑坡,直至开挖路堑过程中,山坡滑动了才知晓,此时,滑坡两端已完成部分桥隧工程,如改线将引起报废工程,因而施工中不可避免会涉及到滑坡整治的问题。

滑坡的整治措施大致可分为四类:排水、支撑、减重或加载、改变滑带土的性质。根据滑坡产生的主要因素,选择一种作为相应的主要措施,再配合一些其他辅助措施。对性质复杂的大型滑坡,常用多种措施综合治理,各种措施相互配合起作用。

1) 排水

(1) 地面排水

在多数情况下,滑坡的形成、发展和未能合理调节与排除地表水有关,地表水的渗透与冲刷降低了滑坡的稳定性。地面排水的目的就是不使滑体外的地面水流入滑体内,同时将滑体内的地面水,以最短的途径迅速地汇集排出滑体以外。

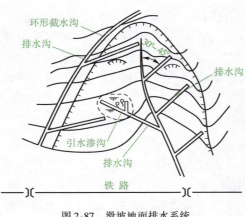

图 2-87　滑坡地面排水系统

地面排水应有完整的排水系统设计。滑坡体外的地表水应以拦截和旁引为原则,设置环形截水沟将水引至附近自然沟排走。滑坡体内的地表水以防渗、尽快汇集和引出为原则,应设置树枝形排水沟,主沟平行于滑坡滑动的方向,支沟则尽量做到不横切滑坡体,大致与主沟成30°~45°的交角,如图 2-87 所示。

（2）地下排水

滑带处的地下水活动是造成滑坡进一步发展的主要因素,应尽量采取地下排水措施,以根治滑坡。整治滑坡排除地下水的措施包括:支撑渗沟、截水渗沟、边坡渗沟、排水隧洞、平孔等。

表 2-15 列出了各种类型的渗沟和排水隧洞的适用条件及设计原则。

各种类型的渗沟和排水隧洞　　表 2-15

类型	作用及适用条件	原则
支撑渗沟	支撑山体滑动为主,可排水深度2~10m	分主干与分支,主干设于由土壤含水形成的坍塌处,若滑坡推力大、范围广,可与抗滑桩联合使用
截水渗沟	拦截地下水,用于有丰富地下水补给的滑带	设于滑坡可能发展范围以外5m处,应与地下水流向垂直
边坡渗沟	疏干边坡,对局部土体有支撑作用。有分支、垂直和拱形等几种	设于滑坡前沿坡面上,或有泉眼、坡面潮湿的地方
排水隧洞	排除滑体内封闭式积水	全部埋设于滑动面或滑动面下部0.5m、滑坡稳定部分。底部应低于含水层0.5m以上

平孔排水是用仰角不大的平卧钻孔深入滑坡体内的含水地带,使地下水得以排除,促使滑坡稳定的工程措施,如图 2-88 所示。用平孔排水整治滑坡在工程实践中收到了良好的效果。其主要优点在于施工简便、安全,不需开挖滑坡体,造价低。同时,平孔位置灵活,个别钻孔失效对整个整治工程影响不大且便于补救,目前是整治滑坡的重要方法。

2）支撑

作为抗滑用的支撑建筑物种类很多,通常采用的有抗滑挡土墙、支撑渗沟以及抗滑桩。

抗滑挡土墙的位置一般位于滑坡的前缘或下部,其墙高应以原滑坡滑面受挡土墙阻止后,不从墙顶或墙基下产生新的滑面而滑出为准。由于滑坡推力一般远大于主动土压力,为增大滑带稳定性,常将挡土墙设计成倒靴形,如图 2-89 所示。

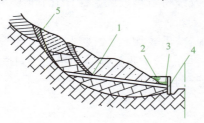

图 2-88　平孔排水
1-排水平孔;2-干砌片石;3-回填砂卵石;
4-锚杆挡墙;5-滑动面

图 2-89　抗滑挡土墙

支撑渗沟主要用于排除滑带水,当它作为起支撑作用的建筑物时,通常与抗滑挡土墙配合使用。支撑渗沟依靠本身的质量支撑其上端土体的推力,在滑体下滑力较大时,同时在渗沟的出口处修筑挡土墙,共同防止滑坡的失稳,如图 2-90 所示。

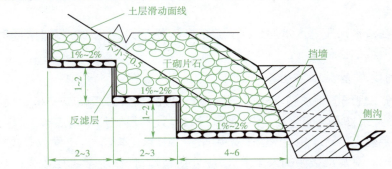

图 2-90　支撑渗沟与挡土墙配合使用(尺寸单位:m)

抗滑桩是近年来国内外在滑坡整治中应用最广的一种结构形式。抗滑桩是一种大截面的侧向受荷桩,嵌固在滑坡面以下一定深度,埋在滑坡体内的部分(锚固深度)即起着阻止滑坡下滑的作用。合理选择抗滑桩的锚固深度是非常重要的。锚固过浅,桩易被滑坡体推倒拔出失效;过深则造成施工困难且不经济。根据不同的需要,在垂直于滑坡活动的方向,抗滑桩间隔布置成一排或多排。抗滑桩可以设置在滑坡前缘的线路旁侧做成悬臂式的;也可以设置在滑坡中部滑体厚度较薄的抗滑部分,做成全埋式的,如图 2-91 所示。

3)减重或加载

减重与加载措施适用于推动式滑坡或由错落转化的滑坡,其方法是在滑坡的主滑段减重以减小下滑力;在抗滑地段加载以增大抗滑力。此类滑坡滑床常具有上陡、下缓的形状,滑坡后缘及两侧的地层相当稳定,不致因减重开挖引起滑坡向后及两侧发展。滑坡前缘有较长的抗滑地段,可以在前缘加载。一般减重与加载同时采用,利用滑坡后缘减重的弃方运到前缘的抗滑地段作为加载,如图 2-92 所示。

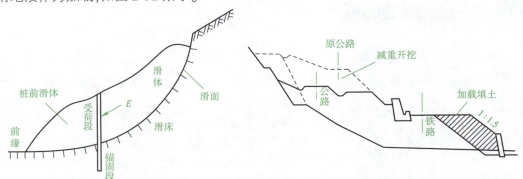

图 2-91　抗滑桩　　　　　图 2-92　减重加载联合作用

减重的底部平台应修成向临空面为 1:3～1:5 的斜面,以利于排水,必要时还应增加防渗工程。对加载土堤要注意滑坡水对土堤的浸湿问题,一般应在土堤底部用渗水土填筑,或用渗沟引出排走。减重与加载的措施如处理得当,常能收到良好效果。

4)改变滑带土的性质

改变滑带土的工程性质,使其强度指标提高,也是增强滑坡稳定性的有效措施。目前这类方法主要有如下几类。

(1) 电化学法

电化学法适用于土质边坡或夹少量碎石的滑带土的处理。在滑带中插入两个电极,通以直流电。在电流的作用下,土中的水向阴极汇聚,由阴极金属过滤管中排出,达到加固土体的目的。

(2) 灌浆法

灌浆法是在滑带加压灌入水泥浆、黏土浆液等,使土钙化,胶结成整体,同时堵塞裂缝,因而可起到稳定滑坡的作用。

3. 滑坡地段路基施工要求

(1) 由于施工现场的地质情况千差万别,对滑坡的危害必须认真分析。只有在充分认识地形、地质和水文条件及其变化后,才能采取行之有效的措施加以彻底根治,否则是难以奏效的。滑坡应及早整治。对于中、小型滑坡,由于整治技术比较简单,工程数量较小,以彻底根治不留后患为原则。对滑动缓慢的大型滑坡,应分期整治,仔细观察工程效果,以采取相应的整治措施。对于施工及运营中新生的或复活的大型滑坡,应进行综合方案比较,慎重对待废弃工程,决定绕避或整治方案。在未搞清滑坡性质之前切忌盲目刷坡,破坏平衡。

(2) 滑坡整治工程宜在旱季施工,并注意施工方法,避免引起滑坡的进一步发展。

(3) 在滑坡体上施工,应设桩点随时观测滑坡体变化,采取相应的安全措施。观测应进行至完工后的一个雨季之后,观测资料应随附于竣工文件中。

(4) 拦截地下水的渗水沟构筑物施工应做到:位置、高程及尺寸准确;渗水材料经筛选合格洗净后使用,并各不相混;渗、滤结构层次分明。

(5) 采用减重措施时,减重应自上而下开挖。新暴露的地面应立即整平压实并夯填裂缝。平台上的排水设施和坡面应及时做好。

(6) 抗滑挡土墙及抗滑桩施工时,应采取分段跳槽法施工,严禁大段拉槽开挖。砌筑应紧跟开挖进行,并随时回填夯实。开挖与砌筑时,均应加强支撑或临时锚固,并随时注意其受力状态,及时加固。

六 泥石流地区的路基施工

1. 泥石流的含义及特征

泥石流是在地质不良、地形陡峭的地区,由于暴雨、融雪、冰川等形成的一种含有大量泥砂、石块等固体物质的特殊洪流。

典型泥石流的流域地区可以分为三个:形成区、流通区和堆积区,如图 2-93 所示。形成区一般位于流域上游的区段,沟坡陡峭,分布着大面积的滑坡、崩塌等不良地质现象,有利于囤积固体物质,水土流失严重,山坡极不稳定。流通区一般位于流域的中下游地段,长度较形成区短,沟床纵坡比降大,多陡坎及跌水,泥石流由此穿峡而出。堆积区位于流域的下游较平缓地段,是泥石流固体物质的沉积区,多呈扇形或锥形,其上大小石块混杂堆积,地表起伏不平。

我国泥石流主要分布在西南、西北及华北等山岳地带或山前地带以及青藏高原边缘的山区,另外在华东、中

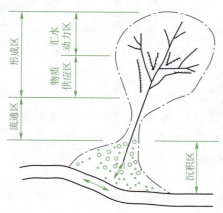

图 2-93 典型泥石流示意图

南的部分山地及东北的辽西山地也有零星分布。

泥石流含有大量的泥砂石块等松散固体物质,流速快,一般为 2.5~12m/s,在行进过程中具有强烈的沿直线运动的特点。泥石流的产生具有周期性,只有当地形、地质及气候条件均具备时才会发生,故掌握泥石流的活动规律有利于对泥石流的改造和治理。

2. 泥石流的危害

泥石流爆发时,来势凶猛,在很短的时间内能从沟内冲出数十万至数百万方的固体物质具有极强的破坏力。能摧毁道路、桥涵,埋没农田和森林,甚至堵断江河形成湖泊,常造成极大的灾害。泥石流对铁路的危害主要体现在以下几个方面。

(1) 铁路通过泥石流流通区或堆积区,常由于桥涵跨度不够,或导流建筑物实效,使得主河槽改道,冲毁桥头路基。

(2) 并行排列在主河岸的泥石流沟,构成巨大的洪积扇群,当河流不足以将两岸泥石流所带来的固体物质冲走时,就会出现桥孔宣泄不畅、路基淤埋的现象。

(3) 当淤埋严重时,会出现堵河阻水现象。堵河造成回水淹没上游沿河建筑物,浸泡山体减少其稳定性。同时在下游形成陡坎、急滩,产生严重冲刷。堵河一旦溃决,将危及下游建筑物及人民生命财产的安全。

3. 泥石流的整治措施

跨越泥石流地区的线路,应避开泥石流,以隧道方式从泥石流的形成区或流通区通过;以大跨度桥、多跨桥在泥石流流通区或沉积区通过。为防止泥石流阻塞,应加大桥孔跨度,提高线路高程。除此之外,常常需要对泥石流进行治理才能防止其向不利于铁路工程的方向发展。

治理泥石流,应综合考虑泥石流的形成条件、发育阶段、规模大小、流域特征以及工程位置等因素而采取不同的处理措施。对泥石流的处理,不外乎采用固、拦、排等措施。亦即在泥石流沟的上游加固山坡,预防泥石流的发生;在中游设置拦截建筑物,使泥石流的泥石减速沉积下来;在下游洪积扇区,引导水流,增大流速,不使泥石在线路附近停积。但每一种处理措施均不易彻底治好泥石流,对危害较大的泥石流,一般需要使用多种措施进行综合治理。

1) 加固

泥石流的主要来源,在于山沟上游破碎的山坡所产生的大量松散物,故对其进行加固是防治泥石流的有效手段。但由于其规模较大,工程艰巨,不能针对每处的病害采取彻底的整治,因此一般是采取水土保持工作,它分为植物措施和工程措施两方面。

(1) 植物措施:也就是封山育林,植树造林;树干可以拦截从山坡上滚落的石块,植物的树根和草皮可以固住土壤不受冲刷,保护下面的岩层不受风化作用。从而减缓地表径流,减少水土流失。

(2) 工程措施:包括治理地面水流及修筑支挡工程。

①治理地面水流:用截水沟将冲刷山坡的水流截引出去,减少水流集中下泻;封固风化坡面,填砌冲沟;将陡坡地带整平,做成阶梯状缓坡。

②修筑支挡工程:对主要的坍方、滑坡地段进行支挡锚固;坡脚易冲刷处作矮挡墙;对植物不易生长的破碎坡面,进行坡面防护工程。

水土保持工作是从根本上清除泥石流的固体物质及减少地表径流的迅速集中下泻,达到水土不大量出沟的目的,效果较好,但它需要较长的年限才能收效,故还得结合近期泥石流的危害,在流通区和堆积区,根据泥石流的规模、性质、流量、重现周期等采用拦截或导流等综合治理措施。

2) 拦截

为减少泥石流的冲刷破坏作用,可在泥石流沟中修建一系列低矮的拦挡坝,通常称为谷坊坝。其作用是:拦蓄泥砂石块等固体物质以减弱泥石流的规模;使泥石流沟纵坡放缓,以削弱水流携带泥石的能力;固定泥石流的沟床,防止沟床下切;修建于流通区上端的拦挡坝还有稳定形成区的作用。

谷坊坝的结构如图 2-94 所示。其建筑材料可根据泥石流的强度、使用期的长短与当地出产的建筑材料而定,一般选用砌石、混凝土、铁丝石笼等。坝高一般不超过 5m,在泥石流流速大时,为减少坝的受冲力量,以采用低坝较好;在上游首当其冲的坝,还要比下游的坝更低一些。当地形、地质条件良好时,可修成高坝。坝的间距当坝高时可大些,坝矮时间距要缩小,坝高与坝距之间的关系如图 2-95 所示,可按式(2-17)计算

$$L = \frac{H}{I_0 - I} \qquad (2-17)$$

式中:L——坝与坝间距(m);

H——坝高(m);

I——回游坡度(%);

I_0——原沟床坡度(%)。

坝体一般要坚固、基础要牢固,可经受泥石流翻越而不被冲毁。否则突然毁坝将会造成比未拦挡前凶猛很多倍的泥石流,危害将更严重。

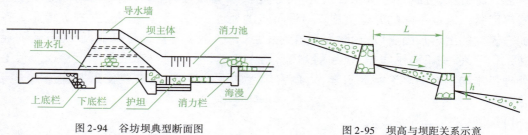

图 2-94 谷坊坝典型断面图　　图 2-95 坝高与坝距关系示意

3) 排洪

当线路以大跨度桥通过泥石流流通区与堆积区时,应修建排洪道或导流堤,以保证泥石流顺畅排泄,不会冲毁路基或堵塞河道。

排洪道的平面应顺直,以使排洪道尽可能做到不淤积、不冲刷、不漫流或决堤。其断面形式常见的有梯形、矩形、复式形、锅底形。在河床弯曲处应架设导流建筑物。在桥孔处断面不宜突然放大或收缩以免冲刷或淤塞。排洪道两侧常用护坡、挡土墙和堤坝。护坡与挡土墙多用于下挖的排洪道,堤坝多用于填方的排洪道。

4. 泥石流地区路基施工要求

(1)线路通过泥石流形成区及其邻近地区时,必须注意山坡的稳定性。做好地质勘察和路基防护工程。

(2)泥石流堆积区和沿河岸修筑的路基,应防止河水的冲刷,作好河岸及边坡的防护。

(3)跨越泥石流地区的桥头路基极易为泥石流冲毁,所以应加强路堤防护,并设置抢险时

的防护平台或增设护道。路堤迎水一侧或两侧应设浆砌或干砌片石加固。

（4）植树造林通常以乔木与灌木间植、草皮绿苔加以保护的方法，应根据当地地形及气候情况选择成活率较高的树种。常用的乔木树种有洋槐、榆树、合欢、杜梨等；灌木有紫穗槐、大麻子树、木豆、马桑等。

（5）谷坊坝设置时，宜先做上游坝，后做下游坝。坝址应移向跌水上游沟底平缓处或在跌水下游平缓处；最后一座坝与路基之间的距离，大致等于坝的3倍长度。

（6）由于泥石流的重度很大，切割力强，所以排洪道的沟坡及沟底均应防护加固。排洪道的基础埋深，必须考虑泥石流的实际冲刷强度，特别是对凹岸的冲刷。排洪道的弯道超高，在现场调查与施工时应特别注意。

七　岩溶、洞穴地段的路基施工

1. 岩溶的处理

1）工程特点

我国可溶岩分布面积广大，裸露于地表的碳酸盐岩面积有91万平方公里，加上覆盖与埋藏于地下的碳酸盐岩，可溶岩分布面积达340万平方公里，南方黔、滇、桂、川、湘、鄂、粤诸省区为最重要的岩溶区，碳酸盐岩沉积总厚度在1万m以上，几乎分布于各个地质时代，分布面积广大的碳酸盐岩，加上适宜的多种多样的气候条件使我国成为世界上岩溶洞穴资源最为丰富的国家。

岩溶的处理是喀斯特地貌区域修建铁路必须要解决的棘手问题。由于地质勘探设计的局限性，对于大多中、小岩溶很难勘测得到。往往是在施工过程中，路基、桥涵、挡墙开挖之后，才得以发现。溶洞的走势或横穿或纵向深延，多为山区地表水的通道。水流或小或大曲折流入低高程地区。因此，岩溶具有两个特点：一是它的排水性，处理过程中不能单纯将其堵死，否则将妨碍其排水功能，破坏生态环境，影响农民耕地灌溉；二是岩溶洞壁多为石灰质岩石，岩石强度较高。

岩溶大小不一，若其范围过大难于处理，是改线还是直接处理，必须从造价和工期的角度进行方案比较，以取得满意的效果。

2）路堑内向纵深发展的岩溶处理措施

（1）浇筑片石混凝土

若洞内形状上大下小，呈漏斗状，如图2-96所示，将其狭窄部分用片石封住，防止混凝土透入到溶洞深处，再在其上浇筑C15片石混凝土，混凝土与溶洞壁牢固地靠接且不影响溶洞排水，达到处理的目的。

（2）制作盖板（此溶洞盖板类似于涵洞盖板、桥梁的简支板、梁，以下简称盖板）

大多数溶洞洞内范围很大，形状或基本垂直，或上小下大，或下部曲折婉蜒。若浇筑混凝土，方量大，造价高，且妨碍溶洞排水。可制作盖板以封住洞口。盖板的设计施工应注意以下事项。

①盖板支承处的承力层厚度和岩石地质情况必须满足盖板的受力要求，否则必须将其凿开处理至满足要求为止，如图2-97所示。

②盖板下支承处要进行砂浆整平处理，且满足盖板搭接宽度要求。

③盖板多为四边支承，当支承的长边与短边之比等于或大于2时，可按以短边为跨径的单向板计算；若该值小于2时，则按双向板计算。

图 2-96　漏斗状溶洞示意图　　　　图 2-97　承力层示意图

④盖板短边长度小于 5m 时,盖板视为涵洞盖板,将支承处凿平后砂浆抹平即可;盖板短边长度为 5~10m 时,盖板视为桥梁的梁板,其中短边 5~10m 的盖板支承处可采用油毛毡等垫层或平板支座。若溶洞尺寸过大则考虑架桥。

⑤盖板的顶面高程要与路基顶面高程一致,不可影响道床施工。

⑥盖板下多采用干砌片石填塞溶洞,并在干砌片石上铺三层 20~30cm 的级配碎石。既可起到支承作用又可当成盖板的底模。

3)岩溶横跨路基的处理方案

此类岩溶多因地质断层而产生,形状狭而长,地表水沿其裂隙汇集在洞中且水流很大,处理时必须考虑其排水要求,不可用干砌片石填塞,而是将溶洞纵向两侧稍加修整,再浆砌片石两侧支承墙(视为涵洞墙身),在其上制作盖板。

若溶洞过深,上述盖板可置于溶洞之间,其上采用干砌片石填塞;干砌片石顶再制作盖板,即为第二层盖板。另须注意第一层盖板的设计要考虑其上干砌片石的荷载。

4)溶洞出口处于半填半挖路基中间的处理措施

溶洞出口处于半填半挖路基中间的处理,须经水文记录调查,若有水流则根据其流量设计半截涵连接溶洞出口以满足排水要求。注意涵洞与溶洞的连接必须保证严实。若溶洞水流量过大则考虑架桥。

5)溶洞处于挡土墙基础下的处理措施

可在溶洞口设一浆砌石拱以承担挡土墙的质量且不妨碍溶洞排水,具体方法如下。

(1)将基坑挖至设计高程,若不是基岩则继续下挖。考察溶洞洞口边缘承力层的厚度和岩石地质情况,确定是否满足拱脚受力要求,若不能满足可加大拱跨,直至拱脚落在安全可靠的位置。

(2)溶洞洞内到拱下范围内采用干砌片石填塞,其上抹一层 M5 砂浆,既可起到拱圈模板作用又防止挡土墙内侧路基填土外泻。

2. 洞穴的处理

1)工程特点

铁路路基工程施工会遇到各种地形、地质以及众多复杂的自然环境。在黄河流域的丘陵地区,历来被认为是最终归宿的风水宝地,文物古迹众多,不可预见的墓穴甚多;由于黄土在天然含水率时具有较高强度及能保持直立的特性,能够开挖窑洞,当地老百姓一直沿袭着居住窑洞的传统,其中以天井院形式居多。所谓天井院就是在平地上下挖一个 10m 左右见方深 7m 左右的天井,然后在四周挖窑洞,窑洞有单间的,也有套间的,有人居住的,也有专为牲畜住的,有储藏室,也有磨房,院内开挖有水井、渗水井及菜窖等(图 2-98)。解放以后,人们逐渐从窑洞迁出,有的被填平造地,有的形成废窑;黄河中游地区以煤炭为主的矿藏储量丰富,煤窑、矿井、掏砂井星罗棋布。当新建铁路通过上述地段时，对这些人工洞穴必须认真处理，否则会给路基留下隐患。

2）洞穴处理措施

（1）墓穴处理

①单个"L"形墓穴，如图2-99所示，采用灌砂法，具体过程如下。

a. 先在平面顶上用洛阳铲打孔，孔径不小于50cm，按洞内底面积计算，每平方米1个，均匀排列。

b. 将洞内松土和废物清除干净。

c. 从孔口向洞内灌中粗砂或细砂，每灌砂50cm厚灌一次水，水下渗时带动砂下沉使其变实，由于黄土孔隙率较大，所以最后水能完全渗入土中。

d. 竖洞也同时灌砂。

e. 地面以下60cm填土，用人工夯实。

②单个直筒状墓穴（图2-100）也采用灌砂法，只是灌砂前将洞口部分用机砖砌墙（50cm厚）封口。

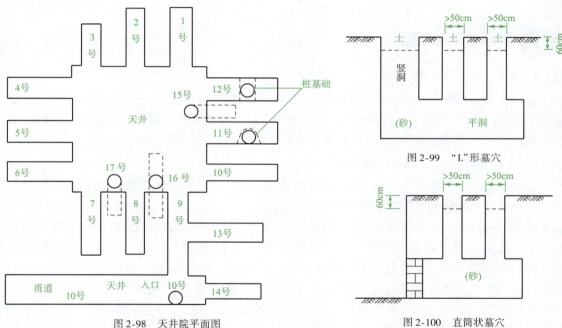

图2-98　天井院平面图

图2-99　"L"形墓穴

图2-100　直筒状墓穴

③墓穴比较集中的墓群，采用大开挖法，然后分层回填压实。

（2）水井处理

首先清除井内杂物及松土，然后灌砂，每灌砂50cm厚用水冲使其密实。灌砂至距原地面60cm后填土，用电夯夯实。

（3）窑洞处理

①天井院周围窑洞。首先清理洞内杂物，然后回填6%石灰土至距洞顶1.5m处，石灰土每15cm一层用电夯夯实，压实度控制在90%以上，洞内剩余空间用M7.5浆砌片石砌满。如果窑洞局部由于面积狭小，很难进行石灰土的施工，可用整个填M7.5浆砌片石。

②天井院和甬道。天井院和甬道内回填素土，用电夯夯实，每层15cm，压实度要求在90%以上。为使新旧土结合紧密，距顶面3m范围内每1m挖一层台阶，台阶宽0.5m。如

图 2-101 所示。

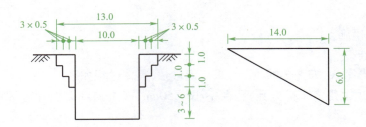

图 2-101 天井院开挖断面(单位:m)

③菜窖、水井。水井为直筒状,采用水冲灌砂方法灌至井口。菜窖为"L"状或"⊥"状,对伸入天井院中的洞采用灌砂处理,具体方法同单个"L"形墓穴。对于伸入墙中的菜窖,用 M7.5 砂浆砌片石填塞密实。

任务三 地基处理

一、理解地基处理概要

1. 地基加固的目的

客运专线工程要求严格控制工后沉降和结构变形,主体结构质量实现零缺陷,以保证轨道的平顺性、稳定性和耐久性,满足设计寿命期限内正常运营的需要。因此,从地基处理开始,必须采取措施和加强质量控制,达到提高地基承载力和控制工后沉降的目的。

2. 地基处理方法及其适用范围

路基地基处理方法可分为置换、排水固结、注浆加固、振密或挤密、刚性桩等方法。

置换法是用物理力学性质较好的材料置换天然地基中部分或全部软弱不良土质,主要有换土法、挤淤置换法、振冲置换法、强夯置换法、砂石桩(置换)法和石灰桩法等;排水固结法是通过在软土地基中设置袋装砂井或塑料排水板,在土层上部预加荷载,加快软土地基排水固结,主要有加载预压法、超载预压法、真空预压法、真空预压与堆载联合作用法等;灌入固化物是通过外力作用向土中灌入或拌入水泥、石灰或其他化学固化材料,使地基土层密实,提高其承载力,主要有深层搅拌法、高压喷射注浆法、渗入性灌浆法和劈裂灌浆法等;振密挤密是通过振密或挤密的方法使地基土密实,提高其承载力,主要有表层原位压实法、强夯法、振冲密实法、挤密砂石桩法、爆破挤密法、灰土桩法、夯实水泥土桩法和孔内夯扩桩法等;刚性桩是深厚软土地基处理采用的方法,主要有钢筋混凝土桩和钢筋混凝土管桩。各种地基处理方法及其适用范围见表 2-16。

地基处理方法及其适用范围   表 2-16

类别	方 法	简要原理	适用范围
置换	换土垫层法	将软弱土或不良土开挖至一定深度,回填抗剪强度较大、压缩性较小的土,如砂、砾、石渣等,并分层夯压实,形成双层地基。垫层能有效扩散基底压力,提高地基承载力,减少沉降	各种软弱土地基
	挤淤置换法	通过抛石或夯击回垫碎石置换淤泥达到加固地基目的	厚度较小的淤泥地基

续上表

类别	方法	简要原理	适用范围
置换	振冲置换法	利用振冲器在高压水流作用下边振边冲在地基中成孔，在孔内填入碎石、卵石等粗粒料且振密成碎石桩。碎石桩与桩间土形成复合地基，以提高承载力，减小沉降	不排水抗剪强度不小于20kPa的黏性土、粉土、饱和黄土和人工填土等地基
	强夯置换法	采用边填碎石边强夯的强夯置换法在地基中形成碎石墩体，由碎石墩、墩间土以及碎石垫层形成复合地基，以提高承载力，减小沉降	人工填土、砂土、黏性土和黄土、淤泥和淤泥质土地基
	砂石桩(置换)法	在软黏土地基中采用沉管法或其他方法设置密实的砂桩或碎石桩，以置换同体积的黏性土形成砂石桩复合地基，以提高地基承载力。同时砂石桩还可以同砂井一样起排水作用，以加速地基土固结	软黏土地基
	石灰桩法	通过机械或人工成孔，在软弱地基中填入生石灰块或生石灰块加其他掺和料，通过石灰的吸水膨胀、放热以及离子交换作用改善桩周土的物理力学性质，并形成石灰桩复合地基，可提高地基承载力，减少沉降	杂填土、软黏土地基
排水固结	加载预压法	在天然地基上填筑路堤，为保证工后沉降要求，除采用袋装砂井、塑料排水板和砂垫层在地基中设置竖向排水通道，加速土体沉降固结外，在路基达到设计高程后，将轨道结构和列车荷载换算成预压荷载，预加到路基上。达到预压沉降要求后，卸载铺设轨道结构	软黏土、粉土、杂填土、冲填土、泥炭土地基等
	超载预压法	基本上与堆载预压法相同，不同之处是预压荷载大于轨道结构和列车的实际荷载。超载预压不仅可减少路堤结构物的工后固结沉降，还可消除部分完工后次固结沉降	软黏土、粉土、杂填土、冲填土、泥炭土地基等
	真空预压法	在饱和软黏土地基中设置竖向排水通道(砂井或塑料排水板等)和砂垫层，在其上覆盖不透气密封膜。通过埋设于砂垫层的抽水管进行长时间不断抽气和水，使砂垫层和砂井中造成负气压，而使软黏土层排水固结，负气压形成的当量预压荷载一般可达85kPa	软黏土、粉土、杂填土、冲填土、泥炭土地基等
	真空预压与堆载联合作用法	当真空预压达不到要求的预压荷载时，可与堆载预压联合使用，其堆载预压荷载和真空顶压荷载可叠加计算	软黏土、粉土、杂填土、冲填土、泥炭土地基等
灌入固化物	深层搅拌法	利用深层搅拌机将水泥或石灰和地基土原位搅拌形成圆柱状、格栅状或连续墙水泥土增强体，形成复合地基以提高地基承载力，减小沉降。深层搅拌法分喷浆搅拌法和喷粉搅拌法两种。也用它形成防渗帷幕	淤泥、淤泥质土和含水率较高地基承载力标准值不大于120kPa的黏性土、粉土等软土地基。用于处理泥炭土或地下水具有侵蚀性时宜通过试验确定其适用性
	高压喷射注浆法	利用钻机将带有喷嘴的注浆管钻进预定位置，然后用20MPa左右的浆液或水的高压流冲切土体，用浆液置换部分土体，形成水泥土增强体。高压喷射注浆法有单管法、二重管法、三重管法。在喷射浆液的同时通过旋转、提升可形成定喷、摆喷和旋喷。高压喷射注浆法可形成复合地基以提高承载力，减少沉降。也常用它形成防渗帷幕	淤泥、淤泥质土、黏性土，粉土、黄土、砂土、人工填土和碎石土等地基。当土中含有较多的大块石，或有机质含量较高时应通过试验确定其适用性
	渗入性灌浆法	在灌浆压力作用下，将浆液灌入土中，充填孔隙，改善土体的物理力学性质	中砂、粗砂、砾石地基
	劈裂灌浆法	在灌浆压力作用下，浆液克服地基土中初始应力和抗拉强度，使地基中原有的孔隙或裂隙扩张，或形成新的裂缝和孔隙，用浆液填充，改善土体的物理力学性质；与渗入性灌浆相比，其所需灌浆压力较高	岩基或砂、砂砾石、黏性土地基。形成劈裂需要一定条件

续上表

类别	方法	简要原理	适用范围
振密挤密	表层原位压实法	采用人工或机械夯实、碾压或振动,使土密实,密实范围较浅	杂填土、疏松无黏性土、非饱和黏性土、湿陷性黄土等地基的浅层处理
	强夯法	采用质量为10~40t的夯锤从高处自由落下,地基土在强夯的冲击力和振动力作用下密实,可提高承载力、减少沉降	碎石土、砂土、低饱和度的粉土与黏性土、湿陷性黄土、杂填土和素填土等地基
	振冲密实法	一方面依靠振冲器的强力振动使饱和砂层发生液化,砂颗粒重新排列孔隙减小,另一方面依靠振冲器的水平振动力,加回填料使砂层挤密,从而提高地基承载力、减小沉降,并提高地基土体抗液化能力	黏粒含量少于10%的疏松砂性土地基
	挤密砂石桩法	采用沉管法或其他方法在地基中设置砂桩、碎石桩,在成桩过程中对周围土层产生挤密,被挤密的桩间土和砂石桩形成复合地基,达到提高地基承载力和减小沉降的目的	疏松砂性土、杂填土、非饱和黏性土地基、黄土地基
	爆破挤密法	在地基中爆破产生挤压力和振动力使地基土密实以提高土体的抗剪强度,提高承载力和减小沉降	疏松砂性土、杂填土、非饱和黏性土地基、黄土地基
	土桩、灰土桩法	采用沉管法、爆扩法和冲击法在地基中设置土桩或灰土桩,在成桩过程中挤密桩间土,由挤密的桩间土和密实的土桩或灰土桩形成复合地基	地下水位以上的湿陷性黄土、杂填土、素填土等地基
	夯实水泥土桩法	通过人工挖孔或其他成孔方法成孔,回填水泥和土拌和料,分层夯实,制成水泥土桩并挤密桩间土,形成复合地基,可提高承载力和减小沉降	地下水位以上各种软弱地基
	孔内夯扩桩法	通过人工挖孔或螺旋钻钻孔或振动沉管成孔或柱锤冲击成孔,填入碎石或矿渣或灰土或水泥加土或渣土等,分层夯击,夯扩桩体,挤密桩间土,形成复合地基以提高地基承载力和减小沉降	地下水位以上各种软弱地基,因地制宜采用适当的成孔工艺、回填料和夯扩工艺
刚性桩	低强度混凝土桩复合地基法	在地基中设置低强度混凝土桩,与桩间土形成复合地基。如水泥粉煤灰碎石桩复合地基、二灰混凝土桩复合地基等	各类深厚软弱地基
	钢筋混凝土筒桩复合地基法	通过振动沉管、现场浇注混凝土在地基中形成大直径钢筋混凝土筒桩,与桩间土形成复合地基	各类深厚软弱地基

3. 处理方法的选择

选择处理方法时,首先必须充分研究进行处理的理由和目的,然后考虑地基条件、道路条件、施工条件、周围环境等因素,最后选择最符合要求,而且最经济的方法。

1) 地基条件

地质及地基构成不同,采用的方法也有所不同。

(1) 土质

选用以排水为目的的方法时,应考虑软土的级配范围或渗透系数大小。对灵敏度很高的软土,所采取的处理方法和施工方法对地基的扰动必须尽量小。

(2) 地基构成

①软土层厚度。软土层浅而薄时,固结沉降量小,而且在短时间内会停止沉降,滑动破坏的危险性也很小,因此,一般可选用较为简单的表层处理法。对于重要构造物的基础,也常用开挖换填法。

软土层较厚时,则可按不同的目的与土质,使用垂直排水法或挤密砂桩法。

②排水砂层。在薄层软土(厚3m以下)之间夹有可供排水的砂层(厚度大于5cm)时,一般不选用垂直排水法或挤密砂桩法,而采用表层处理法、慢速加载法、路堤荷载压重法。

③厚砂层。顶部有厚4m以上的砂层、下部为软土时,一般来说,稳定不成问题,剩下的只是对沉降的处理。对于沉降的处理可采用垂直排水法、路堤荷载压重法。

④基底倾斜。修筑在倾斜基底上的路堤,软土层厚的一侧沉降量大,路堤往这个方向滑动的危险性也大。在这种地基上,不均匀沉降也会促进滑动,因此要尽量减小沉降量。通常可采用挤密砂桩法和石灰砂桩法。在软土层厚的一侧,桩的间距可密一些,薄的一侧可稀一些,以使沉降量均匀。

2) 道路条件

(1) 路堤的形状

路堤的设计高度与宽度,也是选择处理方法时需要考虑的重要因素。宽而低的路堤,采用挤出换填方法时,地基内可能遗留压缩性高的土。反之,窄而高的路堤,地基则较易换填。宽而高的路堤,由于荷载较大,在地基内产生的压缩层较深,会引起深部土层的沉降。

(2) 所在路段

一般路段的沉降即使大到一定程度,只要不均匀沉降量不大,轨面就不会丧失其平顺性。但是,与构造物连接的路段,剩余沉降将造成错台,形成对行车不利的情况。不仅如此,如果路堤的稳定性不够,桥台将受到较大的土压力的作用,可能导致桥台侧向位移。因此,要特别重视与构造物连接路段的沉降及稳定处理措施。常用处理方法有如下几种。

①压重法。首先采用路堤荷载压重法,使侧向位移进行完毕,加速沉降的进行,待地基强度提高后再挖去路基,然后修筑桥台。

②溜坡桥台。预先填筑护坡或压重路堤,待路堤沉降并且稳定后,再在路堤上修筑桥台。

③减轻路堤荷载法。选用轻质材料填筑路堤,或在路堤内设置中空结构物(如箱形涵洞、波纹管),通过减轻台背路堤荷载来减小桥台位移,同时减小路堤沉降量。

④桩板法。在台背路堤地段采用板承法。为了更好地发挥支撑桩的作用,在支撑桩或摩擦桩上设置板,然后在板上修筑路堤。

⑤桥头搭板。采用上述各种方法,也难完全消除构造物与路堤之间的错台。为此,常常同时使用桥台搭板。搭板一般设置在路面铺砌层下面。如沉降量大,则宜设在更深的位置上。

⑥修补路面。如果出现错台,也可采取修补路面、改正高差的方法。

3) 施工条件

施工条件是选择处理方法时必须考虑的重要因素。主要应从以下几个方面考虑。

(1) 工期

如果施工工期较长,则可在确保地基稳定的条件下不采取专门的地基处理措施,而直接用慢速加载法填筑路堤。竣工后,还可通过长时间放置来减小剩余沉降量。即使工期不能长到只用慢速加载法就能处理地基,也有使垂直排水砂井和挤密砂桩的间距加大、长度缩短等许多办法。

(2) 材料

获取处理工程所用材料之难易及其经济性,也是选择处理方法时必须考虑的。只要材料的运距不是特别远,采用砂垫层法、开挖换填法、反压护道法、路堤荷载压重法一般都比其他方法经济。因塑料排水板的来源充分,价格便宜,且施工方便、快速,工程中用得很多。

(3) 施工机械的作业条件

软土地基上施工,不管采取何种施工方法,都必须确保施工机械具备良好的作业条件。因而一般都要同时使用表层处理法。

(4) 施工深度

换填法的适用深度,开挖换填时为3m,强制换填时为7~10m。

垂直排水法与挤密砂桩法的极限施工深度为20~30m,超过这个深度一般是不经济的。

4) 周围环境

施工对周围环境的影响,如噪声、振动、地基的变化、地下水的变化、排除的泥水或使用的化学药剂对地下水的污染等,在选择施工方法、处理方法时必须全面考虑。

 原地面处理

1. 施工工艺

(1) 临时排水

地表过分潮湿或水田、沟塘地段,在路堤两侧护坡道外开挖纵向排水沟,并在沟的外侧填筑截水土埝,防止水流流向路基。在路基范围内开挖纵横向排水沟,并回填渗水性良好的砂砾料,以排除积水,切断或降低地下水,并按排水设计要求进行施工。

在路基范围内有大片低洼积水地段时,可先做土埝排除积水,并将杂草、淤泥以及不适宜的材料清除出路堤以外,按监理工程师要求的深度将此地面翻松(如此地面密实度达到要求可不挖松),经处理后再进行压实。对旱地或地表土质疏松时也进行原地面压实。

边沟及截水沟地表水汇集起来,排到路基范围以外容易使地下水成害,故还应采用排水沟、暗沟、渗水暗沟等措施降低地下水位,使路基保持干燥稳定。

路基施工临时排水措施应与永久性排水系统相结合,避免积水及冲刷边坡。

(2) 清淤、清表

对路基用地范围内的树木进行砍伐,并清除树根。直径$\phi 10cm$以内小树桩用推土机铲除,直径$\phi 10cm$以上树桩用人工配合挖掘机挖除。清除树桩后的坑穴用路基填料夯填密实。

路堤基底如为耕地或松土时,如松土厚度不大于0.3m,应将原地面夯压密实;当松土厚度大于0.3m,应将松土翻挖,分层回填压实或采取其他土质加固措施。

旱地地表耕植土用推土机推铲成堆,水田地清表前在路基范围内开挖纵横向排水沟排除积水。需要用于复耕的耕植表土则运至待复耕地点,弃则运至指定弃土场。

穿越水塘、沼泽区等按照设计要求进行清淤换填。穿越水沟等小水体局部少量淤泥用挖掘机挖除,清除的淤泥按弃方处理。

(3) 地基斜坡处理

清表后地面纵坡或横坡大于1:5~1:2.5时,应将地面作成4%的坡度向内台阶,如图2-102所示。开挖台阶应在地面碾压工序结束后进行,纵坡方向台阶面应与路基轴线垂直或结构物台背面保持平行,横坡方向台阶面应与路基轴线平行。

台阶高度等于填方压实层厚度,宽度以 2m 为宜。

(4)碾压夯实

清表后对地表进行碾压夯实,并将路基用地范围内的坑穴填平夯实。清表后原地面压实度按设计文件标准执行,设计无规定时则按相应的路基或路床同等压实度标准执行。处理后的原地面密实度采用静力触探试验等方法沿线路纵向每 100m 抽样 2 点进行检验。当不满足设计要求时,应提出变更设计,采取地基加固处理等措施。

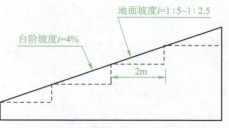

图 2-102 地基台阶开挖示意图

2. 质量检验

1) 压实质量检验

原地面处理应符合设计要求。依据《高速铁路路基工程施工质量验收标准》(TB 10751—2010)规定,处理后的质量检验根据所处路堤部位分别按以下标准进行检验。

(1)基床以下路堤压实质量应根据填料类别采用双指标控制,见表 2-17。

基床以下路堤压实标准   表 2-17

指标	压实标准		
	化学改良土	砂类土及细砾土	碎石类及粗砾土
压实系数 K	≥0.92	≥0.92	≥0.92
地基系数 K_{30}(MPa/m)	—	≥110	≥130
7d 饱和无侧限抗压强度 q_u(kPa)	≥250	—	—

注:1. 无砟轨道可采用 K_{30} 或 E_{v2}。采用 E_{v2} 时,其控制标准为 E_{v2}≥45MPa 且 E_{v2}/E_{v1}≤2.6。

2. 沿线路纵向每 100m 每压实层抽样检验压实系数(改良细粒土)或孔隙率(粗粒土和碎石类土)6 点,其中:左、右距路肩边线 1m 处各 2 点,路基中部 2 点,有反压护道地段每 100m 增加 1 个检测点;每 100m 填高约 90cm 抽样检验地基系数 4 点,其中:距路基边线 2m 处左、右各 1 点,路基中部 2 点。检验方法:按《铁路工程土工试验规程》(TB 10102—2010)规定的试验方法。

(2)基床底层普通填料、物理改良土压实质量应根据填料类别按表 2-18 采用双指标控制。化学改良土压实系数应符合表 2-22 中细砾土的规定,无侧限抗压强度应符合设计要求。

基床底层压实标准   表 2-18

压实标准	化学改良土	砂类土及细砾土	碎石类及粗砾土
压实系数 K	≥0.95	≥0.95	≥0.95
地基系数 K_{30}(MPa/m)	—	≥130	≥150
动态变形模量 E_{vd}(MPa)	—	≥40	≥40
7d 饱和无侧限抗压强度(kPa)	≥350(550)	—	—

注:1. 无砟轨道可采用 K_{30} 或 E_{v2}。当采用 E_{v2} 时,其控制标准为 E_{v2}≥80MPa 且 E_{v2}/E_{v1}≤2.5。

2. 括号内数字为寒冷地区化学改良土考虑冻融循环作用所需强度值。

3. 普通填料、物理改良土检验方法及数量同表 2-21 注。

4. 化学改良土从已摊铺好填料的地段现场抽样,在室内按要求的压实密度成型,并按每检验批每压实层抽样检验 3 处(左、中、右各 1 处)进行无侧限抗压强度试验,压实系数检验采用环刀法。

(3) 基床表层的压实质量应按表 2-19 控制。

基床表层压实标准　　　　　　　　　表 2-19

压实标准	级配碎石	压实标准	级配碎石
压实系数 K	≥0.97	动态变形模量 E_{vd}(MPa)	≥55
地基系数 K_{30}(MPa/m)	≥190	—	—

注：1. 无砟轨道可采用 K_{30} 或 E_{v2}。当采用 E_{v2} 时，其控制标准为 $E_{v2} \geq 120\text{MPa}$ 且 $E_{v2}/E_{v1} \leq 2.3$。
　　2. 沿线路纵向每 100m 每压实层抽样检验动态变形模量和孔隙率各 6 点，其中：左、右距路肩边线 1.5m 处各 2 点，路基中部 2 点；抽样检验地基系数 K_{30} 4 点，其中：左、右距路肩边线 1.5m 处各 1 点，路基中部 2 点。施工过程中，中粗砂可按相对密度≥0.67 控制。检验方法：按《铁路工程土工试验规程》(TB 10102—2010) 规定的试验方法。

2) 原地面处理后的外观要求

(1) 基底无草皮、树根等杂物，且无积水。

(2) 原地面基底密实、平整，坑穴处理彻底，无质量隐患。

(3) 路拱横坡应符合设计要求。

 换填

1. 填料要求

换填材料应优先选用 A、B 类填料和 C 组块石、碎石、砾石类填料，当选用 C 组细粒土填料时，应根据土源性质进行改良后填筑。路堤填料种类、质量应符合设计要求。填筑前应对取土场填料进行取样检验；填筑时应对运至现场的填料进行抽样检验。当填料土质发生变化或更换取土场时应重新进行检验。

砂填料应采用中、粗、砾砂，不含草根、垃圾等杂质，其含泥量不得大于 5%；当用作排水固结时，其含泥量不得大于 3%。现场抽样检验砂子含泥量，并进行筛分试验，在施工过程中检查有无草根、垃圾等杂质。

碎石填料应采用级配良好且未风化的砾石或碎石，其最大粒径不得大于 50mm，含泥量不得大于 5%，且不含草根、垃圾等杂质。在现场抽样检验碎石最大粒径、含泥量，并在施工过程中检查有无草根、垃圾等杂质及岩性变化情况。

改良土外掺料的种类及技术条件应符合设计要求，并且应充分搅和均匀，混合料配合比应符合设计要求。

2. 施工机械及人员配置

施工前，根据换填材料种类、换填场地的大小、料场距离路基作业面远近等合理配置施工机械、人员。一个工作面的机械配置见表 2-20，人员配置见表 2-21。

一个换填工作面机械配置表　　　　　　　　　表 2-20

序　号	机械名称	型　号	规格性能	数　量
1	振动压路机	YZ18C	全液压单钢轮	2 台
2	振动压路机	YZ16B	—	1 台
3	羊足碾	YZK18C	—	1 台
4	平地机	PY-160C	—	1 台
5	推土机	TY220	—	2 台
6	推土机	TY200	—	1 台

续上表

序号	机械名称	型号	规格性能	数量
7	挖掘机	ZX270	1.3m³	1台
8	挖掘机	ZX330	1.4m³	2台
9	东风洒水车	EQ1092F	—	1台
10	自卸汽车	北方奔驰2629K	—	8台
11	装载机	ZL50	—	1台

压路机主要技术参数　　　　　　　　　　　　　　　　表2-20a)

型号	工作质量(kg)	振动轮尺寸		振动参数			功率(kW)	静线荷载(N/cm)	速度范围(km/h)
		直径(mm)	宽度(mm)	频率(Hz)	名义振幅(mm)	激振力(kN)			
YZ18C	18900	1600	2130	28/35	1.8/0.9	360/260	141	590	0~12
YZ16B	16000	1590	2130	30	1.57	290	88.2	362	2,3.9,9.3
YZK18C	18700	—	—	29/35	1.66/0.88	380/260	133	—	0~7.2

平地机主要技术参数　　　　　　　　　　　　　　　　表2-20b)

型号	最大操作质量(kg)	回转角度(°)	最大倾斜角度(°)	最大入地深度(mm)	功率(kW)	最大牵引力(kN)	速度范围(km/h)
PY-160C	13800	3600	900	500	118	70	0~11

推土机主要技术参数　　　　　　　　　　　　　　　　表2-20c)

型号	使用质量(kg)	长×宽×高(mm×mm×mm)		功率(kW)	最大牵引力(kN)	速度范围(km/h)
		角铲	直倾铲			
TY220	23450~24020	—	—	162	—	0~11.2
TY200	17880	5360×3970×2920	5230×3416×2920	147	190.7	0~10.9

挖掘机主要技术参数　　　　　　　　　　　　　　　　表2-20d)

型号	机重(t)	斗容量(m³)
ZX270	27	1.3
ZX330	31	1.4

洒水车主要技术参数　　　　　　　　　　　　　　　　表2-20e)

型号	发动机马力(ps)	实际容量(L)
EQ1092F	134/143	6000~8000

装载机主要技术参数　　　　　　　　　　　　　　　　表2-20f)

型号	行进速度(km/h)			整机质量(kg)	额定功率(kW)	铲斗容量(m³)
	I	II	后退			
ZL50	11.5	38	16	16100	162	2.7

自卸汽车主要技术参数　　　　　　　　　　　　　　　表2-20g)

型号	额定质量(kg)	最高时速(km/h)	功率(kW)	长,宽,高(mm)
北方奔驰2629K	15000	85	213	7690,2495,2953

施工劳力配置表　　　　　　　　表2-21

序号	工种	人数	工作范围
1	队长	1	现场总指挥
2	技术员	2	负责技术质量
3	机械技术员	1	维修和操作机械
4	电工	1	电路维修
5	司机	21	各种机械操作
6	辅助用工	12	捡杂物、配合机械施工
7	试验员	2	前后场检测
8	领工员	1	工地指挥
合计	—	41	—

3. 施工工艺

1) 工艺流程

首先划分作业区段，划分作业区段的原则是保证施工互不干扰，防止跨区段作业，每一作业段宜在200m以上或以构筑物为界。

换填施工参照路基填筑采用"三阶段、四区段、八流程"的施工工艺流程，如图2-103所示。

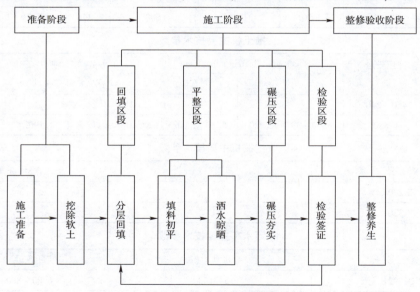

图2-103　换填工艺流程图

2) 施工要点

(1) 施工准备

施工前应进行施工工艺试验。试验分层压实厚度目标值为25~30cm，设计几种不同的松铺厚度以测定混合料的松铺系数、最佳含水率、最大干密度。混合料达到最佳含水率时，测出不同压实机械的压实系数、压实遍数、压实的施工工艺参数。

施工前，应根据设计图纸对换填的范围和深度进行核实，并制订详细的施工方案。按照施工互不干扰的原则，划分作业区段，区段长度宜在100~200m之间；然后做好临时排水系统，排除积水,并在施工的过程中,随时保持临时排水系统的畅通。如需换填软弱土层地下水位高,应采用降低地下水措施,以降低下层土的含水率。

(2) 挖除软土

当需换填土层厚度超过50cm时,采用挖掘机开挖,预留厚度30~50cm的土层由人工清理。当底部起伏较大,可设置台阶或缓坡,并按先深后浅的顺序进行换填施工。底部的开挖宽度不得小于路堤宽度加放坡宽度。挖除的软弱土经自卸汽车运至指定弃土场。换填范围内的土层应挖除干净,坑底应按设计要求整平。

(3) 分层回填

采用自卸车卸料,应根据车容量和松铺厚度计算堆料间距,以便平整时控制厚度的均匀。一水平层的全宽应用同一种填料填筑,不得混填,每种填料层累计总厚不宜小于50cm。碎石类土和砾石类土每层填筑压实厚度不宜超过40cm,砂类土和改良细粒土每层填筑压实厚度不宜超过30cm,每层最小填筑压实厚度均不应小于10cm,具体摊铺厚度应按工艺试验确定并经监理工程师批准的参数进行控制。

(4) 摊铺初平

填料摊铺平整使用推土机进行初平,然后用压路机进行静压或弱振一遍,以暴露出潜在的不平整,再用平地机进行精平,确保作业面无局部凹凸。每一摊铺层填料中的粗细料应摊铺均匀,不应有粗集料或细集料窝。较大粒径石块不应集中,应均匀地分布于填筑层中,石块间的空隙应用较小碎石、石屑等材料填充密实,并使层厚均匀层面平整。层面控制为水平面,无需做成4%的路拱,为上层路基填筑提供便利条件。

(5) 洒水晾晒

回填料特别是改良土在碾压前应控制其含水率在由试验段压实工艺确定的施工允许含水率范围内。初平后采用烘干法检测含水率。当填料含水率较低时,应及时采用洒水措施,洒水可采用取土场内洒水闷湿和路堤内洒水搅拌两种办法;当填料含水率过大时,可采用在路堤上晾晒和增加拌和遍数的办法。

(6) 碾压压实

摊铺后,立即用YZ18重型振动压路机碾压,压实顺序应按先两侧后中间(图2-104),先慢后快,先轻压静压后重压的操作程序进行碾压,碾压一直进行到要求的密实度为止(如无密实度要求则以振动机原地振实不再下沉为合格,并辅以轻便触探试验检验其均匀性及影响深度)。压路机碾压速度开始两遍采用1.5~1.7km/h,以后采用2.0~2.5km/h。两轮迹搭接宽度一般不小于40cm。两区段纵向搭接长度不小于2m。

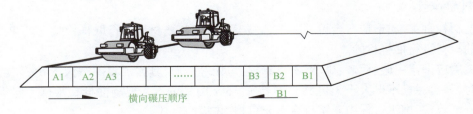

图2-104 碾压示意图

(7) 填料平整

用推土机进行初平,用平地机进行终平,控制层面无显著的局部凹凸,做出4%的路拱,且纵向平顺。

（8）检验签证

换填压实的质量检验应随分层填筑碾压施工分层检验。压实度采用环刀法进行检测,地基系数采用 K_{30} 承载板试验进行检测。

（9）整修养生

碾压结束后,用 6m 直尺检查平整度。测量小组跟踪检测层面高程,计算出坡度和厚度。厚度、高程、平整度、横坡不合要求时,及时修整。

换填下层完成经检验质量合格后,若不能立即铺筑上层的或暴露于表层的改良土必须保湿养生,养生可采用洒水或用草袋覆盖的方法,洒水次数根据气候及路面水分蒸发情况而定,始终保持表面湿润。养生期一般不少于 7d。

4. 质量检验

1）分层换填压实质量检验

（1）换填中粗砂或碎石压实质量的检验

按《铁路工程土工试验规程》(TB 10102—2010)规定的试验方法,沿线路纵向每一压实层每 100m 抽样检验 3 个点,其中:路基中间 1 点,两侧距路基边缘 2m 处各 1 点。砂垫层宜采用环刀法检测干密度和相对密度。

（2）基床以下路基换填普通填料、物理改良土及化学改良土压实质量的检验见表 2-21 的方法。

2）换填施工允许偏差

换填施工允许偏差见表 2-22。

换填施工允许偏差　　　　表 2-22

序 号	检验项目	允许偏差	检 验 数 量	检验方法
1	顶面高程	±50mm	沿线路纵向每100m抽检5处	水准仪测
2	中线至边缘距离	±50mm	沿线路纵向每100m抽检5处	尺量
3	宽度	≥设计值	沿线路纵向每100m抽检5处	尺量
4	横坡	±0.5%	沿线路纵向每100m抽检5个断面	坡度尺量
5	平整度	≤15mm	沿线路纵向每100m抽检10处	直尺量测
6	基坑坡脚线位置	-50mm	沿线路纵向每100m抽检5点	经纬仪测量

四 砂(碎石)垫层

1. 材料要求

垫层材料种类、质量应符合设计要求。施工前应对料场材料进行取样检验;施工时应对运至现场的材料进行抽样检验。

砂垫层应采用中砂、粗砂、砾砂,不含草根、垃圾等杂质,其含泥量不得大于 5%;当用作排水固结时,其含泥量不得大于 3%,渗透系数 $k \geq 5 \times 10^{-3}$ cm/s。现场抽样检验砂子含泥量,并进行筛分试验,在施工过程中观察检查有无草根、垃圾等杂质。

碎石垫层应采用级配良好且未风化的砾石或碎石,其最大粒径不得大于 50mm,含泥量不得大于 5%,且不含草根、垃圾等杂质。在现场抽样检验碎石最大粒径、含泥量,并在施工过程中观察检查有无草根、垃圾等杂质及岩性变化情况。

反滤层材料含泥量、颗粒级配应符合设计要求。

2. 施工机械及人员配置

施工前,根据施工场地的大小、料场距离路基作业面远近等合理配置施工机械、人员。施工机械及人员配置详见140页相关内容。

3. 施工工艺

1) 工艺流程

砂(碎石)垫层施工工艺流程为:

施工准备→分层填筑→摊铺整平→分层碾压→设置反滤层→层面修整→检验签证

2) 施工要点

(1) 施工准备

①工艺试验。正式铺筑前进行施工工艺试验。试验分层压实厚度目标值为25~30cm,设计几种不同的松铺厚度以测定混合料的松铺系数、最佳含水率、最大干密度。混合料达到最佳含水率时,测出不同压实机械的压实系数、压实遍数、压实的施工工艺。

②基底处理。施工前清理场地,排除积水,并将路基范围内原地面上淤泥、树根、草皮、腐植土等全部挖除。两侧挖水沟以防水浸泡工作面。达到清基要求后用压路机碾压4遍。

③填筑路拱。在设计要求的路基范围内,用土回填至地面高出20cm左右以后,以4%的横坡填成路拱形并碾压密实成形。路拱做成三角拱,以利于软基处理的排水畅通。

(2) 分层填筑

采用自卸车将砂料(碎石)运到准备摊铺的地基上,卸车前应先根据车容量和松铺厚度计算堆料间距,以便平整时控制厚度的均匀和提高功效。碎石垫层每层填筑压实厚度不宜超过40cm,砂垫层每层填筑压实厚度不宜超过30cm,每层最小填筑压实厚度均不应小于10cm,具体摊铺厚度应按试验段工艺试验确定并经监理工程师批准的参数进行控制。

(3) 摊铺整平

摊铺前在路基中心桩及边桩标出施工层虚铺厚度,控制每层的压实厚度。垫层的摊铺采用机械分堆摊铺法,即先推土机堆成若干堆,再用人工配合轻型推土机整平。若采用人工摊铺,铁揪要反扣,尽量一次成型,避免二次整平的"修补"。摊铺宽度不小于设计宽度。

(4) 分层碾压

表面整形后,当砂的含水率等于或略大于最佳含水率(一般为8%~12%)时立即用压路机在路基幅宽内进行碾压。如含水率偏小,当外界温度不小于5℃时,采用洒水机在砂垫层外侧接水管,适量洒水后碾压。压实顺序应按先两侧后中间,先慢后快,先轻压静压后重压的操作程序进行碾压,碾压一直进行到要求的密实度为止。压路机碾压速度开始两遍采用1.5~1.7km/h,以后采用2.0~2.5km/h。压实遍数应严格符合施工前的工艺试验所确定的。压实厚度应控制在30cm以内。相邻的轮迹搭接宽度一般不小于40cm。相邻两区段纵向搭接长度不小于2m。碾压过程中严禁压路机在已完成或正在碾压的路段上"调头"或"急刹车",停车时要先减振,再使压路机自然停止。

(5) 设置反滤层

砂(碎石)垫层填筑完后必须及时完成两侧干砌片石护坡或其他方式防护,以免砂(碎石)流失。同时根据设计要求做好反滤层。

(6) 层面修整

碾压结束后,用6m直尺检查平整度。测量小组跟踪检测层面高程,计算出坡度和厚度。

厚度、高程、平整度、横坡不合要求时,及时修整。控制层面无显著的局部凹凸,做出4%的路拱(即排水横坡),且纵向平顺。

(7)检验签证

垫层压实的质量检验应分层检验。压实度采用环刀法进行检测,地基系数采用K_{30}承载板试验进行检测。

4.质量检验

(1)砂(碎石)垫层的压实质量检验

砂(碎石)垫层的压实质量应符合设计要求,按《铁路工程土工试验规程》(TB 10102—2010)规定的试验方法检验。砂垫层宜采用环刀法检测干密度和相对密度。沿线路纵向每一压实层每100m抽样检验3点,其中:路基中间1点,两侧距路基边缘2m处各1点。

(2)砂(碎石)垫层(反滤层)施工允许偏差。

砂(碎石)垫层施工允许偏差见表2-23。

砂(碎石)垫层施工允许偏差　　　表2-23

序号	项目	允许偏差	检验数量	检验方法
1	铺设范围	≥设计值	沿线路纵向每100m抽检3组	尺量
2	厚度	≥设计值	沿线路纵向每100m抽检3组	尺量,水准测量
3	顶面高程	$^{+50}_{-20}$mm	沿线路纵向每100m抽检5处	水准测量
4	横坡	±0.5%	沿线路纵向每100m抽检5个断面	坡度尺量

五 袋装砂井

1.材料要求

(1)砂袋

砂袋采用透水性好、耐水性好、韧性强的聚丙烯编织布制作而成,砂袋的各项技术指标要符合设计要求。其力学性能见表2-24。

砂袋力学性能及技术指标　　　表2-24

项目	质量(g/m²)	条带拉伸强度(kN/m)	条带拉伸率	渗透系数(cm/s)	有效孔径O95(mm)
指标	≥95	>150	25%	$>5×10^{-3}$	<0.05

聚丙烯材料抗紫外线能力低,因此砂袋进场后应妥善存放,加覆盖物,避免阳光曝晒和雨淋。存放期不应超过一周。

(2)砂料

砂料必须采用天然级配的风干的中、粗砂,不应含草根、垃圾等杂质,含泥量不得大于3%,含水率不大于1%,有效直径d_{10}应在0.1~0.35mm之间,不均匀系数C_u在3~5之间,渗透系数大于$5×10^{-3}$cm/s。

砂袋灌砂达到饱满,充填密实,灌砂率均达到95%以上,保持砂袋顺畅通,袋口扎紧。

2.施工机械及人员配置

(1)施工机械

施工采用LC系列履带自行式插板机。该机具主要由顶部滑轮组、力柱、斜撑、扒杆、锤头、竖架滑轮组、底盘、履带、行走驱动部分、操作室、操作台、卷扬机等主要部件组成。其主要技术参数见表2-25。

LC 系列履带自行式插板机主要技术参数表　　表 2-25

序号	项目	单位	技术参数
1	插孔深度	m	20
2	成孔直径	mm	$2 \times \phi 133 \times 20$
3	允许最大静拔桩力	t	12
4	卷扬机最大牵引力	t	2.5
5	卷扬机电机功率	kW	22
6	整机行走功率	kW	2×7.5
7	整机行走速度	m/min	6.5
8	工作能力	延米/台班	3200~5000
9	外形尺寸(长×宽×高)	m	$7.3 \times 6.3 \times 29.2$
10	整机总重	t	30

(2) 人员配置

根据机具的台班生产能力,每个施工班组通常由 8 人(如人工装砂,应适当增加装砂工)组成,班组人员以围绕打设机为中心建立岗位责任制,明确职责,在班组长的统一指挥下进行施工。袋装砂井单机作业劳力组织见表 2-26。

袋装砂井单机作业劳力组织　　表 2-26

序号	项目	人数	工作内容
1	班长	1	组织安排生产,并对施工质量进行控制
2	技术员	1	测量定位、技术指导、质量检查及故障分析处理、现场记录
3	机械操作工	1	负责机械操作及保养
4	电工	1	负责现场供电及用电安全检查
5	砂袋工	4	负责运送砂袋及其他配合工作

3. 施工准备

在正式施工前应做好各种施工准备。根据现场实际确定施工方案,修建施工便道。在待处理地段端部的场地上进行砂井机的调试及工艺试验,试打 2~5 根来检验机器的性能、地质情况并确定工艺参数。

4. 施工工艺

1) 工艺流程

袋装砂井施工工艺流程如图 2-105 所示。

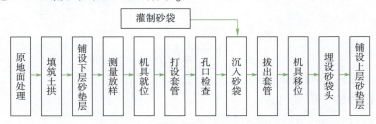

图 2-105　袋装砂井施工工艺流程图

2) 施工要点

(1) 基底处理

清理场地,两侧开挖临时水沟及时排除地面积水,以防水浸泡工作面。将路基范围内原地面上淤泥、树根、草皮、腐植土等全部挖除。一般清基深 30cm,平整场地。

(2)填筑土拱

在设计要求的路基范围内,用土回填整平,整平面作三角形,从线路中心向两侧做成4%的排水横坡,填筑成路拱形,并碾压密实成形。水塘地段,设围堰抽水挖淤,用细粒土填筑至整平高程,整平高程以上由线路中心向两侧做成4%的排水横坡,其宽度不小于地基处理底宽度,每侧加宽1.0m,做施工作业平台。

(3)铺设下层砂垫层

在路拱上均匀铺设透水性好的粗砂层(厚度一般为30cm),表面应平顺,形成同路拱相同的坡度,以利于袋装砂井中排出的水能迅速从该砂层中流出,并对砂垫层进行碾压成形。

由于地表较软弱,运输车辆宜用轻型车辆,且尽量减少对地基的扰动。最好将砂堆于处理地段以外,然后用小型运输工具运入施工地段。摊铺做到均匀、平整,形成双向横坡。同时注意避免泥土、杂物混入砂层。压实应用静压式压路机进行,不得振碾。

(4)测量放样

根据砂井布置范围及行列间距在现场采用小木桩、竹板桩或细钢筋准确定出每个砂井设计位置。

(5)机具就位

遵循从低处向高处的原则,进行机具定位。安装就位时,应保证锤中心与地面定位在同一点,并用经纬仪观测控制导向架垂直度,以保证井位偏差在允许范围内。

(6)打设套管

用振动法或静压法将套管压入至设计深度。打设套管前应认真检查套管长度、直径是否与设计相符,管内有无杂物,桩尖活门开启是否灵活,封闭是否良好。施工所用钢套管的内径宜略大于砂井直径,以减少施工过程中对地基土的扰动。套管上应划出控制高程的刻划线,以保证砂井打入长度符合设计要求。

沉管应用经纬仪或线锤控制其垂直度,导轨应垂直,钢套管不得弯曲。施打过程中设专人观测套管的入土深度,观测桩机是否出现倾斜或位移,出现问题必须及时处理。

(7)灌制砂袋

每段施工前所需砂袋长度应经试验确定,另加埋入砂垫层的长度。为防止砂袋卡管和袋子漏砂,对袋子的直径及缝口严格控制,保证装砂后不鼓包,不漏砂。由于聚丙烯材料有约20%的伸长率,应提前试装以确定合适的砂袋直径(一般为7~12cm)。

灌制的砂袋要饱满密实,灌砂量应符合理论计算值,外观应无裂缝、缩颈或鼓包现象。若砂袋不满,应及时向砂袋内灌砂。根据设计要求,灌砂率必须达到95%以上,灌砂率r的计算公式如式(2-18)所示:

$$r = \frac{m_{\text{sd}}}{0.78 d^2 L \rho_{\text{d}}} \tag{2-18}$$

式中:m_{sd}——实际灌入砂的质量(kg);

ρ_{d}——中粗砂的干密度(kg/m³);

d——砂袋直径(m);

L——砂袋长度(m)。

砂袋装足后用麻绳将袋口绑扎牢固。

(8)沉入砂袋

将砂袋送入套管时,导管口应装设滚轮,避免管口直接与砂袋接触,减少对砂袋的摩阻力,以防袋子破裂、缩颈、断裂和磨损。下砂袋时，应将整根砂袋吊起，将端部放入套管口，徐徐下放至设计深度。

(9) 拔出套管

砂袋到位后即可拔出套管，拔管时先启动激振器，再连续缓慢提升套管，中途不得放松吊绳，防止因套管下坠损坏砂袋，并做到垂直起吊，防止带出或损坏砂袋。若套管拔出时，砂袋跟随套管上吊，可将套管下放至原位，在套管内加入少量水，以此打开桩尖活瓣。当带起长度大于 0.5m 时在原位边缘重新补打。

(10) 袋头处理

套管拔出后，检查袋装砂井袋口，若砂袋不满时，应向砂袋内补砂，直至满足要求为止。露出地面至少 0.5m 的砂袋应埋入砂垫层中，埋入长度应符合设计要求，如设计无要求时，埋入长度应大于 0.3m，并不得卧倒。高出砂垫层的部分(在满足设计井深情况下)经检查后将其割除，重新扎牢袋口。孔口带出的泥土及时清除，并用砂回填密实。

5. 质量检验

袋装砂井施工质量控制标准及检验方法见表 2-27。

袋装砂井施工质量控制标准及检验方法 表 2-27

序号	检查项目	允许偏差	检查数量	检查方法
1	井位(纵横向)	50mm	5%	按中心线长度丈量
2	井径	$^{+10}_{-0}$ mm	5%	尺量,查施工记录
3	井的垂直度	1.5%	5%	用经纬仪观测桩锥导向架
4	砂袋灌砂量	±5%	100%	查砂袋体积和外观
5	砂袋直径	±5mm	5%	检查丈量砂袋直径
6	砂袋埋入砂垫层长度	$^{+100}_{-0}$ mm	5%	自排水坡面起用丈量小值

六 塑料排水板

1. 材料要求

塑料排水板的品种、规格、质量应符合设计要求，进场时应进行现场验收。查验每批产品出厂合格证、性能报告单，抽样检验芯板材料单位长度质量、厚度、宽度、抗拉强度、伸长率、纵向通水率和滤膜材料单位面积重、抗拉强度、渗透系数、等效孔径。

常用的塑料排水板由两面带沟槽的塑料芯板与外套滤膜组成。一般断面尺寸 100mm × 4mm；成卷包装，每卷长 200m，质量约 25kg，技术指标见表 2-28。

常用滤水层材料性能表 表 2-28

性能		参考数值
纵向通水率(cm^3/s)		>25
渗透系数(cm/s)		$>5 \times 10^{-4}$
滤膜抗拉强度(kN/m)	干态(延伸率10%)	>2.5
	湿态(延伸率15%)	>2.0
复合体抗拉力(kN/m)[干态(延伸率10%)]		>1.3
等效孔径 0.95(mm)		>0.08

塑料排水板盘带进场后应妥善存放,严禁长时间在阳光下暴晒,并保持通风、干燥和远离高温源。

2. 施工机械及人员配置

(1) 施工机具

施工采用JZ18型履带式插板机,该机主要由工作装置、驱动装置和行走装置组成。工作装置包括导向架和导管,导向架由角钢分段焊接,每段长6m,拼接高度为19.2m,段与段之间用螺栓连接。导管采用热轧无缝钢管制成,驱动装置为电力驱动,行走方式为履带式。主要技术参数见表2-29。

JZ18型履带自行式插板机主要技术参数表　　　　　表2-29

序 号	项　　目	单　位	技术参数
1	外形尺寸(长×宽×高)	m	6×5×19.2
2	整机质量	t	18
3	振动锤偏心矩	N·m	17
4	振动锤激振力	kN	180
5	振动锤质量	t	2.5
6	电机功率	kW	22
7	振动频率	次/min	1000
8	卷扬机最大静张力	kN	50
9	卷扬机平均绳速	m/min	8.75
10	卷扬机电机功率	kW	11
11	行走装置电机功率	kW	5.5×2
12	行走速度	m/min	8
13	台班产量	m	2300

(2) 人员配置

JZ18型履带自行式插板机单机作业劳力组织见表2-30。

JZ18型履带式插板机单机作业劳力组织表　　　　　表2-30

序号	项　目	人　数	工作内容
1	插板机司机	1	操作、维修、保养插板机
2	发电机司机	1	操作、维修、保养发电机,保证用电安全
3	割带及装锚销	1	割带、装锚销、板带换盘
4	拉带	1	锚销装好后,将板带拉紧,参与板带换盘
5	技术员	1	负责插板作业的技术指导、质量和安全及施工记录

3. 施工准备

在正式施工前做好各种施工准备。根据现场实际确定施工方案,修建施工便道。在待处理地段端部的场地上进行插板机的调试及工艺试验,试打2~5根来检验机器的性能、地质情况并确定工艺参数。

插入法施工步骤(图2-106)如下。

①塑板材由后面的卷筒通过井架上部的滑轮插入心轴。

②用心轴的输送轮轴夹住塑板材,一起垂直压入地下,透水滤膜不应被撕破和污染。

③心轴达到预定深度后,输送轮轴反转将心轴上拔,塑板材留在土中,然后用自动刀具将塑板材切断但应保证塑板伸入砂垫层50cm以上,使其与砂垫层贯通。

④移向下一个施打位置。

施工前应清除地面上的淤泥、树根、草皮及杂物。打设塑料排水板不得采用锤击法或水冲法施工。塑料排水板进场后应堆放于干燥通风处,并加遮盖,严禁在太阳下暴晒;塑料排水板芯板应采用全新材料,不得采用再生塑料。打设塑料排水板宜顺线路方向分段逐排进行,分段长度不宜大于100m。排水板接长时应拆开滤膜对准芯板槽口,再包好滤膜,用钉固定,搭接长度大于0.2m,严禁浮放搭接。排水板应锚定在孔底,防止跟袋;当跟袋长度大于0.5m时应重新补打。

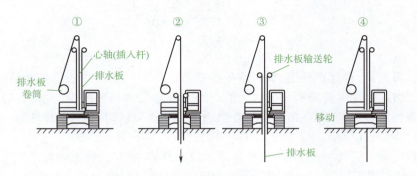

图2-106 插入式排水板的施工步骤

4. 施工工艺

1) 工艺流程

塑料排水板施工工艺流程如图2-107所示。

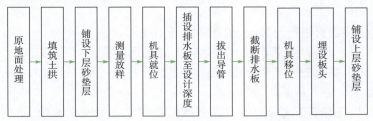

图2-107 塑料排水板施工工艺流程图

2) 施工要点

(1) 基底处理

清理场地,两侧开挖临时水沟及时排除地面积水,以防水浸泡工作面。将路基范围内原地面上淤泥、树根、草皮、腐植土等全部挖除。一般清基深30cm,平整场地。

(2) 填筑土拱

在设计要求的路基范围内,用土回填整平,整平面作三角形,有线路中心向两侧做成4%的排水横坡,填筑成路拱型,并碾压成形。水塘地段,设围堰抽水挖淤,填筑细粒土至整平高程,整平高程以上由线路中心向两侧做成4%的排水横坡,其宽度不小于地基处理底宽度,每侧加宽 1.0m 做施工作业平台。

(3) 铺设下层砂垫层

在路拱上均匀铺设透水性好的粗砂层(厚度一般为 30cm),并对砂垫层进行碾压成形。表面应平顺,形成同路拱相同的坡度,以利于袋装砂井中排出的水能迅速从该砂层中流出。

由于地表较软弱,运输车辆宜用轻型车辆,且尽量减少对地基的扰动。最好将砂堆于处理地段以外,然后用小型运输工具运入施工地段。摊铺做到均匀、平整,形成双向横坡。同时注意避免泥土、杂物混入砂层。压实应用静压式压路机进行,不得振碾。

(4) 测量放样

根据设计资料提供的起讫桩号打出控制桩,再每隔 10~20m 放出路线中心桩。按照打设的宽度放出边桩及护桩。

①桩位放样。首先根据设计给定的处理长度、宽度及板距,计算出布设的排数和列数。由于布设的原则一般按正三角形(梅花形),故:

$$排数 = \frac{处理长度}{设计板距 \times \sin60°} + 1$$

$$列数 = \frac{处理宽度}{设计板距} + 1$$

②根据计算结果,设计布桩图,标明排列的编号。每排桩的轴线应垂直于路线中心线,曲线上应为法线方向。同时应绘制一张较大的布桩图交施工人员在打设时使用,每施打一根在图上相应位置标出,以免遗漏。由于有些处理段落位于斜交结构物两侧,应注意两个三角形地带的布桩,避免超布或遗漏。

③根据布桩图,在铺设好的第一层砂垫层上放出具体的桩位,做出明显的标志。一般可用 30cm 长的 8 号钢筋插在桩位上,桩顶部最好用红油漆抹红(打设时用来卡住排水板端部,插入后将排水板锚固于孔底防止拔管时带上排水板)。

(5) 机具就位

在机具定位时,遵循从低处往高处打设的原则,保证导管中心与地面定位在同一点,并用经纬仪观测控制导向架垂直度,以保证井位偏差在允许范围内。

(6) 施打排水板

顺线路方向分段逐排进行,分段长度不宜大于 100m。

将塑料带(即排水板)从导管上端入口处穿入导管至桩头,并与锚销连接好,与管套扣紧,防止导管进泥。施工中优先采用倒 h 形锚销,一是防止打设过程中土层与插板直接接触,损伤排水板;二是防止泥土进入导管。

对准板位,开机将导管沉至设计深度。沉管插板开始沉管时要缓慢,防止导管突然偏斜,套管入土深度距设计高程约 2m 时,要减慢沉管速度,注意观察,防止超深或碰上障碍时能及时采取措施。插板机上设有明显的进尺标志,可以控制排水板的打设深度。

(7) 拔出导管,处理板头

上拔导管至地面,剪断塑料排水板。拔管时应防止带出排水板,当带出长度大于 0.5m 时,必须在旁边重新补打。如排水板回带现象严重,应分析原因,改进工艺。如在拔管前停顿一下,让液化后的粉细砂可以恢复一定的强度;或是将桩头的销子改换为靴头,如仍解决不了问题,就得与监理和设计单位协调,考虑变更打入深度。

(8) 机具移位

打设过程中,应逐板进行自检,并要作好施工记录。应检查每根板的施工情况,当符合验收标准时方可移机打设下一条,否则在邻近板处补打。

(9)铺设上砂垫层

打设后应及时清除排水板周围带出的泥土并用砂子回填密实,不得污染外露的排水板。塑料排水板的顶部伸入砂垫层长度应大于0.5m或符合设计要求,外露排水带应妥善保护,且不得暴晒过久。一个区段的塑料排水板施工完毕后及时铺设上层砂垫层。

5. 质量检验

塑料排水板施工质量标准及检验方法见表2-31。

塑料排水板施工质量标准及检验方法 表2-31

序 号	检验项目	允许偏差	检 验 数 量	检 验 方 法
1	板位	$^{50}_{\ 0}$ mm	按排水板总数5%抽样检验	尺量
2	垂直度	1.5%	按排水板总数5%抽样检验	用经纬仪观测桩锥导向架
3	伸入砂垫层长度	$^{+100}_{\ \ \ 0}$ mm	按排水板总数5%抽样检验	尺量

七 堆载预压

1. 施工机械及人员配置

施工前,根据预压材料种类、预压场地的大小、料场距离路基作业面远近等合理配置施工机械、人员。施工机械及人员配置详见140页相关内容。

2. 施工准备

(1)根据设计要求选定预压填料(一般采用预压土),施工前对料场(取土场)进行抽验检验。

(2)测量放线:按设计要求施放中心线、边线和高程控制桩。

(3)修筑下承层:在填筑之前,认真检查下承层,发现问题尽早处理。采用平地机刮平并压实,表面平整密实,无翻浆松软地段。高程、宽度、横坡度、平整度、密实度验收合格后,方可进行施工。

3. 施工工艺

1)工艺流程

制订施工方案→标定位置、平整场地→盲沟施工→砂垫层施工→竖向排水体施工→埋设观测仪器→堆载预压→观测→观测结束→卸荷→基底平整→检验→结束

2)施工要点

堆载预压按设计要求进行,采用自卸汽车与推土机联合作业。对超软地基的堆载预压,第一级荷载宜用轻型机械或人工作业。

(1)铺设编织布

预压土填筑之前,沿基床底层纵向铺设一层CB150聚丙稀编织布,每幅纵向搭接长度为0.1m,编织布铺设时要整平、拉紧,然后在其上填筑。为防止填筑完成后,雨水直接冲刷路肩,编织布应超过路基顶宽外边缘0.3m。

(2)分层填筑

采用按厚度横断面全宽纵向水平分层填筑,填筑虚铺按照试验段确定的参数进行控制,为保证边坡压实质量,填筑时两侧各加宽20~30cm。

(3)摊铺整平

填料摊铺整平使用推土机进行初平,再用平地机进行终平。控制层面无显著的局部凹凸,路拱做成4%的横向排水坡,为有效地控制每层虚铺厚度,初平时用水平仪控制。

(4)晾晒

填料碾压前控制其含水率在最佳含水率范围内。

(5)碾压夯实

碾压前向压力机司机进行技术交底,其内容包括碾压起讫范围、压实遍数、压实速度等。压实顺序按先两侧后中间,先慢后快,先静压后振动的操作程序进行。

(6)坡面修整

预压土填筑到顶面,做出横向排水坡,以利于排水,顶面要平整,防止积水,边坡按设计要求刷坡,坡面要平整顺直。

(7)卸载

当堆载预压时间达到设计要求后,应根据观测资料和工后沉降推算结果,由建设单位组织设计、监理、施工单位共同研究确定卸载时间。

挖除预压土时应分两层进行施工,顶层厚度较大,采用机械完成,剩余的底层厚度小(20~30cm),由机械配合人工进行,这主要是为了减少机械施工时对原基床底层顶面的扰动。

(8)基底平整

卸除预压土后,由平地机及人工对原基床底层顶面进行平整,如需补土,则应按路堤基床施工要求进行填筑,然后由压路机进行碾压,直到符合验标要求。

4. 施工质量控制措施

(1)预压材料应符合设计要求,不得使用淤泥土或含垃圾杂物的填料。

(2)预压荷载不应小于设计荷载。

(3)预压土的堆载宽度和坡度应符合设计要求。堆载面积要足够大。堆载的顶面积不小于路基基底面积。堆载的底面积也应适当扩大,以保证路基填筑范围内的地基得到均匀加固。

(4)堆载要求严格控制加载速率,分层(级)荷载应符合设计要求,保证在各级荷载下地基的稳定性,同时要避免部分堆载过高而引起地基的局部破坏。

(5)对超软黏性土地基,荷载的大小、施工工艺更要精心设计,以避免对土的扰动和破坏。

(6)堆载预压填筑过程中同步进行地基沉降与土的侧向位移观测,从而控制堆载预压土的填筑速率,保证路堤安全、稳定。同时通过水平仪、经纬仪测量、尺量,实测预压土的密度并计算各抽验段的预压荷载,以控制堆载预压的加压量和加压时间。同时注意保护好沉降观测设施,当有损坏应及时恢复。

(7)填筑过程应按设计要求或采取有效措施防止预压土污染填筑好的路基。

5. 质量检验

(1)预压土填土压实质量应随施工分层检测,检验方法同原地面处理及路基填筑相关内容(详见139页相关内容)。每层填筑压实度质量按规定检验,达到设计要求后,方可进行下一层填筑施工。

(2)预压土的外形尺寸检验方法、频次见表2-32。

预压土外形尺寸检验标准　　　　　表 2-32

序　号	检验项目	允许偏差	检 验 数 量	检验方法
1	顶面高程	±50mm	沿线路纵向每 100m 抽检 5 处	水准仪测
2	中线至边缘距离	±50mm	沿线路纵向每 100m 抽检 5 处	尺量
3	宽度	≥设计值	沿线路纵向每 100m 抽检 5 处	尺量
4	横坡	±0.5%	沿线路纵向每 100m 抽检 5 个断面	坡度尺量
5	平整度	≤15mm	沿线路纵向每 100m 抽检 10 处	直尺量测
6	边坡	≥设计值	沿线路纵向每 100m 抽检 5 点	坡度尺量

八、真空预压

1. 材料要求

密封膜、排水滤管的种类、规格及性能应符合设计要求。进场时进行现场验收。查验每批产品出厂合格证、性能报告单，抽样检验密封膜的厚度、透气性能、拉伸强度和排水滤管的管径、壁厚、透水、渗滤、纵向排水性能及抗拉、抗压强度和环形刚度。

2. 施工准备

(1) 进行施工调查，核对地质条件，检查是否有透气层，保证真空预压效果，根据现场实际制订施工方案。

(2) 测量放样，平整地表，清除障碍物。

(3) 按设计要求设置观测点和观测断面。

3. 施工机械及人员配置

以 200m 为一个区段，人员配置为：日平均劳动力 20 人，施工高峰期 40 人，抽真空观测期间保持在 5 人左右。

主要真空设备见表 2-33。观测及检测设备见"单元四　路基监测"的任务一。

真 空 设 备 表　　　　　表 2-33

序　号	设备名称	型　号	主要技术参数	
1	射流真空泵	ZSL-Ⅰ-200	抽气速率	210m³/h
			极限真空度	-0.0970MPa
			工作水温	35℃
			水泵压力	0.40MPa
			电机功率	7.5kW
2	真空表	WKT-006	—	

4. 真空预压法施工工艺

1) 工艺流程

真空预压系统可粗分为排水系统、抽真空系统、密封系统三个主要组成部分。真空预压施工工艺流程如图 2-108 所示。

2) 排水系统施工

塑料排水板（袋装砂井）和砂垫层是真空预压纵、横向排水系统（传递真空度）的主要组成部分。排水砂垫层原则上可分两次施工，即先铺设下层砂垫层，而后在其上依此进行真空管埋设、密封膜以及土工格栅铺设,最后再铺设上层砂垫层。上层砂垫层(含土工布)是否分层铺设可按照设计单位或建设单位的具体要求执行。砂垫层的铺设使用小型机具或使用人工操作。

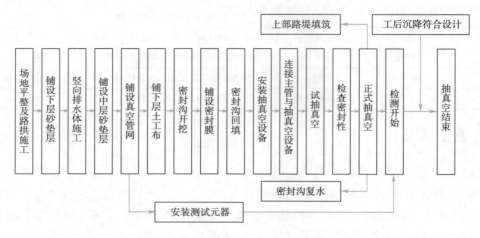

图 2-108　真空预压施工工艺流程图

3) 抽真空系统的施工

(1) 真空管的布置

第一层(下层)砂垫层施工完成后,即开始真空管的布置。由人工按照设计图纸开挖管槽,布放和连接真空管路,并保证真空管路的畅通和各类接头的牢固以及滤管端头、滤管外包反滤材料合乎要求。膜内水平排水滤管用直径为 $\phi 60 \sim 70mm$ 的铁管或硬质塑料管。为了使水平排水滤管标准化并能适应地基沉降变形,滤水管一般加工成长 5m 一根,滤水部分钻有 $\phi 8 \sim 10mm$ 的滤水孔,孔距 5cm,三角形排列,滤水管外绕 3mm 铅丝(圈距 5cm),外包一层尼龙窗纱布,再包滤水材料构成滤水层。

滤水管的平面布置一般采用条形或鱼刺形排列,保证真空负压快速而均匀地传至场地各个部位。滤水管的排距一般为 $6 \sim 10m$,最外层滤水管距场地边的距离为 $2 \sim 5m$。滤水管之间的连接采用软连接,以适应场地沉降。滤水管埋设在水平排水砂垫层的中部,其上应有 $10 \sim 20cm$ 厚的砂覆盖层,防止滤水管上尖利物体刺破密封膜。

真空管路的布设如图 2-109 所示。

(2) 主管的出膜及抽真空设备

真空管路由主管穿出密封膜,膜口处设有一个法兰盘形式的出膜装置(出膜器),密封膜夹在内外两个盘口之间(其间设有密封橡胶垫圈),用螺栓连接和紧固。出膜器内口与真空管路连接,外口通过钢丝橡胶软管连接抽真空装置,从而形成一个内外连通的抽气系统。出膜器的安装应十分仔细,不得损伤密封膜或缘口漏气。出膜器的结构如图 2-110 所示。

抽真空装置采用 ZSL-200 射流真空泵(7.5kW),并选择相匹配的射流喷嘴及循环水箱。抽真空装置的安装可在密封沟施工完后进行,并在抽真空之前检验空载时的真空度是否满足设计要求。

4) 密封系统的施工

密封系统的施工是真空预压的关键环节,施工过程中应格外仔细,严格按规程进行操作和检查。

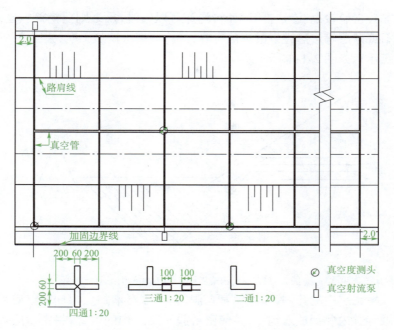

图 2-109 真空管路与真空表平面布置图(尺寸单位:mm)

(1)密封膜的铺设

密封膜采用由聚氯乙烯制成的塑料薄膜,铺设于下层砂垫层和上层砂垫层之间,重叠铺设3层。根据真空预压区域的大小和形状,密封膜安排由生产厂家在厂内预先定做加工,整幅密封膜的大小应能够保证一次性全部覆盖整个真空预压区,现场不再考虑密封膜的黏接问题。密封膜的上、下层面应铺设无纺土工布加以保护,土工布(可搭接)的面积大小略小于密封膜(收边2~3m)。

密封膜由人工铺设,在铺设时要注意以下事项。

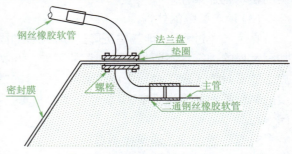

图 2-110 主管的出膜装置示意图

加工时膜的大小应考虑埋入密封沟的部分,留有足够的富裕。

铺设时膜不宜拉得太紧,每边比图纸尺寸要放出2~3m。铺设自一边开始,分层依次铺设。

膜在埋入密封沟时,注意不要被石头或草、树根等戳破。若发现膜有破损,应及时裁制大小适宜的同质薄膜进行粘贴修补。

铺设密封膜的操作人员必须穿无尖利凸刺或印痕的橡胶软底鞋,在膜上行走时应缓步慢行。每铺好一层密封膜后立即在膜上进行地毯式的寻查,发现破损处及时进行黏接。

密封膜应黏接牢固,热合加工的搭接长度不得小于15mm;铺设时密封膜要适当放松,表面不得损坏。

(2)密封沟的施工

密封沟是在加固区四周挖一定深度用于埋设密封膜的沟槽。密封沟开挖应按照设计尺寸,可采用人工配合挖掘机开挖。密封沟的深度应根据现场土层的实际情况进行调整。当被加固区域土层黏粒含量较高、渗透性较差时,沟深可以较浅,反之则要挖深一些。如果密封沟底或两侧有碎石或砂层等渗透性好的夹层存在,应将该夹层挖除干净,并回填软土。

密封沟施工示意如图 2-111 所示。

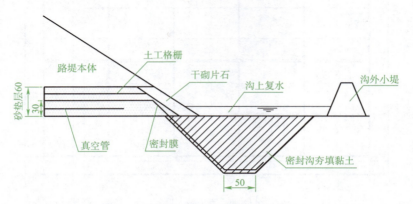

图 2-111 密封沟施工示意图(尺寸单位:cm)

挖沟时要注意土层中的孔洞,如发现有孔洞,则沟深要增加。内侧沟壁应平顺,挖好后将密封膜小心地顺沟壁内侧铺放入沟中,并使密封膜紧贴于沟的内壁,将密封膜放至沟底,然后以细粒土分层回填。特别要注意第一层的填压,要用土把密封膜压好,使膜能紧贴沟壁和沟底,在每一层填土上都给予适当的压实,最后将剩余的土在沟外侧堆成挡水的小堤,为密封沟上的覆水创造条件。

(3) 地表裂缝的处理

真空预压过程中,地基的沉降速率很快,加固区四周地表会产生一些裂缝,这些裂缝随着加固过程的进行会不断扩大并向深处延伸,同时向加固区外缘发展,以致可能最终影响到真空施工的密封性。施工过程中应注意观测裂缝的性质、规模和发展趋势,必要时,可拌制一定稠度的黏土浆倒灌于裂缝中,泥浆会在重力和真孔吸力的作用下向裂缝深处渗入,起到一定的封闭作用。

5) 真空预压施工质量控制措施

(1) 真空管路布设时,应同步按指定部位预设真空度测头(管路中及管路间膜下真空度)。真空管应采用强度较大、不易产生横截面变形的塑料管。

(2) 密封沟施工中,要特别留心各种测试器件(如真空度测头、孔压测头等)的引出线的妥善处理和保护。尽量将引线集中并成一股,外加套管保护,选择好导线的走向,并作蛇形弯曲布设,预留变形长度。既要封闭好,又不得破坏导线。

(3) 位于线路中心的分层沉降测试套管,需穿过密封膜并随着路堤填筑而不断接高,地基土与套管之间会产生较大的沉降差,从而增加了此处密封的难度。现场应根据试验组织单位的具体处理措施做好接口的密封处理,或可裁制 1.5~2.0m 见方中心开有小孔的薄膜,将其封套于套管上,按抽真空期间可能产生的沉降量值将薄膜沿套管外壁下插于套管周边预设的空间内,适量留出其边缘部分与原已铺设的薄膜平顺黏接。必要时,应对套管口亦予以密封。

(4) 密封膜沿密封沟封压完成后,将出膜器外管与抽真空装置连接并试抽,同时应检查整个系统的密封性和工作状态。通过真空度量值的大小及其变化速率等,综合判定系统的密封性,发现问题,及时予以解决。在一切正常的情况下,依次铺设上覆土工布、土工格栅或上层砂垫层。

(5) 真空预压期间应加强巡视和各项观测记录(如真空度、沉降、水平位移、孔隙水压力、出水量等),发现异常现象,如膜内真空度值小于80kPa等,应尽快分析原因并采取措施补救。建立24h的值班制度,保证电力的正常供应。

(6)真空表量程为100kPa,精度不低于2.5级。

(7)膜上覆水一般应在抽气后膜内真空度达80kPa,确认密封系统不存在问题方可进行,这段时间一般为7~10d。

(8)冬季抽气,应避免过长时间停泵,否则,膜内、外管路会发生冰冻而堵塞,抽气很难进行。当气温降至-17℃时,如对薄膜、管道、水泵、阀门及真空表等采取常规保温措施,则可照常作业。

(9)下料时应根据不同季节预留塑料膜伸缩量;热合时,每幅塑料膜的拉力应基本相同。防止密封膜形状不正规,不符合设计要求。

(10)在气温高的季节,加工完毕的密封膜应堆放在阴凉通风处;堆放时给塑料膜之间适当撒放滑石粉;堆放的时间不能过长,以防止互相黏连。

(11)在铺设滤水管时,滤水管之间要连接牢固,选用合适滤水层且包裹严实,避免抽气后杂物进入射流装置。

(12)铺膜前应用砂料把砂井孔填充密实,密封膜破裂后,可用砂料把井孔填充密实至砂垫层顶面,然后分层把密封膜粘牢,以防止砂井孔处下沉密封膜破裂。

(13)抽气阶段质量要求达到膜内真空大于80kPa,停止预压时地基固结度要求大于80%,预压的沉降稳定标准为连续5d,实测沉降速率不大于2mm/d。

(14)当真空预压时间和沉降量达到设计要求时,应根据观测资料和工后沉降推算结果,由建设单位组织设计、监理、施工单位共同研究确定卸载时间。

5. 真空—堆载预压法施工工艺

当设计荷载超过80kPa,真空预压可与堆载预压联合使用,其加固效果可以叠加。采用真空—堆载预压法,既能加固软土地基,又能较高地提高地基承载力,其工艺流程为:

铺砂垫层→打设竖向排水通道→铺膜→抽气→堆载→结束。

对一般软黏土,当膜下真空度稳定地达到80kPa后,抽真空10d左右可进行上部堆载施工,即边抽真空,边连续施加堆载。对高含水率的淤泥类土,当膜下真空度稳定地达到80kPa后,一般抽真空20~30d可进行堆载施工;荷载大时可分级施加,分级数通过稳定计算确定。

在进行上部堆载之前,必须在密封膜上铺设防护层,保护密封膜的气密性。防护层可采用编织布或无纺布等,其上铺设10~30cm厚的砂垫层,然后再进行堆载。堆载时宜采用轻型运输工具,并不得损坏密封膜。在进行上部堆载施工时,应密切观察膜下真空度的变化,发现漏气,应及时处理。

真空—堆载预压法施工时,除了要按堆载预压和真空预压的要求进行以外,还应注意以下几点:

(1)堆载前要采取可靠措施保护密封膜,防止堆载预压时刺破密封膜;

(2)堆载底层部分应先采用颗粒较细且不含硬块状的堆载物,如砂料等;

(3)选择合适的堆载时间和荷重。

6. 质量检验

真空预压法施工中经常进行的质量检验和检测项目有孔隙水压力观测、沉降观测、侧向位移观测、真空度观测和预压效果检测等。

(1) 孔隙水压力观测

采用钢弦式孔隙水压力计(或双管式孔隙水压力计)现场观测孔隙水压力。观测前在场内设置若干个测孔。测孔中测点布置垂直距离为 1~2m,不同土层也应设置测点,测孔的深度应大于待加固地基的深度。

(2) 沉降及水平位移观测

沉降及水平位移观测方法详见"单元四 路基监测"。

(3) 真空度观测

真空度观测分为真空管内真空度、膜下真空度和真空装置的工作状态。膜下真空度能反映整个场地"加载"的大小和均匀度。膜下真空度测头要求分布均匀,每个测头监控的预压面积为 1000~2000m²,抽真空期间一般要求真空管内真空度值大于 90kPa,膜下真空度值大于 80kPa。

(4) 竣工质量检验

预压堆载预压竣工后对预压的地基土进行原位十字板剪切试验和室内土工试验,检验预压效果。

九 砂(碎石)桩

1. 材料要求

砂桩桩体用砂选用一定级配的中、粗砾砂,含泥量不得大于 5%,用作排水的砂桩用砂的含泥量不得大于 3%。

碎石桩桩体应选用一定级配且未风化的干净碎石或砾石,粒径宜为 20~50mm,含泥量不得大于 5%。

施工前在料场抽样检验砂子含泥量、筛分试验颗粒级配。

2. 施工准备

(1) 进行施工调查,制订施工方案。

(2) 测量放样,平整地表,清除障碍物。

(3) 施工前应进行成桩试验,确定施工工艺和参数,试桩数量应符合设计要求且不得少于 2 根。

3. 成桩工艺

1) 工艺流程

成桩施工宜采用振动成桩法或锤击成桩法。振动成桩法宜采用重复压拔管法,锤击成桩法宜采用双管法。

砂桩、碎石桩施工工艺流程如图 2-112 所示。

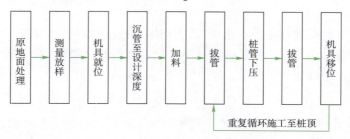

图 2-112 砂桩、碎石桩施工工艺流程图

2）施工顺序

桩的施工顺序一般采用"由里向外"[图2-113a)]或"一边推向另一边"[图2-113b)]的方式,因为这种方式有利于挤走部分软土。如果"由外向里"制桩,中心区的桩很难振挤开来。对于抗剪强度很低的软黏土地基,为减少制桩时对地基土的扰动,宜用间隔跳打的方式施工[图2-113c)]。当加固区毗邻其他建筑物,为减少对临近建筑物的振动(锤击)影响,宜按图2-113d)所示的顺序进行施工。

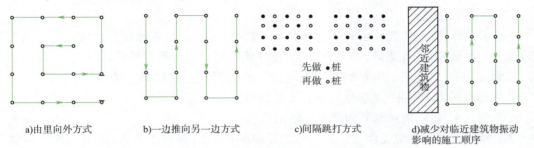

a)由里向外方式　　b)一边推向另一边方式　　c)间隔跳打方式　　d)减少对临近建筑物振动影响的施工顺序

图2-113　桩的施工顺序

3）重复压拔管振动成桩法施工

（1）施工机械及人员配置

采用振动沉管砂(碎石)桩机施工,振动锤规格技术性能见表2-34,桩机采用活瓣桩尖;采用料斗上料。人员配备情况:机长1名;班长2名;施工人员8名。实行每日两班工作制。

（2）施工工艺

成桩工艺如图2-114所示。

①机械按设计桩位就位,闭合桩靴。

②将桩管沉入土层中至设计深度,如果桩管下沉速度很慢,可以利用桩管下端喷嘴射水加快下沉速度。

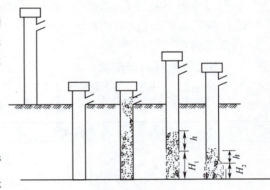

图2-114　重复压拔管成桩工艺

振动桩机及振动锤规格技术性能　　　　表2-34

型　号	电机功率 (kW)	偏心力矩 (N·m)	偏心轴速 (r/min)	激振力 (kN)	空载振幅 (mm)	容许拔桩力 (kN)	锤全高 (mm)	桩锤振动质量 (kN)	导向中心距 (mm)
DZ-15	15	50~166	600~1500	67~125	3	0.6	1400	18	330
DZ-22	22	73~275	500~1500	76~184	3	0.8	1800	26	330
DZ-30	30	100~375	500~1500	104~251	3	0.8	2000	30	330
DZ-37	37	123~462	500~1500	129~310	4	1	2200	34	330
DZ-40	40	133~500	500~1500	139~335	4	1	2300	36	330
DZ-45	45	150~562	500~1500	157~378	4	1.2	2400	30	330
DZ-56	56	183~687	500~1500	192~461	4	1.6	2600	44	330
DZ-60	60	200~750	500~1500	209~503	4	1.6	2700	50	330
DZ-75	75	250~937	500~1500	262~553	5	2.4	3000	60	330
DZ-90	90	500~2400	400~1100	429~697	5	2.4	3000	70	330

③用料斗向桩管内加料(砂或碎石)。

④边振动边拔管,拔至设计或试验确定高度,同时向桩管内送入压缩空气使填料容易排出,桩管拔起后核定填料的排出情况。

⑤边振动边下压沉管至设计或试验确定高度,将落入桩孔内的填料压实。

⑥停止拔管后应继续振动,一般停拔悬振时间为 10~20s。

⑦重复循环施工至桩顶。

(3)质量控制措施

①在套管未入土前,先在套管内投砂(碎石)2~3 斗,打入规定深度后,复打(空)2~3 次,使底部的土更密实,成孔更好,加上有少量的砂(碎石)排出,分布在桩周,既挤密桩周的土,又形成较为坚硬的砂(碎石)泥混合的孔壁,对成孔极为有利。在软黏土中,如果不采取这个措施,打出的砂(碎石)桩的底端会出现夹泥断桩现象。

②适当加大风压,避免套管内产生泥砂倒流现象。

③注意贯入曲线和电流曲线。如土质较硬或砂(碎石)量排出正常,则贯入曲线平缓,而电流曲线幅度变化大。

④套管内的砂(碎石)料应保持一定的高度。

⑤每段成桩不要过大,如排砂(碎石)不畅可适当加大拉拔高度。

⑥拉拔速度不宜过快,使排砂(碎石)要充分。

4)双管锤击成桩法施工

(1)施工机具及人员配置

双管锤击成桩法施工机具见表 2-35。

双管锤击成桩法施工机具表 表 2-35

序号	设备名称	型号规格	主要技术参数	
1	导杆式柴油打桩机锤	DD80	气缸体质量	8000kg
			气缸体最大冲程	3.0m
			频率	35~50r/min
			最大能量(理论值)	240kJ
			燃油消耗量	20L/h
			气缸孔径	580mm
			活塞行程	780mm
			机锤总质量	13800kg
			导轨形式	圆管
			导轨中心距	600mm
2	液压履带式起重机	QUY70	最大额定起质量	70×3.7t·m
			基础臂长	12m
			主臂最大长度	54m
			副臂长度	9~18m
			主臂+副臂	45+18m
			提升速度	高速70m/min,低速35m/min
			下降速度	高速70m/min,低速35m/min

续上表

序号	设备名称	型号规格	主要技术参数	
2	液压履带式起重机	QUY70	提臂速度/落臂速度	60m/min
			回转速度	3.1r/min
			行走速度	1.5km/h
			爬坡能力	40%
			柴油发动机(康明斯)	185/2200hp/rpm
			履带平均接地比压	0.79kg/cm²
			整机质量(基本臂时)	65t
3	外管(套管)	—	底端开口	—
4	内管(芯管)	—	底端封闭	—
5	料斗	—	—	—

人员配备情况:机长 1 名;班长 2 名;施工人员 8 名。实行每日两班工作制。

(2)成桩工艺

双管锤击成桩法成桩工艺如图 2-115 所示。

①机械按设计桩位就位。
②锤击内管和外管,下沉至设计深度。
③拔起内管,加料至外管内。
④放下内管至外管内的砂(或碎石)料面上,拔起外管与内管平齐。
⑤锤击内外管、压实砂(或碎石)料。
⑥拔起内管,向外管内灌砂(碎石)。
⑦重复循环施工至桩顶。

5)质量控制措施

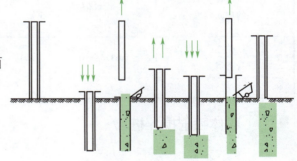

图 2-115 双管锤击成桩法成桩工艺

(1)振动法施工应严格控制拔管高度、拔管速度、压管次数和时间、填砂量、电机工作电流,保证桩体连续、均匀、密实。

(2)锤击法施工应根据冲击锤的能量,控制拔管高度、分段填砂量、贯入度,保证桩体质量。

(3)施工中应选用适宜的桩尖结构。当选用活瓣桩靴时,砂性土地基宜采用尖锥型,黏性土地基宜采用平底型。

(4)成桩后灌砂量(碎石用量)必须符合设计用量要求,灌砂量的理论计算如式(2-19)所示。

$$C = \frac{1}{4}\pi d^2 \lambda l \qquad (2-19)$$

式中:C——理论灌砂量(碎石用量);
λ——压缩系数(充盈系数),取值为 1.3;
l——设计桩长;
d——成桩直径。

(5)当实际灌砂(碎石)量没有达到设计要求时,应在原位将桩打入,补充灌砂(碎石)后复打一次,或在旁边补桩。

4. 质量检验

砂(碎石)桩质量检测应在施工结束后间隔一定时间进行。饱和黏性土宜为2周,其他土为3~5d。检验项目、标准、数量及方法见表2-36。

砂(碎石)桩施工允许偏差、检验数量及检验方法　　表2-36

序号	检验项目		允许偏差	检验数量	检验方法
1	桩位(纵、横)		50mm	抽样检验成桩总数的5%,且每检验批不少于5根	经纬仪或钢尺丈量
2	桩径	振动法	−20mm		钢尺丈量
		锤击法	$^{+100}_{-50}$ mm		
3	桩身垂直度		1.5%	抽样检验成桩总数的2%,且每检验批不少于3根	经纬仪或吊线测桩架倾斜度
4	桩长		≥设计值	每根桩	测桩管深度控制线;查施工记录
5	复合地基承载力		≥设计值	按成桩数量的0.2%抽样检验,且每检验批不少于3根	现场平板荷载试验
6	可液化土地基桩间土的加固效果		≥设计值	沿线路纵向每100m抽样检验5处	标准贯入、静力触探或动力触探试验,当探头达到桩顶1m以下后,开始计数
7	砂桩2m深度以下桩身密实度		$N_{63.5}$≥10	按成桩数量的2%抽样检验,且不少于2根	进行标准贯入或动力触探试验,当探头达到桩顶2m以下后,开始计数
8	碎石桩桩身密实度		≥设计值		

十 粉体喷射搅拌桩

1. 材料要求

水泥、固化剂种类和规格按设计要求选用,并有产品质量合格证。严禁使用受潮、结块和变质的水泥及固化剂。材料进场后检查产品质量证明文件并抽验检验。

2. 施工准备

(1)测量放样、平整地表、清除障碍物。

(2)在施工现场取样按设计要求进行室内配比试验,确定试桩配合比。

(3)施工前应进行成桩工艺试验,确定各项技术参数,包括电脑自动记录仪使用情况,钻进速度、提升速度、搅拌速度、气体流量、空气压力等,验证成桩质量,检验成桩效果。试桩不得少于2根。

3. 施工机械及人员配置

(1)施工机械

广泛用于各类建筑物的基础施工及铁路、公路的路基加固和港口、码头、料场地基加固的PH-5系列喷粉桩机是一种适应多种地基加固的桩工机械,其特点是:喷入土中的粉体与原位土搅拌成桩,不需取土,桩位不起拱。其主要技术性能见表2-37。

(2)人员配置

粉喷桩机单机作业每班由7人组成,其组织分工见表2-38。

PH-5系列喷粉桩机主要技术性能表　　表 2-37

项　目		单　位	PH-5A	PH-5B	PH-5D
地基加固深度		m	14.5	18	18
成桩直径		mm	500	500	500 喷粉～1000 喷浆
钻机转速	正	r/min	15、25、44、70、108	15、25、44、70、108	7、12、21、34、52
钻机转速	反	r/min	17、29、52、82、126	17、29、52、82、126	8、14、25、40、62
最大扭矩		kN·m	21	21	55
提升速度	正	m/min	0.228、0.386、0.679	1.665、1.081	0.116～1.497
提升速度	反	m/min	0.268、0.455、0.800	1.272、1.960	0.137～1.761
钻杆规格		mm	125×125	125×125	125×125
纵向单步行程		m	1.2	1.2	1.2
横向单步行程		m	0.5	0.5	0.5
接地比压		MPa	≤0.0287	≤0.038	≤0.0385
灰罐容量		m	1.3	1.3	1.3
空气机排量		m/min	1.6	1.6	1.6
主电机功率		kW	37	37	45
油泵电机		kW	5	5	7.5
空压电机		kW	13	13	13
整机质量		kg	7500	10000	12000
喷浆		kg	9500	12000	14000

粉喷桩机单机作业劳力组织表　　表 2-38

职　务	人　数	职　责　范　围
班长	1	全面负责施工进度、质量和安全
技术员	1	掌握施工技术、质量,整理施工记录
司机	1	操作粉喷桩机
供料工	2	倒运水泥等
钳工	1	全面维修保养机具设备
电工	1	负责电源、电路、工地照明及电气故障排除

4. 施工工艺

(1) 工艺流程

粉体喷射搅拌桩施工工艺流程如图 2-116 所示。

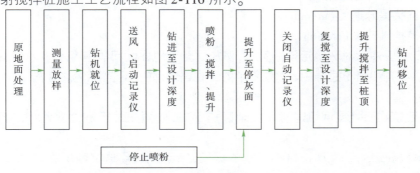

图 2-116　粉体喷射搅拌桩施工工艺流程

(2) 施工要点

①机具定位。根据粉喷桩布置范围及行列间距在现场用小木桩准确定出每根粉喷桩的位置。然后使桩机对位,调直机身,保证桩的垂直度。

②启动主电机下钻,待钻头接近地面时启动自动记录仪,空压机送气并继续钻进。

③当钻至设计深度时,停止钻进,钻头反钻但不提升。

④打开送料阀门,关闭送气阀门,喷送水泥粉。

⑤水泥到桩底后,提升搅拌钻头喷送水泥不停,为控制成桩质量,一般不得使用三档提升。

⑥提升到设计高程时,关闭送料阀,停止喷粉。打开送气阀,空压机不要停机,停止提升,在原位转动 2min,以保证桩头均匀密实。

⑦搅拌钻头再钻到设计桩底深度,进行第二次搅拌。

⑧将搅拌钻头提出地面,停止主电机、空压机,填写施工记录。

⑨移动桩机至下一个桩位。

5. 质量控制措施

(1) 严禁在没有喷粉的情况下进行提升钻头作业,严格控制钻进速度、提升速度、喷粉量及空气压力,确保成桩质量。

(2) 施工过程中严格控制下钻深度、喷粉高程、停灰面、喷灰时间及停灰时间,确保粉喷桩长度达到设计要求。

(3) 设计上要求搭接的桩体,须连续施工,一般相邻桩的施工间隔时间不超过 8h,若因停电、机械故障而超过允许时间,应征得设计部门同意,采取适宜的补救措施。当成桩过程中因故停工时,第二次喷粉必须重叠接桩,接桩长度不得小于 1m。

(4) 喷粉机械应配置灰量自动记录仪,且处于检定有效期内。随时检查加固料用量、桩长、复搅长度,评定成桩质量。如有不合格桩或异常情况,应及时采取补桩或其他处理措施。

(5) 定时检查粉喷桩的成桩直径及搅拌均匀程度。对使用的钻头定期复核检查,其直径磨耗量不得大于 10mm。

(6) 当喷粉即将至停灰面时,停止提升,搅拌数秒钟,以保证桩头均匀密实。

(7) 为保证地基的加固效果,必须选择合理的钻机速度、提升速度、喷粉速度,其搅拌效果通常用土体中任一点的钻头搅拌次数 N 来控制,一般 N 需满足式(2-20)并大于 30 次:

$$N = h \sum \frac{z}{vn} \qquad (2-20)$$

式中:h——钻头叶片垂直投影高度(m);

z——钻头叶片总数(片);

v——钻头提升速度(m/min);

n——搅拌轴速度(r/min)。

(8) 施工中应注意对环境污染的重视,停灰面至原地面之间的距离不小于 0.5m。

(9) 钻机成孔和喷粉过程中,应将废弃物回收处理,防止污染环境。在施工中孔口应设喷灰防护装置。

(10) 在建筑物旧址或回填建筑垃圾地区施工时,应预先进行桩位探测,并清除已探明的障碍物。

(11) 桩体施工中,若发现钻机不正常的振动、晃动、倾斜、移位等现象,应立即停钻检查。必要时应提钻重打。

(12)施工中应随时注意喷粉机、空压机的运转情况、压力表的显示变化及送灰情况。当送灰过程中出现压力连续上升、发送器负载过大、送灰管或阀门在轴具提升中途堵塞等异常情况,应立即判明原因,停止提升,原地搅拌。为保证成桩质量,必要时应予复打。堵管的原因除漏气外,主要是水泥结块。施工时不允许用已结块的水泥,并要求管道系统保持干燥状态。

(13)在送灰过程中如发现压力突然下降、灰罐加不上压力等异常情况,应停止提升,原地搅拌,及时判明原因。若由于灰罐内水泥粉体已喷完或容器、管道漏气所致,应将钻具下沉到一定深度后,重新加灰复打,以保证成桩质量。有经验的施工监理人员往往从高压送粉胶管的颤动情况来判明送粉的正常与否。检查故障时,应尽可能不停止送风。

(14)喷粉时灰罐内的气压比管道内的气压高 0.02~0.05MPa,以确保正常送粉。

(15)喷粉到距地面 1~2m 时,应无大量粉末飞扬,通常需适当减小压力加防护罩。

(16)对地下水位较深、基底高程较高的场地;或喷灰量较大、停灰面较高的场地,施工时应加水或施工区及时地面加水,以使桩头部分水泥充分水解水化反应,以防桩头呈疏松状态。

6. 质量检验

粉喷桩质量检验标准及方法见表 2-39。

粉喷桩质量检验 表 2-39

序号	检验项目	允许偏差	检验数量	检查方法
1	桩位(纵横向)	50mm	抽样检验粉喷桩总数的10%,且每检验批不少于5根	经纬仪或钢尺丈量
2	桩身垂直度	1%		经纬仪或吊线测钻杆倾斜度
3	桩体有效直径	≥设计值		开挖 50~100cm 后,钢尺丈量
4	桩长	≥设计值	每根桩	测量钻杆长度,查施工记录
5	桩体无侧限抗压强度	≥设计值	抽验检验成桩数量的0.2%,且不少于3根	桩头或桩身取样
6	复合地基承载力	≥设计值		平板荷载试验

注:桩体无侧限抗压强度检验在粉喷桩完工后 28d,在每根检测桩桩径方向 1/4 处、桩长范围内垂直钻孔取芯,观察其完整性、均匀性,拍摄取出芯样的照片,取不同深度的三个试样作无侧限抗压强度试验。钻芯后的孔洞采用水泥砂浆灌注封闭。

十一 浆体喷射搅拌桩

1. 材料要求

固化剂、外掺剂的品种及规格根据设计要求选用,并有产品质量合格证。严禁使用受潮、结块和变质的固化剂、外掺剂。所用水泥必须通过室内试验检验合格后方能使用。

2. 施工机械及人员配置

(1)施工机械

施工采用 DT05 型深层搅拌桩机,主要技术参数见表 2-40,与其配套的机具有 500L 灰浆搅拌机 1 台,带电磁流量计的 SYB-50/50 I 型液压注浆泵 1 台,集料斗 1 个。

(2)人员配置

DT05 型深层搅拌机(含灰浆泵)单机作业每班由 12 人组成(其中电工、钳工可与相邻工点共用),其组织分工见表 2-41。

DT05型深层搅拌桩机主要参数   表2-40

项目	参数名称	数值	项目	参数名称	数值
1	搅拌电机功率(kW)	37	6	地基加固深度(m)	16
2	搅拌轴规格(mm)	φ114×12	7	提升力(t)	10
3	搅拌轴速度(r/min)	43	8	提升速度(m/min)	0.2~0.8
4	搅拌头直径(mm)	φ500	9	搅拌机具质量(t)	1.8
5	一次处理面积(m²)	0.19~0.22	10	整机质量(包括桩架)(t)	11.3

DT05型深层搅拌机单机劳力组织   表2-41

职务	人数	职责范围
班长	1	负责全面施工质量和安全
技术	1	负责施工、技术、质量,填写施工记录
司机	1	负责操作搅拌机、灰浆拌制机
司泵工	1	负责操作灰浆泵
拌浆工	2	负责拌制浆液
供料工	3	负责倒运水泥
电工	1	负责电源、电路、工地照明及电气故障排除
钳工	1	负责维修保养机具设备

3. 施工准备

(1) 基底处理

测量放样、平整地表、清除障碍物。明浜、暗塘及场地低洼时应抽水和清淤,分层夯实回填黏性土料,不得回填杂填土或生活垃圾。

(2) 配合比试验

在施工现场取样按设计要求进行室内配比试验,确定浆液最佳配比。通过现场对待加固的地基土进行取样试验,确定加固所需水泥品种,所用水泥的掺入量、水灰比,并了解水泥土强度的增长规律,求得龄期与强度的关系,核对设计配比是否合适,选出最佳方案,指导现场施工。

试验的主要指标有:水泥土的密度及其抗冻性、力学性质,如无侧限抗压强度、抗拉强度、抗剪强度等。

(3) 成桩工艺试验

施工前进行成桩工艺试验,确定各项技术参数(灰浆泵输浆量、灰浆经输浆管到达搅拌机喷浆口的时间和起吊设备提升速度等),并根据设计要求通过成桩试验,确定搅拌桩的配比等各项参数和施工工艺。检验成桩效果。试桩数量不少于2根。

(4) 场地布置

施工前,按照设计对现场进行复核,做好现场平面布置,平整场地。根据搅拌顺序,布置各种机具的摆放位置,场地四周做好排水系统,供电线路使用电缆,并加以保护。现场桩位用小木桩在地面标识。

4. 施工工艺

1) 工艺流程

浆体喷射搅拌法工艺流程如图2-117所示。

2) 操作要点

(1) 就位

起重机(或塔架)悬吊搅拌机到达指定桩位,使中心管(双搅拌轴机型)或钻头(单轴型)

中心对准设计桩位。当地面起伏不平时,应使起吊设备保持水平。就位过程中保证起吊设备的平整度和导向架的垂直度,导向架的垂直度在现场用吊锤进行控制。

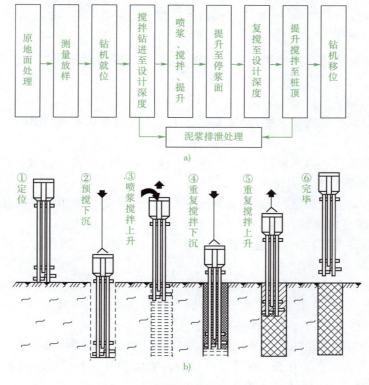

图2-117 浆体喷射搅拌法工艺流程

(2) 预搅下沉

待搅拌机的冷却水循环正常后,启动搅拌机电动机,放松起重机钢丝绳,使搅拌机沿导向架搅拌切土下沉,下沉的速度可由电动机的电流监测表控制。工作电流不应大于70A。当钻进搅拌中遇有阻力较大,钻进太慢,应增加搅拌机自重,然后启动加压装置加压,或边输入浆液边搅拌钻进。

(3) 制备水泥浆

待搅拌机下沉到一定深度时,即开始按设计确定的配合比拌制水泥浆,待压浆前将水泥浆倒入集料斗中。

(4) 提升喷浆搅拌

到达设计高程后,开启灰浆泵将水泥浆压入地基内,先原地空转几圈后,再边喷浆边提升搅拌,提升速度严格按试桩确定的速度提升,保证提升至设计桩头位置时,料斗内按设计用量拌制的水泥浆刚好用完。

(5) 重复搅拌下沉和提升

为保证水泥浆和土搅拌均匀,将钻机重复搅拌下沉,至设计高程后再提升搅拌。由于桩头部分直接接触上部构筑物,受力较大,为保证桩头受力后不损坏,在重复搅拌的过程中,可在桩头1m的范围内二次喷浆加固。

(6) 清洗

向集料斗中注入适量清水,开启灰浆泵,清洗全部管路中残存的水泥浆,直至基本干净,并将黏附在搅拌头上的软土清洗干净。

（7）移位

将搅拌机移位，重复上述（1）～（6）步骤，再进行下一根桩的施工。

5. 质量控制措施

（1）施工中的钻进速度须根据地层的软硬情况而定，施工时要随时注意观察搅拌机的电流值和喷浆情况。

（2）搅拌机配置浆量自动记录仪。

（3）宜用流量泵控制输浆速度，使注浆泵出口压力保持在 0.4～0.6MPa，并应使搅拌提升速度与输浆速度同步。

（4）制备好的浆液不得离析，泵送必须连续。拌制浆液的罐数、固化剂和外掺剂的用量以及泵送浆液的时间等应有专人记录。

（5）为保证桩端施工质量，当浆液达到出浆口后，应喷浆搅拌30s，使浆液完全到达桩端。特别是设计中考虑桩端承载力时，该点尤为重要。

（6）预搅下沉时不宜冲水，当遇到较硬土层下沉太慢时，方可适量冲水，但应考虑冲水成桩对桩身强度的影响。

（7）可通过复喷的方法达到桩身强度为变参数的目的。搅拌次数以1次喷浆2次搅拌或2次喷浆3次搅拌为宜，且最后1次提升搅拌宜采用慢速提升。当喷浆口到达桩顶高程时，宜停止提升，搅拌数秒，以保证桩头的均匀密实。

（8）桩机司机与搅拌工随时保持联系，保证搅拌机喷浆时连续供浆。施工时因故停浆，宜将搅拌机下沉至停浆点以下0.5m，待恢复供浆时再喷浆提升。若停机超过3h，为防止浆液硬结堵管，宜先拆卸输浆管路，清洗干净。

（9）壁状加固时，桩与桩的搭接时间不应大于24h，如因特殊原因超过上述时间，应对最后一根桩先进行空钻留出榫头以待下一批桩搭接，如间歇时间太长（如停电等），与第二根无法搭接，应在设计和建设单位认可后，采取局部补桩或注浆措施。

（10）搅拌机凝浆提升的速度和次数必须符合施工工艺的要求，应有专人记录搅拌机每米下沉和提升的时间。深度记录误差不得大于100mm，时间记录误差不得大于5s。

6. 质量检验

浆体搅拌桩质量检验标准及方法见表2-42。

浆体搅拌桩质量检验 表2-42

序号	检验项目	允许偏差	检验数量	检查方法及说明
1	桩位（纵横向）	50mm	抽样检验粉喷桩总数的10%，且每检验批不少于5根	经纬仪或钢尺丈量
2	桩身垂直度	1%		经纬仪或吊线测钻杆倾斜度
3	桩体有效直径	≥设计值		开挖50～100cm后，钢尺丈量
4	桩长	≥设计值	每根桩	测量钻杆长度，查施工记录
5	桩体无侧限抗压强度	≥设计值	抽验检验成桩数量的0.2%，且不少于3根	桩头或桩身取样
6	复合地基承载力	≥设计值		平板荷载试验

注：桩体无侧限抗压强度检验在浆体搅拌桩完工后28d，在每根检测桩桩径方向1/4处、桩长范围内垂直钻孔取芯，观察其完整性、均匀性，拍摄取出芯样的照片，取不同深度的三个试样作无侧限抗压强度试验。钻芯后的孔洞采用水泥砂浆灌注封闭。

十二 高压旋喷桩

1. 材料要求

外掺剂的品种及规格根据设计要求选用,并有产品质量合格证。严禁使用受潮、结块和变质的外掺剂。所用水泥必须通过室内试验检验合格后方能使用。

2. 施工机械及人员配置

(1) 施工机械

高压旋喷桩施工机具主要由钻机和高压发生设备两大部分组成。由于喷射种类不同,所使用的机器设备和数量均不同。常用的单管法主要机具设备见表2-43。

高压旋喷桩单管法主要施工机具设备表　　　　表2-43

序号	机具名称	型号、尺寸	台数	作用
1	钻机	GD-8	1	钻孔、旋喷
2	高压泵	CYB-1	1	加压
3	泥浆泵	BW-120	2	—
4	搅拌桶	—	1	制浆
5	高压管	φ20mm	—	输送泥浆和水

(2) 人员配置

高压旋喷桩单机作业每班由10人组成,其组织分工见表2-44。

GD-8型钻机主要技术参数表　　　　表2-43a)

部件	技术项目	数值
动力头	转速	8~25r/min
	扭矩	2500N·m
	动力头摆角	10°~350°
	通孔直径	φ89mm
主塔	塔高	8m
	行程	6m
卷扬机组	主卷扬机	—
	提升力	25kN
	提升速度(工作时)	0.06~0.2m/min
	提升速度(高速时)	10m/min
	提升力	10kN
移动机构	纵向步履行程	800mm
	横向步履行程	400mm
总功率	总功率	15kW
钻机外廓尺寸	工作状态	3.2m×1.8m×8m
	运输状态	3.2m×1.8m×2.4m
钻机质量	钻机质量	2500kg

CYB–1型高压泵主要技术参数表 表2-43b)

理论流量		电机功率(kW)		柱塞直径	吸入管内径	排出管内径
		90	110			
(m³/h)	(L/min)	额定排出压力(MPa)		(mm)	(mm)	(mm)
5.46	91	50	—	φ50	φ32	φ25
6.60	110	42	50	φ55		
7.86	131	35	43	φ60		
9.12	152	30	37	φ60	φ36	φ32
10.74	179	26	32	φ65		
12.42	207	22	27	φ70		
14.28	238	19	24	φ75	φ48	φ38
16.26	271	17	21	φ80		
18.36	306	15	18	φ85		

注：以上参数是介质比重为1.0时的理论数据。

BW–120泥浆泵主要技术参数表 表2-43c)

技术规格/名称	技术参数	技术规格/名称	技术参数
泵的类型	卧式	行程(mm)	85
作用形式	双作用	往复(次/min)	150
缸数	1	排量(L/min)	120
缸套直径(mm)	85	工作压力(MPa)	1.3

高压旋喷桩单机作业劳力组织 表2-44

职务	人数	职责范围
班长	1	负责指挥、协调，全面掌握施工质量和安全
桩机司机	1	操作钻机
泵工	1	操作高压泵
钳工	1	维修、保养机械
电工	1	负责电源、电路、照明及电气故障排除
普工	4	浆液配制，协助钻机工作
技术员	1	测量定位，掌握施工技术、质量，填写施工记录

3. 施工准备

(1) 测量放样，平整地表，设置回浆池。

(2) 在施工现场取样，按设计要求进行室内配比试验，确定浆液最佳配比。

(3) 进行成桩工艺试验，确定各项技术参数，检验成桩效果。试桩数量不少于3根。

4. 施工工艺

1) 工艺选择

高压旋喷桩施工可分为单管法、二重管法和三重管法，一般根据成桩直径选择。

当成桩直径小于80cm时，可采用单管法施工，如采用复喷法，最大桩径可达100cm；对大直径桩则采用双管、三管或多管法施工，最大桩径可达200cm。

2) 工艺流程

高压旋喷桩施工工艺流程如图2-118所示。

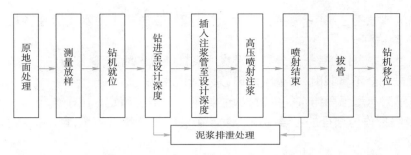

图 2-118 高压旋喷桩施工工艺流程图

3) 操作要点

(1) 钻机就位

钻机移至设计孔位,使钻头准确对准定位点,调平机械,使立轴、转盘与孔位对正。

(2) 射水试验

采用低压(0.5MPa)进行射水试验,检查管路、喷嘴是否畅通,密封是否良好,压力是否正常。

(3) 钻孔、制浆

射水试验完毕后即可开钻,同时根据配比的要求配制水泥浆液,并经过两道过滤筛过滤后,储入泥浆桶备用。

(4) 旋喷

当钻孔至设计高程后,停止射水,拧下上面第一根钻杆,放入钢球,堵住射水孔,再重新将钻杆装上,即可向钻机输送高压泥浆,待浆液冒出后,钻杆开始旋转、提升,自下而上进行旋喷。

(5) 补喷

喷射注浆作业后,由于浆液的析水作用,一般均有不同程度的收缩,使固结体顶部出现凹槽,应及时用水灰比为 0.6 的水泥浆补喷。

(6) 机械清洗

补喷结束,提出钻杆及钻头,进行底压射水,冲洗钻杆、喷嘴。

(7) 移机

钻后将钻机移至新孔作业。

5. 质量控制措施

为确保工程质量,施工中各工序要认真执行全面质量管理制度,确保重点工序的质量控制点,即"四度一压一补":"四度"是钻机的垂直度、提升速度、旋转速度和钻孔深度;"一压"是指旋喷的注浆压力;"一补"是指旋喷成桩结束后要及时足量地对钻孔进行补浆。同时建立质量的"三检"制,即施工中质量"自检"、各工序"互检"和甲乙双方技术人员的"专检"制度。

施工中应注意下列事项。

(1) 机械就位应平稳,立轴、转盘与孔位对正,高压设备与管路系统应符合设计及安全要求,防止管路堵塞,密封良好。

(2) 喷射注浆应注意设备开动顺序。二重管,三重管的水、气、浆供应应有序进行,衔接紧密。

(3) 对深层长桩应根据地质条件,分层选择适宜的喷射参数,保证成桩均匀一致。

(4) 在高压喷射注浆过程中,当出现压力突增或突降、大量冒浆或完全不冒浆时,应查明原因,采取相应措施。

(5) 注浆完毕应迅速拔出注浆管,桩顶凹坑应及时以水灰比为 0.6 的水泥浆补灌。

(6) 钻机成孔和喷浆过程中,应将废弃的加固料及冒浆回收处理,防止污染环境。

(7)在钻进或喷射注浆中,需接长或拆除钻杆时,应先停止射水或压浆,待压力下降后再进行接长或拆除钻杆。

(8)旋喷过程中,往往有一部分浆液沿着注浆管壁冒出地面,冒浆量小于注浆量20%为正常,超过20%或完全不冒浆时,应查明原因,采取相应措施。

(9)重复喷射有增强固结直径的效果,主要随土质密度而定。由于增径大小难以控制,因此不能把重复喷射作为增径的主要措施。通常在发现浆液喷射不足,影响固结质量时进行重复喷射。

(10)钻杆旋转和提升必须连续不中断。在旋喷过程中,机械出现故障中断旋喷时,停机时间小于40min,可重新下钻0.5m后再开始喷射、提升;若停机时间超过2h,必须重新钻至设计深度后重新旋喷。

(11)浆液制作时应严格按水灰比进行控制,在旋喷过程中应经常搅动浆液,防止浆液沉淀浓度降低影响桩体强度;浆液配制完毕后应进行过滤,过滤筛孔要小于喷嘴直径的1/2。拌制浆液用水应为饮用水,水泥需经试验合格后方可使用。

(12)施工过程中要填写好施工记录。

6. 质量检验

高压旋喷桩质量检验标准及方法见表2-45。

高压旋喷桩质量检验标准及方法　　　　　　　表2-45

序号	检验项目	允许偏差	检验数量	检查方法
1	桩位(纵横向)	50mm	抽样检验粉喷桩总数的10%,且每检验批不少于5根	经纬仪或钢尺丈量
2	桩身垂直度	1%		经纬仪或吊线测钻杆倾斜度
3	桩体有效直径	≥设计值		开挖50~100cm后,钢尺丈量
4	桩长	≥设计值	每根桩	测量钻杆长度,查施工记录
5	桩体无侧限抗压强度	≥设计值	抽验检验成桩数量的0.2%,且不少于3根	桩头或桩身取样
6	复合地基承载力	≥设计值		平板载荷试验

注:桩体无侧限抗压强度检验在高压旋喷桩完工后28d,在每根检测桩桩径方向1/4处、桩长范围内垂直钻孔取芯,观察其完整性、均匀性,拍摄取出芯样的照片,取不同深度的三个试样作无侧限抗压强度试验。钻芯后的孔洞采用水泥砂浆灌注封闭。

十三 灰土挤密桩

1. 材料要求

(1)石灰

桩体所用石灰质量应符合设计要求。设计无要求时,石灰中活性CaO、MgO含量不应低于50%(按干重计),粒径应小于5mm,夹石量不大于5%。进场后检查石灰质量证明文件,按《建筑石灰试验方法》(JC/T 478.1—1992)规定的试验方法进行检验。

(2)素土

桩体所用土的质量应符合设计要求,宜选用纯净的黄土、一般黏性土或$I_p>4$的粉土,且有机质含量不应大于5%。也不得含有杂土、砖瓦块、石块、膨胀土、盐渍土和冻土块等。土块的粒径不宜大于15mm。按《铁路工程土工试验规程》(TB 10102—2010)规定的试验方法进行检验。

(3) 灰土

灰土的配合比应符合设计要求。常用的配合比为体积比 2∶8 或 3∶7。配置灰土时应充分拌和至颜色均匀一致,多数情况下尚应边拌边加水至含水率接近其最优值,灰土粒径不应大于 15mm。

2. 施工机械

(1) 沉管机械

沉管法成孔采用的机械为柴油打桩机,常用柴油打桩机的技术性能及其适用条件如表 2-46 所示。

(2) 夯实机械

夯实机械有偏心轮夹杆式夯实机,运土小车及配套工具。

柴油打桩机(锤)的技术性能　　　　表 2-46

分类	型号	性能指标		适用条件	
		锤重(kN)	冲击质量(kN·m)	桩孔直径(cm)	最大孔深(m)
导杆式	D1-6	6	9.3	30~35	5~6
	D1-12	12	21.5	35~40	6~7
	D1-18	18	37.8	40~50	7~8
	D1-25	25	62.5	50~60	8~9
筒式	D2-6	6	8.0	30~35	5~6
	D2-12	12	30.0	35~40	6~8
	D2-18	18	46.0	40~50	7~9
	D2-25	25	62.5	50~60	8~10

注:1. 同一型号桩锤的适用条件还与土质有关,土质较松时,适用的桩径及深度可适当增加。
　　2. 经过改装的机架,大吨位桩锤成孔深度可达到 15m 以下。

3. 施工准备

(1) 复核地基土的含水率、饱和度,当地基土的含水率小于 12% 或大于 24%、饱和度大于 65% 时,应及时通知设计单位予以确认。

(2) 处理区段地基土的含水率宜接近最佳含水率,当土的含水率低于 12% 时,宜对处理范围内的土层进行增湿。增湿处理应在地基处理前 4~6d 完成,需增湿的水通过一定数量和一定深度的渗水孔均匀地渗入处理范围的土层中。

(3) 测量放样,平整场地,清除障碍物,对不利于机械运行的松软地段及临时便道进行加固处理。

(4) 进行配合比试验,选定符合设计要求的配合比。

(5) 施工前进行成桩工艺试验,确定施工工艺和参数,试桩数量应符合设计要求且不得少于 2 根。

4. 施工工艺

灰土挤密桩的施工应按设计要求、成孔设备、现场土质和周围环境等情况选用沉管、冲击或夯扩等方法。其中沉管法(振动或锤击)较为常用。

1) 施工工艺流程

灰土挤密桩施工工艺流程如图 2-119 所示。

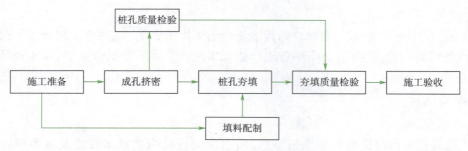

图 2-119 灰土挤密桩施工工艺流程图

2) 成孔挤密

(1) 工艺流程

沉管法成孔挤密施工程序如图 2-120 所示,主要工序为:桩管就位→沉管挤土→拔管成孔→桩孔夯填。每个机组一台班可成孔约 30 个,顺利时可达 50 孔。

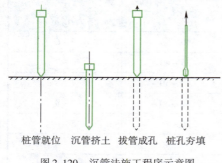

图 2-120 沉管法施工程序示意图

(2) 沉管法成孔施工要点

①桩机就位要求准确平稳,桩管与桩孔应相互对中,在施工过程中桩架不应发生位移或倾斜。

②桩管上需设置醒目牢固的尺度标志(每 0.5m 一点),沉管过程中应注意观察桩管的垂直度和贯入速度,发现反常现象时应立刻分析原因并处理。

③沉管沉入设计深度后应及时拔出,不宜在土中搁置时间过长,以免摩阻力增大后拔管困难。拔管确实困难时,可采取管周浸水或设法转动桩管的方法减少土中阻力。

④拔管成孔后,应由专人检查成孔的质量,观测孔径、深度是否符合要求。如发现缩径、回淤等情况,应作出记录并及时处治。

3) 桩孔夯填

夯填施工前应进行夯填工艺试验,确定合理的分次填料量和夯击次数。填夯施工应按下列要求进行:

(1) 夯实机械就位后应准确稳定,夯锤与桩孔要相互对中,夯锤应能自由下落到孔底。

(2) 夯填前应注意清除孔内的杂物或积水,开始填料前先将坑底夯实到发出清脆回声为止,然后开始分层填料夯实。

(3) 人工填料应按规定的数量和速度均匀填进,不得盲目快填,更不容许用送料车直接倒料入孔。

(4) 桩孔夯填高度宜超出设计桩顶高程 20~30cm,所余顶部以上桩孔可用其他土料回填并轻夯至施工地面。

(5) 为确保夯填质量,应认真控制并记录每一桩孔的填料数量和夯实时间,同时按规定抽查一定数量的夯实质量。

5. 质量控制措施

(1) 成孔挤密应间隔分批进行,成孔后应及时夯填。

(2) 孔底在向孔内填料前必须夯实。

(3) 铺设灰土垫层前,应按设计要求将桩顶高程以上的预留松动土层挖除或夯(压)密实。

（4）施工过程中，应做好成孔及回填夯实施工记录。如发现地基土质与勘察资料不符，应立即停止施工，待查明情况或采取有效措施处理后，方可继续施工。

（5）雨季或低温季节施工，应采取防雨或防冻措施，防止灰土和土料受雨水淋湿或冻结。

（6）成桩成片后，应及时填筑灰土并碾压至设计要求。

（7）夯打时桩孔内有渗水、涌水和积水现象可将孔内水排出地表，或将水下部分改为混凝土桩或碎石桩，水上部分仍为灰土桩。

（8）夯打时造成缩径、堵塞、挤密成孔困难、孔壁坍塌等情况，可采取以下措施处理：

①当含水率过大缩径比较严重时，可向孔内填干砂、生石灰块、碎砖、干水泥、粉煤灰；如含水率过小，可预先浸水，使之达到或接近最优含水率。

②遵守成孔顺序，由外向里间隔进行（硬土由里向外）。

③施工中宜打一孔，填一孔，或隔几个桩位跳打夯实。

④合理控制桩的有效挤密范围。

6. 质量检验

灰土挤密桩质量检验标准及方法见表2-47。

灰土挤密桩质量检验标准及方法 表2-47

序号	检验项目	允许偏差	检验数量	检验方法
1	桩位（纵横向）	50mm	按成桩总数的10%抽样检验，且每检验批不少于5根	经纬仪或钢尺丈量
2	桩垂直度	1.5%		成孔夯实孔底后吊垂球测量垂直度
3	桩体有效直径	不小于设计值		开挖50~100cm深后，钢尺丈量
4	孔内填料的夯实密度、湿陷性及压缩性	符合设计要求	抽样检验总桩数的3%，且不少于5根	采用轻便触探试验钻孔在不同深度取芯实测干密度和压缩模量
5	桩间土处理效果	符合设计要求	沿线路纵向连续每50m抽样检验3点	静力（或动力）触探、标准贯入试验
6	复合地基承载力	符合设计要求	按成桩数量的2%抽样检验，且每检验批不少于2根	平板载荷试验

十四 CFG桩

1. 材料要求

选用的水泥、粉煤灰、碎石及外加剂等原材料品种、规格及质量应符合设计要求。施工前检查产品质量证明文件。在水泥库抽样检验水泥强度、安定性、凝结时间，在料场抽样检验粗细骨料含泥量、筛分试验颗粒级配。

2. 施工准备

（1）核查地质资料，结合设计参数，选择合适的施工机械和施工方法。

（2）测量放样，平整场地，清除障碍物。

（3）按设计要求进行室内配合比试验，选定合适的配合比。

（4）施工前应进行成桩工艺性试验（不少于3根），确定各项施工工艺参数后，进行单桩或复合地基承载力试验,确认设备、工艺、施打顺序是否适宜,确定混合料配合比、坍落度、搅拌时间、拔管速度等各项工艺参数。监理单位、勘察设计单位应参加工艺性试桩,并确认试验结论后,方可进行施工。

3. 成桩工艺

CFG 桩最常用的成桩施工方法有振动沉管灌注成桩和长螺旋钻孔管内泵压混合料灌注成桩两种方法。前者适用于粉土、黏土及素填土地基;后者适用于黏土、粉土、砂土以及对噪声或泥浆污染要求严格的场地。

1) 振动沉管灌注施工

(1) 施工设备

设备型号选择应根据地质条件及桩径、设计加固深度要求确定。振动沉管机主要由滑轮组、振动锤、桩管、漏斗、卷扬机等部件组成。锤头的主要性能见表2-48。

DZKS、DZJ 系列振动锤主要技术参数　　　　　　　表2-48

项　目	DZ45KS	DZ60KS	DZJ37	DZJ60
电动机功率(kW)	22×2	30×2	37	60
偏心轴转速(r/min)	1100	1100	920	900
静偏心力矩(N·m)	200	270	0~278	0~500
激振力(kN)	271	360	0~252	0~453
空载振幅(mm)	8.1	7.6	0~10	0~12
允许拔桩力(kN)	130	200	120	200
允许加压力(kN)	100	120	90	100
质量(kg)	3684	4512	3660	5100
电源(100m 内)(kV·A)	150	175	125	175
外形尺寸(mm)	1900×1240×1745	2054×1250×1850	1466×1149×1936	1500×1250×2100

DZKS 系列又名中空锤,除具有普通锤头的功能外,中间有直径500mm 的通孔,可以配合重锤或内夯管进行夯扩孔施工;DZJ 系列可通过液压遥控调整偏心力矩,可在运转条件下,实现偏心力矩的调整。

(2) 工艺流程

CFG 桩振动沉管灌注施工工艺流程如图2-121 所示。

图2-121　CFG 桩振动沉管灌注施工工艺流程图

(3) 成桩工艺

①机械按设计桩位就位。按照桩基平面图,将预制钢筋混凝土桩尖,准确埋入地表30cm 以下就位,桩管应垂直套入桩尖,桩管与桩尖的轴线应重合,桩管内壁应保持干净。

②振动沉管至设计深度。沉管过程中做好记录,每沉1m 应记录电流表电流一次,并对土层变化处予以说明。

③投料。停机后立即向管内投料,直到混合料与进料口平齐。水泥、粉煤灰、碎石混合料用搅拌机拌和,并检查其坍落度。坍落度、拌和时间应按工艺性试验确定的参数进行控制,且拌和时间不得少于1min。向管内一次投放混合料,投放数量按试桩时确定的数量进行,投料后留振5~10s。

④拔管。拔管速率应按试桩确定参数进行控制,一般为1.2~1.5m/min,如遇淤泥或淤泥质土,拔管速率可放慢至0.6~0.8m/min。拔管过程中不允许反插,如上料不足,须在拔管过程中加料,不允许停拔再投料,拔管至桩顶。施工桩顶高程宜高于设计高程50cm,浮浆厚度不超过20cm。

⑤桩顶封顶。沉管拔出地面后,确定成桩符合设计要求后,用粒状材料或湿黏土封顶。

⑥机械移位。

2)长螺旋钻管内泵压混合料灌注施工

(1)施工设备

长螺旋钻管内泵压CFG桩施工设备是由长螺旋钻机、混凝土泵和强制式混凝土搅拌机组成的完整的施工体系(图2-122)。其中,长螺旋钻机是该工艺设备的核心部分。目前长螺旋钻机根据其成孔深度分为12m、16m、18m、20m、24m和30m等机型,施工前应根据设计桩长确定施工所采用的设备。常用的GKL-20步履式长螺旋钻机主要技术参数见表2-49。

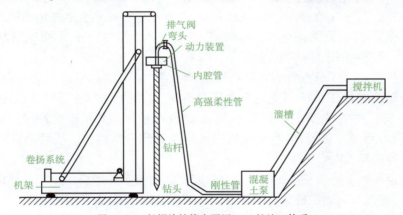

图2-122 长螺旋钻管内泵压CFG桩施工体系

GKL-20步履式长螺旋钻机主要技术参数表　　表2-49

项目名称	技术参数	项目名称	技术参数
钻孔直径	400mm、600mm、800mm	步长	1.1m
钻孔深度	20m、18m、16m	行走速度	2.3~3.4m/min
动力头功率	37×2kW	回转速度	0~13r/min
最大扭矩	30kN·m	回转角度	0°~360°
钻杆转速	23r/min	运输形式	拖挂式
许用拔钻力	240kN	转弯半径	6m
工作地面最大坡度	3°	拖行限速	15km/h
立柱倾斜范围	2°	外形尺寸 工作状态	8.5m×4.6m×20.98m
接地比压	0.05~0.4MPa	外形尺寸 运输状态	13.3m×3m×3.6m
行走方式	步履式	整机质量	23t

(2) 施工流程

长螺旋钻管内泵压 CFG 桩施工工艺流程如图 2-123 所示。

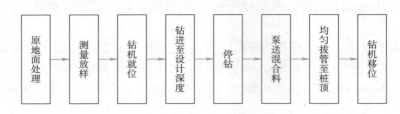

图 2-123 长螺旋钻管内泵压 CFG 桩施工工艺流程图

(3) 成桩工艺

①机械按设计桩位就位。钻机就位后,应用钻机塔身的前后和左右的垂直标杆检查塔身导杆,校正好钻杆的位置和垂直度,确保 CFG 桩垂直度的容许偏差不大于 1%。

②混合料搅拌。混合料搅拌要求按设计配比进行配料,计量要求准确,上料顺序为:先装碎石或卵石,再加水泥、粉煤灰和外加剂,最后加砂,使水泥、粉煤灰和外加剂夹在砂、石之间,不易飞扬和黏附在筒壁上,也易于搅拌均匀。每盘混合料搅拌时间不应小于 60s,坍落度控制在 16~20cm。在泵送前,混凝土泵料斗、搅拌机搅拌筒应备好熟料。

③钻进成孔。钻孔开始时,关闭钻头阀门,向下移动钻杆至钻头触及地面时,启动电机,将钻杆旋转下沉至设计高程,关闭电机,清理钻孔周围土。成孔时应先慢后快,这样能避免钻杆摇晃,也能及时检查并纠正钻杆偏位的差值。

④灌注及拔管。CFG 桩成孔到设计高程后,停止钻进,开始向管内泵送混合料,混合料的泵送量按试桩确定的数量进行,泵送时不得停泵待料。当钻杆芯管充满混合料后开始拔管,严禁先拔管后泵料。拔管速率应按试桩确定参数进行控制,拔管速度均匀,宜控制在 2~3m/min,成桩过程宜连续进行,应避免供料出现问题导致停机待料。拔管至桩顶。施工桩顶高程宜高于设计高程 50cm。

⑤机械移位。当上一根桩施工完毕后,钻机移位,进行下一根桩的施工。移机前对下一根桩的桩位进行清理辨识,确保桩位的准确性。必要时,移机后清洗钻杆和钻头。

4. 开槽及桩头处理

CFG 桩施工完毕 3~7d 后,即可进行开槽、截桩。桩头处理后,桩间土和桩头处在同一平面。截桩具体施工方法如下。

(1) 找出桩顶高程位置,最好用截桩机截桩。不宜用再凿桩头的方法。

(2) 桩顶高程允许偏差 0~+20mm。

(3) 开槽及截桩注意不得造成桩顶设计高程以下的桩体断裂和扰动桩间土。如果断裂,则必须采取补救措施。假如断裂面距桩顶较近,可接桩至设计桩顶高程。注意在接桩头过程中保护好桩间土。

5. 褥垫层施工

为了调整 CFG 桩和桩间土的共同作用,宜在基础下铺设一定厚度的褥垫层。褥垫层所用材料多为粗砂、中砂或级配碎石,碎石粒径宜为 8~20cm,限制最大粒径一般不超过 3cm,但不宜选用卵石,因为卵石咬合力弱,施工扰动容易使褥垫层厚度不均匀。

褥垫层虚铺厚度 ΔH 按式(2-21)控制:

$$\Delta H = \frac{h}{\lambda} \qquad (2-21)$$

式中：ΔH——褥垫层虚铺厚度；

h——设计褥垫层厚度；

λ——夯填度，一般取 0.87～0.90。

虚铺后多采用静力压实至设计厚度，当桩间土含水率不大时亦可夯实。施工现场一般多采用平板振捣器，对较干的砂石材料，虚铺后适当洒水再进行碾压或夯实。

6. 质量控制措施

（1）施打顺序

CFG 桩的施打顺序与土质和桩距有关，在软土中，桩距较大，可采用隔桩施打；在饱和的松散砂土施工中，如果桩距较小，不宜采用隔桩跳打方案，宜采用连续施打；对满堂布桩，无论桩距大小，均不宜从四周转圈向内推进施工，可采用从中心向外推进的方案，或从一边向另一边推进的方案。

（2）振动沉管机成桩法质量控制措施

①振动沉管机沉管表面应有明显的进尺标记，并根据设计桩长、沉管入土深度确定机架高度和沉管长度。

②沉管过程中每沉 1m 应记录一次电流表电流，并对土层变化处予以说明。

③混合料应按设计配合比经搅拌机拌和，坍落度、拌和时间应按工艺性试验确定的参数进行控制，且拌和时间不得少于 1min。

④拔管速率应按工艺性试验确定并经监理工程师批准的参数进行控制，拔管中严禁反插。

⑤每根桩的投料量不得少于设计灌注量。

⑥成桩后桩顶高程应计入浮浆厚。

（3）长螺旋钻管内泵压混合料灌注成桩法质量控制措施

①施工组织、施工工艺、施工作业指导书应有防止堵管、窜孔的措施。

②钻进应先慢后快。在成孔过程中，如发现钻杆摇晃或难钻时，应放慢进尺。

③混合料应按设计配合比经搅拌机拌和，坍落度、拌和时间应按工艺性试验确定的参数进行控制，且不得少于 1min；搅拌的混合料必须保证混合料圆柱体能顺利通过刚性管、高强柔性管、弯管和变径管而到达钻杆芯管内。

④CFG 桩成孔到设计高程后，停止钻进，开始泵送混合料，当钻杆芯管充满混合料后开始拔管，严禁先提管后泵料。

⑤钻杆应采用静止提拔，施工中应严格按工艺性试验确定并经监理工程师批准的参数控制钻杆提拔速度和混凝土泵的泵送量，并保证连续提拔，施工中严禁出现超速提拔。

⑥施工中应保证排气阀正常工作，要求每工班经常检查排气阀，防止排气阀被水泥浆堵塞。

⑦桩机移机至下一桩位施工时，应根据轴线或周围桩的位置对需施工的桩位进行复核，保证桩位准确。

7. 质量检验

CFG 桩质量检验标准及方法见表 2-50。

CFG 桩质量检验标准及方法　　　　表 2-50

序号	检验项目	允许偏差	检验数量	检查方法
1	桩位(纵横向)	50mm	抽样检验粉喷桩总数的10%,且每检验批不少于5根	经纬仪或钢尺丈量
2	桩身垂直度	1%		经纬仪或吊线测钻杆倾斜度
3	桩体有效直径	≥设计值		开挖50~100cm后,钢尺丈量
4	桩长	≥设计值	每根桩	测量钻杆长度,查施工记录
5	桩身混合料强度	≥设计值	每班一组试块	28d 标准养护试件抗压强度检验
6	桩身质量、完整性	符合设计要求	抽样检验总桩数的10%	低应变检测
7	单桩承载力	≥设计值	抽样检验成桩数量的0.2%,且不少于3根	平板荷载试验
8	复合地基承载力	≥设计值		平板荷载试验

十五　打入桩

1. 施工准备

(1)测量放样,平整场地,查明施工区(高空、地面、地下)有无妨碍打桩的障碍物,并应及时处理。

(2)按设计要求检验预制桩的质量。桩头损坏部分应截去,桩顶不平时应修切或修垫(钢筋混凝土桩)平整。

(3)对进场设备进行检验,校验桩架、桩锤、动力机械、射水管路、蒸汽或压缩空气管路、电缆等打桩设备主要部件是否符合要求。

(4)场地测量放线:根据轴线放出桩位线,用短木桩或短钢筋打好定位桩,并用白灰作出标志,便于施打。

(5)按设计要求进行试桩,且不得小于3根,确定各项施工工艺参数和检验桩的承载力,取得完整的试桩资料并报监理单位确认后,方可进行施工。

2. 施工机械

(1)桩锤

桩锤可分为坠锤、单动汽锤、双动汽锤、柴油锤、振动锤和液压锤等。施工前根据设计要求及其适用范围选用。

(2)桩架及辅助设备

桩架为打入桩的主要设备,可以用钢、木结构组拼而成,其主要作用是吊装锤和桩并控制锤的运动方向。

桩架因施工对象和使用锤型的不同可分为自行移动式桩架和非自行移动式桩架。

桩帽主要作用是在打桩时减少锤的冲击强度和偏心。其构造要坚固,垫材易拆换或整修。桩帽尺寸要求与锤底、桩顶及导杆相吻合。顶面和底面应平整与中轴线垂直,并设有挂千斤绳的耳环,以便起吊。在锤与桩帽、桩帽与桩顶之间应垫以缓冲材料,使均匀地传递锤的冲击力。使用振动锤时,在桩帽与桩顶之间,不需要设置垫层。

3. 施工工艺

(1) 工艺流程

打入桩施工可根据地质条件、桩型和桩体承载能力等确定采用锤击桩法或振动法。打入桩施工工艺流程如图2-124所示。

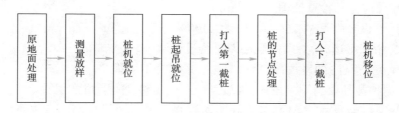

图2-124 打入桩施工工艺流程图

(2) 打桩顺序

打桩时根据现场地形条件、土质情况、桩距大小、斜桩方向、桩架移动方便等因素决定打桩的顺序。

一般情况下,当基础不大、桩数不多、桩距较大时,可从中间开始分向两边或周边对称进行沉桩;当基础较大、桩数较多、桩距较小时,应将基础分为数段,而后在各段范围内分别进行打桩。

(3) 锤击桩法施工

①打桩机按设计桩位就位。锤击沉桩采用与桩和锤相适应的弹性衬垫,用送桩沉桩时,送桩桩顶紧接桩顶部分,应有保护桩顶的装置,桩与送桩的轴线应保持同一条直线。

②打桩开始时应用较低落距,并在两个方向观察其垂直度;当入土达到一定深度,确认方向无误后,再按规定的落距锤击。锤击宜采用重锤低击,坠锤落距不宜大于2m,单打汽锤落距不宜大于1m;柴油锤应使锤芯冲程正常。

③钢筋混凝土桩、预应力混凝土桩在即将进入软层前应改用较低落距锤击。

④当落锤高度达到最大值,每击贯入度小于或等于2mm时,应停锤。但深度未达到设计要求时,应查明原因,采用换锤或辅以射水等措施,成桩至设计深度。

⑤机械移位。

(4) 振动沉桩施工

①打桩机按设计桩位就位。打桩机就位时,应对准桩位,垂直稳定,确保在施工中不倾斜、不移动。

②插桩后宜先靠桩和锤的自重使桩沉入土中,待桩身入土达到一定深度并确认稳定后再振动下沉。

③吊装锤和桩帽与桩顶法兰盘连接牢固,在射水下沉缓慢或停止时,开始振动锤并同时射水,振动持续一段时间后,当桩的下沉又逐渐缓慢、或桩顶大量冒水时,即停止振动,只用射水冲刷。射水经过相当时间后,再振动下沉。如此交替下沉,至接桩的高度时,拆去振动锤及输水管,先接长射水管再接桩,重新吊上振动锤,再继续进行沉桩。

④沉桩至设计高程适当高度时,停水将射水管提高,使射水嘴缩桩内,立即进行干振。桩沉至设计高程,并且最后下沉速度不大于试桩的最后下沉速度,振幅符合规定时,即认为合格。

⑤机械移位。

4. 质量控制措施

(1) 打桩施工前应对临近的建筑物采取有效的防护措施,施工时应随时进行观测。

(2) 机械司机在施工操作时,必须听从指挥讯号,不得随意离开岗位。应经常注意机械的运转情况,发生异常立即检查处理。

(3) 桩应达到设计强度的75%方可起吊,100%方可运输和打桩。

(4) 桩在起吊和搬运时,必须做到吊点符合设计要求。

(5) 混凝土桩(管桩)的堆放、起吊和运输必须符合下列规定。

①桩应根据种类和使用顺序堆放:堆放场地必须平整、坚实,堆放层数不宜超过四层;堆放桩的支承垫木位置,当两点支承时,应设在距两端0.21倍桩长处;当三点支承时,应设在距两端0.15倍桩长及中点处。每层垫木必须保持在同一平面上。各层间垫木应在同一垂直线上。

②起吊时桩的吊点位置和混凝土强度应符合设计要求。应平稳提升,使各吊点同时受力。一个吊点吊桩时,吊点应设在距桩上端0.3倍桩长处,在起吊中,应用钢丝绳捆绑并控制桩的下端。

③桩在起吊、搬运和堆码时,应防止冲撞和发生附加弯矩。垫木边缘处的管桩应用木楔塞紧,防止滚动。

(6) 钢筋混凝土桩及预应力混凝土桩桩节间的连接部件,应符合设计强度和耐久性要求。接桩铁件应做防腐处理。

(7) 打桩前必须对桩的质量进行验收,质量和规格必须符合设计要求。吊插桩前重复检查桩架、桩位、桩身,质量合格后方可插桩。

(8) 锤击打桩宜重锤低击。打桩前应从两个方向检查确认桩锤、桩帽与桩身保持在同一轴线上,直桩的垂直度或斜桩的倾角应符合设计要求。

(9) 当土质与设计不符,致使桩的入土深度相差很大时,应提交设计单位采取措施。

(10) 对发生"假极限"、"吸入"、上浮、下沉现象和射水沉桩必须进行复打。

(11) 混凝土原材料、配合比设计和施工的检验应符合《铁路混凝土工程施工质量验收标准》(TB 10424—2010)有关规定。

(12) 接桩应符合设计要求,当混凝土桩用法兰盘拼接时,应连接牢固,防锈处理符合设计要求。

5. 质量检验

(1) 桩的混凝土表面质量检验应符合下列规定。

①桩的棱角破损深度应在10mm以内,其总长度不大于40cm。

②预应力混凝土桩不得有裂缝(表面收缩裂缝除外)。

③普通混凝土桩表面裂缝深度不应大于7mm,裂缝宽度不应大于0.15mm;横向裂缝长度,方桩不应大于边长1/3,管桩及多角形桩不应大于直径或对角线1/3;纵向裂缝长度,方桩不应大于边长的1.5倍,管桩及多角形桩不应大于直径或对角线的1.5倍。

(2) 单桩承载力检验采用静载试验按设计要求数量检验。

(3) 桩的钢筋骨架的允许偏差应符合表2-51的规定。

(4) 桩身外形尺寸的允许偏差应符合表2-52的规定。

(5) 桩位、倾斜度的允许偏差应符合表2-53的规定。

桩的钢筋骨架允许偏差、检验数量及检验方法　　　　表 2-51

序号	项目	允许偏差（mm）	检验数量	检验方法
1	主筋间距	±5	按桩总数的5%抽样检验，且每检验批不少于10根	尺量不少于5处
2	箍筋间距或螺旋筋的螺距	±10		
3	钢筋保护层	+5 −2		
4	吊环对桩中轴线的位置	±20		
5	吊环沿垂直于轴线方向的位置	±20		尺量或拉线尺量
6	吊环露出桩表面的高度	±10		
7	主筋顶端与桩顶净距	±5		
8	桩顶钢筋网片的位置	±5		
9	桩尖对中轴线的位置	±10		

桩身外形尺寸的允许偏差、检验数量及检验方法　　　　表 2-52

序号	项目			检验数量	允许偏差	检验方法
1	实心方桩	（1）横截面边长		按桩总数的5%抽样检验，且每检验批不少于10根	±5mm	尺量不少于5处
		（2）桩顶对角线			±10mm	
		（3）桩尖对中轴线的位移			10mm	拉线尺量
		（4）桩身	弯曲矢高		20mm	
			矢高与桩长比		1‰	
		（5）桩顶平面对桩纵轴线的倾斜			3mm	角尺和拉线尺量
		（6）中节桩两接触面对桩纵轴线的倾斜之和			3mm	
2	空心管桩	（1）直径			±5mm	尺量不少于5处
		（2）壁厚			−5mm	
		（3）抽芯圆孔平面位置对桩中轴线的位移			5mm	
		（4）桩尖对桩纵轴线的位移			10mm	拉线尺量
		（5）桩身	弯曲矢高		20mm	
			矢高与桩长比		1‰	
		（6）法兰盘对桩纵轴线垂直度			4mm	角尺和拉线尺量

桩位、倾斜度的允许偏差、检验数量及检验方法　　　　表 2-53

序号	项目			允许偏差	检验数量	检验方法
1	桩位	群桩	中间桩	$d/2$ 且不大于 250mm	按桩总数的5%抽样检验，且每检验批不少于10根	测量或尺量
			外缘桩	$d/4$		
		排架桩	顺桥方向	100mm		
			横桥方向	150mm		
2	直桩垂直度			1%		吊线和尺量
3	斜桩倾斜度			15% $\tan\theta$		

注：1. d 为桩径或短边，单位为 mm。
　　2. θ 为斜桩轴线与竖直线间的夹角。

十六 混凝土灌注桩

1. 施工准备

(1) 测量放样,平整场地,清除障碍物。
(2) 进行室内混凝土配合比设计。
(3) 根据设计要求和现行规范进行试桩,且不得少于 2 根。

2. 钻孔桩施工工艺

1) 工艺流程

钻孔桩施工工艺流程如图 2-125 所示。

图 2-125 钻孔灌注桩工艺流程图

2) 钻孔施工步骤

(1) 施工准备

清理、平整、压实场地,挖出泥浆池和排浆沟,钻孔作业组、混凝土灌注组及钢筋加工制作作业组就位。

(2) 钻孔桩定位

根据设计文件要求,采用全站仪施测,务求定位准确,并做好记录及签字手续。如有疑问,要换手复测,直至准确无误,测量偏差在技术规范允许范围之内。

(3) 护筒设置

护筒的质量、规格应严格满足《高速铁路桥涵工程施工技术指南》(铁建设[2010]241 号)的规定,设置护筒时应符合如下规定:

①护筒内径应比桩径稍大,一般大 200～400mm,可根据钻孔方式选用。

②护筒顶端高程,应高出地下水位或孔外水位 1.0～2.0m,还应高出地面 0.3m。

③护筒底端埋置深度,在旱地或浅水处,对于黏性土为 1.0～1.5m,对于砂土不得小于 2m,并将护筒周围 0.5～1.0m 范围内的土挖除,夯填黏性土至护筒底 0.5m 以下。在深水河床为软土、淤泥、砂土处,护筒底埋置深度应不小于 3.0m;当软土、淤泥层较厚时,应尽可能深入到不透水层黏性土内 1.0～1.5m,或卵石层内 0.5～1.0m。

④护筒中心竖直线与桩中心线重合,平面位置偏差不得大于 5cm,斜度的偏差不得大于 1%。

(4) 钻机就位、钻孔

用吊车使钻机就位,钻机头中心严格与桩中心对中,并保证钻机底座的平稳,防止钻进过程中出现倾斜。钻孔过程中,要加强孔的垂直度检查,发现偏孔及时纠正,同时严格控制泥浆比重及护筒内外水位差,必须使孔内泥浆高出孔外水位或地下水位 1.0～1.5m,以防坍孔。

钻孔用泥浆:当使用短的临时护筒时,钻孔中应充满泥浆以稳定孔壁。泥浆由水、黏土(膨润土)和添加剂组成,其性能指标应符合技术规范的规定。

只有在中心距离 5m 以内的任何桩的混凝土浇筑 24h 以后,才能进行桩的钻孔。

每根钻孔桩都必须有详细的施工钻孔记录。

(5) 成孔

从钻杆的钻进长度累计钻孔深度,达到设计深度后检查成孔情况,检查的主要内容有:孔位、孔径、垂直度、深度等。对于嵌岩桩,除了孔位、孔径、垂直度、深度等需检查外,还应检查嵌岩深度和岩石层地质是否发生变化,以便按技术规范的规定采取相应的措施。

(6) 清孔

采用循环换浆法。清孔时,应保持钻孔内的水位高出地下水位或河流水位 1.5～2.0m,以防坍孔。清孔后,泥浆的相对密度为 1.05～1.2,黏度为 17～20,含砂率不小于 4%,浇筑混凝土前,桩底沉淀厚度对于嵌岩桩要求小于 5cm,摩擦桩小于 30cm。当桩径大于 1.5m 或桩长大于 40m 或土质较差的摩擦桩的沉淀厚度应等于或小于 50cm。

(7) 钢筋笼的制作

①骨架所用钢筋应符合技术规范的规定。

②钢筋笼的制作要同时符合下列要求:

a. 钢筋骨架根据长度可整件制作或分节制作。

b. 骨架每隔 2.0m 设加强箍筋一道。

c. 在骨架上端,根据骨架长度、直径大小均匀设置吊环或固定杆,使骨架固定在护筒上或钻机底座上,防止混凝土灌注过程中出现浮笼或掉笼现象。

d. 在骨架主筋外侧应设置控制保护层厚度的钢筋、耳筋。

钢筋笼的安放:起吊安放过程中要平稳,避免钢筋笼变形或碰撞孔壁引起坍孔。钢筋笼节与节之间应焊接牢固,下放过程中要稳中有速,尽量缩短时间。安装时,通过设置的吊环或固定杆,使骨架固定在护筒上或钻机底座上,防止混凝土灌注过程中出现意外情况造成钢筋笼移位。

(8) 下导管

采用导管的直径应不小于 25cm,接头应具备装卸方便、连接牢靠并带有密封圈,保持不漏水不透气。导管节组合要根据悬空高度、桩长及外露长度进行计算搭配。导管的支承应保证在需要减慢或停止混凝土流动时,使导管能迅速升降。

(9) 灌注水下混凝土

混凝土的质量：水下混凝土用的水泥、集料、水、外掺剂以及混凝土的配合比设计、拌和、运输等必须符合施工规范要求。混凝土坍落度应控制在180～220mm，水灰比应控制在0.5～0.6。

灌注混凝土注意事项：下导管前，必须对导管进行水密、承压和接头抗拉试验；混凝土料斗必须能保证初灌时下端导管埋置深度大于或等于1.0m，并保证在灌注过程中导管埋置深度不小于2.0m，最大埋管深度6m；混凝土的浇筑高度应不低于桩顶设计高程1m。

3) 钻孔施工注意事项

(1) 钻机安装及钻孔

①安装钻机时，底架应垫平，保持稳定，不得产生位移和沉陷。钻机顶端应用揽风绳对称拉紧。

②钻进时，起、落钻头速度宜均匀，不得过猛或骤然变速。孔内出土，不得堆积在钻孔周围。

因故停钻时，孔口应加护盖。有钻杆的钻机，应将钻头提离孔底5m以上，其他钻机钻头提出孔外。

③钻孔应一次成孔，不得中途停顿。钻孔达到设计深度后，应对孔位、孔径、孔深和孔形等进行检查，并填写钻孔记录表，孔位偏差不应大于10cm。

(2) 冲击钻机钻孔

①吊钻的钢丝绳必须柔软、优质、无死弯和无断丝，安全系数不应小于1.2。钢丝绳与钻头的连接必须牢固。主绳与钻头的钢丝绳搭接时，两根绳径应相同。捻扭方向必须一致。

②钻进过程中，必须勤松绳、少量松绳，不得打空锤；勤抽渣，使钻头经常冲击新鲜地层。每次松绳量，应根据地质情况、钻头形式、钻头质量决定。

③钻进时，应经常检查钻头转向装置。

④钻孔时，应经常检修；更换新钻头前必须检查到孔底，始可放入新钻头。

⑤钻机时应有备用钻头，轮替使用；钻头直径磨耗超过1.5cm时，应及时更换、修补。

(3) 循环钻机钻孔

旋转钻机的起重滑轮和固定钻杆的卡机，应在同一垂直线上，保持钻孔垂直。

(4) 套管钻机在开孔下压套管时，钻进速度宜慢，并应反复上提下压校正套管，如有偏斜及时校正。

(5) 不得用加深孔底深度的方法代替清孔。

3. 挖孔法施工工艺

(1) 工艺流程

挖孔桩施工工艺流程如图2-126所示。

(2) 开挖顺序

挖孔顺序可视地层性质、桩位布置及间距而定，多孔同时开挖时，宜间隔开挖。开孔时，不必将孔壁修成光面，要使孔壁稍有凹凸不平，增加桩的摩擦力。

(3) 支撑

挖孔时必须采取孔壁支护，支护应高出地面，支护结构应经过检算。混凝土护壁每掘进0.6～1.6m时立模灌注混凝土(一般用C15)。混凝土圈的壁厚为10～20cm。每节下端可扩大开挖为喇叭形耳台，使土壤支托已灌混凝土，如土质不良，必要时每灌20cm高混凝土靠内圈放入直径8mm钢筋一圈加固。模板不需光滑平整。如混凝土护壁作为桩身截面的一部分时，其强度等级不得低于桩身混凝土强度等级，为加强与桩身混凝土的连接，可在壁上预插短钢筋。

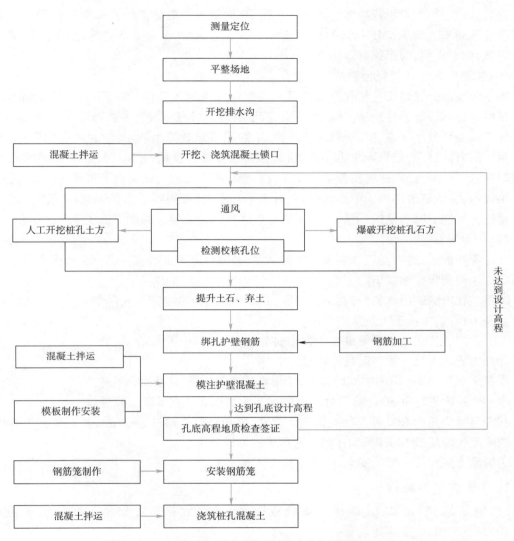

图 2-126 钻孔灌注桩施工工艺流程图

遇有局部或厚度不大于 1.5m 的流动性淤泥和可能出现涌砂时,应加强护壁或降水措施,必要时采用钢护筒防护。

(4) 排水

渗水量不大可用人工提升,渗水量大时用机械(抽水泵)。在同一场地同时开挖,渗水量大的一孔应超前开挖,集中抽水,降低其他桩孔的水位,在灌注混凝土时,若数桩孔仅有少量渗水,应采取措施同时灌注以免水量集中于一孔,增加困难。若水量大,影响灌注质量时,则应集中于一孔抽水,降低其他孔水位,此孔最后采用水下灌注法施工。

挖孔至设计高程后,孔底不应积水,并应进行孔底处理,做到平整,无松砟、泥污等软层。当地质情况与设计不符时应及时反馈变更。

(5) 孔内爆破

挖孔中遇到大漂石或基岩,必须打眼放炮,但严禁裸露药包。软岩层炮眼深度不超过 0.8m,硬岩层不超过 0.4m。炮眼数目和位置及斜插方向,应按岩层断面情况来定,中间一组集中掏心,四边主要挖边,以松动为主。一般中间炮眼装硝胺炸药半节,边眼装药 1/4~1/3

节。孔内爆破应采用电引或导爆管起爆。爆破前,对炮眼附近的支撑应采取防护措施。护壁混凝土强度尚未达到2.5MPa时,不宜爆破作业。放炮后,施工人员下井前,应事先测定孔底有无毒气,如有毒气,应迅速排除。

(6) 钢筋笼制作和混凝土灌注

钢筋笼制作分孔口绑扎和孔外预制两种。以孔外预制为佳,钢筋每节长以4~5m为宜,用两根原木穿入箍筋抬住顶端,然后吊上第二节在孔口上进行焊接,而后降落孔内,再接一节。

灌注混凝土分水下灌注与一般灌注两种,干燥无水或有微小渗水、短时间内积聚极少者,可以用一般方法施工,应采取防止倾落离析,当自由倾落高度超过2m时,混凝土必须通过溜槽或串筒,并宜采用插入式振捣器振实。在有护壁且孔内无阻碍的条件下可不用串筒,混凝土可直接投入,但应随时用捣固器捣固,捣固时人不必下去,可用绳子吊着捣固器使用。当孔内渗水量过大影响混凝土浇筑质量时,应采取有效措施保证混凝土的浇筑质量。

(7) 安全事项

开挖深孔桩时,对安全工作要有足够的重视,必须制订安全措施,认真执行,保证安全地进行施工。主要安全措施如下。

①每桩孔口除留出砟孔外,其余部分需满铺木板,防止杂物落入孔内伤人。不施工的孔口全部铺盖木板,防止施工人员跌入孔内。

②桩孔内施工人员必须佩戴安全帽和安全带。

③孔内施工人员应适时至孔外休息。

④在距桩孔口1m范围内的地面上,不得堆放任何物资,防止落入孔中伤人。

⑤一个孔内进行爆破作业,其他孔内的施工人员也必须到地面上躲避。

⑥经常检查孔内CO_2及其他有害气体浓度,如CO_2浓度超过$3mg/m^3$,其他有害气体超过允许浓度及孔深超过10m时,均应增设通风设备及时排除。

⑦护壁上应安设牢固的安全梯,便于施工人员上下。

4. 质量控制措施

(1) 钢筋原材料、加工、连接和安装应符合《铁路混凝土工程施工质量验收标准》(TB 10424—2010)有关规定。

(2) 混凝土原材料、配合比设计、施工应符合《铁路混凝土工程施工质量验收标准》(TB 10424—2010)有关规定。

(3) 挖孔桩的开挖顺序和防护措施应符合设计和施工技术方案。

(4) 钻孔或挖孔达到设计深度后,必须核实地质情况。

(5) 孔底应平整,无松砟、淤泥、沉淀或扰动过的软层。孔径、孔深和孔型必须符合设计要求。

(6) 混凝土浇筑必须符合施工工艺设计要求。

(7) 桩身顶端浮浆应清理,直至露出新鲜混凝土面。桩顶高程应符合设计要求。

5. 质量检验

(1) 桩的混凝土强度等级检验

每根桩在混凝土的浇筑地点随机抽样制作混凝土试件2组以上,进行28d混凝土强度试验。

(2) 桩身混凝土应均质、完整检验

①专业检测单位按《铁路工程基桩无损检测规程》(TB 10218—2008)的规定对钻孔桩桩身混凝土全部进行无损检测。

②专业检测单位按《铁路工程结构混凝土强度检测规程》(TB 10426—2004)的规定对桩身混凝土质量有疑问和设计有要求的桩,应采用钻芯取样进行检测。

(3) 单桩承载力检验

按设计要求数量采用静载试验检验。

(4) 钻(挖)孔桩钢筋骨架的允许偏差、检验数量和检验方法见表2-54。

钻(挖)孔桩钢筋骨架的允许偏差、检验数量和检验方法　　　　表2-54

序号	项目	允许偏差	检验数量	检验方法
1	钢筋骨架在承台底以下长度	±100mm	全部检验	尺量
2	钢筋骨架直径	±20mm		
3	主钢筋间距	±0.5d		尺量检查不少于5处
4	加强筋间距	±20mm		
5	箍筋间距或螺旋筋间距	±20mm		
6	钢筋骨架垂直度	1‰		吊线尺量

注:d为钢筋直径,单位为mm。

(5) 桩孔的允许偏差、检验数量和检验方法见表2-55。

桩孔的允许偏差、检验数量和检验方法　　　　表2-55

序号	项目		允许偏差	检验数量	检验方法
1	孔位中心	钻孔桩	100mm	全部检验	测量
		挖孔桩	50mm		
2	倾斜度	钻孔桩	1%		
		挖孔桩	0.5%		

十七　桩帽板

1. 施工准备

(1) 对已施工的桩体进行检验。检验合格后方可进行桩板帽的施工。

(2) 按设计要求准备桩帽施工所需的模板、水泥、砂、石、钢筋等原材料。

(3) 进行室内配合比设计。

2. 施工工艺

(1) 采用小型机械或人工方式开挖基坑,并将基底压密至设计要求。

(2) 立侧模板及绑扎钢筋。

(3) 混凝土拌和、运输、浇筑及养护,并按规定制作混凝土试件。

(4) 桩帽达到拆模条件后,拆除模板。桩帽四周按设计要求回填密实。

3. 质量控制措施

(1) 桩帽板应在桩检验合格后进行。

(2) 桩帽板施工前必须将桩顶锤击面破损部分去除,全部凿除至新鲜混凝土面,桩体埋入桩帽板长度及桩顶主筋锚入桩帽板的长度应符合设计要求。

(3)绑扎桩帽板钢筋前应核实每根桩体埋入桩帽板长度,并将基底压密至设计要求。

(4)模板及支架安装和拆除、钢筋原材料、加工、连接和安装、混凝土原材料、配合比设计、施工和表面质量的检验必须符合《铁路混凝土工程施工质量验收标准》(TB 10424—2010)的有关规定。

(5)桩头与桩帽板连接必须符合设计要求。当设计对桩帽板边缘与桩外缘净距无要求时,应符合下列规定:

①桩径≤1m时,桩帽板边缘与桩外缘净距不小于0.5倍桩径,且不小于250mm;

②桩径>1m时,桩帽板边缘与桩外缘净距不小于0.3倍桩径,且不小于500mm。

4.质量检验

桩帽板的质量检验应符合表2-56的规定。

桩帽板的允许偏差、检验数量及检验方法 表2-56

序号	项目	允许偏差(mm)	检验数量	检验方法
1	桩帽板平面尺寸	±30	按桩帽板数量5%抽样检验	每块长、宽各尺量2点
2	桩帽板厚度	+30 -20		每块尺量4点
3	中心位置	15		测量纵横各2点

十八 强夯

1.施工机具

夯实机采用50t履带吊车改装而成,使用自动脱钩装置。锤提高15m后,形成自由落体,提升高度由拉动脱钩器的钢丝绳控制。加固深度在5~10m之间时,一般采用锤重10~15t,静压为20~30kN/m^2。夯锤自制,采用钢板外壳,内灌钢筋混凝土,夯锤底面做成2m×2m的正方形,对称设置20cm×20cm的排气孔4个,锤高1.1m,保证10t质量。

2.施工准备

(1)依据设计高程及预先估计强夯后可能产生的平均地面变形量,确定夯前地面高程。

(2)根据设计要求及加固的土层的深度、土的性质和夯锤落距选定质量及夯锤底面积符合要求的夯锤。

(3)施工前,按设计初步确定的强夯参数,在有代表性的场地上进行试夯。通过强夯前后测试数据的对比,检验强夯效果,确定各项技术参数。

(4)在整平后的场地上标出第一遍夯击点的位置,并测量场地高程。

3.施工工艺

(1)强夯设备就位,使夯锤对准夯点位置。

(2)将夯锤起吊到预定高度,夯锤脱钩自由下落,完成一次夯击。若发现因坑底倾斜而造成夯锤歪斜时,应及时将坑底整平。

(3)按试夯确定的夯击次数及控制标准,完成一个夯点的夯击。

(4)完成第一遍全部夯点的夯击后,应平整夯坑,并测量场地高程。

(5)在规定的间隔时间后,按上述步骤逐次完成全部夯击遍数,最后用低能量满夯将表层松土夯实或碾压达到设计要求。

4.质量控制措施

(1)在满夯时搭接面积不小于夯锤直径的1/4。

(2)开夯前应检查夯锤重和落距,以确保单击夯击能量符合设计要求。

(3)在每遍夯击前,应对夯点放线进行复核,夯完后检查夯坑位置,发现偏差或漏夯应及时纠正。

(4)强夯施工产生的噪声应符合《建筑施工场界环境噪声排放标准》(GB 12523—2011)的有关规定。

5. 质量检验

强夯施工质量检验标准及方法见表2-57。

强夯地基处理质量检验及方法　　　　表2-57

序号	检验项目	允许偏差	检验数量	检验方法
1	范围	≥设计值	沿线路纵向每100m抽样检验5处	尺量
2	横坡	±0.5%	沿线路纵向每100m抽样检验5个断面	坡度尺量
3	夯坑中心偏移	≥0.1D	检验总夯击点的10%	尺量,查施工记录
4	地基的承载力和有效加固深度	≥设计值	每一工点每3000m² 抽样检验12点	标准贯入试验6点,静力触探试验3点,载荷试验3点

注:1. 强夯施工结束后间隔一段时间方能对地基加固质量进行检验。对碎石土和砂土地基可取1~2周;对粉土和黏性土地基可取3~4周。

2. D 为夯锤直径。

十九 土工合成材料垫层

1. 材料要求

(1)土工合成材料

土工合成材料规格及性能应符合设计要求,运至工地后分批整齐堆放在料棚(库)内,防止日晒雨淋,并保持料棚通风干燥。土工合成材料进场时,逐批检查出厂检验单、产品合格证及材料性能报告单。并抽样检验其主要物理力学性能指标(拉伸强度、延伸率、渗透系数或土工格栅的抗拉强度、延伸率等)。

(2)砂

砂垫层采用天然级配的中、粗砾砂,不含草根、垃圾等杂质,其含泥量不得大于5%,用作排水固结地基的砂垫层其含泥量不得大于3%。

(3)碎石

碎石垫层采用未风化的干净砾石或碎石,其最大粒径不得大于50mm,含泥量不得超过5%,且不含草根、垃圾等杂质。

2. 施工工艺

土工合成材料垫层施工工序包括:准备工作、铺设、拼接、质量检查和回填砂料。

(1)准备工作

地基表面应按设计要求清理干净,除去树木、草根和腐殖土以及乱石堆、坟墓、其他杂物,并回填井、塘、洞穴。达到平整要求后,铺垫厚度不小于10cm 的中细砂,并对砂基进行碾压密实,经监理工程师验收合格方可铺设土工合成材料。要求清除地面一切尖硬物质,作好排渗设施,挖好锚固沟。准备好土工膜,尽量用宽幅膜,或先按要求尺寸焊拼好,卷在钢管上,妥运至现场备用。

(2) 铺设土工合成材料

土工合成材料在厂家生产时按设计要求的长度裁断，这样在铺设时没有水平接缝，只有幅边的接缝。铺设时，借拖拉机或人工展放，水平铺盖自坡脚向外铺设。铺设时注意张弛适度，拉紧展平插钉固定，并应与垫层结合面务必吻合平整，避免人为和施工机械的损伤。铺放时应注意：

①尽可能在干燥暖和天气进行。
②铺放应留足够余幅，不可太紧，以便拼接和适应气温变化。
③应随铺随压重，防止风吹。
④接缝应与最大受力方向平行。
⑤发现损坏，应立即修补。
⑥铺设人员应穿软底鞋，以免破坏土工膜，并密切注意防火。
⑦将强度高的方向置于路堤主要受力方向，当设计有特殊要求时按设计铺设。

(3) 接缝连接方法

土工合成材料是按一定规格的面积和长度在工厂进行定型生产，因此这些材料运到现场后必须进行连接。连接时可采用搭接、缝合、胶结或U形钉钉住等方法。大规模拼接前，应进行拼接试验。

采用搭接法时，搭接必须保证足够的长度，一般在0.3~1.0m之间。坚固和水平的路基一般为0.3m；软和不平的路基则需1m。在搭接处应尽量避免受力，以防土工合成材料移动。搭接法施工简便，但用料较多。若设计土工织物上铺有一层砂土，最好不采用搭接法，因为砂土极易挤入两层织物间而将织物抬起。

缝合法是指用移动式缝合机，将尼龙或涤纶线面对面缝合，可缝成单道线，也可缝成双道线，一般采用双面缝。缝合处的强度一般可达纤维强度的80%，缝合法节省材料，但施工费时。

胶结法是指使用合适的胶结剂将两块土工合成材料胶结在一起，最少的搭接长度为100m，黏结在一起的接头应停放2h，以便增强接缝处强度。施工时可将胶结剂很好地加于下层的土工合成材料，该土工合成材料放在一个坚固的木板上，用刮刀将胶结剂刮匀，再放上第二块土工合成材料与其搭接，最后在其上进行滚碾，使两层紧密地压在一起，这种连接可使接缝处强度与土工合成材料的原强度相同。

采用U形钉连接时，U形钉应能防锈，但其强度低于用缝合法或胶结法。

(4) 拼接质量检查

可以先作目测检查，即检查缝有无疏漏，有无烫损，有无褶皱和是否均匀，然后借仪器检漏。例如两条焊缝间有约10mm空腔末焊，可以将待检段两端封死，往空腔内充气，静置一段后，观察其压力有无下降。如发现漏缝，应及时修补。对较大工程，尚应取样检测，即割取部分接缝试样作拉伸试验，要求接缝强度不低于母体的80%，受力方向连接强度不低于设计抗拉强度。

(5) 回填砂料

土工合成材料铺设后应及时回填，严禁其在较长时间外露。填砂一般应不薄于30cm；冬季水位变动时，厚度应加大。如分期施工，应注意期间土工合成材料的良好连接。

3. 质量控制措施

(1) 应在平整好的下承层上按路堤低宽全段面铺设，摊铺时应拉直平顺，紧贴下承层，不使出现扭曲、折皱、重叠。

(2) 铺设土工聚合物,应在路堤每边各留足够的锚固长度,回折覆裹在压实的填料面上,平整顺适,外侧用土覆盖,以免认为破坏。锚固长度应满足设计要求。

(3) 应保证土工合成材料的整体性,当采用搭接法连接时,搭接长度宜为 30~90cm;采用缝接法时,缝接宽度应不小于 5cm;采用黏接法时,黏接宽度不应小于 5cm,黏合强度应不低于土工合成材料的抗拉强度。

(4) 现场施工中发现土工合成材料有破损时必须立即修补好。

(5) 土工合成材料的砂垫层不宜直接压实,需待上覆填土后采用小型振动碾压机械压实。只有当垫层和填料厚度大于 60cm 后方可采用重型机械压实。严禁碾压及运输等设备直接在土工合成材料上碾压或行走作业。

4. 质量检验

(1) 土工合成材料铺设质量检验见表 2-58。

土工合成材料铺设质量检验 表 2-58

序号	检验项目	允许偏差	检验数量	检验方法
1	铺设范围	不小于设计值	沿线路纵向每 100m 抽样检验 3 处,且每检验批不少于 3 处	尺量,查施工记录
2	搭接宽度	$^{+50}_{0}$ mm		
3	竖向间距	±30mm		
4	上下层接缝错开距离	±50mm		
5	回折长度			

(2) 砂、碎石垫层(反滤层)质量检验见表 2-59。

砂、碎石垫层(反滤层)施工质量检验 表 2-59

序号	检验项目	允许偏差	检验数量	检验方法
1	铺设范围	不小于设计值	沿线路纵向每 100m 抽样检验 5 处	尺量
2	厚度	不小于设计值	沿线路纵向每 100m 抽样检验 5 处	尺量
3	顶面高程	$^{+50}_{-20}$ mm	沿线路纵向每 100m 抽样检验 5 处	水准测量
4	横坡	±0.5%	沿线路纵向每 100m 抽样检验 5 个断面	坡度尺量
5	压实质量	不小于设计值	沿线路纵向每 100m 抽样检验 3 个点	

注:压实质量按《铁路工程土工试验规程》(TB 10102—2010)规定的试验方法检验。砂垫层宜采用环刀法检测干密度和相对密度。

任务四　基床以下路堤施工

一　普通填料填筑

1. 填料

基床以下路堤选用 A、B 组填料和 C 组块石、碎石、砾石类填料。

开工前对用作填料土的沿线取土场取有代表性的土样,按《铁路工程土工试验规程》(TB 10102—2010),对细粒土填料的含水率、液限、塑限、塑性指数等进行试验,确定最大干重度、最佳含水率。对碎石类土和粗粒土填料,按规程对其颗粒级配、颗粒密度、含水率等进行检验。

当填料土质发生变化或更换取土场时重新进行检验。

碎石类土和粗粒土填料的最大粒径不宜大于 15cm。当上下相接的填筑层使用不同种类及颗粒条件的填料时，其粒径应符合 $D_{15} < 4d_{85}$ 的要求。

路堤浸水部分采用水稳性高的渗水性材料填筑，严禁填筑易风化的软岩石。

振动液化土地基上路堤采用有较好的抗震稳定性的填料。

2. 施工设备及劳力配置

施工设备及劳力配置见表 2-60、表 2-61。

一个工作面机械及劳力配置表　　　　　表 2-60

序号	机械名称	型号	规格性能	数量(台)
1	挖掘机	ZX270	1.3m³	1
2	挖掘机	ZX330	1.4m³	2
3	自卸汽车	北方奔驰 2629K	—	8
4	推土机	TY220	铲尺寸 3774m×1300m	2
5	推土机	TY200		1
6	平地机	PY-160C		1
7	振动压路机	YZ18C		2
8	振动压路机	YZ16B		1
9	羊足碾	YZK18C		1
10	装载机	ZL50		1
11	东风洒水车	EQ1092F	—	1

压路机主要技术参数　　　　　表 2-60a

型号	工作质量(kg)	振动轮尺寸		振动参数			功率(kW)	静线载荷(N/cm)	速度范围(km/h)
		直径(mm)	宽度(mm)	频率(Hz)	名义振幅(mm)	激振力(kN)			
YZ18C	18900	1600	2130	28/35	1.8/0.9	360/260	141	590	0~12
YZ16B	16000	1590	2130	30	1.57	290	88.2	362	2,3.9,9.3
YZF18C	18700	—	—	29/35	1.66/0.88	380/260	133	—	0~7.2

平地机主要技术参数　　　　　表 2-60b

型号	最大操作质量(kg)	回转角度	最大倾斜角度	最大入地深度(mm)	功率(kW)	最大牵引力(kN)	速度范围(km/h)
PY-160C	13800	360°	90°	500	118	70	0~11

推土机主要技术参数　　　　　表 2-60c

型号	使用质量(kg)	长×宽×高(mm×mm×mm)		功率(kW)	最大牵引力(kN)	速度范围(km/h)
		角铲	直倾铲			
TY220	23450~24020	—	—	162	—	0~11.2
TY200	17880	5360×3970×2920	5230×3416×2920	147	190.7	0~10.9

挖掘机主要技术参数　　　　　表 2-60d

型号	机重(t)	斗容量(m³)
ZX270	27	1.3
ZX330	31	1.4

洒水车主要技术参数 表2-60e)

型 号	发动机马力(PS)	实际容量(L)
EQ1092F	134/143	6000~8000

装载机主要技术参数 表2-60f)

型 号	行进速度(km/h)			整机质量(kg)	额定功率(kW)	铲斗容量(m^3)
	I	II	后退			
ZL50	11.5	38	16	16100	162	2.7

自卸汽车主要技术参数 表2-60g)

型 号	额定质量(kg)	最高时速(km/h)	功率(kW)	长,宽,高(mm)
北方奔驰2629K	15000	85	213	7690,2495,2953

施工劳力配置表 表2-61

序号	工种	人数	工作范围	序号	工种	人数	工作范围
1	队长	1	现场总指挥	6	辅助用工	12	—
2	技术员	3	负责技术质量	7	试验员	2	前后场检测
3	机械技术员	1	维修和操作机械	8	领工员	1	工地指挥
4	电工	1	电路维修	合计	—	42	—
5	司机	21	各种机械操作				

3. 施工工艺

1) 试验段填筑

在进行大面积填筑前,在地质条件、断面形式均具有代表性的地段,按不同种类填料进行摊铺压实工艺试验,确定机械最佳组合方式、碾压速度、碾压遍数、工序、松铺厚度、填料的最佳含水率等施工工艺参数,并报监理单位确认,据此进行全面施工。

2) 施工工艺流程

首先划分作业区段,划分作业区段的原则是保证施工互不干扰,防止跨区段作业,每一作业段宜在200m以上或以构筑物为界。

采用"三阶段、四区段、八流程"的施工工艺组织施工。

三阶段:准备阶段、施工阶段、竣工阶段。

四区段:填筑区段、平整区段、碾压区段、检验区段。

八流程:施工准备、基底处理、分层填筑、摊铺平整、碾压夯实、检验签证、路面整形、边坡整修。填筑压实施工工艺流程如图2-127所示。

路基工程全部采用机械化施工。土方使用机械开挖,自卸汽车运输,然后推土机初平、平地机精平、压路机碾压;石方采用深孔松动爆破,露天钻机(或地质钻机)打眼,硝铵炸药非电毫秒雷管起爆,人工配合机械运输。结合实际路基填筑情况,对路基填挖方进行调配,移挖作填,弃方弃于弃土场。每个施工段做好挖填土方的调配计划,使路堑挖方与路堤填筑、摊平、碾压有机配合,充分发挥各种施工机械的使用效率,并与桥涵、挡土墙施工协调配合,做好台后、路基挡墙背后、涵洞缺口路基的施工。

施工中,采取措施保护线路两侧地表植被和地表硬壳。

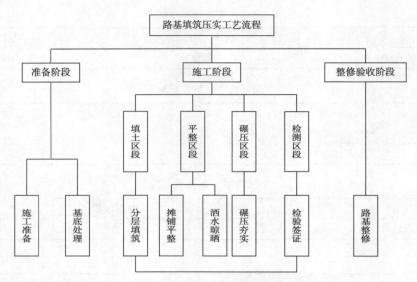

图 2-127 基床以下路堤填筑施工工艺流程图

3）路堤填筑

（1）测量放线及修整下承层

测量放线：按设计标准施放中心线、边线和高程控制桩，培出路肩，并在路肩上做好排水槽以防雨水浸泡作业面。

修整下承层：在填筑之前，认真检查下承层。发现问题及时处理，采用平地机刮平并压实，经检查验收合格，表面平整、密实、无翻浆松软地段，高程、宽度、横坡度、平整度、密实度符合验收规范规定，经监理工程师签证后方可进行上层填筑。

（2）施工方法

①填土路堤施工。

a. 分层填筑。采用按横断面全宽纵向水平分层填筑压实。每一水平层的全宽应用同一种填料填筑，每种填料层累计总厚不宜小于50cm。先填边后填心，填筑虚铺厚度按照试验段确定的参数进行控制。

基床以下路堤填筑碎石类土和砾石类土，每层填筑压实厚度不超过40cm，砂类土每层填筑压实厚度不超过30cm，每层最小填筑压实厚度不小于10cm。

为了控制好松铺厚度，在摊铺前应先在下承层上用石灰打出方格网，根据松铺厚度、运输车辆每车所载方量，计算出每格内应卸车数，指定专人指挥卸车。

路基设计断面尺寸如图 2-128、图 2-129 所示。为了保证边坡压实质量，填筑时路基两侧各加宽 50cm 以上或采用专用边坡压实机械施工。当原地面高低不平时，先从最低处分层填筑，由两边向中心填筑。

b. 摊铺平整。填料摊铺平整使用推土机进行初平，再用平地机进行终平，控制层面无显著的局部凸凹。平整面做成坡向两侧4%的横向排水坡。为有效控制每层虚摊厚度，初平时用水平检测仪控制。

c. 洒水晾晒。填料碾压前控制其含水率在最佳含水率 +2%～-3% 范围内。当填料含水率较低时，及时采用洒水措施，洒水采用取土坑内提前洒水闷湿和路堤内洒水搅拌两种方法；当填料含水率过大，采用取土坑挖沟拉槽降低水位和用推土机松土器拉松晾晒相结合的方法，

或将填料运至路堤摊铺晾晒。当含水率过低时,加水量 m_w 可按式(2-22)估算:

$$m_w = \frac{m_s}{1+w} \times (w_{opt} - w) \tag{2-22}$$

式中:m_s——所取填料的湿重(kg);

w、w_{opt}——填料的天然含水率、最佳含水率。

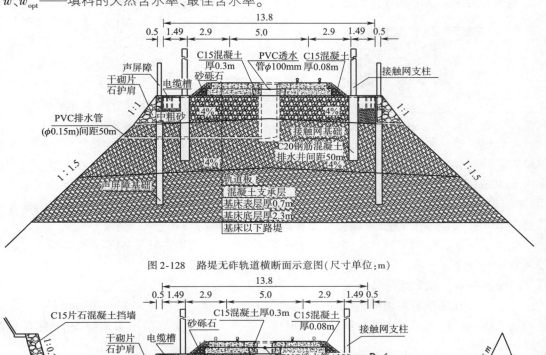

图 2-128 路堤无砟轨道横断面示意图(尺寸单位:m)

图 2-129 路堑无砟轨道横断面示意图(尺寸单位:m)

d. 碾压夯实。路基整形完成,填料含水率接近最优含水率时,用压路机在路基全宽范围内静压,压路机应由两侧路肩向路中心碾压。路基经过稳压后,用大吨位重型振动压路机进行压实,压实原则为"先轻后重,先慢后快,先弱后强"。各种压路机的最大碾压行驶速度不宜超过 4km/h。由两边向中间循序碾压,各幅碾压面重叠不小于 0.4m,各区段交接处互相重叠压实,纵向搭接长度不小于 2.0m,上下两层填筑接头应错开不小于 3.0m。

压路机在碾压过程中,禁止在已完成或正在碾压的路段上"调头"或"急刹车",停车时应先减振,再使压路机自然停振,以保证表层不受破坏。碾压过程中,如发现局部有松软现象时,应及时挖除,用合格填料换填,以保证路基整体强度。

路肩两侧多碾压两遍,边坡采用挖掘机改装的夯实设备夯实。

e. 压实质量检验。碾压完成规定作业遍数后,按填料种类采用灌砂法、环刀法、核子密度仪、K_{30} 检测仪对压实土的含水率、压实系数、地基系数进行检测。K_{30} 试验每 200m 每填高约

0.9m检查4点,中间2点,距路基边线2m处左右各1点。压实系数每100m每压实层检查6点,左右距路肩边线1m处各2点,中间2点。有反压护道地段每100m增加一个检测点。检测合格并经监理工程师签证后方可进行上层填筑。

f. 路基整修。路基刷坡宜采用机械刷坡。机械刷坡时应根据路肩线用坡度尺控制坡度。人工刷坡时应采取挂方格网控制边坡平整度和坡度,方格网桩距以10m控制,并用坡度尺随时检测实际坡度(图2-130)。当锤球垂线与坡度尺上的对准线重合时表示坡度符合要求,当锤球垂线与对准线不重合时表示坡度不符合设计要求。

路基成形后边坡按设计要求种草籽或植树。

② 填石路基施工。

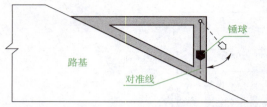

图2-130 边坡坡度尺检查示意图

a. 分层填筑。填料采用级配较好的硬质岩石及不宜风化软岩,将石块逐层水平填筑,铺筑厚度按试验段确定的松铺厚度控制,硬质岩石松铺分层厚度不大于65cm,软岩松铺分层厚度不大于40cm。石料强度大于5MPa。较大粒径石块均匀地分布于填筑层中,大面向下摆放平稳,紧密靠拢,所有缝隙填以小石块或石屑。在基床以下路堤内最大料径不超过30cm,在基床底层内最大料径不超过15cm。超粒径石料进行破碎使填料颗粒符合要求。

b. 摊铺平整。填料用推土机摊铺平整,使石块间无明显的高差,个别不平的地段人工配合使用细粒料找平。

c. 碾压夯实。填石路基使用重型振动压路机分层洒水压实,碾压速度不大于4km/h。压实后继续用小石块或石屑填缝,直到压实层顶面稳定、不再下沉(无轮迹)、石块紧密、表面平整为止。压实机械碾压行走方式同填土路堤施工。施工中压实度由压实遍数控制,压实遍数由现场试验确定。

d. 压实质量检验。见填土路堤施工。

4. 质量检验标准

(1) 路基填土压实的质量检验随碾压施工分层检测。其中细粒土压实检测采用核子密实湿度仪,检测前与灌砂法做对比试验(以灌砂法为基准),并定期标定。粗粒土、碎石土的压实质量采用K_{30}承载板试验方法进行检验,对于细粒土填土压实质量除进行压实度检测外,同时进行K_{30}试验。路堤高度大于8m或为浸水路堤时,压实标准同基床底层。路堤压实质量检验标准见表2-62、表2-63。

基床以下路堤压实质量检验标准　　　　表2-62

检查项目	检验标准	改良细粒土	砂类土及细粒土	碎石类及粗粒土
K_{30}试验	K_{30}(MPa/m)	≥90	≥110	≥130
孔隙率	$n(\%)$	—	<31	<31
压实系数	K	≥0.90	—	—

基床底层路堤压实质量检验标准　　　　表2-63

检查项目	检验标准	改良细粒土	砂类土及细粒土	碎石类及粗粒土
K_{30}试验	K_{30}(MPa/m)	≥110	≥130	≥150
孔隙率	$n(\%)$	—	<28	<28
压实系数	K	≥0.95	—	—

(2)路基面的排水横坡、平整度、边坡等整修内容,将严格按照设计结构尺寸进行,对于加宽部分在整修阶段用人工挂线清刷夯拍。路基外形尺寸检验标准见表2-64。

基床以下路基外形尺寸检验标准   表2-64

检查项目	纵断高程（mm）	中线至边缘距离（mm）	横坡	边坡	平整度（mm）	中线平面（mm）	宽度（mm）
允许偏差	±50	±50	±0.5%	≤3%设计值	土质≤15	±5	≥设计值

(3)软土、松软土地基上反压护道与路基同步填筑,其填料、填筑压实方法、压实标准符合路堤相应部位的规定。护道顶面应平顺并有向路基两侧的排水坡,边坡应顺直无凹陷。反压护道的允许偏差见表2-65。

反压护道的允许偏差   表2-65

检验项目	顶面高程(mm)	顶面宽度	边坡坡率
允许偏差	$^{+100}_{-50}$	不小于设计值	±5%设计坡度

(4)路堤变坡点位置、平台的允许偏差应符合表2-66的规定。

路堤变坡点位置、平台的允许偏差   表2-66

检验项目	变坡点位置	平台位置	平台宽度
允许偏差(mm)	±200	±100	±50

注:变坡点、平台位置以位于路肩下的高度计。

(5)路堤浸水与不浸水部分分界高程的允许偏差范围为0~+100mm。

5. 质量保证措施

(1)路基地质情况复核是工程开工前的首要任务,制订切合实际的基底处理方案地基承载力,提高路基整体稳定性,减小工后沉降,为轨道提供有效的载体。

(2)通过路基试验段填筑,了解填料性质,确定填料虚铺厚度、机械碾压组合方案机具设备,并使工人熟悉施工工艺,这对提高工程质量具有重要意义。

(3)路基相邻作业段以横向结构物划分时,一定要注意两侧填筑速率,桥涵过渡段填筑应与路基填筑按水平分层一体同时进行,以保证路基整体连续性。

(4)试验人员在取样或测试前必须检查填料是否符合要求,碾压区段是否压实均匀,填筑层厚是否超过规定厚度。

(5)雨季路堤施工,每次作业收工前将铺填的松土层摊铺压实完毕,且填筑的每一压实层面均做成向路基两侧2%~4%的横向排水坡。

(6)当路基各段不同步填筑时,纵向接头处在已填筑压实基础上挖出硬质台阶,台阶宽度不宜小于2m,高度同填筑层厚。

(7)软土、松软土地基上的路堤及预压土填筑过程中(真空预压地基处理地段不受下述限制),严格控制填筑速率,当路堤中心线地面沉降速率大于每昼夜10mm、坡脚水平位移速率大于每昼夜5mm时,立即停止填筑,待观测值恢复到限值以内再进行填筑。

(8)膨胀土地基上的路堤填筑,应符合以下规定。
①施工前应结合永久排水设施做好地表排水设施,排水沟应随挖随砌,铺砌必须及时完成。
②膨胀土路基不应在雨季施工。
③换填厚度应根据开挖后地基检测结果确定,且不得小于设计。
④基底换填应与开挖紧密衔接。如有困难,应预留厚度不小于50cm的保护层。

(9) 黄土地区的路堤填筑,施工前应结合永久排水设施做好地表排水设施,排水沟应随挖随砌,铺砌必须及时完成。施工中路基范围黄土地基上不得浸水。

(10) 盐渍土地基上的路堤填筑,当盐渍土地基的含盐量大于规定时,应铲除表层盐渍土,挖除厚度应根据开挖后地基检测结果确定,且不得小于设计要求,铲除宽度应包括护道,并应有自路基中线向两侧不小于2%的横向排水坡。

(11) 浸水路堤应尽量选择在枯水季节进行。路堤浸水部分及护道施工应在汛期前完成。

(12) 取土场的位置、深度、边坡符合设计要求,并结合当地土地利用、环保规划进行布置,不得随意取土及在水下取土。

(13) 取土时保护环境,取土后的裸露面按设计采取土地整治或防护措施。风景区或有特殊要求的施工地段,按设计要求及时配套完成环保工程。

(14) 弃土符合以下规定:

①沿河岸或傍山路堑的弃土不得弃入河道,挤压桥孔或涵洞口,改变水流方向和加剧对河岸的冲刷。

②严禁贴近桥墩台或在其他构筑物附近弃土。

③严禁在岩溶漏斗处和暗河口弃土。

④弃土不得造成水土流失污染环境。

6. 试验段案例

客运专线路基基床以下路堤施工工法

中铁十六局甬台温铁路工程项目部

一、前言

甬台温客运专线铁路的设计时速200km,预留250km,路基质量标准依据铁建设[2005]160B号文颁布的《客运专线铁路路基工程施工质量验收暂行标准》,质量标准新,质量指标要求高,路基工程工后沉降控制要求严格。在实施客运专线路基施工时,必须在选取合格的填料后,通过选取有代表性的路基试验段施工,先进行摊铺压实工艺试验,经过试验检测和数据分析,确定所选填料的施工工艺参数(松铺厚度、碾压遍数、碾压方法等)后,展开路堤大面积填筑施工。中铁十六局集团在承建宁海车站路基工程施工过程中,积极实践、不断总结,严格按照验标规定和设计要求施工,遵循先试验、后展开的程序,使施工规范有序,质量全部达到验标要求。经过三个多月的施工,宁海车站路基施工已初具规模,施工进展顺利,路堤质量稳定,积累了成功经验,经专家评审,形成本工法,有广泛的应用前景。

二、工法特点

(1) 以试验段引路,先进行摊铺压实工艺试验,取得可行的施工工艺参数后,有序展开大面积填筑施工,确保施工质量验收一次达标,避免盲目施工。

(2) 以试验检测为控制主线,贯穿施工全过程,以科学的检验检测手段获得真实可靠数据,全面指导施工。

(3) 合理配置机械设备和检测设备,机械化、标准化流水作业,工效高,质量稳定。

三、适用范围

本工法适用于客运专线铁路路堤基床以下粗粒土填料填筑施工。

四、工艺原理

采用配套机械设备和检测设备,以试验检测为控制主线,根据试验段施工工艺试验确定质量达标、操作可行的施工工艺参数,指导大范围填筑施工。

五、施工工艺

(一) 工艺流程

试验段路基施工工艺流程如图 2-131 所示。

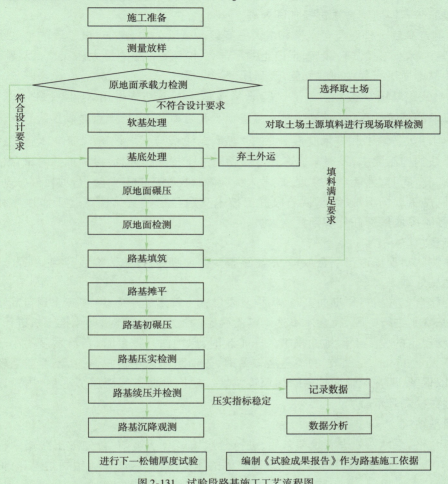

图 2-131　试验段路基施工工艺流程图

1. 施工准备

(1) 制订实施方案。路基试验段施工之前,项目部组织相关技术、试验人员制订详细的实施方案,明确试验的目的、人员、机械设备及检测设备的需求计划、试验步骤、检测方法、相关数据整理分析方法。

(2) 合理配置机械设备和检测设备。为满足路基试验段施工需要,选配性能状况好、满足施工工艺与质量要求的成套施工机械设备。为满足客运专线检测要求,工地中心试验室除配备各种计量设备、力学试验设备、核子密度仪等常规检测设备外,还新购置了 K_{30}、E_{vd}、静力触探、动力触探等检测设备。

(3) 确定料源。路基施工,填料是关键。按照客运专线对路基填料的特殊要求,对沿线路基填料进行调查,进行试验比对分析。从填料的质量、运输道路以及经济性三方面综合考虑,确定符合要求的取土场。经对选定的取土场土源进行土质取样、筛分检测,确定其质量是否满足设计要求,是否需要改良。

(4)检测原地面承载力。项目部组织试验、技术人员采用静力触探法,进行全管区原地面承载力检测。按要求每隔100m检测2处,测出承载力P_s值大于等于设计值(1.2MPa)的原地面以下深度。原地面承载力达不到要求的,对于浅层软土根据软土深度分别采用碾压片石和级配碎石换填等方法进行加固处理。

(5)测定基底土样最佳含水率和最大压实度。试验人员分别对试验段的基底土现场取样,进行室内标准击实试验,以确定该土的最佳含水率及对应的最大压实度,以便下一步对清表后的原地面进行翻挖、晾晒、回填、碾压、检测。

(6)确定路基填筑检测方法。试验段路基基床以下部分采用K_{30}和孔隙率双控检测。为取得足够的试验数据,基床以下部分每层检测孔隙率和K_{30}检测点数满足验标要求。

(7)组织人员培训和技术交底。举办"客运专线新验标培训班",使全体施工人员能适应客运专线的施工要求,及时掌握客运专线路基施工相关标准,经过培训并考试合格的人员才允许上岗。同时,为使全体管理、技术人员准确掌握相应的专业知识,项目部分别在总部、分项目部、施工现场组织"路基试验段施工技术交底会",使其掌握试验工作程序和控制标准,并将各阶段质量责任分解到具体人员。

2. 测量放样

由精测队对现场进行测量放样,放出路基两侧坡脚线、排水边沟线,并测出原地面高程。

3. 基底处理

人工配合挖掘机将原地面杂草、树根及表层软土等清理干净,并将弃土用自卸车运至弃土场;对基底土进行晾晒,待含水率达到试验确定的最佳含水率时,再用推土机进行整平、碾压,以达到规定的压实度。地面横坡大于1:5时,原地面开挖台阶,台阶宽度不小于2m,台阶高度不大于25cm。当基岩的覆盖层较薄时,先清除覆盖层再挖台阶;当覆盖层较厚且稳定时,予以保留,即在原地面挖台阶后填筑路堤。对原地面进行碾压成形后,再对原地面进行动力触探检测其承载力。

4. 路基填筑

填料合格、原地面处理满足要求后,进行分层填筑。填筑前,首先放出线路中桩和填筑边线,每10m钉出边线木桩。为保证路基边缘的压实度,边线比设计线每边宽出50cm。填筑中,采用挖掘机挖装、自卸车运输,按放样宽度及松铺厚度控制卸土量。为便于比较,路基试验段先后以35cm、45cm、55cm三种松铺厚度进行试验。填土厚度控制采取两种方法:一是量出每车土的方量,根据摊铺厚度,计算每车土所能摊铺的面积,并按此面积在填筑面上用灰线划上格,在每格内卸入一车料;二是在路基坡脚附近每隔10m立上标杆,在标杆上用红布条标记好试验摊铺厚度的位置线,用以控制推土机作业厚度。

5. 路基平整

首先采用推土机将填料按标杆标示线初步推平,再用平地机进行精细整平,并将路基顶面做成两侧2%~4%的横向排水坡。

6. 路基初压

当松铺厚度、平整度符合要求时开始碾压。碾压采用激振力35t振动压路机。根据"先稳后振→先快后慢、纵向到底、横向到边、轮迹重叠"的原则,从两侧向中心纵向进退式碾压:先静压一遍,再弱振碾压二遍,再强振碾压一遍,完成初压。碾压时,行与行轮迹重叠

0.4~0.5m,横向同层接头处重叠0.4~0.5m,相邻两区段纵向重叠1~1.5m,以保证无漏压、无死角,确保碾压的均匀性。

7. 压实检测

初压结束后,进行压实指标检测。检测采用K_{30}和孔隙率双控指标。即用K_{30}平板载荷仪测试地基系数K_{30}、灌砂法检测孔隙率n。

8. 续压检测

对试验段路基进行续压续检,每碾压一遍检测一次。检测方法同前,并认真记录松铺厚度、碾压次数、K_{30}和孔隙率检测值等相关数据。沉降观测点周围压路机压不到的地方应采用打夯机夯实。直到压实指标稳定后停止碾压。

9. 沉降观测

软基处理地段设计有沉降、位移控制要求时,首层填料摊平后,在路基中心埋设沉降观测板、设置沉降观测桩。碾压结束后,进行沉降观测,沉降观测采用二等水准测量标准。路基面形成后在路基面中心和两侧路肩设置路基面观测桩,纵向间距不宜大于100m,每段路堤至少保证1个观测断面,路堤较高(大于8m)地段进行加密,并且保证至少有6个月的沉降观测和调整期。测量频度:前15d内每3d监测一次,第15~30d每星期监测一次,第30~180d每15d监测一次。

10. 数据分析

试验过程中安排技术、检测人员,记录压路机的碾压速度、碾压顺序、碾压遍数及压实度检测等情况,并整理和分析记录数据,将同一松铺厚度碾压次数和压实指标以及双控指标之间分别画出曲线图,找出达到压实指标要求时的碾压次数、K_{30}和孔隙率之间的内在联系。确定填料压实机械、最佳分层厚度、压实遍数、碾压搭接宽度、压实方法等基本数据,编制《试验成果报告》,报监理审核确认后,指导大面积路堤填筑施工。同时,还应对路基沉降观测数据进行分析,为推算路堤工后沉降量积累资料。

对于35cm、45cm、55cm三种不同分层松铺厚度填筑碾压施工试验数据见表2-67。

试验数据汇总表 表2-67

松铺厚度/压实厚度(cm)	强振碾压遍数		实测K_{30}及孔隙率值						
35/27	5	K_{30}值	93	93	92	91	91	91	—	—
		孔隙率值	29.2	29.6	29.2	28.8	28.8	29.2	29.2	29.6
35/27	6	K_{30}值	115	113	116	111	111	114	—	—
		孔隙率值	28.4	28.0	28.0	28.3	27.9	27.5	27.9	28.3
35/27	7	K_{30}值	123	128	122	125	121	127	—	—
		孔隙率值	27.1	26.7	26.3	27.9	26.0	27.5	26.9	26.5
45/35	5	K_{30}值	106	105	104	105	106	103	—	—
		孔隙率值	29.6	29.2	29.2	29.2	29.6	29.2	29.3	29.0
45/35	6	K_{30}值	122	124	121	124	122	125	—	—
		孔隙率值	28.4	28.0	28.2	28.0	28.8	28.0	28.0	28.4
45/35	7	K_{30}值	127	126	126	124	126	123	—	—
		孔隙率值	27.7	27.3	27.3	26.9	27.3	27.7	27.4	27.0
55/45	7	K_{30}值	87	86	88	87	95	93	—	—
		孔隙率值	28.0	28.0	28.4	28.0	28.2	27.8	28.0	28.0
55/45	8	K_{30}值	117	115	113	116	114	114	—	—
		孔隙率值	26.1	26.5	26.1	26.5	26.5	26.5	26.5	26.5

不同的分层填筑厚度时,碾压遍数和压实度的关系曲线如图2-132所示。

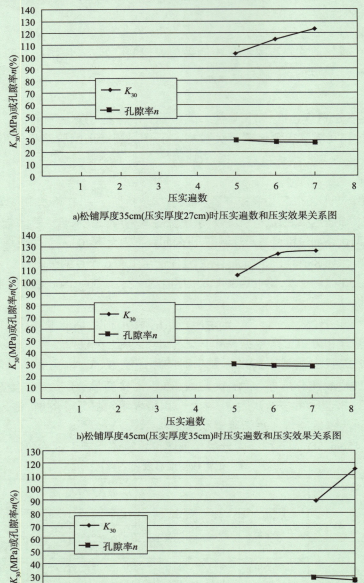

a) 松铺厚度35cm(压实厚度27cm)时压实遍数和压实效果关系图

b) 松铺厚度45cm(压实厚度35cm)时压实遍数和压实效果关系图

c) 松铺厚度55cm(压实厚度45cm)时压实遍数和压实效果关系图

图2-132 不同分层填筑厚度、碾压遍数和压实度的关系图

本试验段填筑工艺性试验表明,当分层松铺厚度较小时,路基易于碾压密实,但施工效率较低,而当分层松铺厚度较大时,压实所需要的碾压遍数明显增大,碾压效率降低。从检测数据及分析图表可以看出,合理的分层厚度和压实工艺是当松铺厚度为45cm,压实厚度为35cm,先静压1遍、后弱振2遍、最后强振碾压6遍时,地基系数和孔隙率均能较好满足

暂行标准要求。根据压实遍数和压实效果关系图，可以看出填土厚度一定的情况下，碾压遍数、地基系数 K_{30} 及孔隙率值基本成比例关系，即碾压遍数越多，地基系数 K_{30} 值越大，孔隙率值也越小，更满足规范要求，但孔隙率值变化没有 K_{30} 值变化明显，即达到一定的孔隙率值后再增加碾压遍数就体现不出经济性。从科学经济性考虑，采用激振力更大的压路机械，可继续优化松铺和压实厚度，提高作业效率，使之更适应新验标的检测要求。

（二）工艺成果

根据试验和分析，确定宁海车站路基施工工艺参数为：填料最佳松铺厚度为 45cm，采用 35t 振动压路机先静压 1 遍，再弱振碾压 2 遍，强振碾压 6 遍，即可达到验标压实标准。

（三）成果应用

在试验段进行摊铺工艺试验取得成功并总结成果报监理审核确定路基的松铺厚度、碾压遍数等工艺参数后，根据试验段的施工步骤和取得施工工艺参数按"三阶段、四区段、八流程"组织车站大面积路基填筑施工，把路堤填筑施工分成准备、施工、整形验收三个阶段，根据现场涵洞较多的情况和机械配置情况确定以 200m 及涵洞为界划分为"填筑、平整、碾压和检测"四个区段，全车站路堤施工形成施工准备、基底处理、分层填筑、摊铺平整、洒水晾晒、机械碾压、检验签证、路基整形八个流程作业面，展开平行、流水作业，施工工艺流程与试验段工艺试验步骤基本相同。

不同点仅松铺厚度采用确定的参数每层 45cm，严格按照试验段工艺试验确定的碾压遍数和碾压方法进行碾压。碾压结束后，进行压实指标检测。检测采用 K_{30} 和孔隙率双控指标：即用 K_{30} 平板载荷仪测试地基系数、灌砂法检测孔隙率 n。压实检测合格后，对路基中线、高程、宽度、边坡等进行测量检查，符合设计及验标要求后，及时进行填层检验批验收。

六、主要机具设备

主要机具设备见表 2-68。

主要机具设备　　　　　　　　　　表 2-68

序号	设备名称	规格型号	单位	数量
1	挖掘机	CAT320B	台	2
2	挖掘机	210－5	台	2
3	推土机	D8N	台	1
4	推土机	T－140、SD16	台	2
5	压路机	ZY18J	台	2
6	压路机	BOMAG BW225D－3	台	1
7	自卸车	东风 EQ、斯太尔	台	12
8	装载机	ZL50C	台	2
9	洒水车	CA10B	台	1
10	平地机	PY－160G	台	1

七、劳力组织

劳力组织见表 2-69。

劳 力 组 织 表2-69

序 号	工 种	人 数	备 注
1	现场负责人	2	现场组织、指挥
2	现场技术负责人	1	负责技术指导、交底
3	路基技术人员	3	质量控制、检查
4	测量工程师	1	测量控制、检查
5	测量员	3	现场测量
6	试验工程师	1	试验检验、质量控制
7	试验员	4	现场试验
8	机械司机	14	机械操作
9	汽车司机	16	填料运输
10	机械维修人员	3	机械维修保养
11	普工	12	现场辅助
12	调度员	1	现场调度
13	安全员	1	现场安全

八、质量控制

（一）填料质量要求

（1）一般路基填料应为A、B组填料或C组中的块石、碎石、砾石类等填料，必要时填料需采取改良措施，必须符合验标有关规定要求。

（2）路堤填料中碎石最大粒径不得大于15cm，并且要求大小级配良好。

（3）路基施工必须加强全路段填料和填筑压实度的一致性控制，确保路基整体刚度的均匀性，以达到高等级铁路行车平衡性要求。

（4）路堤浸水部分应采用水稳性高的渗水性材料填筑，严禁填筑易风化的软岩石。

（5）填筑前应对取土场填料进行取样检验；填筑时应对运至现场的填料进行抽样检验。当填料土质发生变化或更换取土场时应重新进行检验，检验的方法按《铁路工程土工试验规程》（TB 10102—2010）规定进行试验。基床以下部分路堤填料复查项目及频次见表2-70。

基床以下部分路堤填料复查项目及频次表 表2-70

填料类别	试验项目、频次			
	颗粒级配	液塑限	击实试验	颗粒密度
细粒土	—	5000m³（或土性明显变化）	5000m³（或土性明显变化）	—
粗粒土、碎石土	10000m³（或土性明显变化）	—	—	10000m³（或土性明显变化）

（二）压实标准

基床以下路堤填料及压实标准见表2-71。

基床以下路堤填料及压实标准表 表2-71

填料	压实标准	细粒土	粗粒土	碎石土
A、B组填料及C组（不含细粒土、粉砂和软块石土）或改良土	地基系数K_{30}（MPa/m）	≥90	≥110	≥130
	压实系数K_h	≥0.90		
	孔隙率n(%)		<31	<31

（三）路堤边坡质量控制

（1）路堤边坡宜采用加宽超填方法，超填宽度不小于50cm。

（2）路基刷坡采用刷坡机械。机械刷坡时根据路肩线用坡度尺控制坡度。

（3）路堤边坡应平顺、密实、稳固；边坡的坡率应符合设计要求，偏陡不得大于设计值的3%。

（四）试验检测控制内容和检测方法

（1）原地面处理前，静力触探试验或动力触探试验，复核地基承载力，不满足设计要求的，报建设、设计、监理单位变更。

（2）原地面处理后，静力触探试验或动力触探试验，复核地基承载力。

（3）路基填筑前，取土场选择，现场取样，做室内土质分析试验，确定路基填料。

（4）路基压实度检验：基床以下部分，每压实层做孔隙率试验（灌砂法），每逢三层做K_{30}及孔隙率试验；基床底层1.9m部分，每压实层做孔隙率试验（灌砂法），每逢三层做K_{30}、E_{vd}及孔隙率试验。

九、安全与环境保护措施

（1）推土机、装载机、自卸汽车、压路机、平地机等大型机械驾驶员，必须严格按照操作规程，在边坡、沟边高填方段作业时，应与边缘保持一定的距离。

（2）各机在同一作业面施工，前后两机应保持一定的安全距离。

（3）机械夜间进行作业时，施工段应有照明设施。

（4）进入作业区必须按标准戴好安全帽，穿戴好劳动保护用品。

（5）经常检查工具材料、物件的堆、码、垛情况，防止松动倒塌伤人。

（6）各种仪器设备、工具使用遵守操作规程。

（7）各种机械、器具必须有轮有罩、有套有轴、防护装置齐全、良好，严禁超负荷或带病运转。

（8）严禁对运行中的机械设备进行修理或保养工作。

（9）加强对全体施工人员的文明施工教育，创建文明工地，做到"两通三无、五必须"。两通，即施工现场人员行道畅通；施工工地沿线单位和居民出入畅通。三无，即施工中无管线事故；施工现场排水畅通无积水；施工工地道路平整无坑道。五必须，即施工区域与非施工区域必须严格分隔；施工现场必须挂牌施工；工地现场材料必须堆放整齐；工地生活必须清洁文明；工地现场必须开展以创建文明工地为主要内容的思想政治工作。加强现场施工管理，每道工序应做到现场落手清，加快施工进展，做到工完场清，不留尾巴。

（10）施工机动车辆在国道或地方道路上行驶，要遵守地方政府及交通部门的管理规定，遵守公安部门道路交通管理条例，自觉维护交通秩序，保证运输畅通。

（11）施工时要注意保护环境，采取措施不压缩、不侵占、不污染河道，保护水源、灌渠，保护树木、植被。运输道路、便道应洒水防尘，防止污染环境。

十、效益分析

应用本工法施工客运专线基床以下路堤，各工序平行施工、流水作业、有序可控，施工进度快，质量稳定、一次达标。

十一、工程实例

中铁十六局集团承建的甬台温客运专线铁路宁海车站路基从2006年4月开工以来，路基施工进展顺利，质量稳定，截至2006年7月初已完成路基基床以下土石方填筑15万方。

改良土填筑

1. 原材料

对拟选定的取土场进行取土化验,测定其含水率、天然密度及液塑限,以检测其是否合格,并进行配合比和击实试验,作为施工的依据。

原材料应符合设计要求,设计未明确时应符合以下要求。

(1) 掺入石灰时,石灰应选用钙质生石灰或消解石灰,其指标应达到合格标准。施工前应指派试验人员对石灰厂的石灰进行取样试验,检测有效钙、镁含量,评定其等级,不符合设计要求的石灰不能进场,其技术指标应达到国标三级以上。

(2) 掺入水泥时,水泥首先有三证,即厂家合格证、质检部门的准用证、质保报告单。进库前进行外观检查,有无受潮结块。不同厂家、不同品类的水泥,不得混存、混用。其初凝时间应大于3h,终凝时间宜大于6h。

(3) 用石灰改良时,土中硫酸盐含量应小于0.8%,有机质含量应小于10%;用水泥改良时,土中硫酸盐含量应小于0.25%。

(4) 当掺加其他化学类固化剂改良时应符合设计要求。

(5) 堆放材料的场地应整平、压实,改良剂应采取防风、防潮、防雨措施分类堆放。必要时可砌筑隔料墙。

根据工程量大小、工程进度等本着满足施工且原材料不失效的原则组织原材料进场。其他原材料到位后,需检查其产品合格证及质量检测鉴定报告,并进行检验合格后方可使用。

2. 配合比

在开工前,试验室将拟用材料的样品进行配合比设计,在试验路段施工前至少28d将拟采用的最佳配合比方案提交监理工程师批准。填筑前应按设计提供的配比进行室内试验,确定施工配合比。物理改良土的施工配合比应保证混合料的压实质量达到设计要求,化学改良土的配合比应保证混合料的无侧限抗压强度能达到设计要求。

工地实际采用的石灰或水泥等改良剂剂量较室内试验确定的剂量多0.5%~1.0%。

3. 施工工艺

1) 试验段填筑

取100~200m长具有代表性的路基进行试验段施工,确定改良土的施工工艺流程、机械配置、人员配置、松铺系数、拌和碾压遍数、最佳含水率、改良剂剂量等施工工艺参数,并报监理单位确认,据此进行全面施工。

2) 下承层检测验收

施工前先进行下承层压实度检查,并用压路机对表层进行碾压,碾压中如发现表层过干、表土松散,进行适当洒水碾压;如土过湿,发生"弹簧"现象,采用开挖晾晒、换土、掺石灰或水泥等措施进行处理,合格后再进行下步工序施工。

3) 测设高程网、定设基准线

摊铺前,测量人员应先在检测合格的下承层上用全站仪分别放出路堤中线、填筑边线(含每侧超宽50cm),并设置好控制桩,直线段桩间隔20m,曲线段桩间隔10~15m,考虑到下承层较硬,桩一般用钢筋制作。桩顶应高出松铺素土面2~3cm,在其上标示出拟定的摊铺层顶面高程,以便拉绳检查厚度。

4) 场拌法施工

场拌法施工工艺流程如图 2-133 所示。

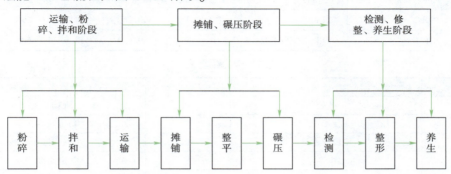

图 2-133 场拌法施工工艺流程图

(1) 施工设备及劳力配置

在实际施工中应根据工程量的大小、碎土机的性能及拌和站的实际生产能力,配置数目不等的拌和站。粉碎、拌和、摊铺等机械的生产能力应相互匹配,以提高工效。见表 2-72 ~ 表 2-73。

一个改良土工作面的机械及劳力配置表   表 2-72

序号	机械名称	型号	规格性能	数量
1	稳定土拌和站	WCB500	500t/h	1 套
2	液压碎土机	YST-600A	—	1 台
3	挖掘机	ZX300	—	1 台
4	推土机	TY220	—	3 台
5	压路机	YZ18C	—	2 台
6	振动压路机	SD200F	—	1 台
7	羊足碾	YZK18C	—	2 台
8	平地机	PY-160C	—	2 台
9	自卸汽车	北方奔驰 2629K	—	15 台
10	装载机	ZL50	—	4 台
11	东风洒水车	EQ1092F	—	2 台
12	发电机	—	250kW	1 台

稳定土拌和站主要技术参数   表 2-72a)

型号	生产能力 (t/h)	粉仓容积 (m^3)	出料容量 (m^3)	集料粒径 (mm)	级配种类	级配精度			总功率 (kW)	整机质量 (t)
						集料	水泥	水		
WCB500	500	9	7.5	≤60	3~5	±3%	±1%	±1%	123	35

液压碎土机主要技术参数   表 2-72b)

型号	生产能力 (t/h)	进料容积 (m^3)	出料粒径 (mm)	进料粒径 (mm)	级配种类	功率 (kW)	主机质量(t)
YST-600A	300~600	7	≤15~40	≤400	15~40mm 含量<10%	110	6.5

压路机主要技术参数 表2-72c)

型号	工作质量(kg)	振动轮尺寸		振动参数			功率(kW)	静线荷载(N/cm)	速度范围(km/h)
		直径(mm)	宽度(mm)	频率(Hz)	名义振幅(mm)	激振力(kN)			
YZ18C	18900	1600	2130	28/35	1.8/0.9	360/260	141	590	0~12
SD200F	20181	1621	2134	20.8/28.3	2.16/1.65	359/273	152.9	606	

施工劳力配置表 表2-73

序号	工种	人数	工作范围
1	队长	1	现场总指挥
2	技术员	3	负责技术质量
3	机械技术员	1	维修和操作机械
4	电工	1	电路维修
5	司机	34	各种机械操作
6	辅助用工	16	
7	试验员	2	前后场检测
8	领工员	1	工地指挥
合计	—	59	—

(2) 拌和站的布置

拌和站宜选在地势较高、离水源较近、交通便利的地方，而且必须在居民区主导风向下方，拌和站必须配有先进的除尘设备，拌和站的面积可根据场拌改良土的数量决定。

拌和站内应进行硬化，而且底层必须采用隔水材料。场区内要设置2%~4%的横向坡度，以利排水。拌和站的四周应开挖排水沟。

为了防止雨淋，备料场均应建成篷式。不同品种、规格的材料之间应修建隔料墙。

在场区规划时还必须考虑到备料及出站时的道路宽度、位置、走向，避免在备料、出料、场内装载机作业时相互干扰，影响工效。

(3) 混合料拌和

碎土设备与稳定土拌和站按"L"型进行平面组合，并靠近储料场，如图2-134所示。碎土直接进入拌和站配料仓。在碎土设备与拌和设备正常运作前，对碎土设备与稳定土拌和站进行联动联调，使两级设备的生产能力协调一致，以便达到最佳的质量和经济效果。

原料土的粒径须小于碎土设备的破碎能力，超过此限的土团剔除或改小。植物根茎在取土源处予以清除。后台上料选用装载机。

破碎出料运输皮带的落料口对准下级稳定土拌和站的配料仓漏斗，破碎土可快速通过漏斗进入搅拌筒。

配备粉体罐储存粉体改良剂，改良剂粉体通过螺旋输送器添加到配料仓。

在正式拌和前，采用碎土设备对填料进行粉碎处理，并调试所用的厂拌设备，保证拌和均匀。

采用拌和站对已破碎的填料进行拌和。在设定拌和产量时，将拌和产量设定在略大于破碎机产量的工况，使拌和站配料仓保持较少的存料，防止拌和站配料仓因进料过快而出现"粘"、"堵"、"拱"、"卡"的现象。

改良土的含水率低于设计要求时，在拌和站设备加水拌和。采用雾化加水技术，加水量通过精密计量装置加以控制。

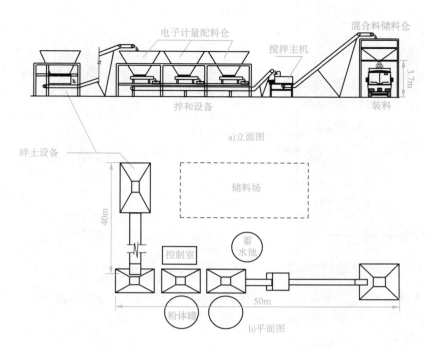

图 2-134 改良土厂拌法拌和设备布置图

原状土和改良土混合料的实际含水率都要进行跟班检测,以便实时调整。拌和均匀的化学改良土应色泽均匀,无灰条、灰团。改良剂剂量允许偏差为试验配合比的 -0.5% ~ $+1.0\%$。

拌和成品混合料经皮带机运送进入储料仓。混合料中不应含有超尺寸颗粒土块(大于 15mm 的土块)、未消解石灰颗粒和素土层。

(4)混合料运输

采用大型自卸车运输,成品仓前至少要有 3 台车在等待装料,防止成品仓储料过多时间过长造成"粘"、"堵"、"拱"、"卡"现象。

气候干燥水分蒸发过快的天气条件下运输时,车斗加苫布覆盖,以保证混合料的含水率维持在允许的误差范围内。

运料车不得在新铺且未碾压成型的层面上行驶。

(5)混合料摊铺、整形

改良土填料应分层填筑压实,每层填筑压实厚度不宜超过 30cm,具体的摊铺厚度及碾压遍数应按试验段确定并经监理确认的参数进行控制。

摊铺混合料前,应对经检测合格的下承层的表面进行润湿处理,以利于上下层黏结。为了控制好松铺厚度,在摊铺膨胀土前应先在下承层上用石灰打出方格网。通过松铺厚度、汽车每车所载方量,计算出每格内应卸车数,指定专人指挥卸车。然后使用推土机摊铺整平,摊铺时应注意每侧的加宽部分,目测层面大体平整、有路拱。然后用振动压路机快速稳压 1 遍,以暴露其潜在的不平整。再用平地机整平,中、边桩挂线检测混合料的松铺厚度,及时整修。最后用平地机精平,精平时测量人员应在现场跟踪测量,指派专人指挥平地机司机精确整平。一般每个整幅路基断面测量 5 个点,直到高程、横坡等达到设计要求。测量点位布置如图 2-135 所示。

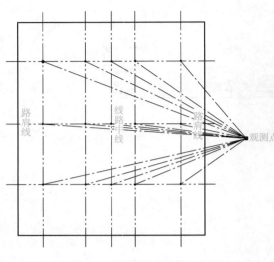

图 2-135 测量点位布置示意图

(6) 碾压

高程检测合格后,立即用重型振动压路机初压,然后用重型压路机复压,最后静压收光。

碾压时,直线段由外侧向中间进行,在曲线超高地段,由内侧向外侧进行,不在新铺的底基层上急刹车或调头,以保证底基层压实后不受破坏。

填方压实层施工顺序如下:

下承层检测验收区 → 卸料区 → 摊铺整平区 → 初压区 → 精平区 → 复压、终压区

施工过程中用环刀法、灌砂法和核子密度仪联合跟踪检测路堤实际压实度。

(7) 养生

在整修、成型、终压检测合格后,及时采用塑料薄膜满盖洒水养生,洒水次数根据气候及路面水分蒸发情况而定,始终保持表面湿润。养生期一般不少于7d。在养生期内封闭交通,禁止车辆在其上通过。

(8) 横接缝施工

每天施工结束,在摊铺带末尾设置横缝,横缝采用平接且垂直线路走向。具体操作时,摊铺在接近端部时用人工将端部混合料摊平铲齐后碾压密实,而后用 3m 直尺检查平整度,垂直刨除端部层厚不足的部分,待养生结束继续摊铺时正常摊铺。人工整理接缝处混合料,使其整齐,无超标骨料且无离析。

横向接缝的碾压先横向碾压,再纵向碾压。碾压时,压路机先位于已压实的混合料上,伸入新铺层的宽度为 15cm,然后每压一遍向新铺混合料移动 15~20cm,直到全部在新铺层上为止,再改为纵向碾压。

改良土的作业长度,视施工机械的效率及气候条件等因素而定,尽可能减少接缝。采用流水作业法,各工序紧密衔接。

(9) 检测

地基系数 K_{30} 每填高约 0.9m,100m 范围内检测 4 点,距路基边 2m 处左右各 1 点,中间 2 点。压实系数 K 每层沿纵向每 100m 检测 6 点,距路基边 1m 处左右各 2 点,中间 2 点。

5) 路拌法施工

路拌法施工工艺流程如图 2-136 所示。

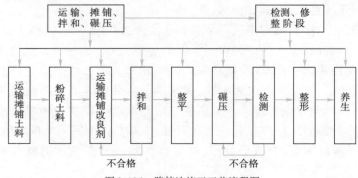

图 2-136 路拌法施工工艺流程图

(1) 施工设备及劳力配置

施工设备及劳力配置应满足表 2-74 ~ 表 2-76 的规定。

一个作业面主要机械及劳力配置表　　　　表 2-74

序 号	机械设备名称	型 号	数 量
1	稳定土路拌机	WBZ450 中置式	1 台
2	稳定土路拌机	WB230 后置式	1 台
3	履带式液压挖掘机	ZX330	1 台
4	推土机	TY220	2 台
5	压路机	YZ18C	2 台
6	振动压路机	SD200F	1 台
7	羊足碾	YZK18C	2 台
8	平地机	PY－160C 型	2 台
9	自卸汽车	北方奔驰 2629K	10 台
10	铧犁	—	1 套
11	东风洒水车	EQ1092F	2 台

路拌机主要技术参数　　　　表 2-75

型 号	质量(t)	拌和宽度(mm)	功率(kW)	最大拌和深度(mm)	速度范围(km/h)
后置式路拌机 WB230	18	2300	261	0 ~ 420	0 ~ 3
中置式路拌机 WBZ450	16	2200	165	130 ~ 360	0 ~ 1

施工劳力配置表　　　　表 2-76

序 号	工 种	人 数	工作范围
1	队长	1	现场总指挥
2	技术员	3	负责技术质量
3	机械技术员	1	维修和操作机械
4	电工	1	电路维修
5	司机	27	各种机械操作
6	辅助用工	12	—
7	试验员	2	前后场检测
8	领工员	1	工地指挥
合计	—	48	

(2) 摊铺素土

为了控制好松铺厚度,在摊铺前应先在下承层上用石灰打出方格网,在同一作业面,选用载质量相同的自卸汽车。通过松铺厚度、汽车每车所载方量,计算出每格内应卸车数,指定专人指挥卸车。然后使用推土机摊铺整平,摊铺时应注意每侧的加宽部分,目测层面大体平整、有路拱。振动压路机快速稳压 1 遍,以暴露其潜在的不平整,再用平地机整平 1 ~ 2 遍,至平整度良好。然后用中、边桩挂线检测膨胀土的松铺厚度,及时整修。

采用路拌法拌和时,填料的天然含水率不宜太高。在气温较高、水分蒸发较快的夏、秋两季,填料拌和前的含水率可适当提高 1 ~ 2 个百分点。在素土摊铺完成后,应及时检测土的含水率,如含水率过大或过小应采取铧犁翻晒或加水等措施进行处理,直至含水率合适为止。翻晒后达到含水率标准的素土应用推土机整平。

(3) 摊铺改良剂

由于路拌机在拌和过程只是原位拌和,只能做到小面积的拌和均匀,因此路拌法掺入料的均匀程度主要取决于布灰时的均匀程度。施工过程中在平整后的土体上以同一间距打方格,计算每个方格所需灰量,用人工进行均匀布灰。掺入料最好是用标准的袋装改良剂进行汽车倒运,但是掺入料汽车散装倒运时,宜在卸灰位置铺上彩条布,然后根据每个方格的用剂量进行人工布灰。撒布改良剂采用人工配合机械的作业方法,使用平地机,人工填补找平。施工时应严格控制含灰量,考虑到施工时剂量的损失,为保证改良剂剂量达到设计要求,改良剂掺入量宜大于设计1%~2%。改良剂与土的混合料厚度均采用稍高勿低的原则摊铺,以免再次补料困难,稍高时使用平地机刮平,易于达到设计要求,以免出现补料后结合不紧密、碾压时痕迹、起皮等现象。

(4) 混合料拌和

改良剂均匀撒布完成后,采用稳定土拌和机进行粉碎与拌和。拌和时应注意拌和机叶轮要深入到底,深度按照摊铺厚度控制,并伸入下承层1cm左右,或在摊铺素土前对下承层进行润湿处理,以利于上下层黏结。粉碎与拌和时,路拌机从两边往路基中间方向进行,拌和重叠宽度控制在50cm以上。路拌机粉碎与拌和过程中,应设专人开挖检查拌和深度,严禁出现夹层及漏拌现象。

当拌和料粒径达到设计规定值以下时,应立即检测改良剂剂量,采用EDTA滴定法或直读仪快速测定。若剂量不足,需及时补撒改良剂,然后重新拌和至设计要求。若填料最大粒径达不到设计要求,应加大拌和遍数,直至达到设计要求为止。混合料中不应含有超尺寸颗粒土块(大于15mm的土块)、未消解石灰颗粒和素土层。

(5) 混合料整形

混合料拌和后粒径、改良剂剂量检测合格,且含水率大于最佳含水率1%~2%时,应迅速组织平地机整平。整平时测量人员应在现场跟踪测量,指派专人指挥平地机司机精确整平。一般每个整幅路基断面测量5个点,直到高程、横坡等达到设计要求。

6) 取土场直接拌和法施工

(1) 场地准备

采用取土场内加改良剂直接拌和时,施工前的场地准备是施工的关键所在。首先要尽量选择地势相对较高的取土场用于施工。施工前,必须做好场地排水工作,沿取土场四周开挖排水沟、集水井,保持场地内排水通畅。清除取土场表层耕植土及树根等杂物。取土场内石灰直接拌和时,拌和面积不宜过大。应根据施工机械、人员配置情况、路拌机的拌和深度以及路基可施工作业面的长短情况认真计算得出结果,最大不宜超过1个工作日的混合料用量。

(2) 施工设备及劳力配置

在实际工作中,应根据拌和场地的大小、拌和场地距离路基作业面远近等合理配置施工机械、人员。施工机械配置与路拌法同。施工劳力配置应满足表2-77要求。

(3) 含水率的控制

选定取土场内需要直接加灰拌和的区域后,在其四周再次开挖50cm深的排水沟,以防止取土场内其他区域水分的渗透,并降低拌和区域内的水分。利用路拌机进行试拌,确定拌和深度。试验人员对拌和深度内不同位置的含水率进行检测。如含水率达到拌和要求,则可准备拌和。如含水率较小,应撒水闷料,如含水率过大,应用铧犁翻松晾晒,直至合适为止。铧犁翻松的深度必须保证大于拌和深度。

施工劳力配置表　　　　　　　　　　　　　　表 2-77

序　号	工　种	人　数	工作范围
1	队长	1	现场总指挥
2	技术员	3	负责技术质量
3	机械技术员	1	维修和操作机械
4	电工	1	电路维修
5	司机	27	各种机械操作
6	辅助用工	16	—
7	试验员	2	前后场检测
8	领工员	1	工地指挥
合计	—	52	

(4) 拌和场地的整平

对经检测含水率合适的场地使用推土机整平，目测层面大体平整。然后用振动压路机快速稳压 1 遍，以暴露其潜在的不平整，再用平地机整平 1~2 遍，至平整度良好。

(5) 摊铺改良剂

路拌法掺入料的均匀程度同样取决于摊铺改良剂时的均匀程度。施工过程中采用方格网法摊铺改良剂，即在平整后的土体上以同一间距打方格，按拌和机拌和的最大深度计算每个方格所需改良剂剂量，用人工进行均匀摊铺。用标准的袋装改良剂进行汽车倒运。掺入料汽车散装倒运时，宜在卸灰位置铺上彩条布，然后根据每个方格的用剂量进行人工摊铺。撒布改良剂采用机械配合人工的作业方法，使用平地机，人工填补找平。改良剂掺入量宜大于设计 1%~2%。

(6) 混合料拌和

改良剂均匀撒布完成后，采用稳定土拌和机进行粉碎和拌和。粉碎与拌和时路拌机从两边往中间方向进行，拌和重叠宽度控制在 50cm 以上。路拌机粉碎与拌和过程中，应设专人开挖检查拌和深度，严禁出现漏拌现象。

粉碎、拌和 1 遍后进行质量检验，粉碎、拌和 1 遍后，目测拌和比较均匀，改良剂无堆积现象，取样进行筛分及改良剂剂量试验。一般情况，粉碎、拌和 4~6 遍。当拌和料粒径达到设计规定值以下时，应立即检测改良剂剂量，采用 EDTA 滴定法或直读仪快速测定。若改良剂剂量不足，需及时补撒改良剂，然后重新拌和至设计要求。若填料最大粒径达不到设计要求，应加大拌和遍数，直至达到设计要求为止。混合料中不应含有超尺寸颗粒土块（大于 15mm 的土块）、未消解石灰颗粒和素土层。

(7) 混合料的运输

对于取土场直接拌和施工，为了避免将未拌和的下层素土运至路基作业面，应尽量避免使用挖掘机挖装已经拌和好的混合料，宜采用装载机装车。用于运送混合料的自卸汽车每车所装混合料方量应大致相等，以便于混合料摊铺。

(8) 混合料摊铺、整形

摊铺混合料前，应对经检测合格的下承层表面进行润湿处理，以利于上下层黏结。为了控制好松铺厚度，在摊铺混合料前应先在下承层上用石灰打出方格网。通过松铺厚度、汽车每车所载方量,计算出每格内应卸车数,指定专人指挥卸车。然后使用推土机摊铺整平,摊铺时应注意每侧的加宽部分,目测层面大体平整、有路拱。然后用振动压路机快速稳压一遍,以暴露其潜在的不平整。再用平地机整平,中、边桩挂线检测混合料的松铺厚度,及时整修。最后用平地机精平,精平时测量人员应在现场跟踪测量,指派专人指挥平地机司机精确整平。

一般每个整幅路基断面测量5个点,直到高程、横坡等达到设计要求。

4. 质量检验标准

(1)路基压实质量及检测应符合表2-78或表2-79的规定。

基床以下路堤压实质量控制标准　　　　　　　　　　　　　　表2-78

填料	压实标准	改良细粒土	砂类土及细粒土	碎石类及粗粒土
A、B组及C组(不含细粒土、粉砂及易风化软质岩)填料及改良土	地基系数 K_{30}(MPa/m)	≥90	≥110	≥130
	压实系数 K	≥0.90	—	—
	孔隙率 n	—	<31%	<31%

基床底层填筑压实质量控制标准　　　　　　　　　　　　　　表2-79

填料	压实标准	改良细粒土	砂类土及细粒土	碎石类及粗粒土
A、B组填料及改良土	地基系数 K_{30}(MPa/m)	≥110	≥130	≥150
	压实系数 K	≥0.95	—	—
	孔隙率 n	—	<28%	<28%

注:当改良土采用物理改良方法时,其压实标准应符合本表规定;当采用化学改良方法时,其压实标准除符合本表规定外,还应符合设计提出的技术要求。

(2)改良土路基外形尺寸应符合表2-80或表2-81的规定。

基床以下路堤顶面外形尺寸允许偏差　　　　　　　　　　　　表2-80

序号	项目	允许偏差
1	中线至边缘距离	±50mm
2	宽度	不小于设计值
3	横坡	±0.5%
4	平整度	填土:不大于15mm;填石:不大于50mm

基床底层外形尺寸允许偏差　　　　　　　　　　　　　　　　表2-81

序号	项目	允许偏差	序号	项目	允许偏差
1	中线至边缘距离	$^{+50}_{0}$mm	4	平整度	不大于15mm
2	宽度	不小于设计值	5	厚度	±30mm
3	横坡	±0.5%			

(3)改良土无侧限抗压强度应符合设计要求。从已摊铺好填料的地段现场抽样,在室内按要求的压实密度成型检测无侧限抗压强度。

5. 质量保证措施

(1)为减少扬灰环境的危害、确保掺灰量的准确性和均匀程度,在拌和设备周围进行封闭。

(2)拌和站四周设围墙,料堆间用砖墙分隔,厂区道路用水泥混凝土硬化,避免材料混杂。料堆加盖彩条布覆盖防止扬尘。

(3)施工现场根据实际情况配备洒水车,洒水遍数根据天气情况决定,填土区和便道不能出现扬尘。

(4) 在路拌法施工过程中,有风时除容易造成掺灰量不准外,扬灰对人体和周围环境造成较大的危害,如农田减产等。因此在施工中,当野外风力大于4级时,不得进行布灰作业;若正在布灰或拌和,则停止进行布灰或拌和作业,并对改良土采用彩条布覆盖。

三 加筋土填筑

1. 原材料

(1) 路堤填料种类、质量应符合设计要求。

(2) 加筋材料的种类、规格及质量应符合设计要求,并具有足够的抗拉强度,对土工织物,还应具有较高的刺破强度、顶破强度和握持强度等。

依据《土工合成材料应用技术规范》(GB 50290—1998),用于路堤加筋的土工合成材料主要为土工格栅,要求其抗拉强度不小于 25kN/m。土工合成材料的容许抗拉强度 T_{ga} 宜按式(2-23)确定。

$$T_{ga} = T_{gu}/K_c \tag{2-23}$$

式中:T_{gu}——土工合成材料的抗拉强度(kN/m);

K_c——考虑施工损伤、材料老化、材料蠕变等因素的安全系数,对于一般加筋土路堤结构形式,取 1.5~2.0;对于外边回折的加筋土路堤结构形式,取 $K_c = K_{id} \cdot K_{cr} \cdot K_{cd}$;

K_{id}——考虑施工损伤的分项安全系数,一般取 1.0~1.3;

K_{cr}——考虑材料蠕变的分项安全系数,宜根据试验确定,若无试验资料,可取 2.0~4.0;

K_{cd}——考虑化学、生物损伤的分项安全系数,可取 1.0~1.5。

2. 施工设备及劳力配置

施工设备及劳力配置与 P134 页本单元任务三资源配置相同。

3. 施工工艺

1) 试验段填筑

在进行大面积填筑前,在地质条件、断面形式均具有代表性的地段,取长度不小于 100m 的路段按不同种类填料进行摊铺压实工艺试验,确定机械最佳组合方式、碾压速度、碾压遍数、工序、松铺厚度、填料的最佳含水率等施工工艺参数,并报监理单位确认,据此进行全面施工。

2) 施工工艺流程

加筋土施工工艺流程如图 2-137 所示。

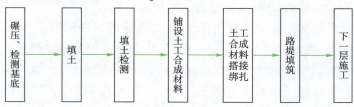

图 2-137 加筋土施工工艺流程图

3) 路堤填筑

(1) 测量放线及修整下承层

①测量放线:按设计标准施放中心线、边线和高程控制桩,培出路肩,并在路肩上做好排水

槽以防雨水浸泡作业面。

②在填筑之前,认真检查下承层。发现问题及时处理,采用平地机刮平并压实,经检查验收合格,表面平整、密实、无翻浆松软地段,高程、宽度、横坡度、平整度、密实度符合验收规范规定,方可进行填筑。

(2) 分层填筑

采用按横断面全宽纵向水平分层填筑压实方法。实际施工时按照工艺试验确定的与不同填料对应的合理层厚,进行分层上土。土工合成材料上的第一层填土摊铺宜采用轻型推土机或前置式装载机。一切车辆、施工机械只容许沿路堤的轴线方向行驶。

为了保证边坡压实质量,填筑时路基两侧各加宽50cm以上或采用专用边坡压实机械施工。当原地面高低不平时,先从最低处分层填筑,并由两边向中心填筑。填筑时路基两侧各加宽50cm以上,以保证边坡压实质量。

(3) 摊铺整平

使用推土机初平,压路机快速静压一遍,以暴露潜在的凹凸面,再用平地机终平,并按设计坡度向两侧做出排水坡。为有效控制每层虚摊厚度,初平时用水平检测仪控制。

每层续铺上层之前,按设计要求铺设加筋材料。土工合成材料摊铺以后应及时填筑填料,以避免其受到阳光过长时间的直接暴晒。一般情况下,间隔时间不应超过48d。

土工合成材料在铺设时,应将强度高的方向置于垂直于路堤轴线方向。加筋材料铺设必须展平、拉紧、插U形钉固定,并保证与路基面密贴,且应与外侧边坡留有20~30cm的间距,以便于刷坡。铺设加筋材料后严禁汽车及其他重型施工机械直接行驶碾压。为防止填料对加筋材料的破坏,禁铺带有尖锥、棱角且直径大于5cm的填料。加筋材料铺设范围不小于设计值,加筋材料铺设的允许偏差严格按表2-82执行。

加筋材料铺设的允许偏差 表2-82

检验项目	铺设范围	搭接宽度(mm)	层间距(mm)	搭接缝错开距离(mm)	回折长度(mm)
允许偏差	不小于设计值	$^{+50}_{0}$	±30	±50	±50

(4) 洒水或晾晒

对细粒土和含细粒土较多的粗粒土填料,在碾压前将含水率控制在工艺试验确定的施工允许含水率范围内。当含水率过低时,及时洒水湿润;当含水率过高时,将填料翻开晾晒至施工允许含水率范围内。

(5) 碾压夯实

土工合成材料上第一层填料采用推土机或其他轻型压实机具进行压实。只有当已填筑压实的垫层厚度大于600mm后,才能采用重型压实机械压实。

路基整形完成,填料含水率接近最优含水率时,用压路机在路基全宽范围内静压,压路机应由两侧路肩向路中心碾压。路基经过稳压后,用重型振动压路机进行压实,压实原则为"先轻后重,先慢后快,先弱后强"。由两边向中间循序碾压,各幅碾压面重叠不小于0.4m,各区段交接处互相重叠压实,纵向搭接长度不小于2.0m,上下两层填筑接头应错开不小于3.0m。

压路机在碾压过程中,禁止在已完成或正在碾压的路段上"调头"或"急刹车",停车时应先减振,再使压路机自然停振,以保证表层不受破坏。碾压过程中,如发现局部有松软现象时,应及时挖除,用合格填料换填,以保证路基整体强度。

路肩两侧应多碾压两遍,边坡采用挖掘机改装的夯实设备进行夯实。

4. 质量检验标准

见单元二任务三的表 2-17 ~ 表 2-19。

5. 质量保证措施

（1）土工合成材料经检测合格后，应分批整齐堆放在料棚（库）内，防止阳光暴晒，并保持料棚（库）通风干燥。

（2）在铺好的加筋材料上，填筑一层 5.0cm 厚的 A、B 组填料，应将其中带有尖锐棱角的大粒径料清除，以免碾压过程中将加筋材料碾破。

（3）严禁碾压及运输等设备直接在土工合成材料上行走作业。

任务五　过渡段施工

 路基与桥台过渡段

1. 过渡段填筑长度和范围的确定

依据铁建设[2010]241 号《高速铁路路基工程施工技术指南》，路基与桥台过渡段截面为倒梯形，如图 2-138 所示。过渡段长度按式（2-24）确定。

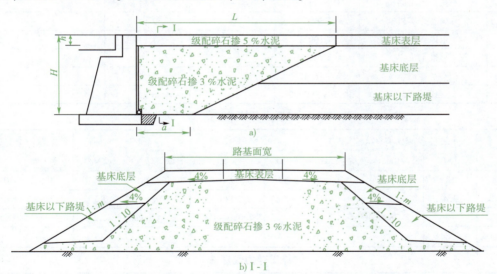

图 2-138　路基与桥台过渡段设置示意图

$$L = a + (H - h) \cdot n \tag{2-24}$$

式中：L——过渡段长度（m），L 一般不小于 20m；

H——后路堤高度（m）；

h——基床表层厚度（m）；

a——倒梯形底部沿着线路长度方向的常数，一般取 3 ~ 5m；

n——常数，2 ~ 5m。

2. 原材料

（1）路堤与桥台过渡段采用级配碎石填筑。碎石级配范围应符合表 2-83 要求。

过渡段用碎石级配范围 表2-83

级配编号	通过筛孔质量百分率(%)									
	50	40	30	25	20	10	5	2.5	0.5	0.075
1	100	95~100	—	—	60~90	—	30~65	20~50	10~30	2~10
2	—	100	95~100	—	60~90	—	30~65	20~50	10~30	2~10
3	—	—	100	95~100	—	50~80	30~65	20~50	10~30	2~10

注：检验碎石颗粒级配、颗粒密度、针状、片状碎石含量、黏土团及有机物含量。颗粒中针状、片状碎石含量不大于20%；质软、易破碎含量不得超过10%；黏土团及有机物含量不得超过2%。

(2) 路桥过渡段级配碎石中掺入水泥的品种、规格及质量应符合设计要求。

3. 施工设备及劳力配置

施工设备及劳力配置应符合表2-84~表2-86要求。

一个工作面的机械配置表 表2-84

序号	机械设备名称	型号	规格性能	数量	备注
1	稳定土拌和站	—	500t/h	1套	可与基床表层共用
2	装载机	ZL50	—	4台	—
3	压路机	YZ10B	—	1台	—
4	振动压路机	YZ18	—	1台	—
5	手扶振动压路机	DX-600E	—	2台	—
6	内燃夯实机	BS600	—	2台	—
7	东风洒水车	EQ1092F	—	1台	—
8	推土机	TY220	—	1台	—
9	平地机	PY-160C型	—	1台	—
10	自卸汽车	北方奔驰2629K	—	8台	—

主要设备技术参数 表2-85

型号	工作质量(t)	振动轮尺寸		振动参数			功率(kW)	静线载荷(N/cm)	速度范围(km/h)
		直径(mm)	宽度(mm)	频率(Hz)	名义振幅(Mm)	激振力(kN)			
YZ18	18	1600	2150	28/35	1.89/0.89	378.6/278.5	141	558	0~12
YZ10B	9.4	—	—	30	1.74/0.82	198	80	240	0~11
BS600	—	280×400mm		70080~100		跳高65mm	2.3		
DX-600E	0.64	—					20		

施工劳力配置表 表2-86

序号	工种	人数	工作范围
1	队长	1	现场总指挥
2	技术员	3	负责技术质量
3	机械技术员	1	维修和操作机械
4	电工	1	电路维修
5	司机	21	各种机械操作
6	辅助用工	15	
7	试验员	2	前后场检测
8	领工员	1	工地指挥
合计	—	45	

4. 施工工艺

1）试验段

选择有代表性的过渡段作为试验段,进行基床表层以下过渡段级配碎石摊铺压实工艺试验。填料分层压实。采用大型压路机械碾压时,每层的最大压实厚度不宜超过30cm,最小压实厚度不宜小于15cm;采用小型振动压实设备碾压时,填料的虚铺厚度不应大于20cm,根据现场实际情况对比填筑试验,确定压实机型、摊铺厚度、压实遍数、压实速度等施工工艺参数,报监理单位确认。

2）施工方案及工艺流程

级配碎石过渡段施工工艺流程如图2-139所示。

过渡段路堤应与其连接的路堤以一整体同时按大致相同的高度进行填筑。

3）基底处理

（1）桥台基坑回填材料符合设计要求（台后基坑使用混凝土或碎石回填）,桥台必须按照设计要求做好防水层与保护层。桥台混凝土强度达到设计要求后,才能进行过渡段填筑施工。隐蔽工程验收合格后,才能进行基坑和基底处理。

过渡段基底处理应按设计要求与桥台、横向结构物、相邻路堤、相邻隧道的基

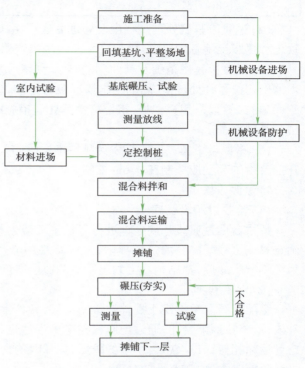

图2-139 级配碎石过渡段施工工艺流程图

底处理同时进行,路堤高度$H>3.0m$时,过渡段基底原地面平整后,用振动碾压机碾压密实,并使$K_{30} \geq 60MPa/m$。路堤高度$H \leq 3.0m$的路堤,原地面处理后的质量检验应根据所处路堤部位分别按表2-87～表2-89的要求进行检验,并且要求地基表面$E_{v2} \geq 45MPa$。

基床以下路堤压实标准　　　　表2-87

项　目	压实标准		
	改良细粒土	砂类土及细粒土	碎石类及粗粒土
地基系数K_{30}(MPa/m)	≥90	≥110	≥130
孔隙率n(%)	—	<31	<31
压实系数K	≥0.90	—	—

基床底层压实标准　　　　表2-88

项　目	压实标准		
	改良细粒土	砂类土及细粒土	碎石类及粗粒土
地基系数K_{30}(MPa/m)	≥110	≥130	≥150
孔隙率n(%)	—	<28	<28
压实系数K	≥0.95	—	—

基床表层压实标准　　　　　　　　　　　　　表2-89

填　　料	压实标准		
	地基系数 K_{30}（MPa/m）	动态变形模量 E_{vd}（MPa）	孔隙率 n（%）
级配砂砾石或级配碎石	≥190	≥55	<18
中粗砂	≥130	≥45	—

（2）过渡段基底处理过程中及处理后应严格按照设计要求作好地面排水，特别是软土、松软土和膨胀土地基地段，应确保降水及地表径流对施工质量无不利影响。

（3）过渡段基底范围及其两侧的排水、防渗和地下水的拦截、引排应符合设计要求。地下水的出露位置和处理前、后的出水情况应有记录。

（4）过渡段采用打入桩、挤密桩地基处理措施时，应先施工过渡段打入桩、挤密桩，后施工桥台基础桩基。

（5）路堤与路堑过渡段按设计顺原地面纵向开挖，开挖坡面的纵向坡度应符合设计要求。开挖台阶的高度应控制在0.6m左右。

4）过渡段填筑

（1）验收过渡段基底

待桥台后过渡段基底处理进行了地基承载力检测并合格，开始平整场地。按照设计要求确定第一层级配碎石填筑的界限，放样路基中心、护锥轮廓线、填筑边线及打设高程控制桩。为控制分层厚度，在结构物上划出明显的每层厚度的红标线。

（2）混合料拌和

级配碎石采用稳定土搅拌站集中拌和，各种集料按照粒径由小到大分别装于不同的配料斗内，严格按照配合比，通过电脑程控电子计量进行配料。拌和时，控制好成料的含水率。考虑到运输和摊铺过程中含水率的降低，拌和时的含水率可适量放大些，正式施工拌和的含水率可比最佳含水率高1%~2%。

加入水泥的级配碎石混合料宜在2h内使用完毕。过渡段基床表层级配碎石中水泥掺加剂量允许偏差为试验配合比0~+1.0%。

（3）混合料运输

运输设备采用自卸汽车运输。运料前，要清除车上的泥土、杂物。装车时不宜满载，并加篷布覆盖，运输途中行车速度不得过快，以免造成级配粒料产生离析。

（4）摊铺碾压

①桥台过渡段采用平地机将混合料按松铺厚度摊铺均匀，对不均匀处及坑洼处进行调整。过渡段路堤应与其连接的路堤按一整体同时施工，按大致相同的高度进行填筑。

②拌和好的混合料要尽快运到铺筑现场。根据运输车的运输能力，计算每车混合料摊铺面积，等距离堆放成堆。推土机配合平地机整平。

③桥台后2.0m范围外大型压路机能碾压到的部位应采用大型压路机械碾压，大型压路机碾压不到的部位及在台后2.0m范围内应采用小型振动压实设备进行压实。对摊铺的级配碎石遵循"先两侧后中央，先静压后振压，作业面不调头不转弯"的原则进行全断面碾压，人工处理坑洼和集料窝，如图2-140所示。

④初压1~2遍后，挂线精平，精平应用平口铁揪，方法同人工摊铺。在高程欠高处再洒布一层混合料。精平完成后，采用振动压路机振动压实一遍，最后静压一遍。

⑤填筑的级配碎石在碾压作业阶段，如表面水分已蒸发干燥，则必须在静压后适量洒水湿

润表面,再振动碾压。

⑥碾压时,压路机轮迹重叠1/3,并保证边缘及加宽部分压实到位,压路机不易到达的部位,采用冲击夯进行局部处理。小型压实机械夯压时,压实痕迹重叠1/2。压实施工时,设专人指挥机械,防止碰撞结构物,并经常检查横向坡度和路肩高程。

冲击夯夯实遍数(由试验段确定)、重叠夯实面积要严格控制,确保夯实效果。最后再用手扶式振动压路机静压整平、收光。

(5)检测修整

每层碾压后压实若达不到要求,要分析原因,重新补压,直到满足要求。应设专人及时进行质量检测,记录完整、准确,签认及时。

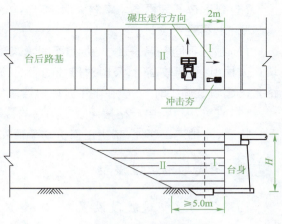

图2-140 过渡段碾压示意图

(6)沉降观测

过渡段的沉降观测按设计要求进行,在过渡段范围内的路肩上沿线路纵向布置3~4个沉降观测点(含桥台和过渡段尾端)。沉降观测装置埋设沉降观测精度及频率详见沉降观测技术。

5.质量检验标准

依据《高速铁路路基施工技术指南》(铁建设[2010]240号),过渡段级配碎石主要检测项目及标准见表2-90~表2-92。

过渡段基床表层级配碎石压实检验标准　　　　表2-90

项　目	地基系数K_{30}(MPa/m)	动态变形模量E_{vd}(MPa)	孔隙率n
压实标准	≥190	≥55	<18%

基床表层以下及横向结构物顶面以上级配碎石填层压实标准　　　　表2-91

项　目	地基系数K_{30}(MPa/m)	动态变形模量E_{vd}(MPa)	孔隙率n
压实标准	≥150	≥50	<28%

基床表层以下过渡段外形尺寸允许偏差　　　　表2-92

项　目	顶面高程(mm)	中线至边缘距离(mm)	宽度	横坡	平整度(mm)	边坡坡度(偏陡量)
允许偏差	±50	±50	≥设计值	±0.5%	15	3%设计值

6.质量控制措施

(1)检查基底是否满足设计要求,结构物强度是否达到设计强度,防水层、沉降缝施工是否完毕,全部满足设计要求和有关规定后方可填筑。

(2)拌和必须均匀,计量准确、随拌随用,不得存储堆放,随时检查级配、含水率等指标,拌和完毕的合格级配料应用自卸汽车及时运往工地,均匀地卸在摊铺面上,用小型推土机等机具并人工配合摊铺均匀。

(3)过渡段级配碎石应同桥涵两边填土及锥体、边坡填土同步、对称进行填筑碾压。

(4)与路基纵向连接处按设计做好1:2的坡度。

(5) 级配碎石表面含水率较大时,会影响 K_{30} 值的测试结果,所以在作业面碾压整形后注意晾晒 3d,再进行测试。

(6) 根据不同气温、气候条件和不同填筑部位的要求,对碾压时的含水率进行严格控制。填筑过程中,气温较高时,及时对摊铺的级配碎石进行静压,封闭作业面,避免水分散失。结合路基一起填筑施工时,一般在下午开始过渡段级配碎石的运输,傍晚进行碾压。

(7) 在施工过程中严格按照规定频率的检测和要求进行质量控制。级配碎石铺筑完成检测合格后,除相连工序外,禁止任何机动车辆驶入,并充分做好成品的保护。

二、路堤与路堑过渡段

1. 路堤与路堑过渡段设置

(1) 当路堤与路堑连接处为坚硬岩石时,在路堑一侧应顺原地面纵向开挖台阶,台阶高度为 0.6m。并应在路堤一侧设置过渡段,如图 2-141 所示。过渡段应采用级配碎石填筑。

(2) 当路堤与路堑连接处为软质岩石或土质路堑时,应顺原地面纵向挖成 1:2 的坡面,坡面上开挖,台阶高度为 0.6m 左右,如图 2-142 所示。其开挖部分应采用相邻路堤同样填料填筑。

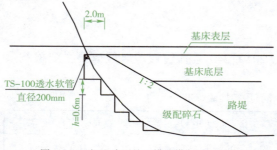

图 2-141 级配碎石处理措施横断面示意图

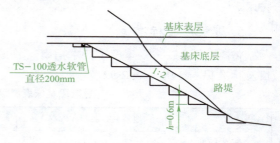

图 2-142 开挖处理措施设置示意图

2. 路堤与路堑的过渡段填筑

(1) 过渡段填筑前,应平整地基表面,碾压密实;并应挖除堤堑交界坡面的表层松土,按设计要求做成台阶状。

(2) 过渡段的填筑施工应与相邻路堤同步进行。

(3) 大型压路机能碾压到的部位,其施工方法参照本章第一节的有关规定;靠近堤堑结合处,应沿堑坡边缘进行横向碾压。

(4) 大型压路机碾压不到的部位应采用小型振动压实设备进行碾压,填料的松铺厚度不宜大于 20cm,碾压遍数应由试验确定。

(5) 沉降观测应按设计要求进行。沉降观测装置埋设、沉降观测精度及频率详见沉降观测技术。

三、路堑与隧道过渡段

土质、软质岩及强风化硬质岩路堑与隧道连接地段,应设置长度不小于 20m 的过渡段。过渡段应采用渐变厚度的混凝土或掺入适量水泥的级配碎石填筑。

四 路堤与横向结构物过渡段

1. 路堤与横向结构物过渡段设置

路堤与横向结构物过渡段应采用级配碎石的处理措施,如图1-44、图1-45所示。

2. 路堤与横向结构物过渡段填筑

(1)横向结构物两端的过渡段填筑必须对称进行,并应与相邻路堤同步施工。

(2)涵背两端大型压路机能碾压到的部位宜采用大型压路机械碾压。大型压路机碾压不到的部位应采用小型振动压实设备进行压实;靠近横向结构物的部位,应平行于横向结构物进行横向碾压;大型压路机碾压时,不得影响结构物的稳定。

(3)横向结构物的顶部填土厚度小于1m时,不得采用大型振动压路机进行碾压。

(4)大型压路机碾压不到的部位应用小型振动压实设备进行碾压,填料的松铺厚度不宜大于20cm,碾压遍数应通过试验确定。

(5)沉降观测应按设计要求进行,沉降观测装置埋设、沉降观测精度及频率详见沉降观测技术。

任务六　路堑施工

一　路堑开挖

1. 机械设备与人员组织

机械设备和人员配备见表2-93、表2-94。

机械设备表　　　　　　表2-93

序 号	设备名称	型 号	规格性能
1	挖掘机	ZX270	1.38m³
2	自卸汽车	奔驰2629K	15t
3	推土机	TY220	162kW
4	铲运机	Cl7	9m³,自行式
5	平地机	PY-160C型	118kW

挖掘机主要技术参数　　　　　　表2-93a)

型 号	机重(t)	斗容量(m³)	爬坡能力	回转速度(rpm)	行走速度(km/h)
EX300-2	28.6	1.15~1.86	70%	12	2.6/4.2

自卸汽车主要技术参数　　　　　　表2-93b)

型 号	额定功率(kW)	最大爬坡度	最高车速(km/h)	载质量(t)
奔驰2629K	213	59%	85	15

推土机主要技术参数　　　　　　表2-93c)

型 号	额定功率(kW)	爬坡性能(°)	生产率(m³/h)	铲刀宽度(mm)	单铲容量(m³)
TY220	162	30	225	3725	5.6

铲运机主要技术参数 表2-93d)

型号	额定功率(kW)	堆装(m^3)	平装(m^3)
Cl7	141	9	7

平地机主要技术参数 表2-93e)

型号	额定功率(kW)	回转角度(°)	最大倾斜角度(°)	最大入地深度(mm)	疏松宽度(mm)
PY-160C型	118	360	90	500	1100

人员配备表 表2-94

序号	工种	工作内容
1	施工负责人	负责施工指挥
2	技术员	负责技术工作
3	测量工	负责测量工作
4	机械司机	负责机械驾驶、保养、维修
5	其他人员	负责配合机械施工

2. 施工工艺

施工前应结合土石方调配选用合适方式开挖,土质与软质岩石路堑的施工,应优先考虑机械施工。在开挖路堑弃土地段前,提出弃土的施工方案,报有关单位批准后实施。运输道路一般布置重车下坡,以利车辆的运行。

路堑开挖施工工艺流程,如图2-143所示。

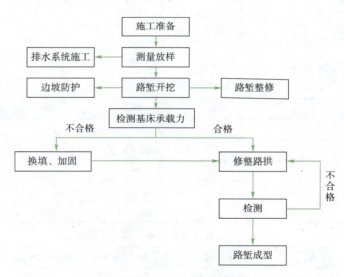

图2-143 路堑开挖施工工艺流程图

3. 施工准备

(1) 施工调查与设计复核

路堑开挖施工前做好施工调查和设计资料的核查工作,重点是以下内容:

①路基工程范围内的地质、水文、气象、冻结深度等情况;

②核对土石方等级及其分布,施工环境条件及弃土位置和运土条件。

路堑开挖过程中,应对照设计文件核对水文地质和工程地质资料。开挖后如发现与设计文件不符时应及时反馈设计和监理单位。

（2）编制施工方案

施工前，应根据地形情况、岩层产状、断面形状、路堑长度、施工季节和环境保护要求，编制详细的开挖、弃土施工方案，并逐级上报审批。

（3）排水系统施工

路堑施工应结合设计做好堑顶截、排水，临时排水设施与原有排水系统及永久性排水设施相结合。堑顶为土质或有软弱夹层的岩石时，天沟要及时铺砌或采取防渗措施。排水系统施工工艺同路基地表排水。

①边沟、截水沟出口应通到桥涵进、出水口处；

②沟中不得有积水现象；

③路基坡脚附近不得积水；

④排水沟渠施工时应从下游出口向上游开挖。

4. 路堑施工

路堑开挖是将路基范围内设计高程之上的天然土体挖除并运到填方地段或其他指定地点的施工活动。深长路堑往往工程量巨大，开挖作业面狭窄，常常是一段路基施工进度的控制性工程，因此应因地制宜，以加快施工进度、保证工程质量和施工安全为原则，综合考虑工程量大小、路堑深度和长度、开挖作业面大小、地形与地质情况、土石方调配方案、机械设备等因素，制订切实可行的开挖方式。

施工前及时完善排水系统，检查坡顶、坡面的危石、裂缝和其他不稳定情况并妥善处理。根据路堑深度和纵向长度，开挖时可按下列几种方法进行。

1）单层横挖法

单层横挖法是从路堑的一端或两端按路堑横断面全高和全宽，逐渐地向前开挖，挖出的土石，一般是向两头运送，如图2-144a）所示。这种开挖方法，因工作面小，仅适用于短而浅的路堑，可一次性挖到设计高程。

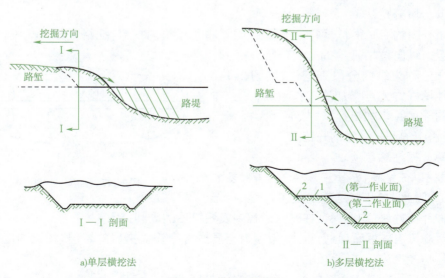

图 2-144　横挖法示意图

1-第一台运土道；2-临时排水沟

2) 多层横挖法

如果路堑较深,可以在不同高度上分成几个台阶同时开挖,每一开挖层都有单独的运土出路和临时排水措施,做到纵向拉开,多层、多线、多头出土。这种开挖方法称为多层横挖法,如图 2-144b) 所示。这样能够增加作业面,容纳更多的施工机械,形成多向出土以加快工程进度。

3) 分层纵向开挖法

分层纵向开挖法是开挖时沿路堑纵向将开挖深度内的土体分成厚度不大的土层,在路堑纵断面全宽范围内纵向分层挖掘,如图 2-145 所示。这种施工方法适宜于宽度和深度均不大的长路堑。

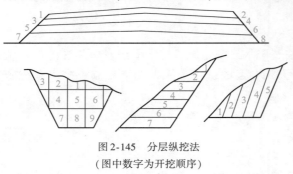

图 2-145 分层纵挖法
(图中数字为开挖顺序)

4) 通道式纵挖法

通道式纵挖法是开挖时先沿线路纵向分层,每层先挖出一条通道作为机械运行和出土的线路,然后逐步向两侧扩大开挖,直到设计边坡为止,如图 2-146 所示。这种施工方法为纵向运土创造了有利条件,适宜于路堑较长、较宽、较深而两端地面坡度较小的情况。

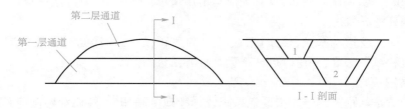

图 2-146 通道式纵挖法
1-第一次通道;2-第二次通道

5) 纵向分段开挖法

如果所开挖的路堑很长,可在一侧适当位置将路堑横向挖穿,把路堑分为几段,各段再采用纵向分层或纵向拉槽开挖的方式作业,这种开挖路堑的方法称为纵向分段开挖法,如图 2-147 所示。这种挖掘方式可增加施工作业面,减少作业面之间的干扰并增加出料口,从而大大提高工效,适用于傍山的深长路堑的开挖。

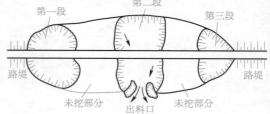

图 2-147 纵向分段开挖法

6) 路堑开挖注意事项

(1) 根据以往经验,路堑中发生的问题,多数是水造成的,因此,在开挖路堑的施工过程中,无论采用哪种开挖方法,均应保证在开挖过程中及竣工后的顺利排水。

①路堑施工应做好堑顶截、排水,堑顶为土质或含有软弱夹层的岩层时,天沟应及时铺砌或采取其他防渗措施。

②开挖区应保持排水系统畅通,临时排水设施宜与永久性排水设施相结合。为了及时将水排除,开挖底面要经常保持一定的纵向排水坡度,这样做不但对排水有利,而且对运输也有

利。保证纵向坡度的办法有：

a. 路堑设计有纵向坡度时，下坡端直接挖到底，使其纵向坡度与设计坡度一致；上坡端挖至能保持从线路纵向坡度反方向排水为限；剩余部分，再从下坡端开挖，如图 2-148a) 所示。

b. 路堑设计为平坡时，两端都挖成向外的下坡，最后挖除剩余部分成平坡，如图 2-148b) 所示。

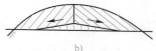

图 2-148 路堑开挖顺序

(2) 路堑开挖时，要经常检查路堑边坡与设计边坡是否一致。每挖到一定深度或接近边坡点位置时，应恢复中线并抄平，及时掌握开挖底面的高程。尤其是当开挖深度接近路基面时，更应勤加检查，以免造成超挖欠挖现象。

(3) 坡面应平整、无明显凹凸，无危石、浮土、砟堆、杂物。

(4) 需设防护的边坡，应按设计及时防护；当不能紧跟开挖防护时，应预留一定厚度的保护层。

(5) 路堑严禁掏底开挖，应从上到下分段分层进行。

(6) 弃土堆的位置，应按有关规定作好规划，严格按规划施工。要避免因弃土太近，增大坡顶压力，造成边坡坍塌现象，为此，要求弃土堆内侧坡脚至堑顶边缘之间，一般应留有 2~5m 距离（称为隔离带）。

7) 路堑整修

(1) 按设计图纸要求检查路基的中线位置、宽度、纵坡、横坡、边坡及相应的高程。

(2) 土质路堑使用机械刷坡，人工配合机械的方法整修成型。机械刷坡时应根据路肩线用坡度尺控制坡度。深路堑边坡整修按设计要求的坡度自上而下进行刷坡，严禁在边坡上以土贴补。

(3) 在整修需加固的坡面时，预留出加固位置，对填土不足或边坡受雨水冲刷形成小冲沟的地段，采取边坡挖台阶，分层填补，仔细夯实的方法处理。

(4) 路基整修完毕后，堆于路基范围的废弃土料弃置指定的弃土场。

8) 边坡防护

路堑整修成型后边坡要及时按设计处理，防护施工应符合设计要求，同时还应符合有关规定。

9) 施工弃土

弃土场应严格按照审批的弃土施工方案实施。弃土堆的位置与高度应保证路堑边坡、山体和自身的稳定，并不得影响附近建筑物、农田、水利、河道、交通和环境等。弃土场施工应符合设计要求并及时完成防护工程。

(1) 严禁在岩溶漏斗、暗河口、泥石流沟上游及贴近桥墩、台弃土、弃砟。

(2) 沿河岸或傍山路堑的弃土，不得弃入河道、挤压桥孔或涵管口、改变水流方向和加剧对河岸的冲刷，必要时应设置挡护设施。

(3) 严禁向江、河、湖泊、水库、沟渠弃土、弃砟。

(4) 弃土堆不宜设置在堑顶。

5. 路堑基床施工

当路堑基床为不易风化硬质岩石基床,应将基床表面做成向两侧的 4% 排水坡,做到表面平顺,肩棱整齐,对凹凸不平处以混凝土补齐。

当路堑基床为软质岩、强风化的硬质岩及土层时,在基床范围内不得有地基土比贯入阻力 P_s 值小于 1.5MPa 或基本承载力 $[\sigma_0]$ 小于 0.18MPa 的土层,否则应进行基床底层的改良或加固处理。

6. 质量控制措施

(1) 路堑开挖应保持排水系统畅通。排出的水不得损害路基及附近建筑物、道路和农田,并不得引起淤积和冲刷。

(2) 截水沟不应在地面坑凹处通过。必须通过时,应先按路堤填筑要求将凹处填平压实,然后再开挖,并应注意防止不均匀沉陷和变形。

(3) 对设有支挡结构的路堑边坡应分段开挖、分段施工。设计要求分层开挖、分层稳定的路堑边坡,应自上至下分层开挖、分层施工支挡工程。防护不能紧跟完成的,应预留厚度不小于 50cm 的保护层。

(4) 路堑开挖中,如遇土质变化需要修改施工方案及边坡坡度时,应及时反馈设计和监理单位。

(5) 对开挖出的适合填筑路基的材料,存放时不应混杂。

7. 安全措施

(1) 在路堑开挖施工前须检测、调试要使用的机械设备,确认技术性能良好后方可使用。

(2) 施工机械应指定司机负责保管,轮班作业时要执行交接班制度。

(3) 机械使用时,不得超出规定的使用范围或超负荷运转。

(4) 路堑开挖要自上而下分层开挖,严禁掏底开挖。

(5) 施工中应检查坡面、坡顶的稳定情况,发现异常先处理后施工。

(6) 在有地下管线、缆线、文物古迹地点作业时,要设立安全警示标志,制订相应的安全措施。

(7) 在高处作业时,施工前要检查安全标志与设施是否齐全。

三 半填半挖路基

1. 材料要求

路基施工填料要求同路基填筑部分。

土工合成材料进场时,应逐批检查出厂检验单、产品合格证和材料性能报告单,并进行抽样检验土工织物的拉伸强度、延伸率、渗透系数。土工合成材料运至工地后应分批整齐堆放在料库内,防止日晒雨淋,并保持料库通风干燥,远离高温源。

2. 施工机械与人员组织

机械设备与人员组织见表 2-95、表 2-96。

机械设备表　　　　　　　　　　　　　　表2-95

序 号	设备名称	型 号	规 格
1	挖掘机	ZX270	1.38m^3
2	自卸汽车	奔驰2629K	15t
3	推土机	TY220	162kW
4	铲运机	Cl7	9m^3，自行式
5	平地机	PY-160C	—
6	振动压路机	YZ18	18t
7	装载机	ZL50	—
8	摊铺机	ABG423	—
9	洒水车	EQ1092F	—

挖掘机主要技术参数　　　　　　　　　表2-95a)

型 号	机重(t)	斗容量(m^3)
ZX270	27	1.3

自卸汽车主要技术参数　　　　　　　　表2-95b)

型 号	额定功率(kW)	最大爬坡度	最高车速(km/h)	载质量(t)
奔驰2629K	213	59%	85	15

推土机主要技术参数　　　　　　　　　表2-95c)

型 号	额定功率(kW)	爬坡性能(°)	生产率(m^3/h)	铲刀宽度(mm)	单铲容量(m^3)
TY220	162	30	225	3725	5.6

铲运机主要技术参数　　　　　　　　　表2-95d)

型 号	额定功率(kW)	堆装(m^3)	平装(m^3)
Cl7	141	9	7

平地机主要技术参数　　　　　　　　　表2-95e)

型 号	额定功率(kW)	回转角度(°)	倾斜角度(°)	入地深度(mm)	疏松宽度(mm)
PY-160C	118	360	90	500	1100

压路机主要技术参数　　　　　　　　　表2-95f)

型号	工作质量(kg)	振动轮尺寸		振动参数			功率(kW)	静线荷载(N/cm)	速度范围(km/h)
		直径(mm)	宽度(mm)	频率(Hz)	名义振幅(mm)	激振力(kN)			
YZ18	18900	1600	2130	28/35	1.8/0.9	360/260	141	590	0~12

装载机主要技术参数　　　　　　　　　表2-95g)

型 号	额定功率(kW)	额定载重(kg)	爬坡能力(°)	最大掘起力(kN)	铲斗容量(m^3)
ZL50	162	5000	25	150	2.7

摊铺机主要技术参数　　　　　　　　　表2-95h)

型 号	最大摊铺宽度(m)	摊铺层厚度(mm)	工作效率(t/h)	行走速度(m/min)	料斗容量(t)
ABG423	12	最大300	800	0~16	14

洒水车主要技术参数　　　　　　　　　　　表2-95i

型 号	发动机马力(PS)	实际容量(L)
EQ1092F	134/143	6000~8000

人员组织表　　　　　　　　　　　　　　表2-96

序号	工种	工作内容	序号	工种	工作内容
1	施工负责人	负责施工指挥	4	试验工	负责填料、压实试验
2	技术员	负责技术工作	5	机械司机	负责机械驾驶、保养、维修
3	测量工	负责测量工作	—	—	—

3. 施工工艺

半填半挖施工方案应首先考虑进行土石方调配，然后制订方案进行施工。当弃土过剩时，应提出弃土的施工方案，报有关单位批准后实施。半填半挖路基施工关键是路堑与路堤连接部分处理，必须认真按有关施工设计和要求进行施工。施工工艺流程如图2-149所示。

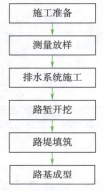

图2-149　半填半挖路基施工工艺流程图

1）施工准备

施工前按照设计文件核对水文地质和工程地质资料，如发现与设计文件不符时应及时反馈设计和监理单位。

2）测量放样

按照设计精确进行施工放样、断面测量以确定边坡线和开挖深度。

3）排水系统施工

半填半挖路基施工时要先做好靠山侧地面水的排除和地下水的处理，按照设计文件要求，采取拦截引排措施，将水流引至基底范围以外。当侧沟、排水有渗水可能危及路基稳固时，应采取防渗措施。

4）半路堑开挖

半路堑施工工艺同路堑开挖施工。

当路基轨道下横跨挖方与填方两部分时，在轨枕长加2倍道床厚度的宽度内，应按设计深度换填与路堤部位相同填料，并设4%的向外排水坡。

对开挖后的岩土，取有代表性的土样按照《铁路工程土工试验规程》（TB 10102—2010）规定方法试验确定岩土的类别，进行含水率、液限、塑限、塑性指数等试验。凡适合路基填筑的岩土，结合实际路基填筑情况，对路基挖方进行调配，以挖作填。每个施工段作好挖填土方的调配计划，使路堑挖方与路堤填筑有机配合，充分发挥各种施工机械的使用效率。对不适合路基填筑的岩土，由机械运输弃于弃土场。

5）半路基填筑

半路基施工工艺同路基填筑施工工艺，但要注意堑堤结合部位的过渡端施工。为了防止路基填筑后出现不均匀沉降，应采取以下措施。

（1）开挖台阶

在路基填筑施工前，先将自线路中心靠山一侧分层凿出宽度不小于2m的台阶，以减轻路基填料后的不均匀下沉。

开挖台阶应在地基碾压工序结束后进行，自上而下挖台阶，并整平碾压。纵坡方向台阶面应与路基轴线垂直或结构物台背面保持平行，横坡方向台阶面应与路基轴线平行。

开挖台阶的高度等于填方压实层厚度,台阶宽不小于2m。当设计有特殊要求时按设计办理。

(2)土工合成材料施工

每层路基面压实检测合格后,按设计要求铺设土工合成材料。土工合成材料的铺设应符合设计要求。

①先将下承层表面整平、压实,清除表面坚硬凸出物。

②铺设土工合成材料时,将强度高的方向置于路堤主要受力方向,当设计有特殊要求时按设计铺设。

③土工合成材料的连接必须牢固。

④把土工合成材料拉紧展平后,铺在路基面上与路基面密贴没有褶皱扭曲,最后用插钉固定。

⑤铺设时,上、下层的接缝应交替错开,错开距离不得小于0.5m。

⑥土工合成材料铺好后应按设计要求铺回折段,并及时填筑填料。

⑦在土工合成材料上不允许直接进行碾压,需待上覆填土后方可采用碾压机械压实。严禁碾压及运输等设备直接在土工合成材料上行走作业。

(3)质量检验标准

土工合成材料的铺设允许偏差应满足表2-97要求。

土工合成材料铺设允许偏差   表2-97

序号	项目	允许偏差(mm)	序号	项目	允许偏差(mm)
1	铺设范围	不小于设计值	4	层间距	±50
2	搭接宽度	$^{+50}_{0}$	5	回折长度	±50
3	上下层搭接缝错开距离	±30	—	—	—

三 地下水路堑

1. 材料要求

工程所用的砂、石、水泥应在进场时进行检验,其质量应符合设计要求及《铁路混凝土工程施工质量验收标准》(TB 10424—2010)的有关规定。

(1)石料要求

砌体的石料应质地坚硬,不易风化,无裂纹。石料的强度等级应满足设计和规范的要求。

①片石:形状不受限制,但其中部厚度不得小于15cm,用作镶面的片石宜表面平整、尺寸较大,边缘厚度不得小于15cm。

②块石:形状大致方正,无锋棱凸角,顶面及底面大致平整,厚度不得小于20cm,长度及宽度不得小于其厚度。用作镶面的块石外露面应稍加修凿,凹入深度不得大于2cm。镶面丁石的长度不得小于顺石宽度的1.5倍。

(2)砂的要求

砂应选用坚硬耐久,粒径在5mm以下的天然中、粗砂。按同一生产地点检验砂石含泥量、强度等级,合格后方能进场使用。

(3)水的要求

水应采用饮用水,当采用其他水源时,应做水质检验,符合要求才能使用。

(4)水泥的要求

水泥应根据环境条件和工程需要选用符合国家标准的硅酸盐水泥和普通硅酸盐水泥,水泥的强度等级不应低于32.5MPa。

水泥进场时按同一产地、品种、规格检验水泥的产品质量证明文件和材料性能报告单,现场抽样检验水泥的安定性、凝结时间和强度。

2. 机械设备与人员组织

机械设备与人员配备见表2-98、表2-99。

机械设备表　　　　　　　　　表2-98

序号	设备名称	型号	规格性能
1	潜水泵	QS25×40×5.5	5.5kW、40m
2	污水泵	200PWDL300	30kW
3	机动翻斗车	FC-1A	1t,9kW
4	砂浆搅拌机	UJW200	200L,4kW
5	混凝土搅拌机	JS350	350L,15kW
6	柴油发电机	120GF1	120kW
7	挖掘机	ZX270	1.38m^3
8	自卸汽车	奔驰2629K	15t

水泵主要技术参数　　　　　　　　　表2-98a)

型号	功率(kW)	出水口径(mm)	扬程(m)
QS25×40×5.5	5.5	250	40
200PWDL300	30	200	300

搅拌机主要技术参数　　　　　　　　　表2-98b)

型号	功率(kW)	料斗容量(L)	生产率(m^3/h)	搅拌时间(s)
UJW200	4	200	3	60
JS350	15	350	17-21	35-45

发电机主要技术参数　　　　　　　　　表2-98c)

型号	功率(kW)	额定电压(V)	额定电流(A)	额定频率(Hz)
120GF1	120	400	217	50

挖掘机主要技术参数　　　　　　　　　表2-98d)

型号	机重(t)	斗容量(m^3)
ZX270	27	1.3

自卸汽车主要技术参数　　　　　　　　　表2-98e)

型号	额定功率(kW)	最大爬坡度	最高车速(km/h)	载质量(t)
奔驰2629K	213	59%	85	15

人员配备表　　　　　　　　　表2-99

序号	人员	工作内容	序号	人员	工作内容
1	技术员	负责技术工作	4	机械司机	负责机械使用、保养、维修
2	测量工	负责测量工作	5	砌石工人	负责砌筑施工
3	试验工	负责试验	6	其他人员	施工配合

3. 地下水路堑施工

地下水路堑施工工艺流程如图 2-150 所示。

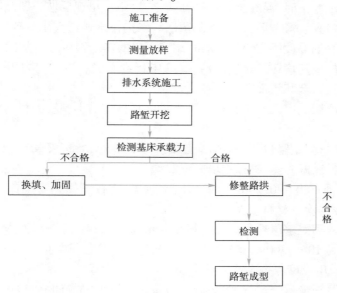

图 2-150 地下水路堑施工工艺流程图

在地下水发育地段的路堑开挖时，应核查地下水的位置、水位等相关参数，当与设计不符时，应及时反馈给监理和设计单位。

1) 排水系统施工

施工中宜首先施工排水设施，做好地面排水，在施工场地内，不得存积地表水，施工中要随时将渗透出的地下水排出施工场地。地下排水设施应与地表排水系统相配套，保证水路畅通无隐患，再做主体工程。

路堑施工前，对影响路基稳定的地下水，应予以截断、疏干、降低水位，并引排到路基范围外，防止漫流、聚积和下渗。施工单位在施工过程中均应将地下水出露地点、漏水量、设计或施工方案及实际处理情况等据实记录，并应做到在地下水处理完毕后，方可进行路基施工。

（1）排水沟、暗沟

当地下水位较高、潜水层埋藏不深时，可采用排水沟或暗沟截流地下水及降低地下水位。

①砌筑时，应在沟壁与含水地层接触面的高度处，设置一排或多排向沟中倾斜的渗水孔。沟壁最下一排渗水孔的底部宜高出沟底不小于 0.2m。当设置多排时，一般渗水孔间距上下为 0.3m，左右为 0.5～1.0m。均需做成向沟内倾斜成 10% 坡度。

②排水沟沟底应低于地下水位或潜水层高程，并应埋入不透水层。

③沟槽转折处及与其他沟槽相接处应平顺衔接。沟底纵坡一般不应缓于 2%。

④沟壁外侧应填以粗粒透水材料或土工合成材料用作反滤层。

⑤沿浆砌沟槽纵向每隔 10～15m 或通过软硬岩层分界处应留宽 2.0cm 的伸缩缝或沉降缝一道，用沥青麻筋填塞。

（2）渗沟

①渗沟沟槽开挖时，硬质岩石应采用预裂爆破或光面爆破。软质岩石或土质宜采用机械挖槽，使得沟槽两壁平顺。

②渗沟的开挖宜自下游向上游进行,应随挖随即支撑并迅速回填,不可暴露太久,以免造成坍塌。

③渗水暗沟基础施工时,混凝土基础表面应平整,不应出现反坡或凹凸不平现象。

④渗沟的出水口宜设置端墙,端墙下部留出与渗沟排水通道大小一致的排水沟,端墙排水孔底面距排水沟沟底的高度不宜小于20cm;端墙出口的排水沟应进行加固,防止冲刷。

⑤排除地下水的渗沟均应设置排水层、反滤层和封闭层。渗沟沟内用作排水和渗水的填充料在使用前须经过筛选和清洗。

⑥用于排水隔离层的土工合成材料的种类性能指标和其上铺筑的材料应符合设计要求。

(3) 渗管

①铺设渗水管时,固定管位后,沟槽内回填洗净的碎石,管周及管顶以上30cm范围内松填,30cm以上应分层轻振夯实,碎石应填充密实均匀。

②通常渗管直径不小于$0.25m$,为增强出水效果,宜在管轴处安置直径不小于$5cm$的滤管,其外围以相适应的渗水材料填充。

③渗管的顶部应有足够厚度的隔渗材料妥善覆盖,以防污水流入,造成淤塞。

④当渗管长度为$100\sim300m$,其末端宜设横向泄水管分段排除地下水。

(4) 排水系统采用浆砌片石砌筑注意事项

①砌体采用挤浆法分层、分段砌筑。分段位置设在沉降缝或伸缩缝处,两相邻段的砌筑高差不得大于120cm,分层水平砌缝应大致水平。各砌块的砌缝应互相错开,砌缝应饱满。

②各砌层应先砌外圈定位砌块,并与里层砌块交错连成一体。定位砌块宜选用表面较平整且尺寸较大的石料,定位砌缝应满铺砂浆,不得镶嵌小石块。

③定位砌块砌完后,应先在圈内底部铺一层砂浆,其厚度应使石料在挤压安砌时能紧密连接,且砌缝砂浆密实、饱满。

④砌筑腹石时,石料间的砌缝应互相交错、咬搭,砂浆密实。石料不得无砂浆直接接触,也不得干填石料后铺灌砂浆;石料应大小搭配,较大的石料应以大面为底,较宽的砌缝可用小石块挤塞。挤浆时可用小石块将砌缝挤紧,不得留有空隙。

2) 路堑开挖施工

地下水路堑开挖工艺同路堑开挖施工。

路堑开挖至设计高程后,应核对路基面和边坡的水文地质和工程地质情况,当与设计不符时,应提出变更设计。

当路堑基床为不易风化硬质岩石基床,应将基床表面做成向两侧的4%排水坡,做到表面平顺,肩棱整齐,对凹凸不平处以混凝土补齐。

当路堑基床为软质岩、强风化的硬质岩及土层时,在基床范围内不得有地基土比贯入阻力P_S值小于$1.5MPa$或基本承载力$[\sigma_0]$小于$0.18MPa$的土层,否则应进行基床底层的改良或加固处理。

4. 质量控制措施

(1) 在施工期间,不得破坏地表植被或堵塞水的通路;各类排水设施应及时维修和清理,保证排水畅通和有效。

(2) 路堑排出的水不得损害路基及附近建筑物、道路和农田,并不得引起淤积和冲刷。

(3) 截水沟不应在地面坑凹处通过。必须通过时,应先按路堤填筑要求将凹处填平压实,然后再开挖,并应注意防止不均匀沉陷和变形。

(4) 路堑开挖中,如遇土质变化需要修改施工方案及边坡坡度时,应及时反馈设计和监理单位。

四 爆破施工

1. 爆破材料

工业炸药是破碎岩石或解体构筑物的主要能源。炸药种类的选取应根据不同的岩石种类与性质选用适合的炸药。通常使用的品种有:硝铵炸药、铵油炸药、浆状炸药、水胶炸药、乳化炸药。

临时性爆破材料库对附近各种保护对象的安全距离不得小于规定的最小安全距离,制订严格的安全措施和领发放制度。

库内照明宜用铠装电缆引入,固定灯具应用防爆型的,移动灯具必须使用蓄电池和手电筒。应注特别意以下几点:

(1) 在炸药库区内,严禁点火、吸烟,任何人不准携带火柴、打火机或引火物品进入炸药库;

(2) 在库房围墙内,要及时清扫枯草、干树枝、干树叶等,库房外围要有足够的防火沟;

(3) 不准穿带钉子的鞋进入炸药库房;

(4) 爆破材料储量不得超过设计规定量;

(5) 对库房内固有的照明设备,应经常检查其是否牢固,绝缘程度是否良好。

2. 施工机械与人员组织

机械设备表与人员组织见表2-100、表2-101。

机械设备表　　　　　　　　　　　　　表2-100

序号	名称	型号	规格性能
1	挖掘机	ZX270	1.38m^3
2	自卸汽车	奔驰2629K	15t
3	推土机	TY220	162kW
4	电动空压机	LGD-20/7	132kW
5	内燃空压机	W-12/8	75kW
6	发电机组	130GF1	130kW
7	发电机	250GP	250kW
8	回转式潜孔钻机	KQG-150	—
9	气腿式凿岩机	YT-28	34~38mm,5m

挖掘机主要技术参数　　　　　　　　　表2-100a)

型号	机重(t)	斗容量(m^3)
ZX270	27	1.3

自卸汽车主要技术参数　　　　　　　　表2-100b)

型号	额定功率(kW)	最大爬坡度	最高车速(km/h)	载质量(t)
奔驰2629K	213	59%	85	15

推土机主要技术参数　　　　　　　　　　　表2-100c)

型　号	额定功率(kW)	爬坡性能(°)	生产率(m³/h)	铲刀宽度(mm)	单铲容量(m³)
TY220	162	30	225	3725	5.6

空压机主要技术参数　　　　　　　　　　　表2-100d)

型　号	额定功率(kW)	排气量(m³/min)	排气压力(MPa)
LGD-20/7	132	20	0.8

潜孔钻机主要技术参数　　　　　　　　　　表2-100e)

型　号	供气方式	额定气压(MPa)	工作气压(MPa)	孔径(mm)	效率(m/台班)
KQG-150	移动式	1.2	1.2	165	40~70

人　员　组　织　表　　　　　　　　　　　　表2-101

序　号	工　　种	工　作　内　容
1	施工负责人	负责现场施工指挥
2	爆破工程师	负责爆破设计、检查工作
3	测量工	负责孔位、孔深测量
4	爆破工	负责装药、堵塞、联网、起爆、处理
5	机械工	负责机械使用、保养、维修
6	防护人员	负责施工防护
7	其他人员	负责施工配合

3. 施工准备

(1) 设计文件复核

施工单位接到设计文件,应组织有关技术人员全面熟悉核对设计文件,充分了解设计意图,核对设计文件及其内容是否符合现场实情。核对地形及地质资料,如发现问题,应与设计单位及时联系。对设计文件进行复核,并做好复核记录,需办理变更设计手续的应按有关规定及时办理。

(2) 场地布置

场地布置包括各种施工机具的安放,管线的架设与安装,运输道路的布置等。

①空压机的位置。对于5万m³以上的较大规模的石方工地,尽可能设置空压机房,集中供风。对小型石方工点,可用移动式空压机现场供风,并应设置在距钻机20m以上的上风方向。

②发电机房的位置。施工所需电力,尽量利用当地既有电源,当无电源或电源功率不足时,可设发电机房集中供电。发电机房应距钻孔工地400~500m以外架设固定输电线路,同时还应避开爆破工点的抵抗线方向,并做好防雷、接地等安全措施。

③活动机具的安放位置。对于一些重型施工机械如潜孔钻机、挖掘机等,均应在爆破工点抵抗线方向侧面100m以外处设置退避所,避免机械遭受爆破飞石损坏。减少因多次长距离躲避引起的时间与油料损耗。

④其他设施的位置。施工所用炸药库、油库、料库、机修车间以及住地,均应设在距爆破工地500m以外的地方。

(3) 人员培训

施工前应组织施工人员学习和掌握所承担工程爆破的目的、原理、施工工艺、技术要求、质量标准及检测方法。所有与爆破有关的施工人员必须培训合格,持证上岗。

4. 施工工艺

爆破设计方案必须报有关部门(上级主管部门、监理、当地公安机关)审核批准后方可实施,监理单位应参与审核每次爆破设计且与现场核对。爆破施工工艺流程如图2-151所示。

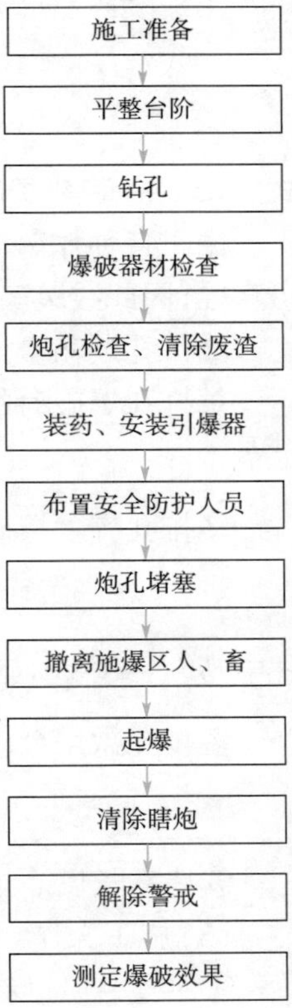

1) 常规爆破施工

常规爆破的炮孔直径一般为38~150mm,炮孔深度不大于15m。其中炮孔直径小于75mm、炮孔深度不大于4m,称为浅孔爆破。钻孔直径在75mm以上,钻孔深度超过5m时,即称为深孔爆破。

(1) 爆破孔网参数的确定

孔网参数主要包括:钻孔直径d、梯段高度H、底板抵抗线W、孔距a、排距b、钻孔深L、超钻h、钻孔边距C。

①钻孔直径d的选择,要根据工程数量、进度要求和机械设备情况,确定使用钻机的类型和孔径大小。

②梯段高度H。台阶法开挖的台阶高度应根据钻孔机械、工程规模、开挖深度、装载设备能力、边坡稳定和技术经济效益等因素综合考虑,在浅孔爆破中,凿岩机钻孔时为2~4m,人工钻孔时1~2m;深孔爆破时,一般为7~10m。当路堑深度大于10m时,梯段应分层。

台阶的宽度根据钻孔类型、钻孔要求、钻机安装和安全操作的需要而定。

③底板抵抗线$W(m)$。炮孔的实际抵抗线W值应结合装药直径(或药卷直径)、炮孔孔距、炸药爆力和装药密度等因素通过计算或试验确定。

当梯段高度大于5m时,可用式(2-25)计算:

$$W = K_d d \tag{2-25}$$

式中:d——钻孔直径(cm);
K_d——孔径系数。

④孔距a。孔距a应与底板抵抗线W同时确定,可在$a = (0.7 \sim 1.3)W$范围内选取。

⑤排距b。布孔宜取梅花形在多排孔交错布孔时

多排齐发:$b = 0.87a$ (m)

多排微差:$b = (0.8 \sim 1.0)W$ (m)

⑥钻孔深L可按式(2-26)计算。

$$L = (H + h)\sin\beta \quad (\beta \text{为钻孔倾角}) \tag{2-26}$$

⑦超钻 $h = (0.1 \sim 0.3)W$。

(2) 装药参数的计算

装药参数包括:线装药密度$q(kg/m)$;装药长度L_1和堵塞长度L_2;每孔装药量Q_1和总装药量$Q(kg)$。

图2-151 爆破施工工艺流程图

施工准备 → 平整台阶 → 钻孔 → 爆破器材检查 → 炮孔检查、清除废渣 → 装药、安装引爆器 → 布置安全防护人员 → 炮孔堵塞 → 撤离施爆区人、畜 → 起爆 → 清除瞎炮 → 解除警戒 → 测定爆破效果

①线装药密度 q。其大小取决于钻孔直径和装药密度,可用式(2-27)求算:

$$q = \frac{1}{4}\pi d^2 \Delta \tag{2-27}$$

式中:Δ——装药密度(g/cm^3)。

由于各种炸药包装条件不一样,有散装或卷装的各种规格,同时实际孔眼直径往往大于钻机直径,因此线装药密度宜通过试装确定。

②每孔装药量 Q_1。

单排孔爆破时的按式(2-28)计算:

$$Q_0 = WpqHa \tag{2-28}$$

多排孔齐发爆破时,后排孔每孔装药量按式(2-29)计算:

$$Q_{0后} = 1.2qb'Ha \tag{2-29}$$

式中:b'——排距(可等于或略小于孔距 a)。

多排孔微差爆破时,后排孔药量按式(2-30)计算:

$$Q_{0后} = qb'Ha \tag{2-30}$$

③堵塞长度。炮孔的堵塞长度不得小于 W 或 20 倍炮孔直径。

(3)施工操作

①平整台阶。在钻机进入工地作业之前,应做好台阶平整。台阶工作面要有足够的宽度并保持平坦,保证钻机安全作业、移动自如并能按设计方向钻凿炮孔。平整台阶可采用手风钻凿眼,浅孔爆破,推土机整平。

②孔位选择和布孔。布孔从台阶边缘开始,边孔与台阶边缘要保留一定距离,以保证钻机作业安全。孔位根据设计测定,但要避免在岩石被震松、节理发育或岩性变化大的地方布孔。

③钻孔。在浅孔或深孔爆破,均宜采用有一定倾角的倾斜炮孔。钻孔作业中,必须重视钻孔检查和堵孔处理工作。

使用硝铵类炸药爆破时,还要检查孔内是否有积水,然后采取排水措施。对有地下水的钻孔,装药时必须对硝铵类炸药进行防水处理,水量大时,应使用抗水炸药,如水胶炸药、乳化油炸药、浆状炸药等。

④装药。装药前要检查并清理炮孔堵塞物和水分。着重检查炮孔的最小抵抗线与原设计有无变化,防止过小的抵抗线引起冲炮。还应检查孔深有无变化。干燥的孔可装散装硝铵类炸药,潮湿的孔要对炸药进行防水处理或使用防水炸药。

装药基本工具是炮棍,须用木头、竹杆或塑料制作。使用散装粉状炸药装填干孔时,要注意粉碎炸药结块,防止结块堵塞炮孔。装药要慢速向孔内倾倒,以利用重力增加底部炸药的装药密度。在水中使用水胶、浆状或乳化炸药时,由于这些炸药可塑性大,装药过程中能自然填满炮孔,不需用炮棍捣实。

装药过程中,必须十分小心地安放起爆药包。在干孔中使用硝铵类炸药,可把雷管放在药卷中制成起爆体。水孔中的起爆体要做好防水处理。

⑤堵塞。堵塞材料可用砂或黏土或砂黏土混合物,并有一定的含水率。在水中也可用水作堵塞材料。炮孔的堵塞长度不得小于 W 或 20 倍炮孔直径。堵塞过程中要经常检查起爆线

路,防止因堵塞损坏起爆线路而引起瞎炮。

⑥起爆网路。有多个或多排炮孔起爆时,采用微差爆破。

(4) 爆破作业的组织与起爆

①爆破指挥人员要在确认周围的安全警戒工作完成后方可发出起爆命令。

②爆破指挥人员应严格执行预报、警戒和解除三种统一信号,并由爆破指挥人员统一发出。防护、警戒人员应按规定信号执行任务,不得擅离职守。

③要指定专人核对装炮、点炮、响炮记数,或检查起爆网路、敷设起爆主线。

④起爆后确认炮数响完,并由爆破作业人员检查结束后,方可发出解除信号,撤除防护人员。如不能确认炮数响完,须待最后一炮响过 20min 进行检查,确认安全,方可解除警戒。

(5) 瞎炮处理

发生瞎炮后要设立防护标志,禁止在其附近作业,做到未经处理不得拆除防护标志。

①应由原装炮人员当班处理,如不可能时,装炮人员应在现场将装炮情况、炮眼方向、装药数量交代给处理人员。

②只有对瞎炮孔内的爆破线路、导火索、导爆管等检查完好,方可重新起爆。

③重新起爆前应检查瞎炮的抵抗线情况,并布置警戒。

④严禁拉动导火索或雷管脚线的方法取出雷管。

⑤硝铵类炸药可用水冲灌炮眼,使炸药失效。

⑥禁止在瞎炮的残孔内,重新打眼爆破。

⑦瞎炮处理后,应认真检查、清理残余未炸的爆破器材,安全后方可撤除警戒标志。

2) 光面爆破与预裂爆破

光面和预裂爆破是随着爆破技术与钻孔机械日益完善而发展起来的。在路堑开挖施工中采用光面爆破、预裂爆破与深孔爆破相结合的施工方法,爆破后可以形成平整的坡面。

光面和预裂爆破一般采用低威力、低爆速、低密度、传爆性能好的炸药。

(1) 光面和预裂爆破的参数选择和设计

光面和预裂爆破的主要孔网参数有钻孔直径、孔间距和最小抵抗线;装药参数有线装药密度。

①钻孔直径:在路堑边坡施工中,一般采用与主爆孔一样的钻孔直径。

②炮孔间距:在施工中应根据工程特点、岩石特征、炮孔直径等决定。预裂爆破的炮孔间距可选用炮孔直径的 8~12 倍;光面爆破的炮孔间距 a 可选用炮孔直径的 10~16 倍,并满足 $a = W/m$(m 为炮孔密集系数,$m > 1$)。

靠近预裂孔的主炮孔距预裂面应不小于 1.5~2.0 倍预裂孔间距。

(2) 施工操作

①钻孔操作步骤如下。

a. 施钻前沿边坡线将孔口周围松散覆盖层清除钻机运转工作面。

b. 准确测放孔位桩。在横断面方向,孔口中心距路基中线水平距离的复测误差以及与计算值比较的误差均不得大于 30mm。

c. 施钻方向应与边坡走向垂直,预裂炮孔和光面炮孔的倾斜度应与设计边坡坡度一致。孔底中心偏离设计坡面不应大于孔深的 2%(垂直边坡方向)。

d. 每层炮孔底应设在同一平面上。

②装药与堵塞步骤如下。
　a. 光面爆破或预裂爆破的装药结构应采用不偶合连续装药或空隙间隔装药。
　b. 装药不偶合系数(炮孔直径与药卷直径的比值)深孔可采用 2~4，浅孔可采用 1.5~2.0。
　c. 间隔装药的间隙不大于20cm，药卷宜固定在炮孔中央或靠近开挖一侧，孔口应堵塞严实，堵塞长度可采用 12 倍炮孔直径。
　d. 光面爆破和预裂爆破，均应适当增加炮孔底部装药量并减少上部装药量。
　e. 靠近预裂孔的主炮孔应较其他主炮孔适当减少装药量。
③装药步骤如下。
　a. 根据孔深量出各孔所需的导爆索。
　b. 在导爆索上作出装药标志，标出孔口不装药段、正常装药和孔底加强药段位置。
　c. 按设计要求将炸药卷用细麻绳牢固绑在导爆索上。
　d. 装药前仔细检查孔眼，作好堵孔、水孔的处理。
　e. 装药时应保持药串在孔的中间或靠近需要开挖的一边，以减弱对保留孔壁的破坏作用。
　f. 孔口不装药段用砂土堵塞，堵塞时要防止砸断导爆索。
　g. 全部装药完毕后，进行爆破网路的连接和起爆。
④起爆网路有两种起爆方法，一是与主爆孔分开起爆，所有光面或预裂孔同时起爆，此法网路简单。另一是与主爆破同时起爆，这时要求光面或预裂孔与主爆破孔之间按一定间隔时间延迟起爆，即光面孔迟于主爆破孔，预裂孔先于主爆破孔。

当预裂炮孔和主炮孔在同一网路中起爆时，预裂爆破以不会破坏主爆破孔的起爆网路为原则，预裂炮孔超前主炮孔起爆时间应不小于：坚硬岩石 50~80ms；中等坚硬岩石 80~120ms；松软岩石 150~200ms。

光面炮孔与主炮孔在同一网路中起爆时，光面爆破可采用预留光爆层的办法实施，主炮孔应在光面炮孔之前先起爆，且各光面炮孔均宜使用同一段的雷管起爆。光面爆破间隔时间，采用微差爆破合理间隔时间的计算方法。

5. 安全措施

(1) 爆破工程施工必须严格按《爆破安全规程》(GB 6722—2003)要求进行。

(2) 在城市、居民聚居地、交通干道、风景名胜区、重要工程设施、高压线、地下洞库、水油气管道、化工管道等附近进行爆破施工时，必须采取相应的技术安全和环境保护措施。

(3) 路堑开挖严禁使用峒室药包爆破。

6. 施工质量控制措施

(1) 石质路堑采用爆破法开挖应严格控制用药量，爆破不得造成路堑边坡隐患和对邻近建筑物的损伤或隐患。

(2) 采用机械开挖或光面、预裂爆破应保证开挖面完整平顺、无危石和坑穴。边坡坡面应平整且稳定无隐患，局部凹凸差不大于15cm。边坡防护封闭无变形、开裂。

(3) 对于软质岩石边坡可用人工或机械清刷；对于坚石或次坚石边坡，可使用爆破清刷，同时清除危石、松石。清刷后的石质路堑边坡不应陡于设计规定。

(4) 石质路堑边坡如因过量超挖而影响上部岩体稳定时，应用浆砌片石或混凝土补砌超挖的坑槽。

任务七 基床施工

 基床底层

1. 原材料

基床底层应选用 A、B 组填料。对不符合要求的填料或填料虽符合要求但达不到压实标准,采取改良措施。粗粒土作为基床底层填料时,其粒径不应大于 15cm,级配良好。

开工前对用作填料土的沿线取土场取有代表性的土样,按《铁路工程土工试验规程》(TB 10102—2010),对含水率、液限、塑限、塑性指数等进行试验,并作出土样的密度与含水率曲线,确定最大干重度、最佳含水率。当填料土质发生变化或更换取土场时重新进行检验。

当上下相接的填筑层使用不同种类及颗粒条件的填料时,其粒径应符合 $D_{15} < 4d_{85}$ 的要求。

2. 施工设备及劳力配置

与本单元任务三相同。

3. 施工工艺

1) 试验段填筑

在进行大面积填筑前,在地质条件、断面形式均具有代表性的地段,按不同种类填料进行摊铺压实工艺试验,确定机械最佳组合方式、碾压速度、碾压遍数、工序、松铺厚度、填料的最佳含水率等施工工艺参数,并报监理单位确认,据此进行全面施工。

2) 施工工艺流程

首先划分作业区段,划分作业区段的原则是保证施工互不干扰,防止跨区段作业,每一作业段宜在 200m 以上或以构筑物为界。

全部采用机械化施工。土方使用机械开挖,自卸汽车运输,然后推土机初平、平地机精平、压路机碾压。基床底层填筑施工工艺流程见"任务四 普通填料填筑"相关内容。

3) 路堤填筑

(1) 测量放线及修整下承层

①测量放线:按设计标准施放中心线、边线和高程控制桩,培出路肩,并在路肩上做好排水槽以防雨水浸泡作业面。

②修整下承层:在填筑之前,认真检查下承层。发现问题及时处理,采用平地机刮平并压实,经检查验收合格,表面平整、密实、无翻浆松软地段,高程、宽度、横坡度、平整度、密实度符合验收规范规定,方可进行填筑。

(2) 路堤填筑

①分层填筑。采用按横断面全宽纵向水平分层填筑压实方法。先填边后填心,填筑虚铺厚度按照试验段确定的参数进行控制,基床底层筑碎石类土和砾石类土,最大填筑压实厚度应不大于 35cm,砂类土和改良细粒土每层最大填筑压实厚度应不大于 30cm,每层最小填筑压实厚度均不宜小于 10cm。

为了保证边坡压实质量,填筑时路基两侧各加宽 50cm 以上或采用专用边坡压实机械施工。

②摊铺平整。填料摊铺平整使用推土机进行初平,再用平地机进行终平,控制层面无显著的局部凸凹。对于渗水填料,平整面做成坡向两侧4%的横向排水坡。为有效控制每层虚摊厚度,初平时用水平检测仪控制。

③洒水晾晒。填料碾压前控制其含水率在最佳含水率+2%~-3%范围内。当填料含水率较低时,及时采用洒水措施,洒水采用土坑内提前洒水闷湿和路堤内洒水搅拌两种方法;当填料含水率过大,采用取土坑挖沟拉槽降低水位和用推土机松土器拉松晾晒相结合的方法,或将填料运至路堤摊铺晾晒。

④碾压夯实。

a. 路基整形完成,填料含水率接近最优含水率时,用压路机在路基全宽范围内静压,压路机应由两侧路肩向路中心碾压。

b. 路基经过稳压后,用大吨位重型振动压路机进行压实,压实原则为"先轻后重,先慢后快,先弱后强"。由两边向中间循序碾压,各幅碾压面重叠不小于0.4m,各区段交接处互相重叠压实,纵向搭接长度不小于2.0m,上下两层填筑接头应错开不小于3.0m。

c. 压路机在碾压过程中,禁止在已完成或正在碾压的路段上"调头"或"急刹车",停车时应先减振,再使压路机自然停振,以保证表层不受破坏。

d. 碾压过程中,如发现局部有松软现象时,应及时挖除,用合格填料换填,以保证路基整体强度。

e. 路肩两侧应多碾压两遍,边坡采用挖掘机改装的夯实设备进行夯实。

⑤路基整修。非绿化区边坡压实采用挖掘机改装的夯实设备进行边坡夯实,对于设计有绿化要求的坡面采用人工夯拍的方法进行,路堤边坡应平顺、密实、稳固。

4. 质量检验标准

(1) 路基填土压实的质量检验随碾压施工分层检测。其中细粒土压实检测采用核子密实湿度仪,检测前与灌砂法做对比试验(以灌砂法为基准),并定期标定。粗粒土、碎石土的压实质量采用K_{30}承载板试验方法进行检验,对于细粒土填土压实质量除进行压实度检测外,同时进行K_{30}试验。路堤高度大于8m或为浸水路堤时,压实标准同基床底层。基床底层压实标准应符合表2-102要求。

基床底层压实标准　　　　　表2-102

检查项目	检验标准	改良细粒土	砂类土及细粒土	碎石类及粗粒土
K_{30}试验	K_{30}(MPa/m)	≥110	≥130	≥150
孔隙率	n(%)	—	<28	<28
压实系数	K	≥0.95	—	—

(2) 路基面的排水横坡、平整度、边坡等整修内容,将严格按照设计结构尺寸进行,对于加宽部分在整修阶段用人工挂线清刷夯拍。基床底层外形尺寸检验标准应符合表2-103要求。

基床底层外形尺寸检验标准　　　　　表2-103

检查项目	中线至边缘距离(mm)	宽度	横坡	平整度(mm)	厚度(mm)
允许偏差	$^{+50}_{0}$	不小于设计值	±0.5%	不大于15	±30

(3) 路堤浸水与不浸水部分分界高程的允许偏差值为$^{+100}_{0}$mm。

5. 质量保证措施

见表2-17~表2-19。

基床表层级配碎石（级配砂砾石）

1. 材料及级配

依据《高速铁路设计规范（试行）》（TB 10621—2009）要求，其材质与级配符合下述技术要求。

（1）采用的碎石粒径、级配及材料性能应符合《铁路碎石道床底碴》（TB T2897—1998）的规定，并满足高速铁路有关技术条件。

（2）采用级配砂砾石的级配曲线应接近圆滑，某种尺寸的粒径不应过多或过少，其颗粒的粒径、级配应符合表2-104或表2-105的规定。颗粒中针状、片状碎石含量不大于20%；碎石的压碎值不大于30%；质软、易破碎含量不得超过10%；黏土团及有机物含量不得超过2%；硫酸盐含量不大于0.25%；粒径小于0.5mm的细集料的液限应小于28%，塑性指数应小于6。

设计时速200～250公里基床表层砂砾石级配范围　　　　表2-104

级配编号	通过筛孔质量百分率(%)									
	60	50	40	30	20	10	5	2	0.5	0.075
1	97～100	95～100	90～99	84～90	76～94	65～85	54～77	40～67	23～51	3～23
2		100	90～100	80～93	65～85	45～70	30～55	15～35	10～20	4～10
3			100	90～100	75～95	50～70	30～55	15～30	10～20	4～10
4				100	85～100	60～80	30～50	15～30	10～20	4～10

设计时速250～350公里基床表层砂砾石级配范围　　　　表2-105

级配编号	通过筛孔质量百分率(%)								
	50	40	30	20	10	5	2	0.5	0.075
1	100	90～100		65～85	45～70	30～55	15～35	10～20	4～10
2		100	90～100	75～95	50～70	30～55	15～35	10～20	4～10
3			100	85～100	60～80	30～50	15～30	10～20	2～8

水应洁净，不含有害物质，对水源按《铁路工程水质分析规程》（TB 10104—2003）的要求进行试验，并报监理工程师批准。

（3）每一压实层全宽应用同一种类的填料。每2000m³抽样检查一次颗粒级配、颗粒密度、黏土团及其他杂质含量、级配砂砾石中细长扁平颗粒含量、级配碎石中大于16mm的粗颗粒且带有破碎面的颗粒含量；其他项目每一料场抽样检验2次。

（4）现场试验时，按照试配—改进—确定的程序进行配合比试验，并最终确定合理的级配碎石配合比。路基基床表层级配碎石级配曲线应接近圆顺，某种粒径的尺寸不应过多或过少，施工参照级配碎石粒径级配范围标准（表1-32、图1-39）进行选配。

（5）与上部道床及下部填土之间应满足 $D_{15} < 4d_{85}$ 的要求。当与下部填土之间不能满足此项要求时，基床表层应采用颗粒级配不同的双层结构，或在基床底层表面铺设土工合成材料（当下部填土为化学改良土时，不受此项规定限制）。

2. 施工设备及劳力配置

根据工程概况及工期要求，选择与施工进度相匹配的拌和、摊铺、碾压设备。安装好稳定土搅拌站并进行调试运转，加强各种机械设备的养护。机械设备配备和劳力配置见表2-106、

表2-107。

一个拌和站机械设备配备　　　　表2-106

序号	名称	型号	规格性能	数量
1	稳定土搅拌站	WCB500	500t/h	1套
2	摊铺机	WTU75D	12.5m	2台
3	平地机	PY-160C	—	2台
4	装载机	ZL50	—	4台
5	自卸汽车	北方奔驰2629K	—	8台
6	振动压路机	XSM220	—	3台
7	轮胎压路机	YL20	—	1台
8	双钢轮振动压路机	DD110	—	1台
9	东风洒水车	EQ1092F	—	2台

稳定土搅拌站主要技术参数　　　　表2-106a

型号	生产能力(t/h)	粉仓容积(m^3)	出料容量(m^3)	集料粒径(mm)	级配种类	级配精度			总功率(kW)	整机质量(t)
						集料	水泥	水		
WCB500	500	9	7.5	≤60	3-5	±3%	±1%	±1%	123	35

摊铺机主要技术参数　　　　表2-106b

型号	生产能力(t/h)	最大摊铺宽度(m)	最大摊铺厚度(mm)	摊铺速度(m/min)	行驶速度(km/h)
WTU75D	300	7.5	300	10	0~3

压路机主要技术参数　　　　表2-106c

型号	工作质量(t)	振动轮尺寸		振动参数			功率(kW)	静线荷载(N/cm)	速度范围(km/h)
		直径(mm)	宽度mm	频率(Hz)	名义振幅(mm)	激振力(kN)			
XSM220	19.5	1523	2178	28	2.1/1.1	350/200	125	425	2.63/5.3/8.6
DD110	10.625	1621	1980	31/42	0.94/0.46	133.4/35.7	93	—	0~12.9
YL20	16~20	轮胎宽度 2450		—	—	—	73.5		3.1/5.7/12.1

施工劳力配置表　　　　表2-107

序号	工种	人数	工作范围	序号	工种	人数	工作范围
1	队长	1	现场总指挥	6	辅助用工	12	—
2	技术员	3	负责技术质量	7	试验员	2	前后场检测
3	机械技术员	1	维修和操作机械	8	领工员	1	工地指挥
4	电工	1	电路维修	合计	—	44	
5	司机	23	各种机械操作				

3. 拌和站的布置

拌和站宜选在地势较高、离水源较近、交通便利的地方,而且必须在居民区主导风向下方,拌和站必须配有先进的除尘设备。拌和站的面积可根据级配碎石的数量决定。

拌和站内应进行硬化,而且底层必须采用隔水材料。场区内要设置2%~4%的横向坡度,以利排水。拌和站的四周应开挖排水沟。

为了防止材料混杂,不同品种、规格的材料之间应修建隔料墙。

在场区规划时还必须考虑到备料及出站时的道路宽度、位置、走向,避免在备料、出料、场内装载机作业时相互干扰,影响工效。

4. 施工工艺

1) 试验段填筑

为获得基床表层施工的各项技术参数,进行大面积施工前,先选择一段长度不小于100m的地段进行摊铺压实工艺试验。试验段填筑的压实厚度不宜超过35cm,最小压实厚度不宜小于15cm。

试验段摊铺所采用的施工工艺、作业工序及机械设备组合均与正常施工时拟定的相同,以检验拌和、运输、摊铺、碾压、养生等计划投入使用设备的可靠性,以及施工工艺的合理性,检验混合料的组成设计是否符合要求并检查各道工序的质量控制措施,从而确定用于大面积施工的材料、配合比、松铺系数及最佳机械组合,以此为标准指导施工。试验段确定的工艺参数,报监理工程师批准。

2) 施工工艺流程

场拌级配碎石施工工艺流程如图2-152所示。

摊铺碾压区段的长度应根据使用机械的能力、数量确定。区段的长度一般宜在100m以上。各区段或流程只能进行该区段和流程的作业,严禁几种作业交叉进行。

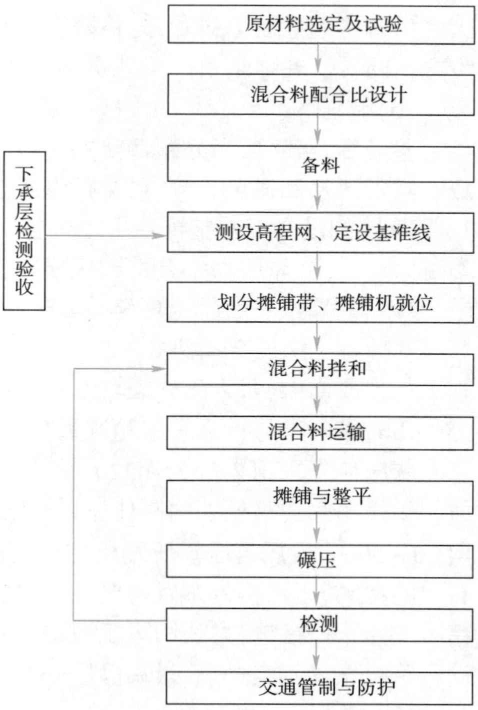

3) 填筑施工

(1) 下承层检测验收

基床底层表面平整度等指标符合设计及《高速铁路路基工程施工质量验收标准》(TB 10751—2010)规定,并且基床沉降量满足设计要求。

按照设计要求确定第一层级配碎石填筑的界限,放样路基中心、填筑边线及打设高程控制桩。清除下承层杂物,视表面干燥程度适当洒水湿润。如遇雨水浸泡,表面过湿采取翻开晾晒,重新压实,重新检验。

(2) 测设高程网、定设基准线

用全站仪每10m一个断面恢复线路中桩,在两侧路肩上设指示边桩,并在两点中间位置上用水泥钉定点。测算出三点的摊铺挂线高;在高程两边桩外侧15~25cm处钉钢丝托架,中间点设托盘支架,拉设三条钢丝,在摊铺前将钢丝在托架上按挂线高固定。为了避免碾压时塌肩,在两侧用方木立模,并采用三角形钢钎固定。

(3) 混合料拌和

级配碎石采用稳定土搅拌站集中拌和,各种集料按照粒径由小到大分别装于不同的配料斗内,严格按照配合比,通过电脑程控电子计量进行配料。拌和时,控制好成料的含水率。考虑到运输和摊铺过程中含水率的降低,拌和时的含水率可适量放大些,正式施工拌和的含水率可比最佳含水率高1%~2%。

图2-152 场拌级配碎石施工工艺流程图

(4) 混合料运输

运输设备采用自卸汽车运输。运料前,要清除车上的泥土、杂物。装车时不宜满载,并加蓬布覆盖,运输途中行车速度不得过快,以免造成级配粒料产生离析。

(5) 摊铺与整平

填料应分层填筑,每层的压实厚度不宜超过30cm,最小压实厚度不宜小于15cm。级配碎石或级配砂砾石的摊铺可采用摊铺机或平地机进行,顶层采用摊铺机摊铺。每层的摊铺厚度应按工艺试验确定的参数严格控制。

用摊铺机摊铺时,碎石粒径与砂子粒径差别较大,摊铺时容易产生离析。摊铺时,可以采用两种方案进行摊铺,一种采用两台摊铺机联机摊铺,不留施工纵缝,摊铺时两台摊铺机一前一后相隔约5~8m同时向前摊铺混合料;另一种采用一台摊铺机分幅摊铺。摊铺机摊铺时,设3人跟在摊铺机后面,及时消除级配粒料的离析现象。对于粗集料窝和粗集料带,添加细集料并拌和均匀;对于细集料窝则应添加粗集料。人工摊铺时,铁锹要反扣,且最好是一次成型,避免二次整平的"修补"。在整平过程中,禁止任何车辆通行。用平地机摊铺时,必须在路基上采用方格网控制填料量,方格网纵向桩距不宜大于10m,横向应分别在路基两侧及路基中心设方格网桩。在摊铺机或平地机摊铺后由人工及时消除粗细集料离析现象。

(6) 碾压

整形后,当表面尚处湿润状态时应立即进行碾压。如表面水分蒸发较多,明显干燥失水,应在其表面喷洒适量水分,再进行碾压。用平地机摊铺的地段,用DD-110型压路机快速碾压2遍,暴露的潜在不平整再用平地机整平和整形。碾压前应检测级配粒料的含水率,因为含水率过大或过小,碾压后都会造成级配粒料中的砂子和碎石分成两层:含水率大时,表层全是砂子;含水率小时,表层则全是碎石。开始碾压时含水率以不大于最佳含水率的1%为宜。

对摊铺的级配碎石遵循"先两侧后中央、先轻后重、先慢后快,作业面不调头不转弯"的原则进行全断面碾压,人工处理坑洼和集料窝。各区段交接处应相互重叠压实,纵向搭接长度不小于2m,纵向行与行之间的轮迹重叠不小于40cm,上下两层填筑接头应错开不小于3m。

碾压应先采用2台XSM220型压路机静压各压三遍,最后用YL20型轮胎式压路机进行揉面。碾压顺序应从低处向高处压,从两边往中间压。第一遍静压时,压路机不易过分靠边,应留20~30cm最后再压。压路机在行走过程中严禁突然"启动"或是突然"刹车",以免造成碎石层的扰动,压路机停车以前要先关停振动。采用平地机摊铺时,初压1~2遍后,挂线精平,精平应用平口铁锹,方法同人工摊铺。在高程欠高处再洒布一层混合料。精平完成后,采用振动压路机振动压实一遍,最后静压一遍。

(7) 施工缝的处理

横向接缝:两作业段的衔接处须搭接拌和,前一段拌和后预留2m不进行碾压,后一段施工时,将前段留下未碾压部分重新用人工拌和,并与后一段一起碾压。在进行人工拌和时必须按需洒水保证其含水率的要求。

纵向接缝:在进行双机联铺时不会产生纵向接缝,整幅一次摊铺成型。采用单机单幅摊铺时,纵向接缝一定要保证垂直,可在摊铺第二幅时将第一幅的纵向边缘切成垂直接茬,再进行另半幅混合料的摊铺。

双机联铺时虽然没有施工缝,但是两机布料在交缝区的均匀性和一致性会比单机布料器范围内的均匀性、一致性稍差。因此2台摊铺机的布料宽度不能绝对相等,保持上下基层交缝区错开,如图2-153所示,保证基层整体性良好。

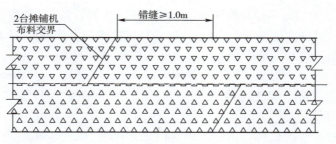

图 2-153 两台摊铺机布料交界区上下层错缝示意图

(8) 检测

每层碾压后压实若达不到要求,要分析原因,重新补压,直到满足要求。应设专人及时进行压实质量检测,记录完整、准确,签认及时。

(9) 交通管制与防护

在碾压后立即封闭交通,碾压后除洒水车外,其他车辆特别是履带式车辆禁止通行,以保护表层不受损坏。养护期结束后施工车辆可限制通行,速度小于 15km/h,严禁急转弯或紧急制动。

(10) 上下层层间处理

摊铺前,对下层层面进行处理:清除污染物,如洒落的尘土、碎石等;将下层层面适当拉毛,清扫拉毛产生的碎屑,适当洒水滋润。结合面洒布一层纯水泥浆或撒一层薄薄的水泥干粉,以保证上下层结合成整体。

5. 质量检验标准

依据《高速铁路路基工程施工质量验收标准》(TB 10751—2010),基床表层级配碎石主要检测项目及标准如下。

(1) 基床表层级配碎石(级配砂砾石)、中粗砂压实质量标准见表 2-108。

基床表层压实标准　　　　　　　　　表 2-108

检查项目	检验标准	级配碎石	中粗砂
地基系数 K_{30} 试验	K_{30}(MPa/m)	≥190	≥130
动态变形模量	E_{vd}(MPa)	≥55	≥45
孔隙率试验	$n(\%)$	<18	—

注:施工过程中,中粗砂可按相对密度 $D_r \geq 0.67$ 控制。

(2) 施工过程中加强路基填筑几何尺寸的控制。基床表层路肩高程、中线至路肩边缘距离、宽度、横坡、平整度、厚度允许限差及检验数量、检验方法应符合表 2-109 规定。

基床表层外形尺寸允许限差　　　　　　　　　表 2-109

检查项目	中线高程(mm)	路肩高程(mm)	中线至路肩边缘距离(mm)	宽度	横坡	平整度(mm)	厚度	
							级配碎石(砂砾石)(mm)	砂垫层
允许限差	±10	±10	$^{+20}_{0}$	≥设计值	±0.5%	≤10	−20	不小于设计值

6. 质量控制措施

(1) 软土、松软土地基段基床表层的填筑在地基沉降基本稳定后进行,避免地基沉降对基床表层整体性产生影响。

(2) 工地试验室配备齐全的常规建材和针对级配碎石填料的各项试验设备;施工现场配

备的主要检测设备包括:K_{30}平板载荷试验仪、灌水(砂)检测设备、动态模量测试仪(E_{vd})。并配备相应的试验人员,负责各种设备的使用、保管和试验检测。检测方法:采用K_{30}平板载荷试验仪或K_{30}工程检测车检测地基系数K_{30};采用灌水法检测孔隙率;采用E_{vd}动态模量测试仪检测动态变形模量。

(3)级配碎石表面含水率过大时,会影响K_{30}值的测试结果,所以在作业面碾压整形后注意晾晒3d,再进行测试。

(4)摊铺碾压过程中严格执行试验段确定的工艺标准,每一压实层全宽采用同一种类和级配的填料,如施工中使用的填料发生变化,应重新通过试验确定配合比和工艺参数,并报监理工程师批准。

(5)根据不同气温、气候条件和不同填筑部位的要求,对碾压时的含水率进行严格控制。填筑过程中,气温较高时,及时对摊铺的级配碎石进行静压,封闭作业面,避免水分散失。

(6)严格控制摊铺作业过程,保证拌和料的摊铺厚度、平整度满足要求。级配混合料的摊铺碾压应分层摊铺,每层的最大填筑压实厚度不得超过35cm,最小填筑压实厚度不得小于15cm。

(7)路堑基床表层换填深度及宽度应符合设计要求,开挖表面应平顺整齐,并按设计做成向两侧的排水坡,基床表层以下不得扰动。

(8)在施工过程中严格按照规定的检测频率和要求进行质量控制。级配碎石铺筑完成检测合格后,除相连工序外,禁止任何机动车辆驶入,并充分做好成品的保护。

(9)基床表层施工时注意与综合接地、横向过轨电缆、通信电力电缆沟、接触网支柱基础等相关工程相配合。

三 基床表层沥青混凝土施工

1. 原材料

首先有质保单、出厂合格证,然后对其进行抽样检查。沥青常规检验项目有针入度、延度、软化点、溶解度、薄膜加热、闪点、含蜡量、密度等,确保原材料技术指标符合要求。沥青混凝土用矿料的强度、级配、粉尘含量、软弱颗粒含量、潮湿度等应符合设计要求。不合格者不得使用。

2. 配合比

(1)根据面层结构层设计形式和厚度选择矿料的最大料径,控制结构层厚度与最大料径之比,确保拌和均匀,易于摊铺、压实,达到设计要求的密实度和平整度。

(2)矿料配合比设计,确定既能保证具有一定密实度,又能保证稳定性的矿料级配范围。

(3)确定沥青最佳用量,采用马歇尔试验法确定,测定其稳定度、流值、密度,并计算其孔隙率、饱和度及矿料间隙率,确保符合沥青混合料技术标准。

(4)水稳性与抗车辙能力的检验。在试铺工作开始前,将推荐的混合料配合比的集料级配、沥青含量、拌和成型温度、稳定度等试验的详细说明,以及有关集料的各项试验结果、集料来源、集料颗粒组成、沥青来源和种类等试验资料上报审批。

3. 施工设备及劳力配置

施工前对各种施工机具作全面检查,并经调试证明处于性能良好状态,机械数量足够,施工能力配套。机械劳力配置见表2-110。

一套 LB3000 沥青混凝土拌和站机械劳力配置表　　　　　表 2-110

序 号	机械设备名称	型 号	规格性能	数 量
1	沥青混凝土拌和站	LB3000	240t/h	1 套
2	摊铺机	ABG423	—	1 台
3	双钢轮压路机	DD110	—	1 台
4	双钢轮压路机	YZC12G	—	1 台
5	轮胎压路机	YL25A	—	2 台
6	轮胎压路机	CP271	—	1 台
7	振动压路机	XSM220	—	2 台
8	锯缝机	—	—	2 台
9	自卸汽车	北方奔驰 2629K	—	10 台
10	装载机	ZL50	—	5 台
11	东风洒水车	EQ1092F	—	1 台

沥青混凝土拌和站主要技术参数　　　　　表 2-110a)

型 号	生产率(t/h)	拌缸容量(kg)	计量精度			整机功率(kW)
			集料	粉料	沥青	
LB3000	240	3000	±0.5%	±0.3%	±0.3%	700

推铺机主要技术参数　　　　　表 2-110b)

型 号	理论工作效率(t/h)	最大摊铺宽度(m)	最大摊铺厚度(mm)	摊铺速度(m/min)	行驶速度(km/h)
ABG423	800	12	300	10	0~3.6

压路机主要技术参数　　　　　表 2-110c)

机械型号	工作质量(kg)	振动轮尺寸		振动参数			功率	静线荷载(N/cm)	速度范围(km/h)
		直径(mm)	宽度(mm)	频率(Hz)	名义振幅(mm)	激振力(kN)			
DD110	10.625	1621	1980	31/42	0.94/0.46	133.4/35.7	93	—	0~12.9
YZC12G	12.5	1600	2170	50/40	0.75/0.34	160/32.5	88	290/295	0~13.5
XSM220	19.5	1523	2178	28	2.1/1.1	350/200	125	425	2.63/5.3/8.6
YL25A	250	压实宽度(mm)	2300	—	—	—	82	—	0~8
CP271	270		2350	—	—	—	74	—	—

划分作业段将拟用于施工的机械，按实际施工进度进行调配，并据此选定每天的作业段长度。施工劳力配置见表 2-111。

施工劳力配置表　　　　　表 2-111

序号	工种	人数	工作范围	序号	工种	人数	工作范围
1	队长	1	现场总指挥	6	辅助用工	18	—
2	技术员	3	负责技术质量	7	试验员	2	前后场检测
3	机械技术员	1	维修和操作机械	8	领工员	1	工地指挥
4	电工	1	电路维修	合计	—	51	—
5	司机	24	各种机械操作				

4. 施工工艺

1) 试验段填筑

在基床表层沥青混凝土大面积填筑前,铺筑一段长度不小于100m的地段作试验路段,进行摊铺压实工艺试验,以确定压实机型、摊铺厚度、压实遍数、压实速度等工艺参数,并报监理单位确认。

试验段摊铺所采用的施工工艺、作业工序及机械设备组合均与正常施工时拟定的相同,以检验拌和、运输、摊铺、碾压等计划投入使用设备的可靠性,及施工工艺的合理性,检验混合料的组成设计是否符合要求并检查各道工序的质量控制措施,从而确定用于大面积施工的材料、配合比、松铺系数及最佳机械组合,以此为标准指导施工。

2) 施工工艺流程

沥青混凝土施工工艺流程如图2-154所示。

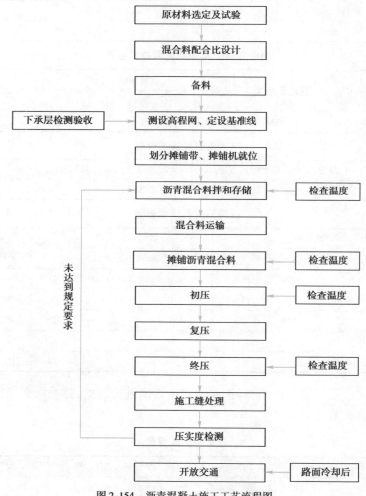

图2-154 沥青混凝土施工工艺流程图

3) 填筑施工

(1) 下承层检测验收

基床表层沥青混凝土填筑前验收基床表层级配碎石或级配砂砾石,检验几何尺寸,核对压实标准。不符合标准的进行修整,使其达到验收标准后方可进行沥青混凝土施工。摊铺施工之前,对已验收合格的下承层进行清扫,使其表面无松散的料、灰尘和杂质,局部污染较严重的下承层顶层(无法清除),在摊铺过程中应涂刷黏层沥青。

(2)测设高程网、定设基准线

用全站仪每10m一个断面恢复线路中桩,在半幅两侧路肩上设指示边桩。测算出两点的摊铺挂线高;在高程两边桩外侧15~25cm处钉钢丝托架,拉设两条钢丝,在摊铺前把钢丝在托架上按挂线高固定在横杆端头的凹槽里。按摊铺机布置的位置,打设一条或两条摊铺机行走的导向线,并用白灰标明,引导摊铺机铺筑沥青混凝土层线形保持不偏移。

(3)混合料的拌和及存储

①沥青混凝土生产、施工设备计量准确,混合料的颗粒级配符合设计要求。沥青混合料采用厂拌法拌和,电脑自动计量式,计量精度高,拌和速度快,同时具有在操作过程中能调整配合比的功能,拌和楼配有电子测温和集尘装置,粉尘可以回收并集中排出,避免污染环境。

②沥青拌和设备调试包括矿料进料、烘干、提升、筛分、称重、沥青的脱桶、储存、保温、提升、称重、喷洒、混合后的拌和、卸料等环节。拌和设备调试完成后进行试拌,由试验人员配合拌和站操作人员按照目标配合比设定各种料的流量比例。

③先是不加沥青进行干拌,从二次筛分后进入各热料仓的材料中取样进行筛分,供拌和站控制室使用。同时反复调整冷料仓进料比例,达到供料均衡,然后取用目标配合比设计的最佳沥青用量的±0.3%进行拌和,并制备试件进行马歇尔试验,确定生产标准配合比的最佳沥青用量。

④生产标准配合比确定后经监理工程师同意,进行试验段铺筑。取芯样进行马歇尔试验来验证生产标准配合比的合理性,一经验证合理,施工过程中不随意变更,但进场材料发生变化时及时调整,必要时重新设计、调试。

⑤沥青混合料的拌和时间要使混合料拌和均匀、所有矿料颗粒全部裹覆沥青结合料为止,使沥青混合料均匀一致,避免出现花白料、结团成块、粗细料分离的现象。

⑥拌好的热拌沥青混合料不立即铺筑时,可放入成品储料仓储存,储料仓储料时间以符合摊铺温度为准。

⑦依据《高速铁路路基工程施工技术指南》(铁建设[2010]241号)有关规定,热拌沥青混凝土的施工温度宜按试验确定,无要求条件的应按沥青标号、气候条件等参照表2-112确定。

热拌沥青混凝土的施工温度(℃)　　　　　表2-112

施工工序		石油沥青标号			
		50号	70号	90号	110号
沥青加热温度		160~170	155~165	150~160	145~155
矿料加热温度	间歇式拌和机	集料加热温度比沥青温度高10~30			
	连续式拌和机	矿料加热温度比沥青温度高5~10			
沥青混凝土出料温度		150~170	145~165	140~160	135~155
沥青混凝土储料仓储存温度		储料过程中温度降低不超过10			
沥青混凝土废弃温度		200	195	190	185
运到现场的温度下限值		150	145	140	135
沥青混凝土摊铺温度下限值	正常施工	140	135	130	125
	低温施工	160	150	140	135

续上表

施工工序		石油沥青标号			
		50号	70号	90号	110号
开始碾压的沥青混凝土内部温度下限值	正常施工	135	130	125	120
	低温施工	150	145	135	130
碾压终了的表面温度下限值	钢筒式压路机	80	70	65	60
	轮胎式压路机	85	80	75	70
	振动式压路机	75	70	60	55
可通车的表面温度上限值		50	50	50	45

(4) 混合料的运输

①沥青混合料采用自卸汽车运输,运料前,车厢应清扫干净,为防止沥青与车厢板的黏结,车厢板和底板可涂一薄层油水混合液(柴油:水=1:3),应注意不得有余液积于车厢底部。

②从拌和机向运料车上放料时,每卸一斗混合料汽车应挪动一下位置,减少粗细集料的离析现象。

③运料车应用篷布覆盖,用以保温、防雨、防污染,到达摊铺地点时,沥青混合料温度应不低于 135~150℃。

④沥青混合料运输车的数量较拌和能力和摊铺速度有所富余,施工过程中,摊铺机前至少要有不少于5辆料车在等候卸料。

⑤连续摊铺过程中,运料车应在摊铺机前10~30cm处停住,不得撞击摊铺机,卸料过程中,运料车要挂空挡,靠摊铺机推动前进。运输车慢慢升起,将混合料缓缓卸入摊铺机料斗中,要相互配合确保不溜车。

(5) 沥青混合料摊铺

沥青混凝土采用摊铺机摊铺,人工挂线,摊铺机靠自身传感器找平。

①摊铺机就位后,根据确定的松铺系数,给出摊铺层的松铺厚度,用多层木垫板垫起熨平板。

②摊铺机在开始受料前,在料斗内涂刷少量防止粘料用的油水混合液。

③调整摊铺机横坡控制仪,使其与路面设计横坡一致,将传感器上的弓字架放置在张紧的钢丝线上。摊铺机采用两侧钢线引导高程的控制方式。

④摊铺机熨平板预热就绪后,待运料车运足一定数量,现场专人指挥运料车喂料,开动输料器待两侧熨平板前喂足料后开始摊铺。

⑤沥青混合料摊铺的温度控制不低于125℃,不超过165℃。

⑥摊铺开始运行 2~3m 后,测量人员快速检测横坡、高程、厚度等参数,以便及时调整摊铺机的工作状态,达到最佳的摊铺效果。

⑦摊铺机的熨平手应始终注意熨平板的工作状态,若发现摊铺高程有问题时,需要重新调整摊铺厚度,但应在一定的距离范围调整,保证满足小于3‰的纵坡差,在摊铺过程中,尽量使用摊铺机的自动调平装置。

⑧根据拌和机产量和配套设备能力选择适当的摊铺速度(2~6)m/min,既确保设备效能发挥,又保证摊铺质量。在运输和碾压设备能力充分保证的条件下,摊铺速度用式(2-31)计算确定:

$$V = 1/60 \times \frac{100AC}{DWT} \qquad (2\text{-}31)$$

式中：V——摊铺速度（m/min）；

　　　A——拌和机每一小时产拌和料（t/h）；

　　　W——摊铺机摊铺宽度（m）；

　　　T——路面压实厚度（cm）；

　　　D——施工压实后的沥青混合料的密度；

　　　C——效率系数（0.6~0.8）。

　　沥青混合料必须缓慢、均匀、连续摊铺，摊铺速度根据拌和站产量、铺筑宽度、厚度等计算确定，起步控制在 1~2m/min，供料不及时的情况下，可适当放慢速度。摊铺过程中，摊铺机螺旋送料器要不停顿地运转，两侧要保持有不少于送料器高度 2/3 的混合料，保证在摊铺机全宽度断面上不发生离析。摊铺中出现拥包，立即停机，倒回重新摊铺。

　　⑨当气温低于 10℃时，不宜摊铺热拌沥青混合料，必须摊铺时，拟采取以下措施：
提高混合料拌和温度，使其符合低温摊铺温度要求；运料车覆盖保温；摊铺后紧接着碾压，缩短碾压长度。

　　⑩机械不能到达的死角，拟采用人工摊铺整型。

　　（6）沥青混合料的碾压

　　①沥青混合料经摊铺整型后应立即组织碾压，严禁人工平整新铺热料，加强现场保护，禁止在新铺未压实的热料上行走。

　　②压路机以均匀的速度碾压，碾压段尽量拉长，以减少停车次数。

　　③沥青混合料的压实按初压、复压、终压（包括成型）三个阶段进行。初压与复压没有明显的界限，初压应紧跟在摊铺机的后面，初压形成工作面后，复压即可开始。现场质量人员以插旗的方式划分路面不同的温度段。压路机应以慢而均匀的速度碾压，压路机碾压速度应符合表 2-113 中的要求。

沥青混凝土碾压速度　　　　表 2-113

压路机类型	初 压		复 压		终 压	
	适宜速度（km/h）	最大速度（km/h）	适宜速度（km/h）	最大速度（km/h）	适宜速度（km/h）	最大速度（km/h）
钢筒式压路机	2~3	4	3~5	6	3~6	6
轮胎式压路机	2~3	4	3~5	6	4~6	8
振动式压路机	2~3 静压或振动	4 静压或振动	3~5 振动	5 振动	3~6 静压	6 静压

　　a. 初压在混合料摊铺后较高温度下进行，并确保基床表层沥青混凝土不产生推移。

　　b. 初压时，压路机应从低侧开始碾压，相邻碾压带应重叠 1/3~1/2 轮宽，最后碾压路中心部分，压完全幅为一遍，当边缘有挡板、路肩等支挡时，应紧靠支挡碾压。

　　c. 初压采用轻型双钢轮压路机碾压 2 遍。初压后检查平整度、路拱，必要时予以修整。

　　d. 碾压时要将驱动轮面向摊铺机，碾压的路线及碾压方向不能突然改变而导致混合料产生推移，压路机启动、停止必须减速缓慢进行。

　　e. 复压拟采用轮胎压路机和振动压路机，碾压遍数不少于 4~6 遍，确保达到要求的压实度，并无显著轮迹。

　　f. 终压紧接在复压后进行，终压拟选用振动压路机（关闭振动）碾压，不少于 2 遍，并无轮迹。

④压路机的碾压段长度以与摊铺速度平衡为原则选定,并保持在施工过程中的相对稳定。压路机每次应由两端折回的位置阶梯形地随摊铺机向前推进,使折回处不在同一横断面上。在摊铺机连续摊铺的过程中,压路机不得随意停顿。

⑤为防止压路机碾压过程有沥青混合料黏轮现象发生,压路机均装自动喷水装置,喷洒少量的加洗衣粉水。

⑥压路机不得在未碾压成型并冷却的路段上转向、调头或停车等候,振动压路机在已成型的路面上行驶时应关闭振动。

⑦压路机无法压实的死角,采用振动夯板压实。

⑧在碾压尚未冷却的沥青混合料层面上不得停放任何机械设备和车辆,不得散落矿料、油料等杂物。

(7) 施工缝处理

施工应尽量避免纵向接缝,并使纵、横施工缝保持在最小数量。

①纵向接缝:拟采用切割机将已铺完的一幅边缘切齐,铺另一半幅前将缝边缘清扫干净,并涂洒少量黏层沥青,摊铺时重叠在已铺层上5~10cm,摊铺后用人工将摊铺前半幅上面的混合料铲走。碾压时,压路机先在已压实路面上行走,碾压新铺层10~15cm,然后压实新铺部分,再伸过已压实路面内10~15cm,充分将接缝压实紧密。

②采用垂直的平接缝。平接缝应紧密黏结,充分压实,连接平顺,施工拟采用如下方法。

在施工结束时,摊铺机在接近端部前约1m处将熨平板稍稍抬起驶离现场,用人工将端部混合料铲齐后再予碾压,然后用3m直尺检查端部平整度,趁尚未冷透时垂直刨除端部层厚不足的部分,使下次施工时成直角连接。

③从横向接缝处起继续摊铺混合料前,应用3m直尺检查端部平整度,若不符合要求,则予以挖除。

④横向接缝的碾压先用双钢轮筒式压路机横向碾压,再改为纵向碾压。

(8) 压实度检测

依据《高速铁路路基工程施工质量验收标准》(TB 10751—2010),及时对碾压成形的沥青混凝土压实度进行检测,沿线路纵向每100m用核子密度仪法检验6点,其中:左、右距路肩边线1.5m处各2点,路基中部各2点。每200m用钻芯法检验2点;其中:距路肩边线1.5m处各1点,路基中部1点。压实质量应符合设计要求。

(9) 开放交通

热沥青混合料路面内应待摊铺层完全自然冷却、混合料表面温度低于50℃后,方可开放交通。若需提前开放,可洒水冷却降低混合料温度。

5. 质量检验标准

依据《高速铁路路基工程施工质量验收标准》(TB 10751—2010),现场实测项目有平整度、高程、厚度、宽度、横坡度、压实度及渗水系数等,均应符合设计要求。路基面外形尺寸允许限差见表2-114。

路基面外形尺寸允许限差 表2-114

检验项目	中线高程 (mm)	路肩高程 (mm)	中线至路肩 边缘距离(mm)	宽度	横坡	平整度 (mm)
允许限差	±10	±10	$^{+20}_{0}$	不小于设计值	±0.5%	不大于10

注:软土、松软土地基中线及路肩高程指铺轨时的高程,沥青混凝土厚度不小于设计值。

6. 质量控制措施

（1）沥青混合料按统计法取样，测定集料级配、沥青含量、稳定度、流值、饱和度等项目，试验室设两处取样地点，分别为拌和设备旁和摊铺现场，分别负责集料取样、沥青含量取样和压实度检测，集料取样在沥青掺入前的设备旁，沥青含量取样在沥青拌和场旁的运输车上，压实度检测则在碾压完的路面上钻孔取芯进行测试。

（2）混合料取样在施工现场每台拌和机每天一次，所有试验结果均需监理工程师签认。

（3）拌和站旁和施工现场设专人负责检测温度，并记录混合料的温度，控制混合料温度符合规范要求。

（4）自动找平系统和现场量测相结合，严格控制碾压温度和碾压程序，随时用 3m 直尺进行检测，标出不合格部位，用一台振动压路机顺向振压，再用直尺配合反复量测、碾压，直至缺陷消失。对已成型地段用平整度仪进行量测，并根据打印结果全面分析出现问题的原因，并采取相应措施。

主要参考规范有：《公路沥青路面施工技术规范》（JTJ 032—1994）、《高速铁路路基工程施工质量验收标准》（TB 10751—2010）及《高速铁路路基工程施工技术指南》（铁建设［2010］241 号）。

四 综合案例

【案例一】 路堑、路基基床施工技术方案

背景：某段新建双线铁路位于山区，设计时速 250km/h，除隧道外，主要路基工程内容有 1 号、2 号、3 号路堤，1 号、2 号路堑，路基基床底层设计为 A、B 组填料，基床表层为级配碎石。

线路纵断面如图 2-155 所示。

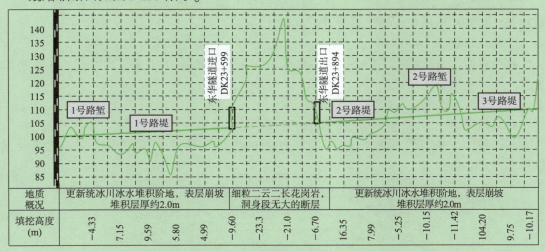

图 2-155 线路纵断面图

问题：

（1）简述本段路基 1 号、2 号路堑的施工技术方案和主要施工机械设备。

（2）东华隧道洞砟拟利用隧道弃砟做基床填料，简述路基基床的结构、基床填料的要求、填筑工艺及主要施工机械设备。

解答：

（1）本标段1号、2号路堑开挖遵循以下开挖方案。

路堑工程开工前，首先进行施工准备，做好地质调查，认真编制实施性施工组织设计，合理调配土方，选择合适的施工机械。

土质路堑的施工宜采用机械开挖与机械运输配合的施工技术方案；石质路堑的施工，应以钻爆法为主。

路堑开挖根据填挖高度可采用全断面开挖、横向台阶开挖、逐层顺坡开挖、纵向台阶开挖等方式。本段路堑工程有土方路堑及石方路堑两种，根据图中所示填挖高度，小于5m路堑拟采用全断面开挖，大于5m以上路堑采用横向台阶开挖或逐层顺坡开挖方法。

路堑开挖主要机械设备如下。

土方路堑：推土机、铲运机、挖掘机、自卸汽车等。

石方路堑：推土机、铲运机、挖掘机、自卸汽车、潜空钻机。

（2）①路基基床的结构（图2-156）：基床分表层和底层。表层厚度为0.6m，底层厚度为1.9m，总厚度为2.5m。基床底层的顶部和基床顶部以下填料的部位顶部应设4%的人字排水坡。

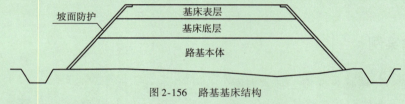

图2-156 路基基床结构

②路基基床填料的要求。

基床底层应选用A、B组填料或改良土，块石类作为基床底层填料时，应级配良好，其粒径不大于10cm；基床表层填料应采用级配碎石、级配砂砾石。

本段路基基床底层采用隧道弃砟，加工破碎后填筑。基床表层填料选用隧道弃砟，加工后使用粒料拌和机拌和为级配碎石再行填筑。

③基床填筑。

基床底层填筑：填筑工艺同一般路堤填筑。采用三阶段、四区段、八流程的工艺组织施工。

三阶段即准备阶段、施工阶段、整修阶段；

四区段即填土区段、整平区段、压实区段和检测区段；

八流程即施工测量、地基处理、分层填土、摊铺整平、洒水晾晒、碾压密实、检测签证和路基修整，如图2-157所示。

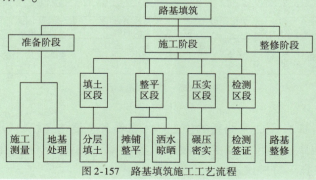

图2-157 路基填筑施工工艺流程

基床表层级配碎石填筑：基床表层施工前采用场拌做好级配碎石；级配碎石填筑工艺宜按验收基床底层、搅拌运输、摊铺碾压、检测整修"四区段"和拌和、运输、摊铺、碾压、检测试验、养护整修"六流程"的施工工艺组织施工；其余要求同一般路堤填筑施工工艺。

④基床施工主要机械设备。

振动压路机、自卸车、粒料拌和机、粒料摊铺机、碎石破碎机械。

背景知识

更新统是更新世形成的地层。又可分为下更新统、中更新统和上更新统。第四纪冰川遗迹均发生在更新统。由冰期或间冰期形成的各种地层有时伴有火成岩，如冰碛层、老黄土、红色土、砂砾石、黏性土、砂、火山岩等，局部有胶结物。

冰水是冰川的融水，因此冰水与冰川的动态息息相关。同时冰水又具有流水作用的一般特征。冰水作用主要是将冰碛物进行再搬运和再堆积，因此冰水堆积物有的具冰川作用的痕迹。堆积物经分选，形成层理，其中砾石磨圆度较好。冰水堆积地貌主要有冰水扇、冰水排泄平原、季候泥、蛇形丘等。冰融水从冰川两侧和底部流到冰川末端，汇成冰前河流。冰前河流将大量碎屑物质堆积于终碛堤的外围，形成冰水扇，许多冰水扇联合成外冲平原；在山谷中形成冰水排泄平原，经后期切割则成冰水阶地。在冰川区域，湖泊往往是冰川作用的产物。其中有的是冰蚀作用形成的；有的是冰积物堆积阻塞局部冰融水的结果。冰水湖泊中的沉积，有明显的季节变化，夏天冰融水增多，携带颗粒较粗的泥沙入湖沉积，颜色变浅；秋季冰融水骤减，冬季湖泊封冻，悬浮的黏土胶粒沉淀，颜色较深。

这样就形成季候泥，亦称纹泥，它不仅像树木年轮一样，可据以计算沉积物形成的年代，而且因其中含有孢粉，能为该地区的植物和气候演变提供线索。蛇形丘是一种狭长而曲折的岗地，蜿蜒伸展如蛇形，故名蛇形丘。蛇形丘两坡对称，丘脊狭窄。大的蛇形丘长达数十公里，有的还爬上高坡。这主要是冰下河道中的沉积，当冰川融化后，沉积物便显露出来，成为蛇形丘。组成物质几乎全部是大致成层的砂砾，偶夹冰碛透镜体。蛇形丘主要分布在大陆冰川地区。冰川地貌类型具有明显的组合规律。山岳冰川地貌由山顶至山麓，地貌组合依次为：①冰斗、刃脊、角峰带位于雪线以上，为冰蚀地貌带。②冰川谷、侧碛堤和冰碛丘陵带位于雪线以下，终碛堤以上，为冰蚀-冰积地貌带。③终碛堤带位于山谷冰川末端，为冰积地貌带。④冰水扇和外冲平原带位于终碛堤以外，为冰水堆积地貌带。大陆冰川地貌组合以终碛堤为界，堤内以冰碛地貌为主，以冰碛丘陵为代表；堤外以冰水堆积地貌为主，以冰川外冲平原为代表。

冰水堆积地貌是冰融水将原来冰川搬运堆积的物质经过再搬运堆积而成，冰水堆积地貌因分布位置、物质结构和形态特征不同，可以分为冰水扇和冰水河谷、外冲平原、季候泥、冰砾阜和冰砾阜阶地、锅穴、蛇形丘等几类。冰川融水（又称冰水），可形成冰面河、冰下河、冰侧溪流及冰下湖，具有侵蚀和搬运力。大部分冰水最后都要经冰川前缘的冰下河流出去，形成冰前河流及冰前湖泊。在冰川的边沿特别是冰川的前缘，形成独特的冰川堆积地貌。冰川融水具有强烈的季节变化和昼夜变化特征，其堆积物有层次，有分选。

【案例二】 路堤填筑施工方案和技术方案

背景:某新建高速铁路路基工程,DK102+947~DK103+200路基试验段,路基基床由表层和底层组成,总厚度2.5m。表层厚度0.6m,采用级配碎石;底层厚度1.9m,采用A组填料。基床以下采用A组填料。水田地段路基设计为抛石挤淤处理,液化黏土地基设计为CFG桩。

路基基床结构如图2-158所示。

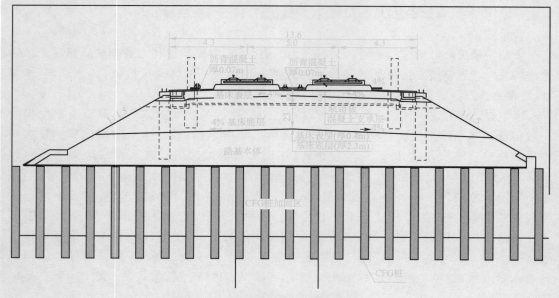

图2-158 路基基床结构图(尺寸单位:m)

问题:

(1)简述此试验段路堤工程填筑的施工方案。

(2)简述本段路堤工程填筑的技术方案、设备配备。

解答:

(1)路堤试验段填筑施工方案根据地质设计要求,首先进行地基加固处理,水田地段路基地基加固采用抛石挤淤,液化黏土地基采用CFG桩加固地基;地基加固处理完成后再进行路堤填筑的施工方案。其中:路堤本体和基床底层填筑采用"三阶段、四区段、八流程"的施工方法填筑,基床表层采用"四区段,六流程"方法填筑级配碎石。(注意:填筑前按照设计文件对路堤基底和处理后的地基面进行检查,选择试验段做摊铺压实工艺性试验,确定工艺参数,并报监理单位确认。)

(2)路堤工程填筑的技术方案、设备配备

①技术方案。首先按设计要求进行地基加固处理,地基加固检测合格后进行路堤填筑;路堤填筑之前做好详细的施工组织设计,确定土石方调配方案;按照"三阶段、四区段、八流程"的施工方案进行路堤填筑。

②设备配备。地基加固设备如下。

- 抛石挤淤:自卸车、重型振动压路机。
- CFG桩:沉管钻机(或长螺旋钻机)、混凝土拌和机、混凝土搅拌运输车、混凝土输送泵。
- 路堤本体、基床碾压及摊铺设备:推土机、正反铲挖掘机、装载机、振动压路机、自卸汽车、粒料拌和机,粒料摊铺机。

【案例三】 路基施工质量控制

背景：某单位在某新建高速铁路工程施工中，将一段长 1250m 的一般路基及附属工程划分给其下属施工队施工，该段地基未发现不良地基地段，填料不需改良，路堤中间有 1 座中桥，基床表层为级配碎石，路基边坡为植物防护，在桥梁两端的路基上设有栏杆和检查梯。路基施工队对该段路基施工的质量控制内容及质量控制关键点分析如下。

1. 该段路基施工的质量控制内容为：原地面清理及平整碾压，检验批规模为 350m；洞穴、陷穴处理，检验批规模为 100m；一般路堤填筑，检验批规模为 300m，每检测层。

2. 该段路基中，基床下路堤的检验批内容如下。

（1）填料分层摊铺压实厚度和压实工艺。

（2）路堤填筑层压实质量（压实系数，地基系数，相对密度，孔隙率）。

（3）浸水路堤外包体宽度，衔接台阶宽度，反滤层宽度，基床以下路基顶面允许偏差（高程，中线至边缘距离，宽度，横坡，平整度）。

问题：

（1）质量控制内容及检验批哪些正确，哪些不正确？不正确的请改正。

（2）质量控制内容是否全面？如不全面请补充。

（3）基床下路堤的分项工程检验批内容是否全面？如不全面，请补充。

解答：

（1）承包人提出的质量控制内容的检验批规模有不正确的，改正如下。

①原地面清理及平整碾压的检验批规模应为区间正线路基沿线路纵向连续长度不大于 200m。

②洞穴、陷穴处理，检验批规模应为每个洞穴、陷穴。

③一般路堤填筑的检验批规模正确。

（2）质量控制内容不全面，补充如下。

①路堤边坡，检验批规模为连续长度≤200m。

②路基与桥台间过渡段填筑，检验批规模为每个基坑、过渡段基地，每检测层。

③取土场（坑），检验批规模为每处。

④基床底层，同一压实工作班的单个压实工作区的每一检测层，检验批规模为连续长度≤100m。

⑤基床表层，同一压实工作班的单个压实工作区的每一检测层，检验批规模为连续长度≤100m。

⑥路基面，检验批规模为连续长度≤100m。

⑦植物防护，检验批规模为连续护坡长度≤200m，双线连续护坡长度≤200m。

⑧栏杆：检验批规模为沿线路连续长度每≤200m，每一项设施检查；检查梯：检验批规模为每 10 处检查梯，每一项设施检查。

（3）不全面，补充如下。

①填料的种类、质量。

②不同填料填筑（上下两层填料的颗粒级配，每一压实层的填料种类，两层接触面的横向排水坡）。

【案例四】 软土地基质量控制

背景：某施工单位承建一段高速铁路路基工程。工程内容包括：软土地基处理、软土地基上路堤填筑、路堤边坡骨架护坡等。软土地基分别采用塑料排水板和浆体喷射搅拌桩进行处理。在施工过程中发现部分搅拌桩的无侧限抗压强度达不到设计要求，塑料排水板处理的填筑段有两处出现坡脚隆起，位移超标。经检查，内业资料中有技术交底、工序施工作业指导书、相关施工记录资料，未见相关核对资料。

问题：

（1）影响该项目工程质量的关键工序有哪几项？
（2）造成浆体喷射搅拌桩出现上述质量问题的原因可能有哪几条？如何处理？
（3）坡脚隆起、位移超标的原因可能有哪几条？如何处理？
（4）针对出现的质量问题，指出现场管理还存在哪些不足？

解答：

（1）影响该段路基工程质量的关键工序有：塑料排水板插打；浆体喷射搅拌桩的喷射与搅拌施工；路堤的填筑碾压；软土路基的沉降、位移观测。

（2）可能的原因有：水泥质量达不到设计要求；搅拌工艺、尤其是复搅长度不够；单桩喷浆量不够。应严格按照工艺性试验确定的参数控制施工；对强度不够的搅拌桩进行傍位补桩。

（3）可能的原因有：填筑速率过快；地基处理深度不够；位移监测不准确。

处理：对隆起的坡脚实行反压；加强位移监测，确保监测数据准确，严格按位移控制指标控制填筑；如果加固深度不够，请求设计变更。

（4）施工前地质资料核对不够；施工中未严格按工艺参数控制施工；过程记录不真实，未准确反映施工实际情况。

【案例五】 路基工程施工质量控制

背景：施工企业 A 公司承包某高速铁路建设工程路基、桥涵施工任务。在某段路基有软土地基需要处理，工程开工后，该施工企业没有经过业主同意直接将塑料排水板和粉体喷射搅拌桩处理软基的施工任务分包给一具备资格的专业承包单位 B 公司。在施工过程中，专业承包商没有等到正式下达施工图纸，只是通过到设计单位了解设计意图和大致工程内容便开始施工。等到施工图出来后发现施工与设计不符，出现施工质量问题，需要返工，影响了工期。

问题：

（1）该工程中软基分包是否正确？为什么？
（2）在本工程中返工的损失责任如何确定？会出现哪些主体间的索赔关系？
（3）保证软基处理工程工期的施工组织措施是什么？

解答：

（1）不正确。根据现行规定，工程施工承包单位不得转包和违法分包工程。确需分包的工程，应在投标文件中载明，并在签订合同中约定。开工后拟将部分工程任务分包给某专业承包商，必须经过建设单位的同意后进行。

（2）B 公司对本工程中因质量问题返工造成损失负有直接责任，施工总承包企业（A 公司）向业主对分包工程出现的质量问题承担连带责任。会出现业主向 A 公司索赔，A 公司向 B 公司索赔。

（3）保证软基处理工程工期的施工组织措施有：①加大施工人员和设备的投入量，增加施工工作面，加快施工进度；②调整工作班制，由一工作班制调整为每天两班制，加快施工进度；③加强劳动力管理，提高劳动效率，避免窝工；④加强施工调度，保证连续作业；⑤完善冬雨季施工措施，及时调整施工进度计划；⑥及时验工计价，保证资金供应。

五 实训项目

设 计 说 明

（一）设计范围：DIK530+701.73～DIK531+088.56，长386.83m（前接泉岭特大桥，后接鞠家村特大桥）。

（二）设计类型：松软土路堤。

（三）工程地质及水文地质条件

1. 地形地貌

坳谷区地势较平坦，视野开阔，自然坡度8°～13°，多辟为旱地，沿线线路附近分布村落。村村间有公路相通，交通条件尚可。

2. 地层岩性及工程地质条件

表层为第四系全新统冲洪积（Q_4^{al+pl}）粉质黏土，褐黄色、灰黄色，软-硬塑；下伏基岩为下第三系（E）泥质砂岩，全-弱风化；及元古界（Pt）板岩，全-弱风化。

(1)1，Q_4^{ml}，人工填土，（Ⅱ）；

(2)1-2，Q_4^{al+pl}，粉质黏土，软塑，（Ⅱ），$\sigma=120\text{kPa}$，$E_s=4.43\text{MPa}$；

(2)1-4，Q_4^{al+pl}，粉质黏土，硬塑，（Ⅱ），$\sigma=150\text{kPa}$，$E_s=6.56\text{MPa}$；

(6)2-1，K，泥质砂岩，全风化，（Ⅲ），$\sigma=180\text{kPa}$，$E_s=5.84\text{MPa}$；

(6)2-2，K，泥质砂岩，强风化，（Ⅳ），$\sigma=300\text{kPa}$；

(6)2-3，K，泥质砂岩，弱风化，（Ⅳ），$\sigma=400\text{kPa}$；

(17)20-1，Pt板岩，全风化，（Ⅲ），$\sigma=180\text{kPa}$，$E_s=5.86\text{MPa}$；

(17)20-2，Pt板岩，强风化，（Ⅳ），$\sigma=300\text{kPa}$；

(17)20-3，Pt板岩，弱风化，（Ⅴ），$\sigma=500\text{kPa}$。

3. 特殊地质、不良地质及地质构造

(1) DIK530+701.73～DIK531+088.56段为松软土地基。

(2) 地震动峰值加速度$0.05g$。

4. 水文地质条件

地表水不发育，地下水以孔隙潜水为主，受大气降水补给，地下水位埋深3～6m。地下水无化学侵蚀性，无氯盐侵蚀性；地表水无氯盐侵蚀性。碳化环境条件为T2。

（四）设计依据

地基处理，DIK530+701.73～DIK531+088.56段路基经沉降估算分析，不满足无砟轨道路基工后沉降的设计要求，地基应进行加固处理。

(五) 工程措施

1. 地基表层处理

(1) 路基施工前应做好地表排水疏干措施和整平地面,路堤地段清除表层种植土,按规定回填、压实,压实标准同路基本体要求。

(2) 路堤地面横坡大于1:10地段采用挖台阶处理,台阶宽不小于2.0m,高不大于0.6m,详见路基横断面设计图。

2. 地基加固处理

(1) DIK530+701.73~DIK531+088.56段地基采用CFG桩加固,桩径0.5m,桩长12.8~25.0m,正方形布置。桩间距1.5m~1.8m,详见横、纵断面图。

桩顶设C25混凝土扩大桩帽,桩帽顶面设碎砾石垫层厚0.5m,内铺设一层双向土工格栅,每侧回折不小于2.0m,抗拉强度不小于110kN/m;DIK530+701.73~DIK531+088.56段单桩承载力为972kPa;DIK530+701.73~DIK530+725段复合地基承载力为518kPa;DIK530+725~DIK530+765段复合地基承载力为424kPa;DIK530+765~DIK531+025段复合地基承载力为412kPa;DIK531+025~DIK531+065段复合地基承载力为447kPa;DIK531+065~DIK531+088.56段复合地基承载力为540kPa。

(2) 地基处理相关细部要求详见《新建铁路杭州至长沙铁路客运专线施工图路基设计详图集》。

3. 边坡加固防护

(1) 路堤边坡加固防护

①路堤边坡坡率为1:1.5。

②路堤边坡采用C25混凝土拱型截水骨架内客土植草+栽种灌木防护。灌木窝距0.6m×0.6m,每窝2株。

③骨架净间距3.0m,主骨架厚0.8m。坡脚设C25混凝土脚墙,高1.5m。

④DIK530+701.73~DIK531+088.56段路堤两侧在填筑过程中边坡3.0m宽度范围内铺设双向土工格栅,层间距0.5m,土工格栅极限抗拉强度不小于25kN/m。

(2) 路堤两侧坡面纵向每80m左右设一道检查踏步。

(3) 边坡加固防护其他未尽事宜详见《新建铁路杭州至长沙铁路客运专线施工图路基设计详图集》。

4. 路基填料设计

(1) 填料类别为A、B组填料。

(2) 过渡段范围除摩擦板及端刺外基床表层采用级配碎石掺5%水泥,表层以下采用级配碎石。

如你作为项目部的主管工程师,需要做哪些工作?应该怎样做?

单元三

路基附属工程施工

知识目标
1. 路基排水设施、路基边坡防护加固及四电设施的认知。
2. 路基排水设施、路基边坡防护加固及四电工程的施工方法。
3. 路基排水设施、路基边坡防护加固及四电施工方案的编制。
4. 路基排水设施、路基边坡防护加固及四电施工质量的控制。

能力目标
1. 能准确认知路基排水设施、路基边坡防护加固设施的分类。
2. 能较为熟练地组织、指导架子队进行高速铁路路基排水设施的安全施工、质量控制。
3. 能较为熟练地组织、指导架子队进行高速铁路路基边坡的安全施工及质量控制。
4. 能较为熟练地组织、指导架子队进行路堑加固工程的安全施工及质量控制。
5. 能较为熟练地完成各个环节的施工质量控制工作,熟悉质量监管体系。
6. 能初步完成高速铁路路基附属工程及四电施工方案的编制。

技能训练1 路基排水设施及模拟施工
1. 材料(设备)准备:上个任务所完成的成果、路基排水设施图片及视频、计算机、CAD图、等高线地形图、橡皮泥及其他辅助用品,如大头针、牙签、小刀、直尺、三角尺等。
2. 步骤:识读路基排水设施图片及视频,分组制作路基排水设施图所表达的3D模型。选择合适的施工机械,编写机械化施工方案。
3. 成果:小组完成3D模型一组,施工方案一套(含机械配套方案)。

技能训练2 路基边坡防护设施及模拟施工
1. 材料(设备)准备:上个任务所完成的成果、路基边坡防护设施图片及视频、计算机、CAD图、等高线地形图、橡皮泥。
2. 步骤:识读路基排水设施图片及视频,分组制作路基边坡防护设施图所表达的3D模型。选择合适的施工机械,编写机械化施工方案。
3. 成果:小组完成3D模型一组。编写机械化施工方案(含机械配套方案)。

技能训练3 路基加固工程及模拟施工
1. 材料(设备)准备:上个任务所完成的成果、路基加固工程图片及视频、计算机、CAD图、等高线地形图、橡皮泥。
2. 步骤:识读路基排水设施图片及视频,分组制作路基加固设施图所表达的3D模型。选择合适的施工机械,编写机械化施工方案。
3. 成果:小组完成3D模型一组。编写机械化施工方案(含机械配套方案)。

任务一　路基排水

地球上存在的自然水可分为两种情况,一是蓄积在地面上的叫地面水,如河水、海水、湖水、塘水等,他们均有不同程度的冲刷和侵袭作用。当其冲刷、侵袭路基时,路基将遭到不同程度的破坏。二是渗入地层中的叫地下水,如上层滞水、潜水、承压水等,它们亦有浸湿和剥蚀作用。当其在路基范围内活动时,可逐渐浸湿或剥蚀部分路基土体。一般黏性土及泥质岩石的强度随其湿度的增加而降低。当路基受水浸泡后,湿度增大、强度减小,在外力(列车载重或其他自然的或人为的)作用下,会发生严重变形。例如,水浸湿路基基床,将引起路基翻浆、冒泥、冻胀、鼓起等病害;水冲刷、侵袭、浸湿路基边坡土,将引起边坡崩塌、滑动等病害;水浸湿路基下部土或路基基底,将影响路基的稳定性。为保证其正常工作,必须使其经常处于干燥、坚固的状态之下,做好排水工程,排除危害路基的水体。

路基排水,是排除路基本体及其附近的地面水和地下水,是修建排泄或拦截建筑物使地面水和地下水能顺畅流走以及疏干其土体或降低其水位。

路基排水要根据各个地区的实际条件统一规划,使各种排水建筑物适应地形、地质和水文的要求,合理布置,互相衔接和协调,构成一个完整的排水系统,迅速宣泄地面水和地下水,确保路基稳定。

路基排水设备的设计应与桥涵、隧道、车站等排水设备衔接配合,有足够的过水能力,并且应与水土保持和农田水利的综合利用相结合,同时还应遵守以下原则:

(1)设计前必须进行充分的调查研究,使排水系统的规划和设计做到正确合理。

(2)与线路平、纵断面设计密切配合,在线路勘测时,注意路基排水问题。在设计纵断面时要注意路基侧沟排水通畅,不致发生淤积及浸泡路基。

(3)要照顾农田灌溉的需要。设计线路时,应注意地区灌溉系统,尽量少占农田,并与水利规划和土地使用规划等相配合进行综合规划。一般情况下,不应利用边沟做农田灌溉用,不得已时,应采取加固措施以防水流危害路基。

(4)在不良地质地区,要结合地质构造、山体破碎、岩层厚度等情况,进行单独排水系统设计;在枢纽站,由于场地宽广、地形平坦、汇水面积大、水源多,排水较困难,应结合该类站场设计,统一布置单独的排水设备,在不淤不冲的前提下,顺畅排走一切来源的水。

(5)排水设施的设计,应贯彻因地制宜、就地取材的原则,减少造价。要能迅速有效地排除"有害水",以免影响路基的强度和稳定性,保证铁路运输的安全。

一　地面排水概述

排除地面水要将路基范围内所有地面水,尽可能遵循最短的路径,顺畅地排至路基范围以外,防止其漫流或停积。在地质不良地段还应防止其下渗,以免加重病害的发展。对山坡泉水、湿地要进行引水疏干,要防止路基以外的地面水流入路基范围。

在细粒土地基中,为使路基经常处于干燥、坚固稳定的状态,必须及时修建好地表水排水设施,使地表水迅速排离路基范围,防止地表水停滞下渗和流动冲刷而降低路基的稳定。

1.地表水对路基稳定性的影响

地表水渗入路基土体,会降低土的抗剪强度;地表水的流动可造成路基边坡面冲刷和坡脚冲刷；地表水渗入含易溶盐的土(如黄土)中会产生溶蚀作用形成陷穴；在气温下降时，地面水也常成为寒冷地区产生冻害的一个重要因素。由此说明了地表水对路基稳定性的严重危害。此外，地表水还给施工及运营造成许多困难和危害。

路基排除地表水的设施有：排水沟、侧沟、截水沟(天沟)、跌水、急流槽和缓流井等。

2．地面排水设备

(1) 侧沟

如图 3-1 所示，侧沟设置于路堑的路肩外侧，用以汇集、排除路堑边坡面及路基面范围内的地表水。在线路不挖不填地段亦需设置侧沟。

侧沟边坡一般应与线路纵坡相同，但在线路纵坡缓于 2‰ 的平缓地带，当排水出口无困难时，侧沟纵坡应建成 2‰，此时在路堑内的分水点处的侧沟深度可减为 0.2m；当排水出口高程受到限制时，侧沟纵坡亦不缓于 1‰。在较长隧道洞口路堑的反坡排水地段，其长度不宜过长，侧沟纵坡应与线路纵坡一致，并在反向变坡处或其附近开挖一道横向排水盲沟将水排出路堑；对较短隧道洞口路堑的反坡排水，可不开挖横向排水盲沟，在不影响隧道内水沟排水流量时，可将侧沟水引入隧道排出；对天沟水或山上水渠水，一般不准引入路堑侧沟，仅在无其他渠道可通时，需个别设计吊沟(设在路堑边坡上的急流槽又称吊沟)并加深或加宽侧沟排水。在填挖交界处侧沟的出口部分，应向山侧弯曲偏离路基排水，以防冲刷路堤，如图 3-2 所示。

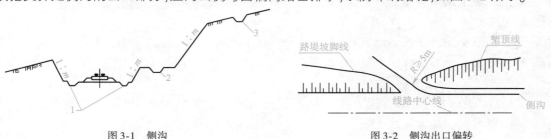

图 3-1　侧沟　　　　　　　　　图 3-2　侧沟出口偏转
1-侧沟；2-截水沟；3-天沟

(2) 天沟、截水沟

天沟位于堑顶边缘以上适当距离处，用以截排堑顶上方流向路堑的地表水。截水沟是用来辅助天沟的不足，设在天沟的上方，设置一道或几道，视天沟距上方分水岭距离而定。

一般情况下，天沟或截水沟的纵坡选择应尽可能适应水沟延伸方向的地形地势，使实际挖深约等于沟的需要深度，避免过深的挖方或较高的填堤。若山坡覆盖层不够稳定时，应将水沟底部放在较稳定底层内，沟的纵坡既不缓于 2‰ 又不陡于所在地层的不冲流速的坡度。当沟的长度较长时，可采用自上游至下游逐渐增加陡度的纵坡，即每一下游坡段不缓于其上游坡度，但相邻坡段的坡度差不宜太大，使流速自上游至出口逐渐缓慢增加，从而使水流迅速地排出而不发生淤积。在水沟引入桥涵或天然沟谷处，应使沟底高程略高于桥涵入口或天然沟底的高程。

在陡于 1:1 的山坡上，一般不设置天沟，但有时为引导两端山坡上天沟水流或拦截上方地面径流，亦常采用陡坡排水槽排水。设置此项排水槽时，其断面大小根据流量决定，并注意其稳定性及做好断面的加固工作。

(3) 排水沟

排水沟位于路堤护道外侧，用以排出路堤范围内的地表水及截排自田野方面流向路堤的地表水。一般当地面横坡明显时设置于路堤上方一侧[图 3-3a)]，地面横坡不明显时，设置于路堤的两侧[图 3-3b)]，如当条件适宜时，可利用紧靠路堤护道外侧的取土坑，适当控制其断面及深度作为排水沟或排水通道。

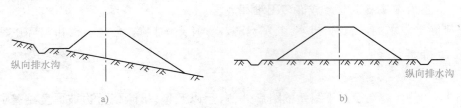

图 3-3　排水沟

排水沟纵坡、平面设计对出口的高程以及是否需要加固等注意事项，基本上与天沟或截水沟相同。地面排水设备的纵坡，不应小于 2‰，地面平坦或反坡排水地段，在困难情况下，可减少至 1‰。但在平坦地带的出口高程受到限制时，其纵坡不缓于 1‰。

(4) 矩形水槽

在土质或地质不良地段，水沟易于变形且不能保持稳定，以及受地形、地物或建筑限界的限制，不能设置占地较宽的梯形水沟时，均宜采用矩形水槽。例如位于潮湿松软土层或易发生病害地段的水沟，采用矩形水槽可以保持稳定并防止渗漏；又如个别设计较深的侧沟及位于横坡较陡的山坡上的天沟或截水沟，因受水沟顶宽控制，也宜采用矩形水槽。

(5) 跌水

指主槽底部呈台阶状的急流槽，其构造有单级和多级两类，每级高差为 0.2～2.0m，利用台阶跌水消能。一般应作铺砌防护，如图 3-4 所示。

(6) 缓流井

如图 3-5 所示，沟底纵坡较陡的水沟，可设计成两段较缓的水沟并且缓流井连接起来。两段水沟的落水高差最大可达 15m。

(7) 急流槽

如图 3-6 所示，用片石、混凝土材料支撑的衔接两段高程较大的排水设施。主槽纵坡大，水流急，出口设有消力池、消能槛等消能装置，沟底纵坡可达 1:2。设在路堑边坡上的急流槽又称吊沟。

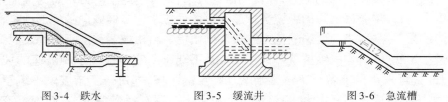

图 3-4　跌水　　　　图 3-5　缓流井　　　　图 3-6　急流槽

排水沟、侧沟、天沟、边坡平台截水沟等各类排水沟的出口，应将水引排至路基以外，以防止水流冲刷路基。地面横坡明显的地段，排水沟、天沟可在上方一侧设置。若地面横坡不明显，宜在路基两侧设置排水沟、侧沟、天沟的横断面，应有足够的过水能力。除需按流量计算外，可采用底宽 0.4m，深度 0.6m。干旱少雨地区或岩石路堑中，深度可减少至 0.4m。位于反坡排水地段或小于 2‰线路坡道的路堑侧沟，其分水点的沟深可减少至 0.2m。边坡平台上设置的截水沟尺寸，可采用底宽 0.4m，深度 0.2～0.4m。需按流量设计的排水沟、侧沟、天沟，其横断面应按 1/25 洪水频率的流量进行计算，沟顶应高出设计水位 0.2m。下列情况的排水沟、侧沟和天沟应采取防止冲刷或渗漏的加固措施，必要时可设置垫层：位于松软土层影响路基稳定的地段;流速较大,可能引起冲刷的地段;路堑内易产生基床病害地段的侧沟;有集中水流进入天沟、排水沟的地段。

当路堑顶部无弃土堆时,天沟内边缘至堑顶距离不宜小于5m。当天沟内进行加固防渗时,其边缘至堑顶距离不应小于2m。地面排水设备的纵坡,不应小于2‰。地面平坦或反坡排水地段,在困难情况下,可减少至1‰。天沟原则上不应向路堑侧沟排水。当受地形限制需修建急流槽向侧沟排水时,应在急流槽进口处进行加固,出口处设置消能设备及防止水流冲刷道床的挡水墙。急流槽下游的侧沟应加大断面,应按1/50洪水频率流量确定。侧沟靠线路一侧边坡可采用1:1,侧沟外侧的边坡坡度与路堑边坡相同。当有侧沟平台时,外侧边坡可采用1:1,在砂类土中,两侧边坡可采用1:1~1:1.5。天沟、排水沟的边坡应根据土质及边坡高度确定,黏性土可采用1:1~1:1.5。在深长路堑和反坡排水困难的地段,宜增设桥涵建筑物,将侧沟水尽快引排至路基外。路堑侧沟的水流不得流经隧道排出。当排水困难且隧道长度小于300m,洞外路堑的水量较少,含泥量少时,经研究比较可经隧道引排。

3. 排水设施的一般设计原则

排水设备的作用是排除路基本体范围内的地表水及自田野方向流向路基的水,并将水导引至铁路过水建筑物或自然沟渠中排走。由于汇水面积一般不大,流量不多,故除特殊情况外均不作个别水力计算,直接采用规范规定的断面尺寸和有关规定,如纵坡和加固形式等。

排水沟常采用梯形断面,如图3-7所示。根据需要,有时也可以采用矩形断面。为避免水流冲刷或淤积,排水沟纵坡最大不得超过8‰,最小不得小于2‰,困难地段不得小于1‰。水沟纵坡大于8‰的地段,应对水沟进行加固,防止冲刷破坏。在水沟纵坡变化段、水沟弯曲段尤应注意。

排水设计应首先作好排水规划,规划排水设施平面布置的原则是使地面水尽快通过水沟汇集排除,水沟应尽可能设在距路基本体较近位置,使流向路基的水和降落在路基内的雨雪水均可由此排出。水沟的长度应取短为宜,但如地形起伏,可按最大纵坡顺地形绕行。如果在不允许漫溢的位置,如路堑段的水沟、滑坡地区水沟,雨水的流量较大,水沟的排水能力是否满足要求,应进行水力检算。

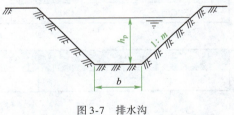

图3-7 排水沟

🚂 地表排水施工

1. 材料要求

工程所用的砂、石、水泥应在进场时进行检验,其质量应符合设计要求及《铁路混凝土工程施工质量验收标准》(TB 10424—2010)有关规定。

对砂石按同一生产地点检验砂石含泥量、强度等级。

进场时水泥按同一产地、品种、规格,查验水泥的产品质量证明文件和材料性能报告单,现场抽样检验水泥的安定性、凝结时间和强度。

浆砌砌体的砂浆强度等级应符合设计要求。

2. 机械设备与人员组织

机械设备与人员组织见表3-1、表3-2。

机械设备表 表3-1

序号	机械设备	型号	规格
1	潜水泵	QS25×40×5.5	5.5kW,40m
2	污水泵	200PWDL300	30kW
3	机动翻斗车	FC-1A	1t,9kW
4	砂浆搅拌机	UJW200	200L,4kW
5	混凝土搅拌机	JS350	$0.3m^3$,15kW
6	柴油发电机	130GF1	130kW
7	挖掘机	ZX270	$1.38m^3$
8	自卸汽车	奔驰2629K	15t

水泵主要技术参数 表3-1a)

型号	功率(kW)	出口半径	扬程(m)
QS25×40×5.5	5.5	2.5英寸	40
200PWDL300	30	200mm	30

搅拌机主要技术参数 表3-1b)

型号	功率(kW)	料斗容量(L)	生产率(m^3/h)	搅拌时间(s)
UJW200	4	200	3	60
JS350	15	350	17~21	35~45

发电机主要技术参数 表3-1c)

型号	功率(kW)	额定电压(V)	额定电流(A)	额定频率(Hz)
130GF1	130	400	217	50

挖掘机主要技术参数 表3-1d)

型号	机重(t)	斗容量(m^3)
ZX270	27	1.3

自卸汽车主要技术参数 表3-1e)

型号	额定功率(kW)	最大爬坡度	最高车速(km/h)	载质量(t)
奔驰2629K	213	59%	85	15

人员配备表 表3-2

序号	人员	工作内容
1	技术员	负责技术工作
2	测量工	负责测量工作
3	试验工	负责试验
4	机械司机	负责机械使用、保养、维修
5	砌石工人	负责砌体施工
6	其他人员	施工配合

3. 施工工艺

路基排水工程应及时实施,防止在施工期间因地表水及地下水的侵入而造成路基松软和坡面坍塌。当路堤基本成型或跨雨季填筑时,路堤边坡较高地段宜每隔30m左右于路堤边坡上设置临时排水沟,路堤面边缘设置土埂,以免冲毁路基。排水设施施工工艺流程如图3-8所示。

(1) 施工准备

路基施工前应核对全线排水系统的设计是否完备和妥善,路基边沟、侧沟、天沟等地表排水设施应与天然沟渠和相邻的桥涵、隧道、车站等排水设施及路基面排水、坡面排水、电缆沟槽两侧排水衔接,组成完整的排水系统,不足之处应与设计协商解决。

施工前要根据试验确定所需的各种施工配合比。

图3-8 排水设施施工工艺流程图

(2) 测量放样

根据设计图纸首先精确放出水沟基础设计位置,注意避免与其他设施的干扰,如有位置冲突,及时向设计单位通报施工放线情况,提出合理变更。

(3) 基坑开挖

在基础开挖施工期间,不得任意破坏地表植被或堵塞水的通路;各类排水设施应及时维修和清理,保证排水畅通和有效。

(4) 砌体砌筑或灌注混凝土

排水设施的主体施工要满足《铁路混凝土工程施工质量验收标准》(TB 10424—2010)要求,浆砌工程应采用挤浆法分层、分段砌筑外,还应注意以下方面。

①侧沟、路堤横向排水沟采用混凝土预制构件砌筑,砌缝砂浆饱满,沟身不漏水。预制混凝土构件强度、尺寸符合设计要求,有破损、裂缝的构件严禁使用。

②施工截水沟时应防止水流下渗和冲刷。在地质不良地段和土质松软、透水性较大或裂隙较多的岩石路段,对沟底纵坡较大的土质截水沟及截水沟的出水口,均应采用加固措施,防止渗漏和冲刷沟底及沟壁。

③急流槽、平台截水沟应随路基防护圬工同步砌筑,排水坡度、沟槽断面不得小于设计要求。

(5) 养生

混凝土浇筑完毕和砌筑完成后应及时采取覆盖、洒水的养护措施。

(6) 路基回填

路基回填应按路基相同部位的材料和压实要求人工分层回填,采用平板夯或蛙式打夯机夯击密实。

4. 质量控制措施

(1) 路基排水设施基底处理时,基底应密实、平整,且无草皮、树根等杂物,无积水。

(2) 砂浆应采用机械拌和,自投料起算,搅拌时间不得少于2min。

(3) 砂浆应随拌随用,搅拌好的砂浆应在3h内使用完毕,当施工期间最高气温超过30℃时,应在拌成后2h内使用完毕。

(4) 混凝土应采用机械拌和。

(5) 混凝土运输、浇筑及间歇的时间不应超过初凝时间。

(6) 伸缩缝的设置、缝宽与缝的塞封符合设计要求。

5. 质量检验标准

路堤排水沟各部尺寸的允许偏差应符合表3-3的规定。

排水沟各部允许偏差　　　　　　　　　表3-3

序　号	检验项目	允许偏差(mm)
1	沟底中心位置	±100
2	沟底高程	±20
3	净空尺寸	±20
4	沟底坡度	±5%设计坡度
5	浆砌水沟铺砌厚度	−10
6	沟底平整度	20
7	沟顶高程	$^{0}_{-20}$

路堑侧沟各部尺寸的允许偏差应符合表3-4的规定。

侧沟各部允许偏差　　　　　　　　　表3-4

序　号	检验项目	允许偏差(mm)	
		石质沟	现浇或预制
1	沟底中心位置	$^{+50}_{0}$	$^{+50}_{0}$
2	沟底高程	±20	±10
3	净空尺寸	±20	±20
4	边坡坡度(偏陡量)	5%设计坡度	5%设计坡度
5	铺砌厚度	−10	−10
6	沟底坡度	±5%设计坡度	±5%设计坡度
7	沟底平整度	20	10
8	平台宽度	$^{+50}_{0}$	$^{+50}_{0}$
9	沟顶高程	—	$^{0}_{-20}$

 排降地下水

1. 地下水对路基稳定性的危害

在路基中,地下水对路基稳定性的危害是指在路基设计和施工中,由于地下水存在的形式和数量可使工程设计与施工产生一定的困难,因而应采取措施,使地下水的形式或数量改变,以确保路基的稳固和工程的实施。同样,对已修建成的路基,地下水的变化如果造成路基稳定性下降,也应采取必要的措施,将其变化调节到允许的限度内。例如,在饱和的软黏土地基上填筑路堤,当堤高形成的荷载大于地基的承载力时,就会造成一定的困难,如能使地基土排水固结,就可提高软土地基的强度,提高地基承载力并减少施工后沉降。

在路堤堤身的稳定中,也常受到地下水的危害,如地下水位高,路堤填料为黏性土,在毛细作用下,水可升至路堤内,使填料含水率增大,强度下降;在严寒地区,水是路堤出现冻害的重要因素。在路堑地段,如果路堑开挖到地下水位以下,路堑边坡土为细粒土,则边坡的稳定性可受到地下水渗出的动力水压强的影响;当堑体为破碎的岩块时,地下水从裂隙中或含水层中流出时,也会使原有的胶结物质及沉淀的碎屑被带出而使边坡失去稳定。

地下水的存在形式常可因其补给来源的变化而变化,它对路基稳固性的影响还可因各种其他因素的作用而不同。例如在路堤中,当路堤的填筑高度在地基承载力允许的范围内,若在堤底铺设渗水土垫层,则地下水的存在和变化对路堤的影响可以忽略不计,在路堑中也可作相似的分析。所以,关于地下水的降低与排除不仅是指地下水的存在形式和数量可以对路基的稳固造成危害时而设置的一种重要的工程措施。在地下水对路基稳定造成危害时,降低和排除地下水可取得良好的效果,所以应当十分重视。

2. 地下水的处理措施

处理地下水所采取的措施,可归纳为:拦截地下水、疏干地下水、降低地下水及封闭地下水。

(1) 拦截地下水

实践证明,采用隔断地下水补给来源,拦截地下水流,以疏干土体,是比较有效而彻底的办法。特别是修筑在滑坡体裂缝范围外的截水渗沟及截水隧洞,效果更为显著。

这类截水设备最适于设置在地下水埋藏不太深,在含水层下有不透水岩层,沟底直接置于不透水层内,把所流过的地下水流全部截断排除。

拦截地下水的构筑物有:截水明沟、槽沟、隧洞及截水渗沟等。

(2) 疏干地下水

疏干设备主要用以排除山坡上层滞水而达到稳定边坡的作用。在滑坡或堆积体上,地下水埋藏的形式常是一窝一窝的水囊,并沿着地层内含碎石等透水性较强的地带流动,时而露出地表,时而渗入土中。在这些地方只有修筑各种疏干设备,把水引出,才能达到疏干土体及稳定边坡的目的。特别是在滑动面积大、土壤又松散的地区,单靠修筑拦截地下水的设备往往不能完全解决问题,因此必须在滑动体内同时修筑疏干设备。

疏干设施与拦截设施的不同点是,它有更多的渗水面,没有隔水层。一般在地下水无压的地层内,渗沟做成三面进水,在地下水有承压的地层内,渗沟做成四面渗水(即沟两侧、底部及沟末端)。所有渗水面均应做滤层,并防止堵塞。

常用的疏干设施有:边坡渗沟、支撑渗沟、渗水隧洞、集水渗井、渗管等。

(3) 降低地下水位

当地下水位很高时,由于土被水浸泡,可能引起土体坍滑或路基基底软化,造成翻浆、冻害、隆起等病害。通常采用降低地下水位的办法来处理。

常用的设施有:槽沟、渗沟(包括纵向渗沟及横向渗沟)、隧洞或带渗井及渗管的隧洞等。

(4) 封闭地下水

当地下水位较高,或地下水具有承压性,使路基受到地下水的浸泡,在采取截水、疏干、降低地下水等措施均有困难或不经济时,可采用封闭措施处理地下水。

3. 路基地下水降低与排除的主要设备

地下水可大致分为承压水和无压水(如潜水、上层滞水);又可据其存在环境分为裂隙水和孔隙水;在岩溶地区还有活动于溶洞、地下河等岩溶构造中的溶洞水;多年冻土地区的层上水、层间水和层下水等。降低路基地下水及排除地下水设备的选择,应根据不同类型的地下水及工程具体条件、要求确定。常用的降低和排除地下水的设备主要有如下几种。

(1) 明洞及排水沟

明洞是兼排地面水及地下水的排水设备。沟底一般应挖至不透水层[图3-9a)]。若不透水层太深,沟底置于透水层内[图3-9b)],则沟底及水沟边坡应采用不透水材料作保护层,以免沟中水渗入土中。

明沟通常采用梯形断面,底宽0.4~1.0m,沟壁边坡按所在土层选用,并用厚约0.3m的

M5 浆砌片石铺砌。排水槽经常采用矩形断面,底宽 0.6~1.0m,用 M5 或 M7.5 浆砌片石砌筑。明沟和排水槽与含水土层相接触的沟壁上需设置向沟内倾斜的渗水孔或缝隙;沟壁与含水土层之间应设置反滤层;沿纵向每隔 10~15m 应设伸缩缝(兼沉降缝)一道。

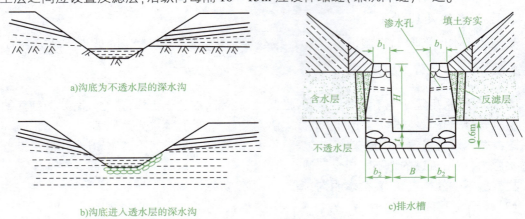

图 3-9　明沟及排水槽

(2) 渗水暗沟

渗水暗沟又称盲沟,是一种地下排水设备,用于拦截、排除较深含水层的地下水,疏干滑体中的水或降低地下水位。

渗水暗沟可分为有管渗沟和无管渗沟两种。埋设预制管节而成的渗沟称为有管渗沟;就地砌筑的矩形断面渗沟称为无管渗沟。深埋的渗沟为便于检查、修理,其断面应较大,便于工作人员进出。渗沟较长时还应每隔适当距离设置检查井。沟顶应回填夯实,以免地面水渗入。按渗沟作用和设置部位,又可分为截水和引水渗沟、无砂混凝土渗沟、边坡渗沟和支撑渗沟等。

①截水和引水渗沟。截水和引水渗沟按其深度分为浅埋渗沟和深埋渗沟,浅埋渗沟深度一般为 2~6m,深埋渗沟的深度一般大于 6m。

浅埋渗沟可以引出低洼湿地、泉水出露地带和地下凹槽底层处的地下水,并使其循着最短通路排出,以疏干其附近土体中的水或降低地下水位。位于路堑侧沟下或侧沟旁的浅埋渗沟可以降低路堑范围内的地下水和疏干附近的土体,视需要布置在路基一侧或两侧,如图 3-10a)和图 3-11 所示。

图 3-10a) 中,c 表示两条渗沟之间地下水位降低的高度,按所要求降低地下水位的高度确定。

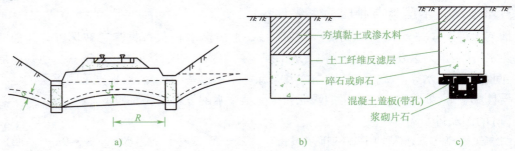

图 3-10　设置在侧沟下的渗沟

图 3-11 中,e 表示冻结面至毛细水上升曲面间的距离,可取 $e = 0.25~0.5m$,a 表示毛细水上升的高度。

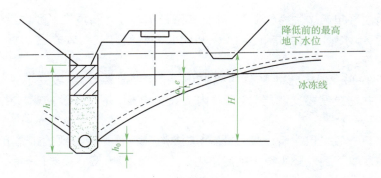

图 3-11 单侧渗沟

渗沟的底部设置排水通道,排水孔应设在冻结深度以下不小于 0.25m 处,通常采用圆管(用 C15 混凝土预制)或盖板矩形沟(边墙及其底用 M7.5 浆砌片石砌筑,盖板用 C15 混凝土预制),如图 3-10c)所示,也可采用如图 3-10b)所示的形式,并用土工合成材料作反滤层。

对于浅埋渗沟,矩形沟尺寸一般用 0.3m×0.4m,圆管内径一般用 0.3~0.5m。对于深埋渗沟,为了便于进入检查和维修,矩形沟尺寸可用 0.8~1.2m,圆管内径可用 1.0m,盖板上或圆管上所流进水缝隙或孔眼的大小及间距,以及反滤层的选择,可根据渗沟集水流量和所用填充材料的颗粒组成计算确定。

截水渗沟只需在渗流上游一侧沟壁进水,下游侧沟壁应不透水,可用黏土或浆砌片石作成隔渗层,如图 3-12 所示。截水的渗水暗沟的基底宜埋入隔水层内,且不小于 0.5m。

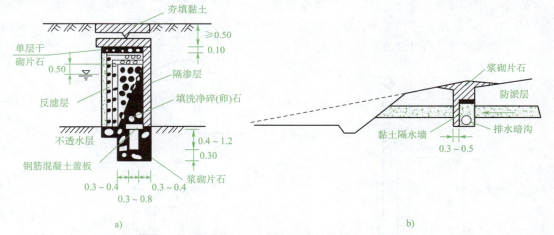

图 3-12 截水渗沟(尺寸单位:m)

渗沟顶部覆以单层干砌片石,表面用水泥砂浆勾缝,其上再用厚度大于 0.5m 的土夯填到与地面齐平。

渗水暗沟的渗水部分可采用砂、砾石、无砂混凝土、土工合成材料作反滤层。反滤层的层数、厚度和颗粒级配要求应根据坑壁土质和反滤层材料经计算确定。砂砾石应筛选清洗,其中小于 0.15mm 的颗粒含量不得大于 5%。

无砂混凝土块板反滤层的厚度可采用 10~20cm。当坑壁土质为黏性土或粉细砂时,在无砂混凝土块板外侧,应加设 10~15cm 厚的中粗砂或土工合成材料反滤层。

土工合成材料反滤层可采用无纺土工织物。当坑壁土质为黏性土或粉细砂时,可在土工织物与坑壁土之间增铺一层 10~15cm 厚的中砂。

渗水暗沟内应采用筛选洗净的卵石、碎石、砾石、粗砂或片石填充;倾斜式钻孔内应设置相应直径的渗水管,渗水管可选用带孔的 PVC、PP/PE 塑料管、钢管、软式透水管、无砂钢筋混凝土管或混凝土管等。

渗水暗沟每隔 30~50m,渗水隧洞每隔 120m 和在平面转折、纵坡变坡点等处,宜设置检查井。检查井的井壁应设置反滤层,检查井内应设检查梯,井口应设井盖。当深度大于 20m 时,应增设护栏等安全设备。

渗沟的出水口一般采用端墙,其下部留出与渗沟排水管孔径一致的排水孔。端墙基础应埋入当地冻结深度以下的较坚实稳定的底层内。在端墙以外,应紧接一段有铺砌的排水沟,其长度由设计确定。

②无砂混凝土渗沟。无砂混凝土渗沟由无砂混凝土壁板、钢筋混凝土横撑、钢筋混凝土盖板和普通混凝土基础等组成。无砂混凝土用水泥、粗集料(砾石或角砾)及水拌制而成。用无砂混凝土制作的各种坯工体均具有透水孔隙,在排水渗沟中用无砂混凝土作沟壁,以代替施工困难的反滤层和渗孔设备,具有透水性能和过渡能力好,施工简便及节省材料等优点。无砂混凝土具有一定的强度,可以省去渗沟内部的填充料,使用时应注意其所处的地层条件及制作工艺。无砂混凝土渗沟断面如图 3-13 所示。

③边坡渗沟。边坡渗沟用于疏干潮湿的边坡和引排边坡局部出露的上层滞水或泉水,并起支撑边坡的作用,适用于边坡不陡于 1:1 的土质路堑边坡,也可用于加固潮湿地容易发生表土坍滑的土质路堑边坡。边坡渗沟的平面形状可做成条带形、分岔形和拱形等。对于较小范围的局部湿土或泉水出露处,宜采用条带形布置;对于较大范围的局部湿土,宜采用分岔形布置,如图 3-14a)所示。当边坡表土普遍潮湿时,宜用拱形与条带形相结合的布置,如图 3-14b)所示。一般其宽度大于 1.5m。

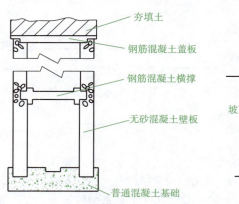
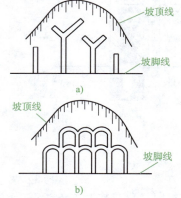

图 3-13 无砂混凝土渗沟断面图　　图 3-14 边坡渗沟的平面形状图

边坡渗沟应垂直嵌入边坡,渗沟基底埋置在边坡潮湿土层以下较干燥而稳定的土层内,按潮湿带的厚度做成具有 2%~4% 泄水坡的阶梯形,边坡渗沟纵断面如图 3-15a)所示。

边坡渗沟横断面通常采用矩形[图 3-15b)],其宽度 b 不宜小于 1.2m。其外周设置反滤层,渗沟内用筛洗干净的小颗粒渗水材料填充。渗沟顶部一般用单层干砌片石覆盖,其表面大致与边坡平齐。必要时可在干砌片石表面用水泥砂浆勾缝。边坡渗沟下部的出水口,一般采用干砌片石垛,其作用是支挡渗沟内部的填充料并集引渗沟的土中水或地下水,排入路堑的侧沟或路堤排水沟内。

④支撑渗沟。支撑渗沟主要起支撑作用,兼有排除地下水和疏干土壤中水的作用。支撑

渗沟通常采用成组的条带形布置，横断面采用矩形，宽度一般为 2~3m，各条渗沟之间的距离一般为 8~15m。

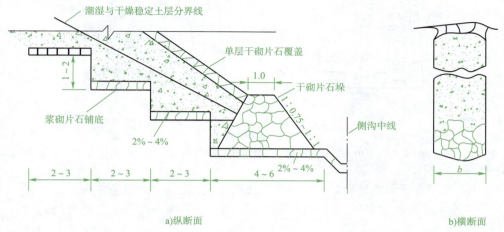

图 3-15　边坡渗沟断面图(尺寸单位:m)

一般深度为数米到十几米，应布置在地下水露头和土壤中水发育的地方，并顺滑动方向修筑。沟底必须置于滑面以下的稳定土层或基岩内，可以顺滑面的形状做成阶梯形，最下面一个台阶的长度宜较长，以增加其抗滑能力，基底应铺砌防渗。支撑渗沟的填充部分宜用重度较大的石块干砌。填充料与沟壁之间可视沟壁土层的性质设置或不设反滤层。渗沟顶部可用单层干砌片石覆盖，其表面用水泥砂浆勾缝，以防止地面水流入。支撑渗沟的纵断面如图 3-16 所示。支撑渗沟可视地下水及土质条件布置成多种形式，支撑渗沟可单独使用，也可和抗滑挡墙联合使用。

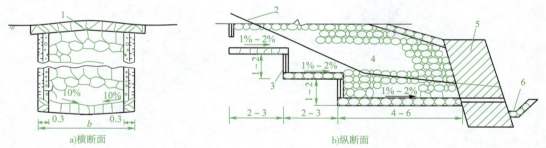

图 3-16　支撑渗沟纵断面图(尺寸单位:m)

1-单层干砌片石表面勾缝；2-表层滑动画线；3-反滤层；4-干砌片石；5-挡墙；6-测沟；b-渗沟宽度；H-渗沟深度

(3) 渗水隧洞(道)

渗水隧道又称泄水隧洞，它用于截排或引排埋藏较深的地下水，或与立式渗井(渗管)群配合使用，以排除具有多层含水层的复杂地层中的地下水。

设置渗水隧洞时，必须掌握详细的水文地质材料，查明地下水的层次、分布及流量，以便准确地定出隧洞位置。渗水隧洞的断面形式可分为直墙式和曲墙式。直墙式适用于裂隙岩层、破碎岩层及较密实的碎石类土层。曲墙式适用于松散的碎石类土层或有少量卵石、碎石的黏性土层。隧洞应埋入稳定地层内，在穿过不同的地层分界处时应设沉降缝。隧洞穿过路基时，按铁路拱涵考虑。隧洞出水口底部宜高出当地天然河沟的设计洪水位，高差不小于 0.5m，并至少高出洞门外铺砌的排水沟沟底 0.2m。隧洞断面及构造如图 3-17 所示。

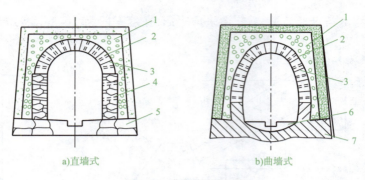

a) 直墙式   b) 曲墙式

图 3-17 渗水隧洞断面图

1-反滤层；2-C13 混凝土拱砖；3-M10 水泥砂浆灰缝 1cm；4-M10 浆砌片石边墙；5-M10 浆砌片石底板；6-C8 混凝土；7-C13 混凝土

渗水暗沟、渗水隧洞的横断面尺寸应根据埋置深度、施工和维修条件确定，结构尺寸应由计算确定。渗水暗沟和渗水隧洞的纵坡不宜小于 5‰，条件困难时亦不应小于 2‰。

（4）平孔排水

平孔排水或称水平钻孔排水，是用平卧钻机向滑体含水层打倾斜角不大的平孔，然后在钻孔内插入带孔的钢管或塑料管，用以排除地下水而疏干土体。里面可布置成一层或多层。单层平孔排水布置如图 3-18 所示。平孔位置必须在地下水位以下，隔水层顶板之上，尽量扩大其渗水疏干范围。平孔的间距视含水层渗透系数和要求疏干水位程度而定，一般采用 5~15m 为宜。

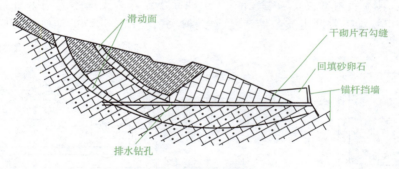

图 3-18 单层平孔排水布置图

（5）集水渗井

当滑体中地下水埋藏较深或有多个含水层时，可用大口径竖井（直径可达 3.5m）和水平钻孔或与渗水隧洞配合使用，以降低地下水和疏干其附近的土体，如图 3-19、图 3-20 所示。

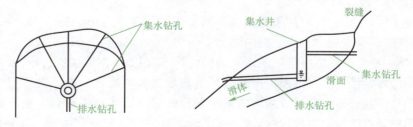

图 3-19 集水渗井

集水渗井或渗管的顶部应用隔渗材料覆盖，以防淤塞。圆形集水渗井也可采用无砂混凝土结构以代替设置反滤层和填充渗水材料。

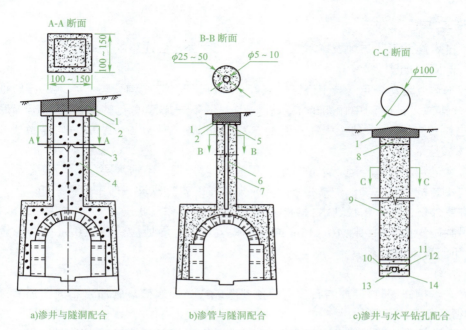

图 3-20 集水渗井与平孔排水设备的配合示意图(单位:m)

1-夯填土;2-单层干砌片石;3-反滤层;4-填卵石;5-圆形铁盖;6-钢滤管;7-填卵石;8-填细砂;9-填粗砂;10-泄水盖板;11-填砾石;12-填碎石;13-平式排水钻孔;14-C13 混凝土封底

地下各种排水渗沟、渗水隧洞及渗井等设备中,常用反滤层以防止含水地层中的细粒土被渗流带走,淤塞排除地下水设备。目前常用的反滤层有卵砾石(或砂)反滤层、无砂混凝土块板反滤层及土工织物反滤层。土工织物具有一定的强度、柔韧性和连续性,它是直接铺设在需要设置反滤层的地方,如支撑渗沟、边坡渗沟的两侧和基底台阶部分,使用时,可根据墙后土层的情况在路基手册中查得。

当地下平式排水建筑物(如深、浅埋渗沟或渗水隧洞等)延伸较长时,一般每隔一定距离设检查井一个,供维修人员下去对排水设施进行检查和维修。

四 地下排水

1. 材料要求

工程所用的砂、石、水泥应在进场时进行检验,其质量应符合设计要求及《铁路混凝土工程施工质量验收标准》(TB 10424—2010)有关规定。

对砂石按同一生产地点检验砂石含泥量、强度等级。

进场时水泥按同一产地、品种、规格查验水泥的产品质量证明文件和材料性能报告单,现场抽样检验水泥的安定性、凝结时间和强度。

砌体砂浆强度等级应符合设计要求。

土工合成材料应在进场时进行检验,其检验内容包括土工织物的拉伸强度、延伸率、渗透系数。

2. 机械设备与人员组织

机械设备与人员组织同路基地表排水。

3. 施工工艺

地下排水施工工艺与地表排水工艺相同,除此之外还应注意以下几个方面。

(1) 排水沟、暗沟

①排水沟或暗沟采用混凝土浇筑或浆砌片石砌筑时,应在沟壁与含水地层接触面的高度处,设置一排或多排向沟中倾斜的渗水孔。沟壁最下一排渗水孔的底部宜高出沟底不小于0.2m。当设置多排时,一般渗水孔间距上下为0.3m,左右为0.5~1.0m。均需做成向沟内倾斜成10%坡度。

②排水沟沟底应低于地下水位或潜水层高程,并应埋入不透水层。

③沟槽转折处及与其他沟槽相接处应平顺衔接。沟底纵坡一般不应缓于2%。

④沟壁外侧应填以粗粒透水材料或土工合成材料用作反滤层。

⑤沿浆砌沟槽纵向每隔10~15m或通过软硬岩层分界处应留宽2.0cm的伸缩缝或沉降缝一道,用沥青麻筋填塞。

(2) 渗沟

①渗沟沟槽开挖时,硬质岩石应采用预裂爆破或光面爆破。软质岩石或土质宜采用机械挖槽,使得沟槽两壁平顺。

②渗沟的开挖宜自下游向上游进行,应随挖随即支撑并迅速回填,不可暴露太久,以免造成坍塌。

③渗水暗沟基础施工时,混凝土基础表面应平整,不应出现反坡或凹凸不平现象,检查井应与浇筑混凝土基础同时完工。

④渗沟的出水口宜设置端墙,端墙下部留出与渗沟排水通道大小一致的排水沟,端墙排水孔底面距排水沟沟底的高度不宜小于20cm;端墙出口的排水沟应进行加固,防止冲刷。

⑤排除地下水的渗沟均应设置排水层、反滤层和封闭层。渗沟沟内用作排水和渗水的填充料在使用前须经过筛选和清洗。

⑥用于排水隔离层的土工合成材料的种类性能指标和其上铺筑的材料应符合设计要求。

(3) 渗管

①铺设渗水管时,固定管位后,沟槽内回填洗净的碎石,管周及管顶以上30cm范围内松填,30cm以上应分层轻振夯实,碎石应填充密实均匀。

②通常渗管直径不小于0.25m,为增强出水效果,宜在管轴处安置直径不小于5cm的滤管,其外围以相适应的渗水材料填充。

③渗管的顶部应有足够厚度的隔渗材料妥善覆盖,以防污水流入,造成淤塞。

④当渗管长度为100~300m时,其末端宜设横向泄水管分段排除地下水。

4. 质量控制措施

(1) 基底处理时,基底应密实、平整,且无草皮、树根等杂物,无积水。

(2) 砂浆应采用机械拌和,自投料完算起,搅拌时间不得少于2min。

(3) 砂浆应随拌随用,搅拌好的砂浆应在3h内使用完毕,当施工期间最高气温超过30℃时,应在拌成后2h内使用完毕。

(4) 混凝土运输、浇筑及间歇的时间不应超过混凝土的初凝时间。

(5) 混凝土应采用机械拌和,其配合比应通过试验确定。

(6) 伸缩缝的设置、缝宽与缝的塞封符合设计要求。

5. 质量检验标准

地下排水设施的位置、开挖断面、排水坡度、出水口地点应符合设计要求,且排水通畅,无阻塞现象。

地下排水设施各部尺寸的允许偏差应符合表 3-5 的规定。

地下排水设施各部尺寸的允许偏差　　　　　　　表 3-5

序　号	检验项目	允许偏差(mm)
1	沟中心位置	±50
2	沟底高程	±20
3	渗沟断面尺寸	$^{+50}_{-20}$

任务二　路基边坡防护

一 路基防护

1. 路基防护概述

1) 路基坡面防护

为防止路基坡面病害的形成和发展,对较严重的坡面病害应立即整治,对具有一般坡面变形及有可能发生坡面变形的边坡,如容易风化和易受雨水冲刷的石质和土质边坡及严重破碎的岩层边坡,应及时、及早地加以防护。

路基坡面防护的作用在于加固坡面,防止和减轻坡面径流和风化的破坏,以达到稳定坡面的目的。常见的坡面防护有以下类型。

(1) 植物防护

植物防护是指直接在路基边坡上种草、树或铺种草皮来防护边坡的方法。边坡上的植被能固结土壤,调节土的湿度,防止裂隙产生和风化剥落,减缓地表水的冲刷。植被防护适用于不陡于 1:1(种草时不陡于 1:1.25),边坡土壤和当地气候适宜植物生长的地区。

采用种草防护时,应选用根系发达,生长力强,适应当地气候、土质的草种。当边坡土质不适宜种草时,可在边坡上铺一层种植土(厚 5~10cm)。种草成活后,可抵御流速为 0.4~0.6m/s 的冲刷作用。种草时草籽应均匀分布,一般应在春季、秋季播种,播种后应加强管理。

铺种草皮的作用及适用条件与种草相同,但抵抗冲刷的能力更强一些,可抵御 1.8m/s 的冲刷作用。铺设前应先平整坡面,铺设时要紧贴边坡拍平,错缝铺种。在旱季铺种草皮后应经常洒水,使坡面湿润。此外为保证成活率,草皮应随采随用。

植树以灌木为好,应选择根系发达易于成活的树种栽种,如紫穗槐,除保护边坡外,还有很大的经济价值。一般按梅花形布置,当边坡上有不利于灌木生长的砂石类土时,应在栽种的坑内填种植土。植树与种草也可配合进行。

(2) 抹面

对于不宜采用植物防护的边坡,如炭质页岩和浅变质的泥岩等易风化岩质边坡,可采用抹面、喷浆、勾缝、灌浆、喷射混凝土等方法,一方面防止坡面水流的洗蚀,另一方面防止风化剥落。

抹面是将二合土(石灰、炉渣)、三合土(水泥、石灰、炉渣)或水泥砂浆均匀地摊在路基边坡上,经压实、提浆、抹光后形成的一种防护层。它适用于各种易风化但尚未严重风化的岩石边坡,其坡度不限,但要求无地下水且坡面干燥。如图 3-21 所示。

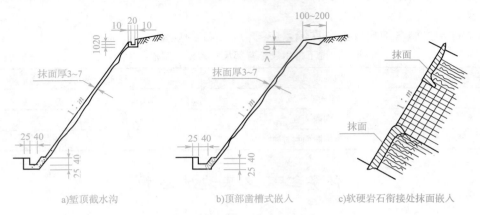

图 3-21 抹面护坡示意图(单位:cm)

在对坡面进行抹面施工时应注意以下几个方面:
①抹面前应清除坡面风化岩及松动石块、浮土、杂草并凿毛坡面;
②若边坡上有个别地下水露头,应采用措施引排,切忌堵塞;
③如果边坡较陡,应将坡面挖出承托灰泥的平台;
④抹面周围均需凿槽,防止地表水渗入基岩,造成膨胀破坏抹面;
⑤在大面积坡面上做抹面时,每 15~20m 长设伸缩缝一条,内填沥青麻筋。抹面厚 3~7cm,由于抹面容易开裂脱落,应经常检查维修,发现裂纹或脱落要及时灌浆修补,一般使用期限为 6~8 年。

抹面是将四合土、三合土分层铺在立于坡面上的模板内进行捶实,再经提浆、抹光后形成的一种坡面防护层。它适用于比较干燥的易受冲刷的土质边坡和易风化剥落的岩石边坡,其坡度不宜陡于 1:0.5。

捶面通常采用等截面厚,一般厚度为 10~15cm,当边坡高时可采用上薄下厚的变截面形式。防止坡面渗水,保持坡面干燥是延长捶面寿命的重要措施,其施工注意事项与抹面相同。一般使用寿命为 10~15 年。

(3) 喷浆

对坚硬易风化,但尚未严重风化的岩石边坡,为防止进一步风化,可在坡面上喷射一层水泥砂浆,形成保护层。喷浆可用于高而陡的边坡,但所防护的坡面必须干燥和坚硬,地下水发育或成岩作用差的泥岩边坡不宜使用。

喷浆防护施工中应注意下列几点。
①喷浆前应清刷坡面不稳定的土、石,清扫碎屑、浮土和杂物。
②喷浆的次数及厚度,应根据山体风化、表面破碎情况而定,一般喷 2~3 次,厚度 1~3cm。
③喷射要周到均匀,喷后 2~3h 要进行养生。
④边坡顶部和周围要注意封闭,防止水渗入。

(4) 锚杆铁丝网喷浆及锚杆铁丝网喷射混凝土

当坡面岩石已遭严重风化,岩石破碎时,可采用锚杆铁丝网喷浆或喷射混凝土,使坡面一定深度内的岩石得到加固并承受松散岩体产生的侧压力。

锚杆铁丝网喷浆或喷射混凝土防护如图3-22所示。首先在坡面上锚固锚杆,焊上预制好的带铁丝网的框架,再把各框架捆绑在一起,并用预制好的铁丝网补满未铺网的空白区,使砂浆或混凝土、锚杆铁丝网与坡面形成一个整体。

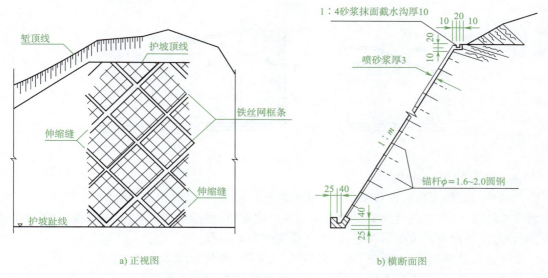

图3-22 锚杆铁丝网喷浆示意图(尺寸单位:cm)

锚杆用 $\phi 16\sim 20$mm 的圆钢制成,锚固深度视岩石性质和风化程度而定,一般为 0.5~1.0m 左右。喷浆厚度不少于 3cm,喷混凝土的厚度不少于 5cm。喷射厚度要均匀,注意勿使铁丝网及锚杆外露,其他施工技术要求与喷浆相同。

(5) 灌浆勾缝

灌浆是将较稀的水泥砂浆或混凝土灌入较坚硬的、裂缝较大较深的岩石路堑边坡,借助砂浆或混凝土的黏聚力把裂开的岩石黏结成一个整体,从而防止岩石进一步风化。勾缝是用较稠的砂浆填塞岩石的细小裂缝。它适用于较坚硬、不易风化的、节理多而细的岩石路堑边坡。灌浆和勾缝还可用于修补原有圬工裂缝。

(6) 干砌片石护坡

当边坡为缓于 1:1.25 的土质或土夹石边坡,受地表水冲刷产生冲沟或坡面经常有少量地下水渗出而产生小型溜塌等病害时,可采用干砌片石护坡。

干砌片石护坡一般采用单层栽砌,厚度约 0.3m。当边坡为粉土质土、松散砂和黏砂土等易冲蚀的土时,片石下设厚度不少于 0.1m 的碎石或砂砾垫层。

护坡应砌过边坡坡顶不少于 0.5m,基础应选用较大的石块砌筑,并埋至侧沟沟底以下,基础埋深和顶面宽度均不应小于 0.5m。当基础与侧沟相连时,应采用 M5 浆砌片石砌筑。

(7) 浆砌片石护坡

在缓于 1:1 的各类岩石和土质边坡上,因风化剥落、地表水冲刷而发生泥流、冲沟和边坡溜塌时,可采用浆砌片石护坡。

护坡采用 M5 浆砌片石,其厚度视边坡坡度及高度而定,一般为 0.3~0.5m。高边坡的浆砌片石护坡宜分级设置,每级高度不大于 20m,各级之间设宽度不小于 1m 的平台。当护坡面积较大且边坡较陡或坡面变形严重时,为保证护坡本身的稳定,可采用肋式护坡。

浆砌片石护坡上应设泄水孔。泄水孔间距 2~3m,孔径 10cm,上下左右交错布置。土质边坡泄水孔后面,在 0.5m×0.5m 范围内设置反滤层。每 10~20m 设伸缩缝一道,缝宽 2cm,内填沥青麻筋或沥青木板。为方便检查和维修,大面积的护坡上还应在适当位置设置宽 0.6m 的踏步,如图 3-23 所示。

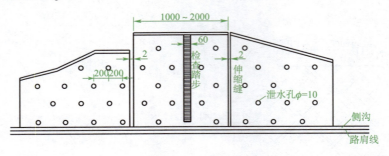

图 3-23 浆砌片石护坡示意图(单位:cm)

(8) 浆砌片石骨架护坡

在易受冲刷的土质边坡和风化较严重的岩石边坡上,当坡面缓于 1:0.5 且边坡潮湿、坡面溜坍及冲刷较严重,单纯使用草皮护坡或捶面护坡易冲毁脱落时,可采用 M5 浆砌片石骨架护坡,骨架内可采用草皮或捶面护坡,也可在骨架内栽砌卵石。

浆砌片石骨架的常用结构形式有方格形、人字形、拱形等,如图 3-24 所示。

各类骨架的厚度和嵌入坡面的深度视边坡岩性和草皮、捶面厚度而定,通常厚 0.4~0.5m,嵌入边坡 0.3~0.4m,骨架顶面与骨架内护坡平齐。

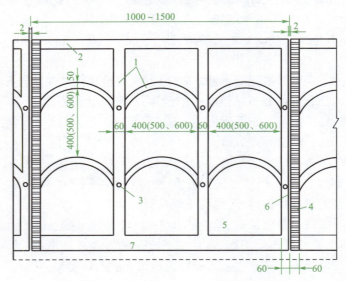

图 3-24 浆砌片石拱形骨架护坡示意图(单位:cm)
1-浆砌片石骨架;2-镶边;3-泄水孔;4-踏步;5-草皮;6-伸缩缝;7-侧沟流水

(9) 护墙

对于各类土质边坡及易风化剥落的岩石边坡,为防治较严重的坡面变形,或堑顶上有局部探头危石需作支顶时,可修筑浆砌片石护墙。

护墙适用于不陡于 1:0.3 的堑坡防护。护墙有实体护墙、窗式护墙、拱式护墙等多种形式,分别根据不同的边坡高度、坡度及岩层破碎情况来确定。当边坡为土质或破碎岩石时,采用实体护墙;当边坡不陡于 1:0.75 时,为节省圬工采用窗式护墙;当边坡下部岩层较完整,仅需防护上部边坡时,可采用拱式护墙,如图 3-25 所示。

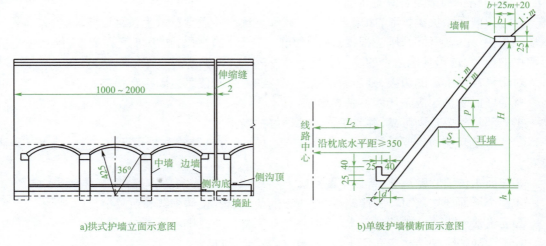

图 3-25 护墙示意图(单位:cm)

实体护墙墙壁有等截面和变截面两种。墙高 6~10m 时采用等截面,厚度 0.4~0.5m;墙高超过 10m 时,采用变截面,顶宽 0.4m,底宽为

$$B = 0.4 + 0.1H$$

或:
$$B = 0.4 + 0.05H \tag{3-1}$$

式中:H——护墙墙高,单层高度不宜超过 20m;

B——护墙底宽,一般当边坡陡于 1:0.5 时,采用 $0.1H$;边坡为 1:0.5~1:0.75 时,采用 $0.05H$。

各类护墙,应符合下列要求。

①除拱式护墙的拱圈需采用 C15 混凝土或 M10 浆砌片石外,其余各类护墙均采用 M5 浆砌片石砌筑,严寒地区应适当提高圬工标号。

②若为土质地基,护墙基础应埋入冻结线以下,并要求基础埋于路肩下,且不少于 1.0m。

③为增加护墙的稳定性,当其高度超过 8m 时,应于墙背中部设耳墙一道;高度超过 13m 时,设耳墙两道,间距 4~6m。耳墙宽度,当墙背坡陡于 1:0.5 时,为 0.5m;墙背坡缓于 1:0.5 时,为 1.0m。

④墙顶设置厚 25cm 的墙帽,并嵌入边坡 20cm,以防雨水灌入。

⑤双级或多级护墙的上、下墙之间应设宽度不小于 1.0m 并带流水坡的平台。

⑥每隔 10~20m 设伸缩缝一道,不同地层交界处设沉降缝。

⑦护墙设孔径 10cm 的泄水孔,孔距 2~3m 并呈梅花形布置,泄水孔后设反滤层。

⑧护墙高度等于或大于 6m 时,墙面应设检查梯。多级护墙还需在上下检查梯的错台设置安全栏杆。

⑨护墙背与边缘紧贴。施工前清除松土,坡面凹陷部分用与墙体同标号浆砌片石嵌补。

⑩顶撑与嵌补。

当路堑上部有探头危岩,下部有条件设置基础时,可在危岩下设置浆砌片石支顶墙;若上坡陡峻,无法用浆砌片石支顶,又不宜采用刷方清除,而危岩坚硬、节理较少时,则可用钢轨或钢筋混凝土柱、浆砌片石柱支撑。

当边坡上的凹陷较深,且凹陷上部有突出的危岩时,可将较深凹陷表面的风化层凿除,并在内部以浆砌片石或混凝土嵌补处理。

2) 坡面防护的选用及其基本要求

在选用坡面防护类型时,如果当地的气候和土壤条件适宜草木生长且边坡较缓,宜优先采用植物防护;无此条件时,则应根据边坡上土(或岩石)的性质、边坡坡度和高度,结合就地就近取材的原则,选用其他适合的防护类型。

对于稳定性不足的边坡,则应采取清刷、支挡等措施,使之达到稳定状态。

各种坡面防护均应满足以下基本要求:

①下部基础要牢固可靠,并与护面本体很好的衔接。

②顶部及两侧边缘要妥善处理,适当嵌入边坡内,并修整得与坡面平齐,防止雨水从裂隙渗入。

③坡面本体要紧贴边坡,背后不留空隙。

④整个坡面要按照材料的伸缩性质、边坡的地质情况设伸缩缝和沉降缝。

⑤要设法引出边坡内的地下水,边坡外要有完整的地面排水系统。

⑥高而陡的防护结构应有便于维修、检查的安全设施。

3. 路基冲刷防护

路基冲刷防护,是为防止路堤边坡和路基下各种岸壁所受水流方向、水流速度大小和波浪袭击的高低与流水冲击的大小修建不同类型的建筑物。

常见的路基冲刷防护方法有直接防护、间接防护和改河三类。这三类方法常综合使用,以期达到较好的防护效果。各类冲刷防护建筑物一般均应满足以下基本要求:

①应有足够的稳固性。

②防护范围应包括所有可能被水流冲刷和波浪作用的地段,并按其受影响的程度给予不同的处理。

③必须加强基础处理,以防止由于水流的淘蚀而使基础外露,影响建筑的稳定。

④防护高度应保证被防护的路基不致受到水流和波浪的侵袭。

(1) 直接防护

直接防护是直接对路基边坡进行加固,以抵抗水流的冲刷和淘蚀。它适用于水流流速不大,流向与河岸基本平行,水流破坏作用较弱或由于地形、地质条件受限制不得不采用直接防护的地段。其特点是对原来水流的干扰小,对防护地段的上下游及其对岸影响小。但由于这类建筑物直接修在受冲河岸或路堤边坡上,一旦破坏,将直接威胁铁路安全,因而必须具有足够的稳固性。

常见直接防护有以下几种类型。

①植物防护。植物防护是指直接在边坡上铺草皮或种植防护林、挂柳。它适用于水流流向与线路大致平行,边坡不受主流冲刷且适宜植物生长的地段,其容许流速为 $1.2 \sim 1.8 \text{m/s}$。草皮护坡一般采用台阶式或竖直式的叠砌方法。图3-26为浅滩地段一般种植防水林、挂柳。

②干砌片石护坡。干砌片石护坡适用于水流比较平顺的流岸滩地边缘,不受主流冲刷的周期性浸水的路堤以及波浪作用不太强烈的水库边岸防护。干砌片石护坡的容许流速为 $2 \sim 3 \text{m/s}$,容许浪高在1m以内。因其抵抗力较差,在有流水、滚石及有漂浮物的河段,一般不宜采用。

干砌片石护坡通常采用等厚截面。单层干砌片石时厚约30cm;双层干砌时,上层用较大石块,厚 25~35cm,下层厚约 25cm。边坡为砂类土时,在护坡和边坡间铺设砂砾垫层。边坡为黏性土时,垫层下尚需铺设 10cm 的杂粒砂。

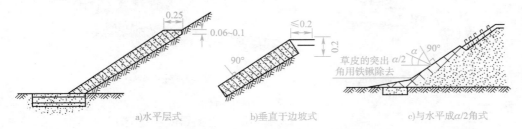

图 3-26 叠铺草皮示意图(尺寸单位:m)

护坡基础应埋置于最大冲刷深度下。当冲刷深度小于 1.0m 时,可采用墁石铺砌基础[图 3-27a)]冲刷深度大于 1.0m 时,宜采用浆砌片石脚墙基础[图 3-27b)],埋深宜在冲刷深度下不小于 0.5~1.0m,并置于冻结深度下不少于 0.25m,墙体在非寒冷地区用 M7.5 浆砌片石砌筑,严寒地区用 M10 浆砌片石砌筑。

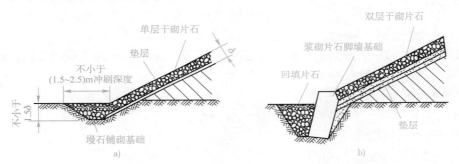

图 3-27 干砌片石护坡示意图

③浆砌片石护坡。浆砌片石护坡除可用于周期性浸水的路基边坡防护外,还适用于经常浸水的、受主流冲刷或受强烈波浪作用或有封冰、流水的路基边坡以及河岸和水库边岸的防护,其容许流速一般为 4~8m/s,容许浪高大于 1.5m。

护坡通常采用等截面厚,厚度不小于 35cm。当流速较大或波浪作用十分强烈时,厚度可达 60cm,并采用双层砌筑。护坡在非严寒地区用 M7.5 浆砌片石砌筑,在严寒地区用 M10 浆砌片石砌筑。对可能发生冻结变形的土层边坡,必须设置垫层。当护坡较厚时,可采用 15~25cm 厚的级配砂砾卵石垫层,或采用由 10cm 厚的粗中砂和 15cm 厚的卵砾石组成的垫层;当护坡较薄时,可采用 10~15cm 厚的级配砂砾卵石垫层。

护坡沿纵向每 10~15m 设伸缩缝一道,缝宽 2cm,用沥青麻筋或沥青木板填塞。为排泄护面层背后可能的积水,一般在护坡的中下部设交错排列的泄水孔,孔径 10cm,间距 2~3m 呈梅花形交错设置,孔后设反滤层。

护坡基础多用脚墙形式。当冲刷深度在 3.5m 以内时,基础一般直接埋置在冲刷深度线以下不少于 0.5~1.0m,并使其底面低于河槽最深处。当冲刷深度更深时,基础可埋置在冲刷深度线以上,但需在基础脚前采取适当的平面防淘措施,如图 3-28 所示。

④混凝土板护坡。混凝土板护坡用 C13~C18 混凝土预制成边长不小于 1.0m,厚度为 8~20cm 的板块,并配置一定数量的构造钢筋,如图 3-29 所示,用来代替浆砌片石砌筑成混凝土板护坡,其适用范围与浆砌片石护坡相同。

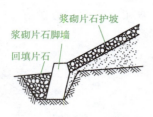
a)基础脚墙埋设在冲刷深度线以下

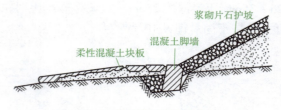
b)柔性混凝土块板防护基础

图 3-28　浆砌片石护坡示意图

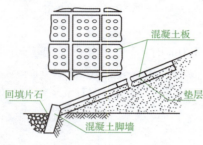

图 3-29　混凝土板护坡示意图

⑤抛石防护。抛石防护是选用一定粒径的坚硬、耐冻、不易风化的岩石，按照一定的断面形式抛掷或堆砌于路基边坡、坡脚或河床内，用以防止路基或岸坡冲刷的建筑物。它适用于水流方向稳定、无严重局部冲刷且河床地层承载力较高的路基边坡下部及河岸的防护。此外，还常用作水库边岸和海岸的防浪建筑物和防洪抢险的临时加固工程。其容许流速由抛投石块的粒径而定，一般不宜超过 3m/s。

抛石防护护坡坡度一般为 1:1.5～1:3.5，抛石厚度不得小于石块粒径的 2 倍。既有路基抛石防护如图 3-30 所示。

抛石的最小粒径可按式 (3-2) 估算。

$$D = 0.04v^2 \tag{3-2}$$

式中：D——抛石的折算直径 (m)；

v——水流行经抛石堆时的平均流速 (m/s)。

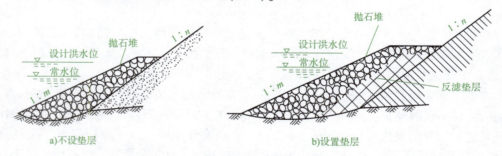

图 3-30　既有线路基抛石护坡示意图

⑥石笼防护。石笼防护是将装满石块的铁丝笼，按照一定的断面形式抛掷或堆砌在路基边坡、坡脚或河床内，用以防止路基或岸坡被冲刷的建筑物。它有较高的强度和柔性，不需用较大的石块，适用于受洪水冲刷但无滚石的河段和大石料缺少的地区。其容许流速可达 4～5m/s，容许浪高 1.5～1.8m。石笼内的填充石料宜选用浸水不崩溃、密度大、未风化的石块。

石笼用于防护岸坡时一般应垒砌 [图 3-31a)]，只有当边坡坡度不陡于 1:2 时才平铺 [图 3-31b)]。平铺一般与坡脚线垂直，其铺设长度不宜小于冲刷深度的 1.5～2 倍。

铺设石笼的基底用 0.2～0.4m 的砾石或碎石垫平。底层石笼用旧钢轨或直径不小于 20mm 的钢筋锚固入基底地层中，若其前端需自由下弯时，只锚定靠岸边的一侧，石笼之间可用直径为 6mm 的钢筋穿连在一起，也可将笼盖与笼体连接绑在一起形成一个整体。

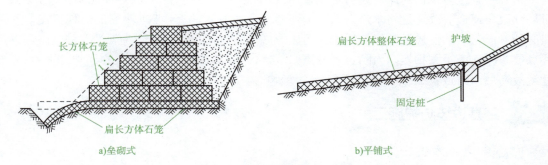

图 3-31 石笼防护断面布置示意图

⑦浸水挡土墙。在需要设置坚强防护的地段,或因地形限制不宜设置其他类型冲刷防护建筑物的峡谷急流和冲刷严重的河段,采用浸水挡土墙比较经济合理。其容许流速 5～8m/s,容许浪高大于 2m。

浸水挡土墙通常采用重力式或衡重式,用 M10 浆砌片石砌筑,石料应具有一定的耐水能力。墙的端部与河岸要圆顺连接,切不可挤压河道,以免造成严重的局部冲刷。

浸水挡土墙的基底应埋置在冲刷深度线下不少于 1.0m,最好埋在不致被冲刷的完整的基岩上。如冲刷深度很深,则可根据河床及地质情况采用桩基或沉井基础,或者在采用浅基的同时采用其他平面防淘措施。

(2) 间接防护

间接防护是在路基或河岸的外围设置导流或阻流建筑物以改变水流(如改变主流流向、减缓流速、改变冲刷或淤积部位等),从而间接地防护路基或河岸的一种方法,如挑水坝、顺坝、潜坝等。这种方法的特点是防护建筑物都要或多或少地侵占一部分河床,不同程度地压缩和扰乱原来的水流,因而其首当其冲的部位会受到特别强烈的冲刷和淘蚀,必须采取相应的措施进行加固。间接防护方法适用河槽较宽,冲刷和淤积大致平衡,河性易改变且有条件顺河流之势设置导流建筑物的地段。当被防护地段较长时尤其适宜。挑水坝、顺坝和格坝的平面布置如图 3-32、图 3-33 所示。

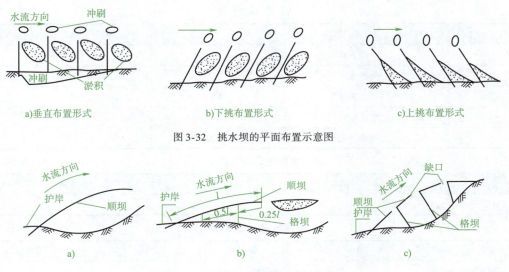

图 3-32 挑水坝的平面布置示意图

图 3-33 顺坝和格坝的平面布置示意图

路基不宜过多侵占河床。遇有水流直冲、威胁路基安全时，除应做好冲刷防护外，必要时可局部改移河道。改河是将水流引入新的河道而避免其对路基、坡岸冲刷的一种措施。改河时必须掌握河流的性质及其演变规律和河床形成的特点，因势利导，防止硬性改动。改河的起终点要与原河床平顺相接。为防止水流重归故道，一般应在旧河道上设置拦河坝。同时，还要注意改河后对附近农田、水利和居民点等的影响。

三、路基边坡防护施工

1. 总体施工方案

路基防护施工应在基脚和坡体稳定后进行。路堤防护应安排在适宜时间施工，堑坡防护应随路堑施工完成。软土、松软土地基地段的路基防护工程应在路基沉降稳定后进行施工。

在设有支挡结构物及排除地下水设施的地段，应先作好支挡结构物、排水设施，再施工防护工程。防护的坡体表面应进行检查处理，防护设施应与坡面密贴结合。

2. 施工工艺

路基防护施工包括浆砌片石防护、干砌片石防护、骨架护坡防护、混凝土预制块防护、边坡固土网垫植草防护、喷射混凝土防护和植物防护等工程，为避免破坏已施工完的路基，防护工程应合理安排施工工序，减少干扰，保证施工质量。

1) 浆砌（干砌）片石、骨架护坡防护

（1）材料要求

①工程所用砂、石、水泥等品种、规格、质量应符合《铁路混凝土工程施工质量验收标准》（TB 10424—2010）有关规定，进场时应查验水泥的产品质量证明文件和材料性能报告单，现场抽样对水泥的安定性、凝结时间和强度、砂石含泥量进行检验。

②混凝土、砂浆强度等级应符合设计要求。

（2）机械设备与人员组织

机械设备与人员组织见表 3-6、表 3-7。

机械设备表　　　　　　　　　　　　　　　　　　　表 3-6

序 号	设备名称	型 号	规 格
1	挖掘机	ZX270	1.38m³
2	潜水泵	QS25	7.5kW
3	机动翻斗车	FC-1A	—
4	砂浆搅拌机	UJW200	4kW
5	柴油发电机	120GF1	120kW

水泵主要技术参数　　　　　　　　　　　　　　　　表 3-6a)

型 号	功率（kW）	出口半径（英寸）	扬程（m）
QS25×40×5.5	5.5	2.5	40

搅拌机主要技术参数　　　　　　　　　　　　　　　表 3-6b)

型 号	功率（kW）	料斗容量（L）	生产率（m³/h）	搅拌时间（s）
UJW200	4	200	3	60

发电机主要技术参数 表3-6c)

型 号	功率(kW)	额定电压(V)	额定电流(A)	额定频率(Hz)
120GF1	120	400	217	50

挖掘机主要技术参数 表3-6d)

型 号	机重(t)	斗容量(m³)
ZX270	27	1.3

人员配备表 表3-7

序 号	人 员	工作内容
1	技术员	负责技术工作
2	测量工	负责测量工作
3	试验工	负责试验
4	机械司机	负责机械使用、保养、维修
5	砌石工人	负责砌体砌筑
6	其他人员	施工配合

(3) 施工工艺

护坡施工应在护坡基底稳定后进行,其施工工艺流程如图3-34所示。

① 施工准备。

施工前要根据试验确定所需的各种施工配合比。

② 测量放样。

根据设计图纸首先精确放出基础设计位置,注意避免与其他设施的干扰,如有位置冲突,及时向设计单位通报施工放线情况,提出合理变更。

③ 基坑开挖。

根据基础坑位线采用机械进行开挖,基坑开挖时坑底应预留5cm进行精确清底,以避免对路基基床的过多扰动。在基础开挖期间,不得破坏地表植被或堵塞水的通路;各类排水设施应及时维修和清理,保证排水畅通和有效。

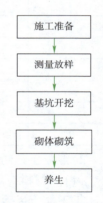

图3-34 护坡施工工艺流程图

④ 砌体砌筑。

a. 护坡砌筑前应清除坡面上松动岩块浮砟;墙基应置于可靠的岩层上,遇软弱基底应加深或扩大基础加强措施。

b. 护坡应挂线砌筑,墙背要紧贴基岩,不得干填或乱填小碎石块。

c. 砌体应采用挤浆法分层、分段砌筑,砌筑应座浆饱满,各砌块的砌缝相互错开,不得有通缝和空缝,表面平顺整齐,与边坡嵌接牢固密贴。砌筑完成后应及时采取有效的养护措施。

d. 浆砌片石骨架应嵌入坡面一定深度,骨架表面应与骨架间植物防护衔接。

e. 墙身每隔10~20m须设伸缩缝一道,缝中填满沥青麻筋。

f. 干砌护坡勾缝应在稳定后进行;勾缝前,应先将松动和变形处修整平齐完好。

⑤ 养生。

砌筑完成后应及时采取覆盖、洒水养护。

(4) 质量检验标准

浆砌(干砌)片石护坡各部尺寸的允许偏差见表3-8。

浆砌(干砌)片石护坡各部尺寸允许偏差 表3-8

序 号	检验项目		允许偏差
1	平面位置		±50mm
2	底面高程		±50mm
3	坡顶高程		$^{\ \ 0}_{-20}$mm
4	坡率		±0.5%
5	护肩、镶边及基础厚度、宽度		≥设计值
6	厚度	砌石层	≥设计值
		垫层及反滤层	≥设计值
7	表面平整度		30mm

浆砌片石骨架护坡各部尺寸的允许偏差见表3-9。

浆砌片石骨架护坡各部尺寸允许偏差 表3-9

序 号	检验项目	允许偏差
1	平面位置	+50mm
2	基底高程	+50mm
3	坡顶高程	$^{\ \ 0}_{-20}$mm
4	骨架净距	+50mm
5	骨架宽度及边槽高度	≥设计值
6	骨架厚度及嵌置深度	≥设计值
7	护肩、镶边及基础厚度、宽度	≥设计值
8	踏步宽度、厚度	≥设计值
9	坡面平整度	30mm

2)混凝土预制块防护

(1)原材料

①工程所用砂、石、水泥等品种、规格、质量应符合《铁路混凝土工程施工质量验收标准》(TB 10424—2010)有关规定,进场时应查验水泥的产品质量证明文件和材料性能报告单,现场抽样对水泥的安定性、凝结时间和强度、砂石含泥量进行检验。

②砂浆强度等级应符合设计要求。

③预制块混凝土强度等级应符合设计要求。

(2)混凝土预制块防护

混凝土预制块防护施工工艺与浆砌片石防护相同,但要注意以下方面:

①砌筑时反滤层、垫层厚度应符合设计要求,且随垫随砌。

②泄水孔的设置符合设计要求,并有效美观,严禁出现倒坡。

③基础埋置深度除应满足设计要求外,还应按现场情况采取必要的措施来保护基脚。

④砌筑预制块间砂浆应饱满,砌筑后外面整齐,各方向缝顺直。

⑤勾缝应在路堤稳定后进行施工。

(3)质量验收标准

混凝土预制块防护砌筑各部尺寸的允许偏差见表3-10。

混凝土预制块防护各部尺寸允许偏差 表 3-10

序号	检验项目	允许偏差	序号	检验项目	允许偏差
1	平面位置	±50mm	5	护肩、镶边及基础厚度、宽度	≥设计值
2	基底高程	±50mm	6	反滤层、垫层厚度	≥设计值
3	坡顶高程	$_{-20}^{0}$ mm	7	坡面平整度	10mm
4	坡率	±0.5%	—	—	—

3）边坡固土网垫植草防护施工

（1）原材料

固土网垫的规格及性能应符合设计要求，进场时应进行现场验收。对同一厂家、品种、批号进场的土工网垫，检查每批产品的质量证明文件和性能报告单，并抽样检验：水土保持系数、30min 时三维网回弹恢复率、双向拉伸材料的直径、延伸率、抗拉强度。

（2）固土网垫植草防护施工

边坡固土网垫植草防护施工宜在植物生长的季节铺设。

①铺设前应整平坡面并适量洒水湿润边坡，再夯拍 5~8cm 耕植土，并整平与洒水。

②铺设时，土工网垫应与土面密贴，其下边按 L 型埋入土中，埋入深度不小于 0.4m。回转长度不小于 0.3m。土工网垫搭接宽度不应小于 5cm，土工网搭接宽度不应小于 10cm。

③用长度不小于 15cm 的固定钉与坡面连接，固定钉间距应小于 1.5m，铺设范围应包括路肩、平台及堑顶以外 1m。

④草籽均匀撒播于土工网内，并用松散种植土填满网穴，在坡面再进行二次撒播草籽，施肥后夯拍密实。

⑤洒水养护，养生时间不少于 30d。

（3）质量检验标准

固土网垫铺设的允许偏差见表 3-11。

固土网垫铺设的允许偏差 表 3-11

序号	检验项目	允许偏差
1	搭接宽度	$_{0}^{+30}$ mm
2	上、下边埋入土深度	不小于设计值
3	回转长度	不小于设计值
4	固定钉长度	不小于设计值
5	固定钉间距	+50mm

4）喷射混凝土护坡

（1）原材料

喷射混凝土所用材料规格、品种、技术条件应符合设计要求及《铁路混凝土工程施工质量验收标准》(TB 10424—2010) 有关规定。

①水泥：宜选用早强水泥和普通硅酸盐水泥，也可采用矿渣硅酸盐水泥。水泥强度等级不得低于 32.5MPa。

②外加剂：根据水泥品种、水灰比等，通过实验确定外加剂的类型及最佳掺量，并应在使用时准确计量。

③砂：喷射混凝土应采用硬质洁净的中砂或粗砂。砂的细度模数宜大于 2.5，含水率一般

为5%~7%，使用前一律过筛。

④石料：采用坚硬耐久的碎石或卵石，粒径不大于15mm，级配良好，当使用碱性速凝剂时，石料不得含活性二氧化硅。

⑤锚杆：锚杆原材型号、规格、品种以及各部件质量和技术性能应符合设计要求。

⑥水：采用饮用水。

（2）机械设备与人员组织

机械设备与人员组织见表3-12、表3-13。

机械设备表　　　　　　　　　　表3-12

序号	设备名称	型号	规格
1	混凝土喷射机	TPS-6	6m³/h
2	电动空压机	LGD-20/7	132kW
3	注浆泵	KBY-50/70	11kW
4	注浆机	DZB50/40	50m³/h
5	混凝土搅拌机	JS350	0.3m³,15kW
6	输送泵	HBT30B	30m³/h

混凝土喷射机主要性能参数　　　　　　　　　　表3-12a)

型号	喷射能力(m³/h)	骨料最大粒径(mm)	塌落度(mm)	最大输送距离(m) 水平	最大输送距离(m) 垂直
TPS-6	6	30	8~15	30	20

空压机主要性能参数　　　　　　　　　　表3-12b)

型号	额定功率(kW)	排气量(m³/min)	排气压力(MPa)
LGD-20/7	132	20	0.8

搅拌机主要性能参数　　　　　　　　　　表3-12c)

型号	功率(kW)	料斗容量(L)	生产率(m³/h)	搅拌时间(s)
JS350	15	350	17-21	35~45

输送泵主要性能参数　　　　　　　　　　表3-12d)

型号	最大排量(m³)	主机功率(kW)	输送管直径(cm)	塌落度(cm)
HBT30B	30	30	150	5~23

人员配备表　　　　　　　　　　表3-13

序号	人员	负责内容
1	施工负责人	现场施工指挥
2	技术员	技术工作
3	测量工	测量工作
4	试验工	试验
5	机械司机	机械使用、保养、维修
6	其他人员	施工配合

（3）施工工艺

喷射混凝土防护的施工工艺流程，如图3-35所示。

①施工准备。

a. 清除坡面松动石块、杂物,嵌补大裂缝或凹坑,使坡面平顺整齐。

b. 用高压风或高压水冲洗受喷面,对遇水易潮解、泥化的岩层,则用高压风清扫岩面。冲洗后岩体表面干净,土体表面平整、密实、湿润。

c. 施工前要根据试验确定所需的各种施工配合比,满足设计强度和喷射工艺的要求。

②测量放样。

根据设计精确测放喷射混凝土的施工位置与范围,埋设控制混凝土厚度的标志。

③初喷混凝土。

a. 喷射机在作业开始时,应先送风,后开机,再给料;向喷射机供料应连续均匀;料斗内应保持足够存料。

b. 喷射应自下而上进行。

c. 喷嘴要垂直坡面,并经常保持 1m 左右的距离。

d. 开始喷射时应减小喷头至受喷面的距离并调节喷射角以保证钢筋与壁面之间的距离和混凝土的密实性。

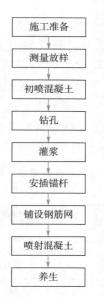

图 3-35 喷射混凝土防护的施工工艺流程

e. 作业结束时,应先停止供料,待料喷完成后再切断水(电)、关闭风路。

f. 喷射作业完成或因故中断喷射时,必须将喷射机和输料管内的积存料清除干净。

④钻孔。

钻孔在初喷后尽快进行,孔径应大于锚杆直径 15mm。

⑤灌浆。

灌浆可使用注浆泵,注浆孔口压力不大于 0.4MPa,注浆管应插至距孔底 5~10cm,随水泥砂浆的注入缓慢匀速拔出,随即迅速将杆体插入。砂浆应拌和均匀、随拌随用,一次拌和的砂浆应在初凝前用完,砂浆强度不小于 20MPa。

⑥安插锚杆。

紧随灌浆进度,及时将杆体插入灌满砂浆的钻孔,锚杆用水泥砂浆牢固嵌于锚孔内。锚杆杆体露出岩面的长度不大于喷射混凝土的厚度。锚杆安设后不得随意敲击,其端部在 3d 内不得挂重物。

⑦铺设钢筋网。

钢筋网按设计型号和间距铺设。钢筋应随受喷面的起伏铺设,与受喷面的间隙不大于 3cm,钢筋网必须与锚杆连接牢固,在喷射混凝土时不晃动。

⑧喷射混凝土。

钢筋网铺设牢固后,即可在原初喷过的壁面上分层、分片、分段,自下而上顺序加喷混凝土。开始喷射时应减小喷头至受喷面的距离并调节喷射角以保证钢筋与壁面之间的距离和混凝土的密实性,此时回弹率的限制允许放宽 5%。钢筋网保护层厚度应不小于 20mm。

⑨养生。

喷射 2h 后即应开始养生,养护时间不得少于 7d。

(4) 质量控制措施

①在喷层周边与未防护的坡面衔接处做好封闭处理,防止水从缝隙浸入。

②纤维混凝土,应进行现场试验确定配合比、风压、喷射距离和角度。喷射材料分两次拌和,钢纤维增黏剂在第二次拌和时掺入。

③在喷射混凝土过程中,采用有效措施保证泄水孔不被堵塞。

④喷射中如有脱落的混凝土被钢筋网挂住,要及时清除。

⑤喷浆告一段落后,要进一步全面检查,如发现空白点或薄层处,应进行补喷。

(5)质量检验标准

喷射混凝土锚杆尺寸与喷射混凝土防护各部尺寸的允许偏差见表3-14、表3-15。

喷射混凝土锚杆尺寸的允许偏差

表3-14

序号	检验项目	允许偏差(mm)
1	锚杆孔深	-50
2	锚杆间距	+50
3	锚杆长	-30

喷射混凝土防护各部尺寸的允许偏差

表3-15

序号	检验项目	允许偏差
1	平面位置	±50mm
2	底面高程	±50mm
3	坡顶高程	$^{0}_{-20}$mm
4	坡度	0.5%

5)植物防护坡面

(1)原材料

边坡植物防护的种类要符合设计要求。

①草种选用根系发达、生长能力强的多年生草。

②灌木选择根系发达、枝叶茂盛、能迅速生长的多年生灌木。

(2)施工工艺

①播种、铺草皮或移植灌木。

a.植物播种前应进行种子发芽率试验,或植株移植试验,根据试验结果适当调整种植密度和开竣工时间,确保在雨季来临之前形成一定防护能力。防护未形成一定能力时,宜采取排水和覆盖等临时保护措施。

b.施工时间应根据植物的特性,适时种植,避免在暴雨季节、大风和高温条件下施工。

c.播种前清理坡面冲沟及裂缝,坡面整修平顺、湿润。

d.种草防护草籽应均匀、全部落入坡面,应及时覆盖表土并适当拍压,对不利于草类生长的土质,应在坡面先铺一层10~15cm厚的种植土。

e.移植草皮选用带状或块状草皮,草皮厚度不小于10cm。铺设时,应由坡脚自下而上施工,移植的草皮应与基面钉合牢固,表面平整并用尖木(或竹)桩将其固定于边坡上。有砌石骨架地段,砌石应嵌入坡面与草皮平齐相接。

f.注意养护管理,土壤水分低时应浇水,以提高成活率。

②喷播植草。

a.喷播植草先将生长液与草籽按设计要求混合并搅拌均匀。

b.用液压喷枪将其喷洒在已清理好的坡面上,喷洒应自下而上进行,草籽喷洒均匀,不得流淌。

c.草籽喷洒完毕后,应及时做好养护直至植物覆盖坡面。

③质量检验标准。

植物防护沿坡面覆盖率、成活率及检验标准见表3-16。

植物防护覆盖率、成活率及检验标准 表3-16

序号	项 目		覆盖率(%)	成活率(%)
1	一般地区	植草防护	土质路基边坡	85	—
2			石质路基边坡	70	—
3		种植藤本植物、灌木、乔木防护	土质路基边坡	—	80
4			石质路基边坡	—	70
5	干旱地区	植草防护	土质路基边坡	65	—
6		种植藤本植物、灌木、乔木防护	土质路基边坡	—	70
7	寒冷地区	植草防护	土质路基边坡	80	—
8			石质路基边坡	70	70
9		种植藤本植物、灌木、乔木防护	土质路基边坡	—	75
10			石质路基边坡	—	70

植物防护覆盖率、成活率的检验数量及检验方法见表3-17。

植物防护覆盖率、成活率的检验数量及检验方法 表3-17

序号	项 目			覆盖率(%)	成活率(%)	施工单位检验数量	检验方法
1	一般地区	植草防护	土质路基边坡	85	—	每段护坡每100m长抽样检验3条带	尺量、计面积
2			石质路基边坡	70	—		尺量、计面积
3		种植藤本植物、灌木防护	土质路基边坡	—	80		点数、统计计算
4			石质路基边坡	—	70		点数、统计计算
5	旱地	植草防护	土质路基边坡	65	—		尺量、计面积
6		种植藤本植物、灌木防护	土质路基边坡	—	70		点数、统计计算
7	寒冷地区	植草防护	土质路基边坡	80	—		尺量、计面积
8			石质路基边坡	70	—		尺量、计面积
9		种植藤本植物、灌木防护	土质路基边坡	—	75		点数、统计计算
10			石质路基边坡	—	70		点数、统计计算

注：一条带指边坡上从顶至底带宽为3m的护坡。

任务三　路基加固

一　挡土墙

1. 挡土墙的概念

挡土墙是支撑天然斜坡或人工边坡保持土体稳定的建筑物。挡土墙结构如图3-36所示。墙的顶面部分称为墙顶；墙的底面称为墙底；与填土接触的面称为墙背；与墙背对应的另一面称为墙胸(墙面)；墙胸与墙底的交线称为墙趾；墙背与墙底的交线称为墙踵；墙背与竖直线的夹角称为墙背倾角，一般用 α 表示；墙踵到墙顶的垂直距离称为墙高，用 H 表示。

路基在遇到下列情况时可考虑修建挡土墙：

图 3-36 挡土墙

(1) 陡坡和高填方地段,下方设置挡土墙,可防止路堤边沿基底滑动,保证路基稳定,同时又可收缩坡脚,较少填方和少占农田。

(2) 岩石风化的路堑边坡地段,设置挡土墙可支撑开挖后不能自行稳定的边坡。

(3) 为避免大量挖方及降低边坡高度的路堑地段。

(4) 可能产生塌方、滑坡的不良地质地段。

(5) 水流冲刷严重或长期受水浸泡的沿河路基地段。

(6) 为保护重要建筑物、生态平衡或其他特殊需要的地段。

在考虑挡土墙设计方案时,应与其他工程方案进行技术经济比较。例如,采用路堤或路肩挡土墙时,常与栈桥或填方等方案进行比较;采用路堑或山坡挡土墙时,常与隧道、明洞或缓边坡等方案作比较,以求工程技术经济合理。

2. 挡土墙的类型

(1) 按挡土墙在路基横断面上的位置分类

根据挡土墙在路基横断面的位置分为路肩式、路堤式和路堑式三种,如图 3-37 所示。

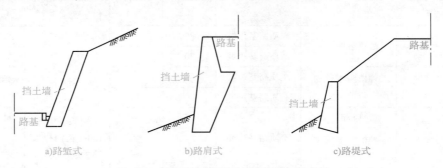

图 3-37 挡土墙在路基横断面上的位置示意图

(2) 按墙背形式分类

当墙背为一平面时,称为直线形墙背挡土墙。当墙背由一个以上平面组成时,称为折线形墙背挡土墙。

根据墙背的倾斜方向,又可将挡土墙分为俯斜式、仰斜式和竖直式三类,如图 3-38 所示。

图 3-38 挡土墙墙背的倾斜方向

(3) 按结构形式分类

按挡土墙的结构形式可分为重型结构挡土墙和轻型结构挡土墙两类。重型结构挡土墙主要依靠本身自重来维持稳定,如我国目前普速铁路常用的重力式和衡重式挡土墙。重型结构挡土墙一般由片石砌筑而成。这种结构形式的挡土墙具有结构简单、施工方便、易于就地取材等优点,因而过去得到普遍使用,但这种挡土墙墙身断面较大,圬工用量较多,人工劳动强度大,不易于实现施工的机械化和工厂化而逐渐被淘汰。

根据建筑材料可分为石、混凝土及钢筋混凝土挡土墙等;根据所处的环境条件可分为一般地区挡土墙、浸水地区挡土墙与地震地区挡土墙等。

在石料丰富的地区,石砌重力式和衡重式挡土墙得到广泛应用。为适应不同地区的条件和发展新技术的需要,逐渐发展了各种形式的挡土墙,如悬臂式、扶臂式、板桩式、锚杆式、锚定板式、竖向预应力锚杆式、加筋土式和土钉式等新型挡土墙。这类挡土墙以抗拉强度较高的钢材或钢筋混凝土为材料,具有圬工用量少、造价低、便于拼装和机械化施工的优点,得到越来越广泛的使用。随着生产和技术的不断发展,今后还将会有一些新的结构形式不断出现。

3. 轻型挡土墙

(1) 加筋土挡土墙

加筋土挡土墙由墙面板、拉筋和填料所组成,如图 3-39 所示。它依靠填料与拉筋间的摩擦力来平衡墙面板所受的土压力。

为保证拉筋的摩擦力,墙后填料应采用粗粒土,由于块石与拉筋之间受力不均匀,填筑时又易砸坏拉筋,故不宜作填料。

墙面板承受土压力,防止填料流失,要求具有一定刚度。目前使用的墙面板一般为钢筋混凝土板,形状多为矩形、十字形、六角形等。

拉筋材料要求抗拉强度大,不易脆断,有一定柔性;与填料间有足够的摩擦力,有较好的耐腐蚀性和耐久性。国外的拉筋普遍采用钢带,国内多采用钢筋混凝土板连接成的板条。公路部门较多采用土工格栅。

(2) 锚杆挡土墙

锚杆挡土墙由钢筋混凝土墙面系和锚杆组成,锚杆插入并锚固在稳定的岩层或土层中,如图 3-40 所示。作用于墙面系的土压力由锚杆埋入地层的抗拔力来平衡。这种挡土墙多用于岩质、半岩质深路堑和陡坡路堤地段。

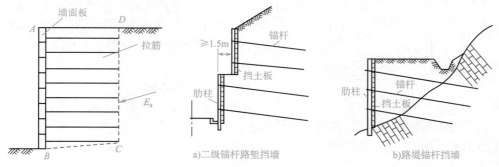

图 3-39 加筋土挡土墙示意图　　　　图 3-40 锚杆挡土墙示意图

墙面系多采用柱板式,即由肋柱和挡土板组成。肋柱多为预制钢筋混凝土柱,间距 2.0 ~ 2.5m。挡土板为钢筋混凝土槽形板、空心板或矩形板。板的长度为两肋柱间的净跨加两个搭接长度,搭接长度不小于 10cm。

锚杆多用单根或多根螺纹钢筋,直径 18 ~ 32cm,但每孔不宜多于 3 根。当拉力较大,长度较长时也可采用高强度钢丝束。

(3) 锚定板挡土墙

锚定板挡土墙由墙面系、拉杆、锚定板组成,如图 3-41 所示。它通过锚定板前填土的被动抗力来平衡拉杆拉力。因此,锚定板是依靠土体来保持自身稳定的支挡结构。

按墙面系分类,可为有肋柱和无肋柱两种。有肋柱式的锚定板挡土墙包括肋柱和挡土板,与锚杆挡土墙相似;无肋柱式的锚定板挡土墙则全是墙面板,与加筋土挡墙相似,但由于拉杆数量比拉筋数量少,因此墙面板尺寸较大。

锚定板一般为钢筋混凝土板,其面积应满足因锚定板产生的容许抗拔力大于拉杆拉力的要求。

(4) 钢筋混凝土悬臂式和扶壁式挡土墙

钢筋混凝土悬臂式挡土墙由立壁、趾板和踵板组成,呈现倒"T"字形,如图3-42所示。立壁的作用是支撑墙后土体,踵板上方土体的重量起着增加挡墙抗滑和抗倾覆稳定性的作用,趾板显著增加了抗倾覆力矩的力臂,并大大减少了基底应力。这种结构形式较好地发挥了钢筋混凝土的强度性能。

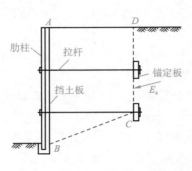

图3-41 锚定板挡土墙示意图

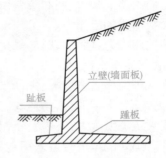

图3-42 悬臂式挡土墙示意图

由于立壁悬臂受力,立壁与踵板连接处弯矩较大,所以悬臂式挡土墙的高度一般不大于4m,高度大于4m时,宜在墙面板前加肋。

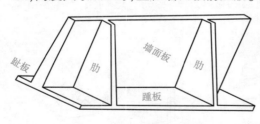

图3-43 扶壁式挡土墙示意图

当墙高大于6m时,可采用钢筋混凝土扶壁式挡土墙,如图3-43所示。它在悬臂式挡土墙的立壁与踵板间加肋板连接起来,以改善立壁和踵板的受力条件。肋间净距约为墙面板悬臂高度的0.3～0.5倍。

(5) 对拉式挡土墙

对拉式挡土墙由墙面系和拉杆组成,如图3-44所示。它在路基两侧设墙面系,用拉杆连接起来,一侧的墙面系承受的土压力由另一侧墙面系上的土压力来平衡,两侧墙面系相互支承。墙面系一般由肋柱和挡土板组成,其形状与锚定板挡土墙相同。

(6) 桩板式挡土墙

桩板式挡土墙如图3-45所示,它由钢筋混凝土桩、板所组成。钢筋混凝土桩锚固于较深土层中,土压力通过挡土板传递给桩并由桩前土体的弹性抗力来平衡。这种结构形式的挡土墙能适用于承载力较低的不良地基,可用作路肩墙、路堤墙和路堑墙。

4. 重力式挡土墙的构造

重力式挡土墙的构造必须满足强度与稳定性的要求,同时应考虑就地取材,经济合理,施工养护的方便和安全。

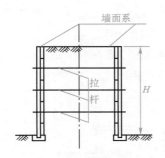
图 3-44 对拉式挡土墙示意图

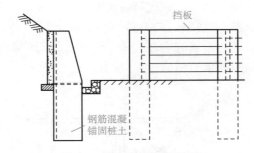
图 3-45 桩板式挡土墙示意图

(1) 墙身构造

重力式挡土墙的仰斜墙背坡度一般采用 1:0.25,如图 3-46a) 所示,不宜缓于 1:0.30。俯斜墙背坡度一般为 1:0.25~1:0.40,如图 3-46b) 所示。衡重式或凸折式挡土墙墙背坡度多采用 1:0.25~1:0.30 仰斜,上墙墙背坡度受墙身强度控制,根据上墙高度,采用 1:0.25~1:0.45 俯斜,如图 3-46c) 所示。墙面一般为直线形,其坡度应与墙背坡度相协调。同时还应考虑墙趾处的地面横坡,在地面横向倾斜时,墙面坡度影响挡土墙的高度,横向坡度愈大影响愈大。因此,地面横坡较陡时,墙面坡度一般为 1:0.05~1:0.20,矮墙时也可采用直立;地面横坡平缓时墙面可适当放缓,一般不缓于 1:0.35,如图 3-46d) 所示。

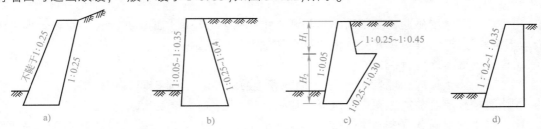
图 3-46 挡土墙墙背和墙面坡度

仰斜式挡土墙墙面一般与墙背坡度一致或缓于墙背坡度[图 3-46a)];衡重式挡土墙墙面坡度采用 1:0.05[图 3-46c)];所以在地面横坡较大的山区,采用衡重式挡土墙较经济。衡重式挡土墙上墙与下墙的高度之比,一般采用 2:3 较为经济合理。对一处挡土墙而言,其断面形式不宜变化过多,以免造成施工困难。

混凝土块和块石砌体挡土墙的墙顶宽度一般不应小于 0.5m,混凝土墙顶宽度不应小于 0.4m。路肩挡土墙墙顶应以粗料石或 C15 混凝土做帽石,其厚度不得小于 0.4m,宽度不小于 0.6m,突出墙外的飞檐宽应为 0.1m。如不用粗料石或混凝土做帽石,或施工路堤挡土墙和路堑挡土墙时,应选用大块片石置于墙顶替代帽石并用砂浆抹平。

在有石料的地区,重力式挡土墙应尽可能采用浆砌片石砌筑,片石的极限抗压强度不得低于 30MPa。在一般地区及寒冷地区,采用 M7.5 水泥砂浆;在浸水地区及严寒地区,采用 M10 水泥砂浆。在缺乏石料的地区,重力式挡土墙可用 C15 混凝土或片石混凝土建造;在严寒地区用 C20 混凝土或片石混凝土。

为保证列车正常运行和线路养护及行人的安全,路肩挡土墙在一定条件下,应设置防护栏杆。

为避免因地基不均匀沉陷而引起墙身开裂,根据地基地质条件的变化和墙高、墙身断面的变化情况需设置沉降缝。在平曲线地段,挡土墙可按折线形布置,并在转折处以沉降缝断开。

为防止圬工砌体因收缩硬化和温度变化而产生裂缝应设置伸缩缝。设计中一般将沉降缝和伸缩缝合并设置,沿线路方向每隔10~25m设置一道,如图3-47所示。缝宽为2~3cm,自墙顶做到基底。缝内沿墙的内、外、顶三边填塞沥青麻筋或沥青木板,塞入深度不小于0.2m。当墙被为岩石路堑或填石路堤时,可设置空缝。

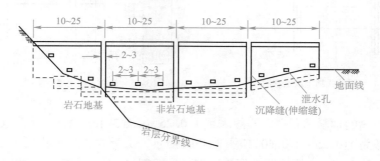

图3-47 沉降缝与伸缩缝(单位:m)

(2)排水设施

挡土墙排水设施的作用在于疏干墙后土体中水和防止地表水下渗后积水,以免墙后积水致使墙身承受额外的静水压力;减少季节性冰冻地区填料的冻胀压力;消除黏性土填料浸水后的膨胀压力。

挡土墙的排水措施通常由地面排水和地下排水两部分组成。地下排水设施主要为地下渗沟、地下排水隧洞等,详见单元二。地面排水措施有如下几种。

①设置地面排水沟,截引地表水。

②夯实回填土顶面和地表松土,防止雨水和地面水下渗,必要时可设铺砌层。

③路堑挡土墙趾前的边沟应予以铺砌加固,以防止边沟水渗入基础。

墙身排水主要是为了排除墙后积水,通常在墙身的适当处布置一排或数排泄水孔,如图3-48所示。泄水孔的尺寸可视泄水量的大小分别采用$0.05m \times 0.1m$、$0.1m \times 0.1m$、$0.15m \times 0.2m$的方孔或直径为$0.05 \sim 0.1m$的圆孔。孔眼间距一般为2~3m,干旱地区可以增大,多雨地区则可减小。浸水挡土墙则为1.0~1.5m,孔眼应上下左右交错设置。最下一排泄水孔的出水口应高出地面0.3m;如为路堑挡土墙,应高出边沟水位0.3m;浸水挡土墙则应高出常水位0.3m。在特殊情况下,墙后填土采用全封闭防水,一般不设泄水孔。干砌挡土墙可不设泄水孔。

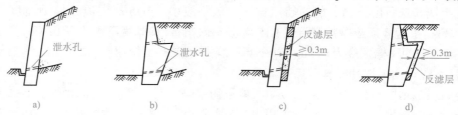

图3-48 挡土墙泄水孔和反滤层

若墙后填土的透水性不良或可能发生冻胀时,应在最低一排泄水孔至墙顶以下0.5m的高度范围内,填筑不小于0.3m厚的砂加卵石或土工合成材料反滤层,既可减轻冻胀力对墙的影响,又可防止墙后产生静水压力,同时起反滤作用。反滤层的顶部与下部应设置隔水层。

④防水层。为防止水渗入墙身形成冻害及水对墙身的腐蚀,在严寒地区或有浸水作用时,常在临水面涂以防水层:

a. 石砌挡土墙，先抹一层 M5 水泥砂浆(2cm)，再涂以热沥青(2～3mm)；

b. 混凝土挡土墙，涂抹两层热沥青(2～3mm)；

c. 钢筋混凝土挡土墙，常用石棉沥青及沥青浸制麻布各两层防护，或者加厚混凝土保护层，一般情况下可不设防水层，但片石砌筑挡土墙需要用水泥砂浆抹成平缝。

⑤基础埋置深度。挡土墙一般采用明挖基础。当地基为松软土层时，可加宽基础、换填或采用桩基础。水下基础挖基有困难时，可采用桩基础或沉井基础。

基础埋置深度应按地基的性质、承载力的要求、冻胀的影响、地形和水文地质等条件确定。

挡土墙基础置于土质地基上时，其基础埋深应符合下列要求。

a. 基础埋置深度不小于 1m。当有冻结且冻结深度小于或等于 1m 时，应在冻结线以下不小于 0.25m(不冻胀土除外)；当冻结深度超过 1m 时，可在冻结线下 0.25m 内换填弱冻胀土或不冻胀土，但埋置深度不可小于 1.25m。不冻胀土层(例如碎石、卵石、中砂或粗砂等)中的基础，埋置深度可不受冻深的限制。

b. 受水流冲刷时，基础应埋置在冲刷线以下不小于 1m。

c. 路堑挡土墙基础底面应在路肩以下不小于 1m 处，并应低于侧沟砌体底面不小于 0.2m。

挡土墙基础置于硬质岩石地基上时，应置于风化层以下。当风化层较厚，难以全部清除时，可根据地基的风化程度及其相应的承载力将基底埋于风化层中。置于较软质岩石地基上时，埋置深度不小于 1.0m。

挡土墙基础置于斜坡底面时，其趾部埋入深度和距地面的水平距离(图 3-49)应符合表 3-18 的要求。

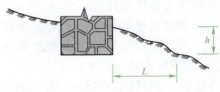

图 3-49　斜坡地面趾部埋入示意图

斜坡地面趾部埋入的最小尺寸(单位:m)　　　　　表 3-18

地 层 类 型	埋入深度 h	距斜坡地面的水平距离 L
较完整的硬质岩层	0.25	0.25～0.50
一般硬质岩层	0.60	0.60～1.50
软质岩层	1.00	1.00～2.00
土层	≥1.00	1.50～2.50

5. 重力式挡土墙的布置

挡土墙的布置是挡土墙设计的一个重要内容，通常在路基横断面图和墙趾横断面图上进行。布置前应现场核对路基横断面图，不满足要求时应补测，并测绘墙趾处的纵断面图，收集墙趾处的地质和水文等资料。

(1) 挡土墙位置的选定

①路堑挡土墙的位置通常设置在路基的侧沟边。山坡挡土墙应考虑设在基础可靠处，墙的高度应保证墙后墙顶以上边坡的稳定。

②路肩挡土墙因可充分收缩坡脚，大量减少填方和占地，当路肩与路堤墙的墙高或截面圬工数量相近、基础情况相似时，应优先选用路肩墙。若路堤墙的高度或圬工数量比路肩墙显著降低，而且基础可靠时，宜选用路堤墙。必要时应作技术经济比较以确定墙的位置。

③当路基两侧同时设置路肩和路堑挡土墙时，一般应先施工路肩墙，以免在施工时破坏路堑墙的基础。同时要求过路肩墙墙踵与水平面成 φ 角的平面不得伸入到路堑墙的基底面以下，否则应加深路堑墙的基础。或将两者设计成一个整体结构。

④沿河路堤设置挡土墙时,应结合河流的水文、地质情况以及河道工程来布置,注意应保证墙后水流顺畅,不致挤压河道而引起局部冲刷。

⑤滑坡地段的抗滑挡土墙,应结合地形、地质条件、滑面的部位、滑坡推力,以及其他工程,如抗滑桩、减载、排水等综合考虑。

⑥带拦截落石作用的挡土墙,应按落石范围、规模、弹跳轨迹等进行考虑。

⑦受其他建筑物(如:房屋、公路、桥梁、隧道等)控制的挡土墙,在满足特定的要求下,尚需考虑技术经济条件。

(2)挡土墙的纵向布置

纵向布置在墙趾纵断面上进行,布置后绘成挡土墙正面图,布置的内容有:

①确定挡土墙的起讫点和墙长,选择挡土墙与路基或其他结构物的衔接方式。

路肩挡土墙端部可嵌入石质路堑中,或采用锥坡与路堤衔接;当路肩挡土墙、路堤挡土墙兼设时,其衔接处可设斜墙或端墙;与桥台连接时,为防止墙后回填土从桥台尾端与挡土墙连接处的空隙中溜出,需在台尾与挡土墙之间设置隔墙及接头墙。

路堑挡土墙在隧道洞口应结合隧道洞门、翼墙的设置情况平顺衔接;与路堑边坡衔接时,一般将墙高逐渐降低至 2m 以下,使边坡坡脚不致伸入边沟内,有时也可用横向端墙连接。

②按地基、地形及墙身断面变化情况进行分段,确定伸缩缝和沉降缝的位置。

当墙身位于弧形地段,例如桥头锥体坡脚,因受力后容易出现竖向裂缝,宜缩短伸缩缝的间距,或考虑其他措施。

③布置各挡土墙的基础。墙趾地面有纵坡时,挡土墙的基底宜做成不大于 5% 的纵坡。但地基为岩石时,为减少开挖,可沿纵向做成台阶。台阶尺寸应随纵坡大小而定,但其宽度比不宜大于 1:2。

④布置泄水孔的位置,包括数量、间隔和尺寸等。

此外,在布置图上应注明各特征断面的桩号,以及墙顶、基础、顶面、基底、冲刷线、冰冻线、常水位或设计洪水位的高程等。

⑤横向布置。横向布置选择在墙高最大处、墙身断面或基础形式有变异处。根据墙型、墙高、地基及填土的物理力学指标等设计资料,进行挡土墙设计或套用标准图,以确定墙身断面、基础形式和埋置深度,布置排水设施等,并绘制挡土墙横断面图。

⑥平面布置。对于个别复杂的挡土墙,如较高、较长的沿河挡土墙和曲线挡土墙,除了纵、横向布置外,还应进行平面布置,绘制平面图,表明挡土墙与线路的平面位置及附近地貌和地物等情况,特别是与挡土墙有干扰的建筑物的情况。沿河挡土墙还应绘出河道及水流方向、其他防护与加固工程等。

在以上设计图中,还应标写简要说明。必要时可另编设计说明书,说明选用挡土墙方案的理由,选用挡土墙结构类型和设计参数的依据,对材料和施工的要求及注意事项,主要工程数量等。如采用标准图,则应注明其编号。

6. 挡土墙的施工要点

挡土墙的施工大体上分为施工放样、挖基坑、砌筑基础和砌筑墙身四个步骤。在施工中应注意下列事项。

(1)挖基

①基坑开挖前应做好截、排水工作。

②随坑随核对基础技术资料,如遇地质不良、承载力不足的地基,应通过变更设计采取措

施,然后据以施工。

③墙基位于斜坡地面时,其趾部埋入深度和距地面水平距离,应同时符合设计要求;墙基高程如不能满足设计要求时,应通过变更设计后再施工。

④采用倾斜基底时,应准确挖凿,不得采用薄层填补方法筑成斜面。

⑤基坑超挖部分,应用同标号浆砌体回填。

⑥基坑应视地质情况确定是否需要支撑加固以及加固类型,特殊条件下采用沉井和挖孔桩基础,并通过设计确定后,再行施工。

（2）砌筑基础

①砌筑前,应将基底表面风化、松散土石清除。

②硬石基坑中的基础,宜紧靠坑壁,并插浆塞满间隙,使之与岩层结为一体。

③雨季时,在土质或易风化软石基坑中砌筑基础,应于基坑挖好后,立即铺满砌筑一层。

④采用台阶式基础时,台阶转折处不得砌成竖向通缝;砌体与台阶壁间缝隙应插浆塞满。

⑤应随砌筑分层回填、压实。

（3）砌筑墙身

①砌出地面后应立即回填夯实,并做好排水防渗设施。

②伸缩缝与沉降缝内两侧壁应平齐无搭叠,缝中防水材料应按要求深度填塞紧密。

③应按设计要求作好墙后隔水、排水设施,泄水孔的进水侧应设置反滤层,厚度不小于0.3m。

④预埋构件、检查梯、台阶、栏杆等应与墙身同时砌筑,并连接牢固。

三 抗滑桩

抗滑桩又称锚固桩。我国1967年首次用于整治沙北滑坡工点获得成功。它是近二十多年来获得广泛应用的一种新型抗滑支挡结构物。抗滑桩埋于稳定滑床中,依靠桩与桩周岩(土)体的相互嵌制作用把滑坡推力传递到稳定地层,利用稳定地层的锚固作用和被动抗力,使滑坡得到稳定。桩可改善滑坡状态,促使滑坡向稳定转化。抗滑桩的埋置情况如图3-50所示。

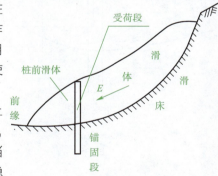

图3-50 抗滑桩

抗滑桩应用于整治滑坡有如下一些优点:与抗滑挡墙比较,它的抗滑能力大,圬工量小;设桩位置比较灵活,可集中设置,也可分级设置,可单独使用,也可与其他支挡工程配合使用;桩施工时破坏滑体范围小,不致改变滑坡稳定状态;施工简便,采用混凝土抗滑桩后可保证施工安全;由于分段同时施工,劳力易于安排,工期可缩短;成桩后能立即发挥作用,有利于滑坡稳定,而且施工可不受季节限制;施工开挖桩孔过程中易于校对地质资料,如有出入可及时修改设计;采用抗滑桩处理滑坡时,可不做复杂的地下排水工程。因此,抗滑桩在滑坡整治中得到了广泛应用。

抗滑桩除用于稳定滑坡外,还可用于路基边坡加固,防止填方沿基底滑动,加固已成建筑物,如挡土墙及隧道防止开裂扩大等。

抗滑桩一般设置在滑坡前缘抗滑段上,并垂直于滑坡主滑方向成排布置。

抗滑桩设计计算包括桩截面尺寸及合理间距的确定、桩的长度及锚固深度的确定、作用于桩身的外荷载计算。推力在桩上的分布,可根据滑体的性质来确定。当滑体为黏聚力较大的黏土、土夹石、较完整的岩层时,滑体系均匀向下蠕动,或整体向下移动,故推力可按矩形分布考虑;当滑体为松散体或堆积层时,可按三角形分布考虑;当滑体不属上述情况,而介乎两者之间时,可按抛物线型或简化为梯形分布考虑。

推力在桩上的分布,实际上还与桩的变形性质、桩前滑体产生抗力的性质、滑体面性质、倾角大小及滑动的速度有关,是一个比较复杂的问题,所以,精确的计算方法还需进一步研究。

桩的截面形式和施工方法有关。挖孔桩采用矩形断面,其长边顺滑动方向布置,最小边长不宜小于1.25m,长边一般用2~4m。桩的间距,应根据不使上方滑体从桩间滑走,又不致过密的原则来确定。有滑体试验资料时,应根据试验资料确定,无试验资料时,可参照经验数据确定。一般滑体较完整的,土质较密的,桩的间距可大一些。

桩的长度和锚固深度需要经过计算确定。当桩的位置确定后,桩的全长等于滑体厚度加上桩的锚固深度。桩的锚固深度不足时,桩就有被推倒的危险,锚固太深既增加施工困难又不经济。一般锚固深度约为桩全长的1/2~1/3。

抗滑桩承受的荷载除了滑坡推力之外,还有地基抗力。抗滑桩所承受的滑坡推力经过桩的传递,为地基抗力所平衡,但是,地基抗力是一个未知量,它的大小、分布与地基的性质、桩的变形量大小等有关。当桩周低级的变形处于弹性阶段时,抗力按弹性抗力计算;当变形处于塑性阶段时,按低级侧向允许承载力计算;处于变形范围较大的塑性阶段时,则采用极限平衡法计算岩、涂层的抗力值。在一般条件下,若不产生塑性变形时,均可按弹性抗力考虑。

实践证明,抗滑桩用于整治滑坡是有效的。设计中所应用的理论和计算方法在不断地完善,结构形式也在不断改进。为增强支挡斜坡的稳定性,防止受荷段桩间土体下滑,在桩间增设挡土板,构成抗滑桩和挡土板组成的桩板式抗滑桩(墙)(图3-51)。承台式抗滑桩是由若干根桩的顶端用混凝土板或钢筋混凝土板连成一组共同抗滑的桩体。承台在平面上呈矩形、T形和拱形,可分别连接三根或四、五根桩共同抗滑。它抗滑能力很强,设置简便。当承台上增设有挡土墙和拱板时,就构成椅式桩墙。排架式抗滑桩是由两根竖桩与两根横梁连接成的整体桩体,它刚度大、抗滑能力强,设置简便,受力条件较排式单桩有明显改善。

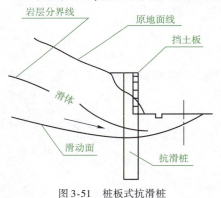

图3-51 桩板式抗滑桩

任务四 路基相关工程及附属设施施工

客运专线路基相关工程及附属设施包括通信信号、电力电缆槽、接触网支柱基础、声屏障、预埋管线、综合接地等工程,该工程应与路基同步施工,不得因其施工而损坏、危及路基的稳定的稳固和安全。因此应制订科学的施工方案,合理安排施工工序,减少干扰,并做好对成品半成品的防护工作,保证工程整体质量。

 施工总体方案

路基相关工程施工应首先进行综合接地、过轨设备等四电工程基床预埋部分的施工,根据设计要求安排在路基基床表层施工前进行,后来变更增加的预埋设备可根据实际情况与路基基床表层施工协调进行;第二步进行接触网、声屏障基础施工,首先采用旋挖钻机成孔,灌注接触网、声屏障基础混凝土;第三步,路基附属设施施工,有渗水暗沟地段应在接触网基础混凝土达到一定强度后进行渗水暗沟施工,检查井施工应与渗水暗沟混凝土基础同时施工;最后进行栏杆、检查梯、防护栅栏等设备的施工。

 **施工工艺**

1. 接触网支柱基础、声屏障基础施工

路堤地段有声屏障、接触网支柱基础,声屏障位于电缆槽之外路肩边缘,埋入到基床以下路堤 1~2m。接触网支柱基础位于电缆槽以内路肩边缘(图3-52)。为保证路肩稳定性,声屏障、接触网支柱基础拟采用套管跟进干式旋挖成孔(图3-53),浇筑混凝土基础。接触网支柱基础、声屏障基础施工工艺流程如图 3-54 所示。

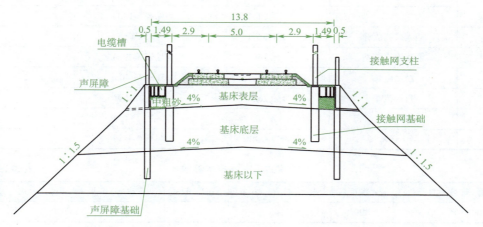

图 3-52　路基横断面图(尺寸单位:m)

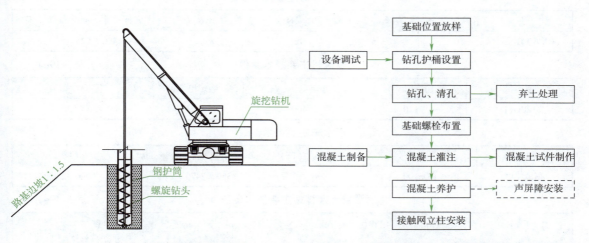

图 3-53　接触网、声屏障基础成孔示意图　　图 3-54　接触网支柱基础、声屏障基础施工工艺流程图

旋挖钻干钻成孔对路基土体不产生挤压、振动破坏,不会因泥浆渗透造成路肩边坡滑动破坏。螺旋钻占位时,机身长轴方向垂直于路基边线,禁止平行路肩方向占位钻孔,减少施工荷载对路肩边坡的不利影响。

(1)原材料

工程所用砂、石、水泥等品种、规格、质量应符合《铁路混凝土工程施工质量验收标准》

(TB 10424—2010)有关规定,钢筋应符合设计要求,进场时应查验水泥的产品质量证明文件和材料性能报告单,现场抽样对砂石含泥量、水泥的安定性、凝结时间和强度、钢筋的屈服强度、极限强度、伸长率和冷弯性能进行检验。

(2)机械配备见表3-19,仪器设备装备见表3-20。

一个作业段接触网支柱、声屏障基础施工机械设备　　表3-19

序号	机械设备名称	型号规格	机械参数	备注
1	旋挖钻机	CM－700	见表3-19a)	
2	手扶双振压路机	英格索兰DX－600E	激振力20kN	
3	振动平板夯	BX 6WH	见表3-19b)	
4	发电机组	120GF1	见表3-19c)	
5	洒水车	东风140	见表3-19d)	
6	插入式捣固棒	ZN70－1	5kW	
7	混凝土搅拌站	HZS60	见表3-19e)	
8	潜水电泵	QS25×40×5.5	5.5kW,40m	
9	自卸汽车	奔驰2629K	15t,213kW	
10	装载机	ZL50	3m³,154kW	
11	混凝土运输罐车	SYS290	见表3-19f)	

旋挖钻机主要技术参数　　表3-19a)

型号	最大直径(m)	最大深度(m)	最大扭矩(kN·m)	钻速(rad/m)	功率(kW)	最大提拔力(kN)	总重(t)
CM－700	1	29	165	25	250	680	75

振动平板夯主要技术参数　　表3-19b)

型号	工作质量(kg)	功率(kW)	频率(Hz)	激振力(kN)	底板尺寸(mm×mm)
BX 6WH	70	3.5	92	11.8	400×525

发电机主要技术参数　　表3-19c)

型号	功率(kW)	额定电压(V)	额定电流(A)	额定频率(Hz)
120GF1	120	400	217	50

洒水车主要技术参数　　表3-19d)

产品名称	发动机型号	发动机马力(PS)	外形尺寸(mm×mm×mm)	实际容积(L)
东风140	东风EQ6100－1	134	7350×2470×2700	6000~8000

混凝土搅拌站主要技术参数　　表3-19e)

型号	理论生产率(m³/h)	循环周期(s)	搅拌机公称容量(L)	集料最大容量(m³)	卸料高度(m)	装机容量(kW)	集料种类
HZS60	60	60	1000	60	4	92.5	3

混凝土搅拌运输车主要技术参数　　表3-19f)

型号	额定功率(kW)	满载最高车速(km/h)	最大爬坡度	最小转弯直径(m)	搅动容积(m³)	进料速度(m³/min)	出料速度(m³/min)
SYS290	232/2300	≤50	32%	14.0	8	≥3	≥2

施工用仪器设备装备表　　　　　　　　　　　表 3-20

序号	设备名称	型号	规格性能	备注
1	压式万能试验机	WE-600	600kN	
2	压力试验机	NYL-300	300kN	
3	DK2-5000 电动抗折试验机	DK2-5000	5000N	
4	水泥净浆搅拌机	NJ-160A	12±10r/min	
5	三联中压固结仪	WG-1B	1600kPa	
6	三轴剪力仪	—	2500kgf	
7	电动击实仪	DJS-Ⅱ	15次/min	
8	混凝土试件标养室全自动控温控湿设备	HBS-Ⅱ	20℃±1℃	
9	混凝土强度拔入仪	TYL-Ⅱ	24MPa	
10	3440 核子密度仪	MC-3	12ln	
11	混凝土渗透仪	HS40A	4MPa	
12	水泥细度负压筛析仪	FYS-150B	4000~6000Pa	
13	震击式标准化振筛析仪	ZBSX92A	φ300	
14	天平	TG328A	200g	
15	标准贯入器	63.5kg	—	
16	相对密度仪	—	250.1000ml	
17	土壤固结仪		1600kPa	
18	土壤渗透仪		φ61.8mm	
19	液塑限测定仪	FG-Ⅲ	70g±0.2g	
20	土壤饱和器	—	φ6.6cm	
21	混凝土振动台	—	1m²	
22	混凝土收缩仪	540mm	540mm	
23	混凝土回弹仪	ZC3-A	22.5N	
24	钢筋混凝土保护层测定仪	5~60mm	5~60mm	
25	标准养护室	HBS-Ⅱ	20℃	
26	混凝土试模	—	15cm×15cm×15cm	
27	砂浆试模	7.07 型	7.07cm×7.07cm×7.07cm	
28	水泥净浆搅拌机	NJ-160	—	
29	灌砂法容重试验仪	—	—	
30	流性限度仪	61 型	—	
31	土壤含水率快速测定仪	HKC-1	—	
32	电热鼓风干燥箱	80×80×100	80cm×80cm×100cm	
33	土壤应变剪力仪	120KGF	—	
34	磨耗试验仪	DZG-30		
35	水准仪	DZS3-1	1mm	
36	水准仪	DS1		
37	经纬仪	TDJ2E	2″	

续上表

序 号	设备名称	型 号	规格性能	备 注
38	全站仪	Tps700	—	
39	动力触探设备	N10,N63.5,N120	—	
40	混凝土钻孔取芯机	HZ-15	—	
41	动态变形模量 E_{vd} 测试仪	HMPLFG		
42	二次变形模量 E_{v2} 测试仪	HMPPDG		
43	K_{30} 仪器	—		
44	自由膨胀率测定仪			
45	EDTA 剂量滴定仪			

(3)施工准备

①基础位置放样:首先精确放出接触网支柱基础、声屏障基础设计位置,注意避免与其他设施的干扰,如有位置冲突,及时向设计单位通报施工放线情况,提出合理变更。

②护筒安装:护筒可与钻机的动力头驱动连接器连接在一起或由摇管机夹持驱动。钻机或摇管机的操作手利用导墙将双壁钢护筒准确就位,通过靠在护筒上的精确水平仪调整护筒的垂直位置。然后用具有大扭矩输出的 BG 钻机动力头或摇管机将双壁钢护筒旋转入位。

(4)旋挖成孔

①钻机首先应根据设计位置准确定位,安放牢固平稳,并采用与基础设计尺寸相对应的长螺旋钻,按照设计深度成孔,钻机作业中应加强监测,接近成孔深度时应放慢进速,并准确测量钻孔深度。

②试验检验:成孔完毕后,应及时通知监理对持力层性质、深度等进行检测确认符合设计要求后,方能进行下一步施工或及时清底浇筑桩身。

(5)基础螺栓设置

按照设计位置预埋基础螺栓,检查位置正确后加固牢固。

(6)混凝土浇筑

混凝土浇筑前应用塑料薄膜或其他专制防水用具将要灌注的基坑周围路基基床表面覆盖,防止散落的混凝土污染路基基床。混凝土拌制应根据现场情况,利用混凝土搅拌站,混凝土运输车运输。混凝土浇筑采用混凝土导管,导管应一直下到桩底。导管的内部不应附着有任何旧的固结的混凝土以使浇筑过程快捷顺畅。导管的接头之间应使用 O 形密封圈以确保良好的不透水性。

混凝土浇筑过程中应及时将护筒上拔,随拔随灌,并注意保持预埋基础螺栓位置的准确性,每个基础要一次连续浇筑完成,浇筑过程中要加强振捣,确保混凝土密实。混凝土施工应符合有关规范和设计要求。混凝土施工完毕后应及时清理现场,做到工完料净。

(7)路基基床修复

混凝土达到一定强度后应对路基基床扰动部分进行恢复,采用原基床同配合比级配碎石、小型压路机或夯实机械,将路基基床恢复至合格状态,并保证基床顶面4%的排水坡。

(8)接触网支柱和声屏障安装

混凝土达到设计强度后,即可安装接触网支柱和声屏障。

(9)质量标准

①接触网拉线基础与下锚支柱基础平面位置应符合设计要求,下锚拉线的下锚环方向应在支柱基础中心与拉线基础中心连线上。

②接触网支柱基础的基坑必须全部用混凝土灌注密实,表面应与路基表面衔接平顺。

③混凝土强度等级应符合设计要求。

④接触网支柱基础施工允许偏差见表3-21。

⑤声屏障基础施工允许偏差见表3-22。

接触网支柱基础施工允许偏差　表3-21

序号	项目	允许偏差(mm)
1	距线路中心线位置	$^{+20}_{0}$
2	沿线路纵向位置	±10
3	形状尺寸(截面尺寸)	$^{+50}_{0}$
4	埋置深度	≥设计值

声屏障基础施工允许偏差　表3-22

序号	项目	允许偏差(mm)
1	距线路中心线位置	$^{+20}_{0}$
2	形状尺寸(截面尺寸)	±20
3	埋置深度	不小于设计值
4	声屏障基础顶面高程	±10

2. 声屏障施工

(1)声屏障基础施工程序同接触网基础,另外应注意以下方面:

①声屏障隔声板之间与支柱之间要求用M10水泥砂浆填实,防止漏声。

②伸缩缝表面用镀锌铁皮包裹,缝内填发泡材料要密实,铁皮两面刷防锈漆两遍,表面刷与墙面同样材料的漆两遍。

③声屏障墙身伸缩缝双支柱两侧托梁简支端浇筑时要采取隔离措施。

④声屏障吸声板的平均吸声系数要求大于0.5,抗拉强度要求大于1.5MPa,抗压强度要求大于3.0MPa,在安装吸声板时要避免固定螺栓钻孔损伤支柱主筋。

⑤托梁底面以下与地面出现空隙处,采用普通砖砌筑封闭时应注意砌筑密实,避免漏声。

⑥声屏障安装完毕后,要进行降噪效果测试。

(2)声屏障施工质量标准

①观感质量。线条基本清晰、顺直,安装牢固,无明显安装错台。

②声屏障施工允许偏差见表3-23。

声屏障施工允许偏差　表3-23

序号	项目	允许偏差	序号	项目	允许偏差
1	距线路中心线位置	$^{+50}_{0}$ mm	4	声屏障顶面高程	±50mm
2	形状尺寸(截面尺寸)	±30mm	5	每幅声屏障顶面水平	$^{+30}_{0}$
3	埋置深度	≥设计值	6	竖直度	1‰

3. 施工通信、电力信号、电缆槽施工

施工信号、电缆槽施工工艺流程如图3-55所示。

(1)原材料

①工程所用砂、石、水泥、钢筋等品种、规格、质量应符合原材料验收要求。

②电缆槽下土工(布)合成材料的品种、规格及质量应满足设计要求,进场时应进行现场验收。

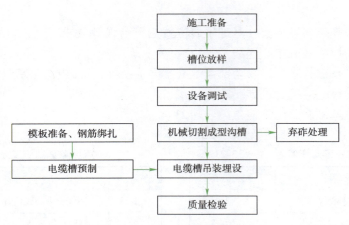

图 3-55 信号、电缆槽施工工艺流程图

③电缆槽下砂垫层应采用天然级配的中砂、粗砂、砾砂,不含草根、垃圾等杂质,其含泥量不得大于5%。

(2)机械设备配备 机械设备配备见表3-24。

一个作业段信号、电缆槽施工机械设备表　　　　表3-24

序号	机械设备名称	型号规格	机械参数	备注
1	开槽机	—	—	
2	手扶双振压路机	英格索兰 DX-600E	13.7kN,3.7kW	
3	振动平板夯	BX 6WH	见表3-19b)	
4	发电机组	120GF1	见表3-19c)	
5	洒水车	东风140	见表3-19d)	
6	混凝土搅拌站	HZS60	见表3-19e)	
7	混凝土运输车	SYS290	见表3-19f)	
8	汽车吊	QY-8t	8t,99kW	
9	装载机	ZL50	$3m^3$,154kW	
10	重载汽车	奔驰2629K	15t,213kW	
11	机动翻斗车	FCIA	见表3-24a)	
12	灰浆搅拌机	UJW200	见表3-24b)	
13	钢筋调直机	GT4-10	ϕ4-14,8kW	
14	钢筋切断机	GQ40-2	2.2kW	
15	钢筋弯曲机	GW40	2.2kW	
16	交流电焊机	BX3-500	38kW	
17	交流弧焊机	BX1-315A	24kW	
18	木工刨床	MB106D	7.5kW	
19	木工电锯	MJ106-1	600mm	

机动翻斗车主要技术参数　　　　表3-24a)

型号	装载质量(kg)	平装斗容量(m^3)	最高时速(km/h)	最小转弯直径(m)	最大爬坡度	发动机功率(kW)
FCIA	1000	0.47	23	≤8	≥21%	8.8

灰浆搅拌机主要技术参数 表3-24b)

型　号	功率(kW)	料斗容量(L)	生产率(m³/h)	搅拌时间(s)
UJW200	4	200	3	60
JS350	15	350	17~21	35~45

(3)施工准备

①按照工期安排,提前安排信号、电缆槽的预制,预制厂地可选在施工工地附近,交通方便的平坦地区。预制模板采用整体钢模板,预制块生产应严格按照设计要求施工,应预埋吊装吊钩,并做好混凝土养护工作,尺寸偏差应符合验标要求,达到设计强度的70%后方可进行吊装、运输和铺装作业,吊装、运输、铺装作业应注意保护预制块不受损坏,影响预制块外观质量。运输到位的预制块可临时在路基上堆码整齐,等待安装。

②槽位放样与设备调试:根据设计图准确地放出槽位,检查开槽机是否运转正常,做好施工准备。

(4)开槽施工

根据槽位线采用专用开槽机械进行开槽,沟槽开挖时槽底应预留5cm进行精确清底,以避免对路基基床的过多扰动。基槽开挖完毕后,根据需要采用手扶平板夯进行槽底局部压实,合格后应及时通知监理对持力层性质、深度等进行检测,确认符合设计和规范要求后,方能进行下一步施工。槽底质量检测试验的检查频次与数量应大于有关验收规定,确保工程质量。弃砟应拉至弃砟场集中处理。

(5)电缆槽安装

槽底质量检测试验合格,完成综合接地贯通线施工,并填充中粗砂之后,立即安装缆槽身,防止静置时间过长而槽壁坍塌;遇雨时及时用雨布覆盖,防止雨水侵蚀。电缆槽安装采用人工配合起重机具安装,安装过程需做到轻起吊、轻落放。作业中应注意:电缆槽距线路中心线位置、截面尺寸、埋置深度应符合设计要求;电缆槽综合接地孔的堵塞应符合设计要求;电缆槽排水孔应排水畅通;在与桥梁相连接的电缆槽必须平顺,弯曲角度不小于120°,连接段采用现场浇筑,以便顺利连接。

(6)路基基床恢复

信号、电缆槽施工完成后对路基基床扰动部分应进行恢复,采用原基床同配合比级配碎石、小型压路机或夯实机械,将路基基床恢复至合格状态,表面应与路基表面衔接平顺,并保证基床顶面4%的排水坡。槽边缝用膨胀水泥砂浆或沥青混凝土砂浆填充,并按照规定对全部的填充材料进行检验。

(7)质量标准

①预制件应拼装平顺,线条基本清晰、顺直,沟槽盖板基本无破损、安装牢固、无明显安装错台。电缆槽间空隙应符合设计要求并用水泥砂浆填塞缝隙。水泥砂浆和填充质量应符合设计要求。

②电缆槽排水孔应排水畅通。电缆槽综合接地孔的堵塞应符合设计要求。

③过渡段电缆槽应平顺连接,弯曲角度应符合设计要求。

④电缆槽预制构件允许偏差见表3-25。

⑤电缆槽距线路中心线位置、截面尺寸、埋置深度的允许偏差见表3-26。

电缆槽预制构件允许偏差 表 3-25

序 号	检验项目		允许偏差(mm)
1	预制水沟厚度		-10
2	盖板	边长	+3 / -2
3		对角线长	+4 / -2
4		厚度	+4 / -2

电缆槽安装允许偏差 表 3-26

序 号	项 目	允许偏差(mm)
1	距线路中心线位置	+20 / 0
2	形状尺寸(截面尺寸)	±10
3	顶面高程	±20

4. 综合接地、过轨设备等预埋设备的施工

综合接地、连通管道、基床防排水设计位置在基床底部的靠上部位,在路基基床底部施工中同步安装,禁止在基床底部完工后开槽布管。

(1) 综合接地系统施工

综合接地系统施工工艺流程如图 3-56 所示。

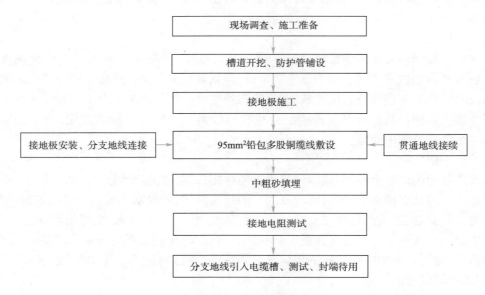

图 3-56 综合接地系统施工工艺流程图

为保证全线贯通地线的接地电阻不大于 1Ω 的技术要求,贯通地线在适当地方安装接地极来进行降阻处理。原则每隔一定距离安装一处接地极对贯通地线接地性能加强,接地极采用防锈钢管打入方式,并用 95mm² 塑料铜线连接到贯通地线上。

在线路的两侧全程各设一根 95mm² 的铅包多股铜缆线作为贯通地线,贯通地线每隔一定距离向电缆槽引一接线头。接线头的引出采用 35mm² 塑料护套多股铜线,电缆槽内留出 250mm,对需要进行接地处理的设备连接在贯通地线上。

全线贯通地线的敷设与电缆槽道同步进行。使用专用开槽机械开槽后,对电缆槽沟进行清理,使用人工或机械沿两侧电缆槽道敷设地线。

敷设地线时防止沿地面拖行时损坏外包铅。敷设的过程中地线拐弯应圆滑、平顺,切忌造成死弯、背扣等现象。

在达到设计电阻值后及时用中粗砂进行覆盖。地线施工原则上与槽道施工同步进行。贯通地线与路基全貌如图 3-57 所示。

(2) 过轨钢管预埋设

根据施工图设计和现场复测的施工草图确定过轨钢管的位置、实际数量及规格,在基床施工时预先埋入过轨防锈钢管,埋设高低需满足手孔槽与过轨钢管的水平连接。并在过轨钢管两端用麻布进行堵塞封口,防止杂物进入管内。

(3) 电缆引下管预埋设

电缆引出到设备点,在线路两侧设置的手孔处预埋钢管沿路基引出,钢管与电缆槽成 45°角沿边坡按倒人字埋设。两侧电缆手孔槽、过轨钢管及引下管均连通。

图 3-57 贯通地线埋设位置及接地处理图

过轨钢管及电缆引下管等连通管道施工工艺流程如图 3-58 所示。

5. 检查井施工

(1) 检查井施工工艺流程(图 3-59)

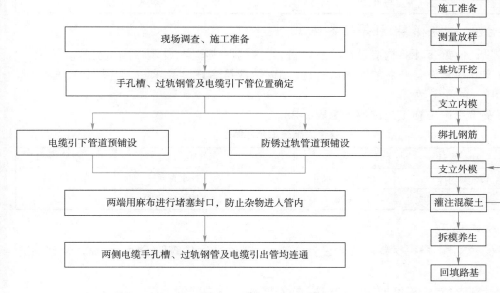

图 3-58 过轨钢管及电缆引下管等连通管道施工工艺流程图

图 3-59 检查井施工工艺流程图

(2) 施工准备

① 准备检查井模板,打磨涂油后堆放整齐待用;按照设计尺寸制作检查井钢筋。

② 按照设计位置准确放线,开挖基坑,有渗水暗沟的地段应与渗水暗沟混凝土基础同时施工。

③ 按照设计尺寸支立内模板,绑扎钢筋,支立外模板,经检查合格后灌注混凝土,采用小型振捣棒振捣或采用附着式平板振动器,确保混凝土密实。钢筋、混凝土施工应符合有关规范要求。

④ 检查井混凝土强度达到 2.5MPa 后,拆除模板,覆盖草袋撒水养生。达到设计强度后方可进行路基回填作业。路基回填应按路基相同部位的材料和压实要求人工分层回填,采用平板夯或蛙式打夯机夯击密实。施工时应注意避免机械损伤检查井井壁。

⑤ 检查井井盖采用预制的方式,应严格按照设计形状尺寸、强度进行施工,井盖安装后应

平稳、密贴,拉手牢固。

(3)质量标准

①检查井位置、断面尺寸应符合设计要求。

②检查井井身、井盖混凝土强度等级、拉手安设应符合设计要求。

③检查井施工允许偏差见表3-27。

检查井施工允许偏差 表3-27

序号	项 目		允许偏差(mm)
1	中心位置	纵向	±50
		横向	$^{+50}_{-20}$
2	井底高程		±30
3	净空尺寸(内径、深度)		±30
4	井盖直径		±10
5	井盖厚度		不小于设计值
6	井盖与相邻路基面高差		$^{+10}_{0}$

6. 检查台阶、检查梯、栏杆等设备施工

(1)应按设计位置、范围、构造设置检查设备,连接构件应牢固,外观应顺直整齐。

(2)检查梯等检查设备杆件的涂料品种、涂刷遍数应符合设计要求,并不得漏涂、露底、脱皮。涂刷应均匀,色泽一致。

(3)栏杆及检查设施施工允许偏差见表3-28。

栏杆、检查设施施工允许偏差 表3-28

序 号	项 目	允许偏差	序 号	项 目	允许偏差
1	构件断面尺寸	±5%设计尺寸	3	柱垂直度	0.5%柱高
2	安装尺寸	±20	4	检查梯、台尺寸	±30

7. 防护栅栏施工

(1)防护栅栏支柱、栅栏材料应符合设计要求,材料进场后应查验合格证,确认合格后方可使用。

(2)按设计要求位置、深度埋设防护栅栏支柱,支柱埋设应稳固。

(3)栅栏应按设计要求安装牢固,不松动。

(4)防护栅栏在区间线路贯通封闭,应按设计位置、形状尺寸设"严禁入内"的标志。

8. 质量保证措施

(1)施工前对有关施工负责人、技术人员、机械操作人员等现场施工人员进行技术交底,明确质量标准。经培训考核合格后执证上岗,尽量避免因施工人员的因素对路基基床造成不必要的人为施工破坏。

(2)施工前应与四电工程专业部门进行沟通,双方确认有关预埋设备的位置、尺寸、数量。

(3)施工中严格测量放线,确保工程结构物定位准确,防止因测量放线错误造成对路基基床不必要的破坏和扰动。应对开挖基坑的尺寸严格测量,保证基础尺寸达到设计要求。

(4)对施工工期、施工程序进行合理组织、规划,减少施工工序间互相干扰,保证施工质量和工期。

（5）基础工作坑开挖完成后，必须进行基底质量检测，检查频次与数量应大于有关验收规定，质量检测符合设计要求后方可进行下一道工序施工。

（6）接触网支柱基础、声屏障基础混凝土灌注应组织得力，连续不间断，减少工作坑暴露时间。混凝土质量应满足设计要求，并应在规范规定的试件数量外再增加一组试件，以用作进行施工信号、电缆槽施工和恢复基床施工开始时间的依据。严禁在基础混凝土未达到规定强度就进行下道工序作业。

（7）施工时应注意做好防雨、排水工作，应预先准备塑料布、篷布、抽水机等防雨排水器具，及时进行防雨、排水，避免雨水等渗入基床，影响路基质量。

实训项目

【案例】 路堑加固、路基防排水设施施工方案

背景：某段新建双线铁路位于山区，设计时速250km/h，除隧道外，主要路基工程内容有1号、2号、3号路堤，1号、2号路堑，路基基床底层设计为A、B组填料，基床表层为级配碎石。线路纵断面如图3-60所示。

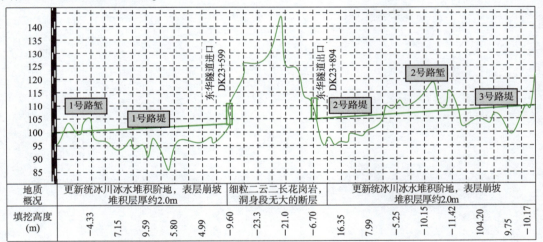

图3-60 线路纵断面图

问题：

（1）简述本段2号路堤、2号路堑的防排水设施的施工方案和主要质量控制指标，所用哪些机械设备？

（2）简述本段1号路堑、2号路堑的边坡加固设施的施工方案和主要质量控制指标，所用哪些机械设备？

单元四

路基监测

知识目标
1. 路基沉降监测技术的原理。
2. 路基检测原理及方法:复合地基承载力检测、动力触探实验、K_{30}、E_{vd}试验。

能力目标
1. 能理解路基沉降监测技术的原理和方法。
2. 能较为熟练地进行常用试验,例如复合地基承载力检测、动力触探实验、K_{30}、E_{vd}试验等。
3. 能认知路基工后沉降,能初步编制沉降观测的方案。
4. 能较为熟练地使用相关软件进行数据处理。

任务一　路基沉降监测技术

一　路基工后沉降要求

路基变形控制是客运专线路基设计施工的关键,路基变形包括三个部分:列车动荷载作用下路基面弹性变形、列车动荷载作用下路基基床产生的累计变形、地基及路堤工后沉降。地基及路堤工后沉降,受地基岩土性质及相应地基处理措施、填料性质及压实标准影响较大,不确定因素较多,是工程建设管理控制的重点。

根据《高速铁路轨道工程施工质量验收标准》(TB 10754—2010)中工后沉降定义,工后沉降指铺轨工程完成以后,基础设施产生的沉降量。沉降评估预测的沉降量15mm的要求也是指铺轨完成后发生的累计沉降量。

如铺轨后线下构筑物发生不均匀沉降,将导致线路维修成本的增加;线下构筑物发生不均匀沉降超出无砟轨道扣件可调范围而无法通过扣件进行调整,将导致不得不对线下构筑物进行维修。线下构筑物不均匀沉降还会导致轨道板开裂,将引起轨道构件的更换或维修。因此,客运专线无砟轨道必须严格控制线下构筑物的沉降,特别是不均匀沉降。客运专线对路基工后沉降的控制制定了极其严格的标准。

我国客运专线工后沉降控制标准见表4-1。

客运专线工后沉降控制标准　　　　　　　　表4-1

序号	项目	线路类型		
		300km/h(有砟)	300km/h(无砟)	250km/h
1	路基	≤5cm	≤3cm	≤10cm
2	过渡段	≤3cm	路基与桥台、隧基础沉降差≤0.5cm	≤8cm
3	年平均沉降速率	≤2cm/年	不均匀沉降≤2cm/20m 折角<1/1000	≤3cm/年

根据以上要求,在客运专线路基施工中,必须对施工过程和铺轨前的路基沉降进行连续不间断的观测,据此评估路基工后沉降是否满足铺轨的条件。

二　路基沉降监测

根据采用的监测手段不同,路基沉降观测可分为两种。一种是通过埋设观测桩,利用高精度的水准测量设备、位移测量设备来监测路基的沉降和位移,属于常规方法。第二种是利用现代高科技电子设备,通过沉降检测仪表准确地测量路基的沉降和位移。二者各有优缺点:第一种检测方法费用相对低廉,但测量人员工作量大,容易受环境因素影响,且沉降设备的埋设对路基施工影响较大;第二种检测方案设备费用相对较高,但是由于自动化程度高,具有检测人员工作量小,精度高,且对对路基施工影响较小的优点。

1. 常规沉降观测

1)资源配置

(1)项目部设专门测量机构,配备专职且经过专门培训的测量人员从事观测工作。

(2)仪器设备

①竖向沉降测量采用自动安平电子水准仪(如瑞士产 NA3003)配 3m 铟钢尺进行,位移桩、边桩的水平位移测量可使用 $2mm + 2 \times 10^{-6}D$ 精度的全站仪。三、四等水准测量采用 DS3 水准仪,配用 3m 长的红、黑面木质水准尺。水准尺各部分转动应灵活,望远镜制微动螺旋作用应可靠,调焦镜及目镜调节不能有明显的晃动现象。每次观测前除检验圆水准器、十字丝位置正确性,自动安平水准仪补偿器灵敏度等项目外,必须正确进行 i 角的检验。精密水准仪按国家一、二等水准测量规范进行检验;普通水准仪按国家三、四等水准规范进行检验。DS1 型水准仪 i 角不应超过 15″;DS3 型水准仪不应超过 20″。水准尺必须牢固无损,尺底板不应有松动,尺的中线与尺底成垂直,尺面不能有弯曲。水准尺应进行标尺零点不等差、1m 长度和分米长度等项目的检验,水准尺必须装有圆水准器,不符合要求不能使用。

②沉降监测用具主要采用沉降板和位移桩、边桩、固定桩。

a. 沉降板由钢板或钢筋混凝土底板、测杆、保护管组成。其中底板是 50cm × 50cm × 1cm 的钢板,测杆采用 ϕ40mm 钢管,与底板焊接固定在垂直位置上,保护套采用 ϕ48mm 铸铁套管,套管尺寸以能套住测杆并使标尺能进入为宜,随填土的加高,测杆的套管相应加高,每节长不超过 50cm,接高采用丝扣连接,接高后测杆顶面应略高于套管上口,测杆顶用顶帽封住管口,避免填料落入管内影响测杆自由下沉,顶帽高出碾压面高度不大于 50mm。使用沉降板的缺点是对路基施工有影响,容易被破坏,且测量的工作量大。

b. 位移桩、边桩、固定桩:采用 C15 混凝土预制,断面采用 15cm × 15cm 正方形,长度不小于 1.5m,并在桩顶预埋半圆形耐磨测头,桩埋置深度在地表以下不小于 1.4m,桩顶露出地面不大于 10cm。埋置方法采用洛阳铲打至设计深度,将预制桩放入孔内,桩周以 C15 混凝土浇筑固定,确保桩埋置稳定。

2)沉降观测断面设置原则

(1)路基沉降观测应以路基面沉降和地基沉降观测为主。沉降变形观测断面应根据不同的地基条件,不同的结构部位等具体情况设置;测点的设置位置应满足设计要求,同时还应针对施工掌握的地质、地形等情况调整或增设。

(2)路基面和地基沉降观测点应设在同一横断面上。

(3)路基面观测断面沿线路方向的间距一般不大于 50m,对于地势平坦、地基条件均匀良好的路堑、高度小于 5m 的路堤可放宽到 100m;地形、地质条件变化较大地段应适当加密观测断面。软土及松软地段,一般每隔 20~50m 设一观测断面或按照设计要求加密;可分别在过渡段范围内设置 3~5 个观测断面或按照设计要求布置。每一观测断面观测基桩设置如图 4-1 所示。地基设沉降板,左侧或右侧路肩处设沉降板 1 个,左线或右线中心和路基中心板设置沉降板各 1 个;路基成型后在左侧、右侧路肩设置沉降观测桩各 1 个,左线或右线中心各设置沉降观测桩 1 个,各观测桩及沉降板在同一断面上。有设计要求的按照设计布置。

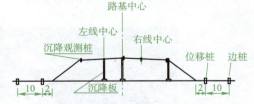

图 4-1 路基沉降观测点设置横断面图(单位:m)

测点及元器件的埋设位置应符合设计要求,且标设准确、埋设稳定,观测断面及每一观测断面上观测点埋设位置与设计要求的允许偏差应不大于 20cm。

3)沉降板的埋设

沉降板的埋设如图 4-2 所示。

地基处理完毕,路基本体施工前,按沉降板设计位置放线,将沉降板埋置在已加固处理完毕的路基地基顶面,然后回填土夯实,沉降板埋好后,设置醒目标志,以防施工时损坏。所有观测点设置完后应立即和设计的导线基点和水准点联网测量,取得初步数据。

图 4-2

图 4-2 沉降板的埋设现场图

4) 观测技术要求

(1) 沉降观测应采用二等几何水准测量,观测精度不低于 1mm,观测中误差为 1mm/km,读数取位至 0.1mm。在实际测量中,采用闭合水准路线或沿路基外侧设置加密水准基点。

允许闭合差:

$$\Delta = \pm 4\sqrt{L} \text{ (mm)} \tag{4-1}$$

式中:L——水准路线长(km)。

(2) 水准测量作业结束后,每条水准线路应以测段往返测高差不符值计算每千米水准测量的偶然中误差:

$$M_\Delta = \pm \sqrt{\frac{\Delta\Delta}{4Rn}} \tag{4-2}$$

式中:Δ——测段往返测高差不符值(mm);

R——测段长度;

n——测段数。

计算所得的 M_Δ 应 ≤1.0mm。

(3) 外业工作:在实际测量中,采用固定的水准仪及水准尺,并保证前后视距尽量相等,使测量误差降低到最低限度。

(4)完成外业工作后,应及时整理平差,计算出各测点高程,算出水准路线长及闭合差,如不满足要求,应对有问题的段落进行复测,找出原因。

(5)对于准确的测量结果,按要求及时整理,并绘制"填土高—时间—沉降量"关系曲线,如图4-3所示。同时详细记录填土厚度及接管情况等,从而直观地反映出随填土荷载变化的沉降变化规律。

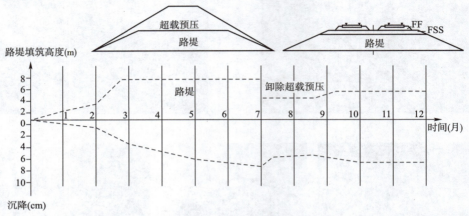

图4-3 "填土高—时间—沉降量"关系曲线图

5)沉降观测频次控制要求

(1)路基填筑过程中沉降观测要求

在填筑过程中,应做好现场边桩及沉降观测,在施工期间一般每一填筑层应进行一次观测,在沉降量急剧加大的情况下,每天观测次数不应少于3次。当两次填筑时间间隔较长时,每3d至少观测一次,观测精度应准确到±1mm。特别是路基填筑达临界高度时应加强观测,密切注意路基的沉降量。当路堤中心线地面沉降速率每昼夜大于10mm,或坡脚水平位移速率每昼夜大于5mm时,应立即停止填筑,待观测值恢复到限值以内再进行填筑。

(2)预压期的沉降观测控制

路堤应经过分层填筑达到预压高程。在预压期的前2~3个月内,每5d观测一次,三个月后7~15d观测一次;半年后一个月观测一次,一直观测到设计要求的时间,见表4-2。

路堤填筑预压期观测时间   表4-2

观测阶段	观 测 频 次	
填筑或堆载	一般	1次/d
	沉降量突变	2~3次/d
	两次填筑间隔时间较长	1次/3d
堆载预压或路基填筑完成	第1~3个月	1次/周
	第4~6个月	1次/2周
	6个月以后	1次/月
轨道铺设后	第1个月	1次/2周
	第2~3个月	1次/月
	3个月后	1次/3月

6)路基面观测桩的观测

路基面观测桩埋设后应与边桩和沉降板同步进行观测,通过观测路基面观测桩与沉降板的高程相对变化,确定路基本体的沉降量。

7) 沉降观测质量控制措施

(1) 沉降观测应采用符合精度要求的测量仪器进行观测,测量仪器应注意按照规定进行检定,合格后方可正式使用。

(2) 成立由专职技术人员组成的沉降测量小组,专项负责沉降观测。沉降测量小组成员必须经过培训,富有责任心,并及时、客观、准确地记录和整理测量资料。

(3) 施工过程中保证沉降杆不被破坏;对施工负责人、工程机械司机、运输车司机进行沉降观测重要性的专项教育;设专人指挥倒车;运输车在沉降观测桩周围卸土时,确保沉降观测杆不被破坏。

(4) 观测桩位置应插上标志旗,提醒操作人员注意。基床表层施工完后应砌成砖垛观测桩围护。观测桩周围用 TY60 打夯机夯实,并重点抽查该处压实质量。

(5) 观测桩被碰撞或丢失,要立即补好。

(6) 在卸载前和卸载后各进行一次沉降观测,找好两者关系,并做好记录。

(7) 在卸载和级配碎石施工期间,认真做好沉降观测工作。

(8) 观测资料应齐全、详实、规范,符合设计要求,并及时整理分析,提供给设计单位修正完善设计。

2. 网络自动化监测系统

1) 网络自动化监测系统的设计原则

铁路客运专线无砟轨道施工,要求对路基的工后沉降实现零沉降,同时客运专线战线长,存在不同的地基不良条件,需布设大量的监测点来采集数据并进行整理、分析,任务量大。因此,有必要建立路基沉降的网络自动化监测系统,以实现对路基的沉降控制。

(1) 由于铁路客运专线穿越很多不同的地质单元,不同路段的岩土性质不同,而路基又分为不同形式(如一般路基、高路基、桥路过渡段、堤堑过渡段、路隧过渡段等),不同形式对路基沉降的要求不同,因此,对于不同地质条件和不同路基形式的沉降监测方案,应根据其特点区别进行设计。

(2) 鉴于铁路客运专线对路基沉降的高标准、高要求,监测元件必须采用高灵敏度、高精度、高稳定性智能传感器,以适应网络自动化监测。

(3) 监测元件和监测系统应经久耐用,适应长期监测,确保监测工作的连续性和安全性,以满足工后沉降监测要求。

(4) 监测元件和监测系统的安装与埋设,最好不干扰路基工程施工,以确保铁路客运专线路基工程施工顺利进行。

2) 网络自动化监测系统布置方案

(1) 监测设备布置

客运专线网络自动化监测系统采用 JMZX-256 多点手机无线自动化远程测量系统。主要由上位机、采集模块(MCU)、电源控制模块、手机无线收发模块、系统软件及相关配件组成,可配接各种钢弦传感器(含国外传感器)、电感调频类传感器、温度传感器、标准电压信号等。

客运专线网络自动化监测系统可在待建工程段某地设立总监测中心,沿线根据具体情况设立多个工作站,负责标段内各工作段的沉降监测,其所配备的电脑均与互联网连接,便于有关人员查阅、处理测试资料。

总监测中心是整个标段沉降监测系统的指挥中心，负责全标段监测工作的总体组织安排、元件设备的统一采购，人员设备的组织调配，监测实施细则的制订，各方面的协调，测试资料分析处理等工作。总监测中心配备数据服务器和多台电脑，负责全线原始监测资料、各工作站资料整理的汇总存储，以及监测资料的分析处理，同时监测中心的电脑也可作为无线自动化远程测量系统的上位机使用。

各工作站负责本工作段监测元件的埋设，监测设备的安装与维护，测试资料的采集与初步分析、处理、存储等工作。工作站配备电脑作为网络无线自动化远程测量系统的上位机，与系统软件组成该工作段的监测指挥系统，通过相连的手机无线收发模块与各采集模块（MCU）联系，完成系统管理、系统参数设定、指定系统的指令下达与数据实时采集、定时测量数据的上载传输、数据分析与处理、数据库管理、显示或打印数据报表、绘制各参数变量随时间的走势图等，并将本工作站的测试资料和分析结果上传监测中心的数据服务器存储。

采集模块（MCU）是本系统的二次仪表，与电源控制模块、手机无线收发模块等安装在一个密封箱内，布置在测试现场。采集模块根据各监测断面布置的监测元件数量和相邻监测断面之间的距离，每 1~3 个相邻断面布置一个，根据相邻采集模块之间的距离，每 2~3 个采集模块用 485 总线相连，公用一个手机无线收发模块。通过相连的手机无线收发模块接受上位机下达的命令、完成各类传感器的信号采集、实现与上位机之间的数据传送。采集模块的任意通道均可配接各种传感器。

密封箱通常嵌入路基边坡坡脚内，也可布置在路基边坡坡脚外。一般先砌筑一个内部尺寸为 1.5m×1.2m×1.1m（长×宽×高）带上锁铁门的水泥箱，并作防积水处理，再将密封箱安装在水泥箱内。采集模块可交、直电两用，在没有交流电的场所，可在水泥箱中放置一个汽车电瓶（充电后可使用 6~12 个月）供电。监测元件导线集中在水泥箱后接入采集模块。采集模块布置在路基边坡坡脚外时，应在水泥箱上标识"高压危险"字样，以防人为破坏。

网络自动化监测系统的工作如图 4-4 所示。

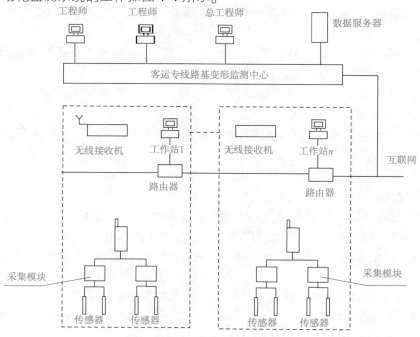

图 4-4　自动化沉降监测系统示意图

(2) 监测系统软件方案

网络自动化监测系统的结构组成如图 4-5 所示,网络数据结构流程如图 4-6 所示。

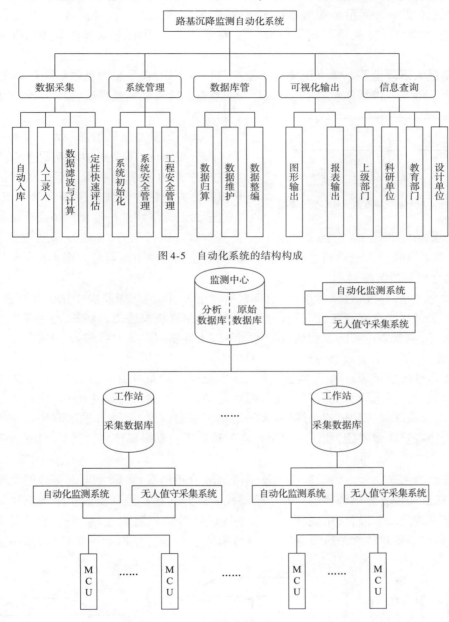

图 4-5　自动化系统的结构构成

图 4-6　网络数据结构流程图

(3) 监测元件布置方案

路基沉降监测分为地基沉降监测和路基本体沉降监测两部分,本方案仅就地基不同地质条件和路基不同形式的监测元件布置模式进行设计。各测试断面的监测元件具体布置,可根据该监测断面的实际地基条件和路基形式,通过组合地基沉降监测的元件布置模式和路基本体沉降监测元件布置模式进行设计。

3) 地基的沉降监测

地基初步分为一般地基、软土地基和岩溶地基三种不同地质条件。

(1)一般地基的沉降监测

一般地基条件下的沉降监测相对比较简单,通常只需对地基压缩层内的沉降进行监测,即按设计监测断面间距监测地基最大沉降,并对相同地质条件选择 3~5 个断面在监测地基最大沉降的同时监测地基剖面沉降。监测元件拟采用电感类智能型传感器—单点沉降计。

①地基最大沉降监测。单点沉降计布置在路基中心处,在平整地基后钻孔预埋安装,其埋设深度应大于地基压缩层厚度,测试导线引入密封箱连接自动采集模块,监测元件布置示意如图 4-7 所示。

图 4-7 一般地基沉降监测元件布置示意图

②地基剖面沉降监测。为了掌握地基剖面沉降分布情况,可采用与地基最大沉降监测同样的方式,在监测地基最大沉降的同时沿路基横断面方向钻孔预埋安装多个单点沉降计,组成剖面沉降系统进行监测。单点沉降计个数可根据地基土质条件选择 3~7 个,测点可利用路基对称性进行布置,其埋设深度应大于地基压缩层厚度,测试导线引入密封箱连接自动采集模块,监测元件布置示意如图 4-8 所示。

(2)软土地基的沉降监测

由于软土地基沉降的性质复杂,明显存在瞬时沉降、固结沉降及次固结沉降现象,加之软土地基在施工过程中存在稳定性问题,为了合理安排路基填筑施工,确保软土地基在施工过程中不产生破坏,需要通过实际监测结果随时预测软土地基沉降的发展趋势、推算软土地基的最终沉降,因此,必须对软土地基进行多项目的监测。

①软土地基分层沉降。为了掌握软土地基各土层内的沉降变形,拟采用电感类智能型传感器——串联式分层沉降计进行自动化监测。监测元件布置在路基中心处,在平整地基后钻孔预埋安装,埋设深度应穿过软土层、并大于地基压缩层厚度,沉降计的串联层数根据地层情况和预计的地基沉降量决定,测试导线引入密封箱连接自动采集模块,监测元件布置示意如图 4-9 所示。

②软土地基剖面沉降。为了掌握地基剖面沉降分布情况,可采用与地基分层沉降测量同样的方式,在监测地基分层沉降的同时沿路基横断面方向钻孔预埋安装多个电感类智能型传感器——串联式分层沉降计,组成剖面沉降系统进行自动化监测,测点个数可根据需要选择 3~7 个,并利用路基对称性进行布置,测试导线引入密封箱连接自动采集模块,其布置示意如图 4-10 所示。

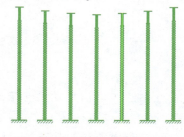

图 4-8 地基剖面沉降测试元件布置示意图

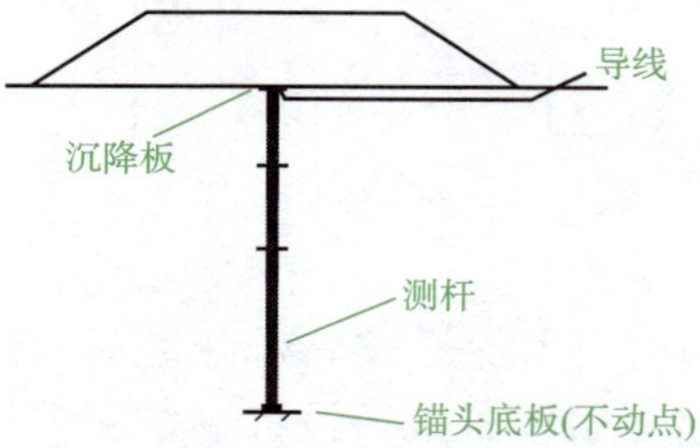

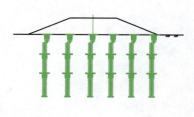

图 4-9 监测元件布置示意图

图 4-10 分层沉降计组成的剖面沉降系统布置示意图

地基剖面沉降还可以在路基填筑以前埋设电感类智能型传感器—静力水准仪组成剖面沉降系统进行自动化监测,测点个数可根据需要选择 3~7 个,并利用路基对称性进行布置。一个静力水准仪测点由两个精密液位计和液位连通管组成,其中一个精密液位计布置在测点处,另一个布置在路基坡脚以外,两个精密液位计之间用液位连通管连接,测试导线引入密封箱连接自动采集模块,其布置示意如图4-11所示。

另外,地基剖面沉降也可以采用传统剖面沉降仪对软土地基的剖面沉降进行人工测量,剖面沉降仪由测头、专用电缆、充液导管、液体箱及读数仪等组成。使用前,在监测部位预埋专用充液导管,导管两端安装液体箱,测量时先在液体箱内注入水,再将测头放入充液导管内测量地基剖面沉降。充液导管通常在路基填筑施工前预埋在地基顶部,其两端伸出路基两侧坡脚外,并与液体箱连通,其布置示意如图4-12所示。

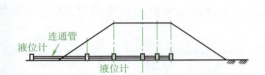

图4-11 静力水准仪组成的剖面沉降系统布置示意图

图4-12 剖面沉降仪布置示意图

③地基边桩水平位移监测。为了合理控制路基填筑施工速率,科学分析地基沉降发展趋势,有必要掌握填筑施工过程中地基边桩的水平位移情况。边桩水平位移拟采用电感类智能型传感器——单点变位计进行自动化监测。变位计在路基填筑施工前埋设安装,其安装形式有两种:中心法和边桩法。中心法适用于路基两侧无观测条件的场所,其内端点固定在路基中心处;边桩法适用于路基两侧较为平坦开阔的场所,其外端点固定在路基外不动处。每个断面监测元件一般布置2或4个,监测元件埋设后将测试导线引入密封箱连接自动采集模块,其布置示意如图4-13所示。

④地基侧向位移监测。为了分析地基侧向位移带来的地基沉降,有必要对地基的侧向位移进行监测。侧向位移可采用钻孔测斜仪进行人工测量。测斜仪由测头、专用电缆及读数仪组成。使用前,在监测部位钻孔预埋专用测斜导管,导管内壁开有导槽,测量时将测头沿导槽放入管内测量土体的水平位移量。测斜导管通常在路基填筑施工前钻孔预埋在路基两侧坡脚外,其布置示意如图4-14所示。

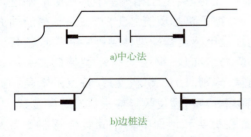

图4-13 边桩水平位移监测元件布置示意图

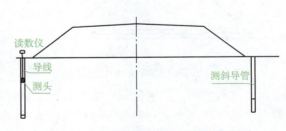

图4-14 地基侧向位移监测元件布置示意图

⑤地基内各种应力的监测。为了掌握地基固结度变化情况,以便合理控制路基填筑施工速率,科学分析沉降发展趋势,必须对软土地基总应力、孔隙水压力等进行监测。监测元件采用钢弦类智能型传感器——孔隙水压计、软基深层垂直应力盒和水平应力盒。孔隙水压计用于监测地基内的孔隙水压力,软基深层垂直应力盒用于监测地基垂直向总应力,软基深层水平应力盒监测地基水平向总应力。三种传感器搭配为一组,每组传感器最好埋设在相同深度,每种深度的埋设数量通常不少于三组。监测元件布置在路基中心附近,在平整地基后路基填筑

施工前钻孔预埋安装,具体埋设深度根据软土厚度确定,监测元件的测试导线引入密封箱连接自动采集模块,其布置示意如图4-15所示。

⑥基础受力变形监测。

a. 当软土地基采用混喷桩加固形成复合地基时,拟于路基填筑施工前,在路基横断面方向不同区域的桩顶和桩间分别埋设钢弦类智能型传感器——压力盒、电感类智能型传感器——静力水准仪,分别对桩土应力比和桩土沉降差进行监测,布置在同一区域桩头和地面的两个同类传感器为一组,两种传感器在同一区域的埋设数量通常分别不少于三组。压力盒埋设在垫层底部的拟测位置(桩头或地面),而静力水准仪测点由两个精密液位计和液位连通管组成,其中一个精密液位计布置在测点处(桩头或地面),另一个布置在路基坡脚以外,两个精密液位计之间用液位连通管连接。监测元件的测试导线引入密封箱连接自动采集模块,其布置示意如图4-16所示。

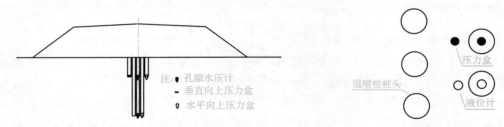

图4-15 地基内各种应力监测元件布置示意图　　图4-16 混喷桩复合地基监测元件布置示意图

b. 当软土地基采用土工材料(土工格室、土工格栅、土工布等)加固形成加筋地基时,拟于路基填筑施工前,在路基横断面方向埋设电感类智能型传感器——柔性位移计、钢弦类智能型传感器——压力盒,分别对土工材料变形和底部应力分布进行监测,监测元件埋设数量应根据实际需要确定。柔性位移计安装在土工材料的拟测位置,压力盒埋设在垫层底部的拟测位置,监测元件的测试导线引入密封箱连接自动采集模块,其布置示意如图4-17所示。

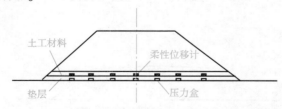

图4-17 加筋地基监测元件布置示意图

c. 当软土地基采用桩(钢筋混凝土桩)网(土工格室、土工格栅等)加固形成刚性地基时,拟于路基填筑施工前,在路基横断面方向埋设电感类智能型传感器——柔性位移计和静力水准仪、钢弦类智能型传感器——压力盒,分别对土工材料变形、桩土沉降差和桩土应力比进行监测。柔性位移计安装在土工材料的拟测位置,埋设数量应根据实际需要确定;而静力水准仪和压力盒分别布置在桩头和地面,布置在桩头和地面的两个同类传感器测点为一组,这两种传感器的埋设数量通常分别不少于三组。一个静力水准仪测点由两个精密液位计和液位连通管组成,其中一个精密液位计布置在测点处(桩头或地面),另一个布置在路基坡脚以外,两个精密液位计之间用液位连通管连接。监测元件的测试导线引入密封箱连接自动采集模块,其布置示意如图4-18所示。

(3)岩溶地基的沉降监测

经过灰岩岩溶发育地段的路基,地基除存在前述压缩沉降外,还可能会发生岩溶塌陷沉降。对于塌陷沉降,拟于路基填筑施工前在可能产生塌陷的区域埋设电感类智能型传感器——静力水准仪进行自动化监测。静力水准仪的一个精密液位计布置在可能产生塌陷的区域上方,另一个精密液位计布置在路基不产生塌陷处,两个精密液位计之间用连通管连接,测试导线引入密封箱连接自动采集模块,监测元件布置示意如图 4-19 所示。

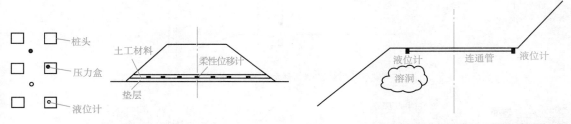

图 4-18　桩网刚性地基监测元件布置示意图　　图 4-19　岩溶地基塌陷沉降监测元件布置示意图

4）路堤本体的沉降监测

路基可分为一般路基、高路基、桥路过渡段、堤堑过渡段、路隧过渡段等多种不同形式,不同形式对路基沉降的要求不同。根据其沉降特点分为一般路基、高路基和过渡段三种模式进行沉降监测设计。

（1）一般路基的沉降监测

一般路基的沉降监测相对比较简单,只需按设计监测断面间距对路堤本体的压缩沉降进行监测即可。监测元件拟采用电感类智能型传感器——单点沉降计。单点沉降计布置在路基中心处,在完成路基填筑施工后钻孔埋设安装,其埋设深度应为路堤填筑高度,测试导线引入密封箱连接自动采集模块,监测元件布置示意如图 4-20 所示。

（2）高路基的沉降监测

高路基的沉降通常需使用 2～3 个监测元件分层监测其沉降量。监测元件拟采用电感类智能型传感器——单点沉降计。单点沉降计布置在路基中心处,分多次钻孔埋设安装,即依次在路基填筑至分层高度后钻孔埋设安装相应测杆长度的单点沉降计,并将测试导线引入密封箱连接自动采集模块。监测元件布置示意如图 4-21 所示。

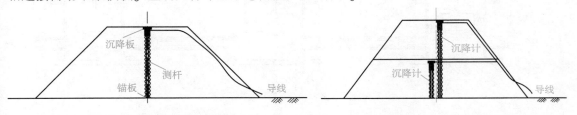

图 4-20　一般路基沉降监测元件布置示意图　　图 4-21　高路基沉降监测元件布置示意图

（3）过渡段路基的沉降监测

过渡段路基的沉降,根据过渡段路基的长度及与相邻监测断面的距离,可选择两种监测方式:

①采用前述路基沉降监测方式,即在路基中心埋设单点沉降计,直接测量路基本体的压缩沉降。

②采用电感类智能型传感器——静力水准仪,测量与相邻监测断面的沉降差,即在完成路基填筑施工后将静力水准仪的一个精密液位计布置在过渡段路基的拟监测点,另一个精密液位计布置在相邻监测断面的沉降监测处,两个精密液位计之间用连通管连接,测试导线引入密封箱连接自动采集模块,监测元件布置示意如图 4-22 所示。

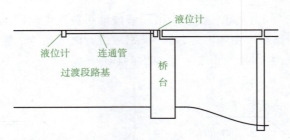

a)过渡段与相邻监测断面沉降差监测元件剖面布置示意图

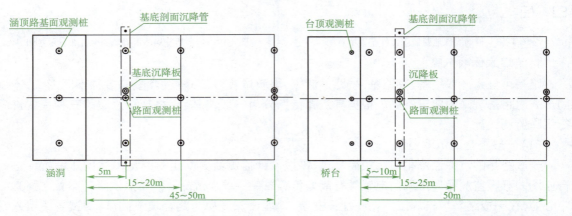

b)过渡段与相邻监测断面沉降差监测元件平面布置示意图　　c)路桥过渡段与相邻监测断面沉降差监测元件平面布置示意图

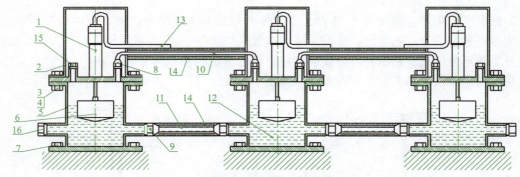

d)埋入式连通液位沉降计结构示意图

图 4-22　监测元件布置示意图

1-液位传感器;2-保护罩;3-螺母;4-螺栓;5-液缸;6-浮筒;7-地脚螺栓;8-气管接头;9-液管接头;10-气管;11-液管;12-防冻液;13-导线;14-PVC 钢丝软管;15-气管堵头;16-液管堵头

三　路基信息化施工

客运专线路基采用信息化动态施工,即通过观测数据分析不断修正设计方案,完善现场施工。

成立专职沉降观测小组,观测路基沉降和位移变形,并根据观测结果整理绘制"填土高—时间—沉降量"关系曲线,分析土体的发展趋势,判断地基的稳定性,验证路基设计方案是否满足要求,对不满足要求的进行优化设计。此过程贯穿于整个路基施工期。路基信息化施工工艺流程如图 4-23 所示。

四、测量资料整理分析

(1)观测后应及时整理资料,并绘制"填土高—时间—沉降量"关系曲线,并及时提供给设计单位修正完善设计,加强与设计单位的沟通与协作,妥善处理路基施工中出现的问题,确保路基满足铺轨要求和客运专线运营的要求。

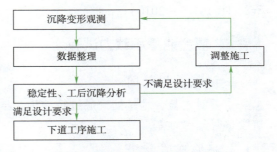

图4-23 路基信息化施工工艺流程图

(2)如果处理后的软弱地基,当填方达到规定高程很长一段时间,沉降曲线尚未出现明显拐点,应及时分析原因,并采取相应补救措施。

(3)铺轨前应由建设、设计、施工和监理单位参加的路基验评小组对路基工后沉降进行评定。竣工验交时,沉降观测设备和观测资料应与工程同时移交给工程接收单位。

五、路基沉降推算

1.路基沉降推算概述

根据实测沉降观测资料,利用数学方法对后期沉降速率、总沉降量以及工后沉降值进行沉降推算。施工单位应根据沉降观测情况配合设计部门进行综合分析,开展动态设计,以推算地基的最终沉降量、沉降趋势和残余沉降,控制施工填土速率,评价地基加固措施的有效性,预测预压时间、施工期沉降、合理沉降量,及时调整设计使地基处理达到预定的控制要求,同时作为验交时控制工后沉降量的依据。根据沉降观测资料进行沉降推算是确保客运专线路基,尤其是松软土路基沉降得到有效控制的必须环节。

2.路基沉降推算的方法

利用实测沉降数据推算工后沉降方法很多,常用的有双曲线法、指数曲线法、三点法(对数曲线法)、星野法、沉降速率法等。下面简单介绍各种推算方法的要点。

(1)采用双曲线法推算工后沉降是常采用的方法之一,对于复合地基、塑料排水板加固中厚层软土路基,其结果与实际沉降值较为接近。双曲线法 t_0 宜选择在填方至路肩后2~3个月,且预压时间越长推算结果精度越高。

(2)三点法适用于排水固结法软土地基施工。三点法计算点的选择对结果影响很大,与修正时间无关,Δt 取值越大,t_1 至推算时间终点越远,其推算结果越接近实测值。

(3)沉降速率法适用于复合地基施工,与加载时间、速率的确定有关。推算过程复杂,计算工作量大。

(4)星野法:最优,但 t_0、s_0 的确定困难,其选择的合理与否对推算结果影响较大。

任务二 路基检测

客运专线铁路路基施工检测是指在地基处理和路基填筑过程中进行的各种质量控制的检查方法。通过路基检测,检验路基是否达到了设计要求,是否具有足够的强度和刚度能够承受列车动荷载的作用。客运专线铁路路基施工检测技术主要包括复合地基承载力试验、动力触探试验、钻芯取样试验、K_{30}平板荷载试验、E_{vd}动态平板荷载试验、E_{V2}平板荷载试验、密度试验,包括核子射线法、环刀法、灌砂法、灌水法、气囊法等。试验标准应符合《铁路工程土工试验规程》(TB 10102—2010)。

复合地基承载力试验

1. 试验适用范围

主要针对复合地基处理后进行的施工质量检查,包括粉喷桩、搅拌桩、挤密砂(碎石)桩、旋喷桩等复合地基。

2. 试验检验频率

一般应按验标要求的频率检测,或取 5‰ 的桩进行复合地基承载力试验。

3. 试验技术

(1) 试验加载系统

试验采用地锚加载系统,慢速维持分级加载法。单桩复合地基荷载试验的承压板可用圆形或方形,面积为一根桩承担的处理面积;多桩复合地基荷载试验的承压板可用方形或矩形,其尺寸按实际桩数所承担的处理面积确定。桩的中心应与承压板的中心一致。复合地基产生的变形沉降,通过对称放置在承载板上的两个百分表进行观测。

荷载分级:加载分 8~12 级进行,每级加载量为预估加载总量的 1/(8~12)。

变形观测:每级加载后,间隔 5min、10min、15min 各测读一次,以后每隔 15min 测读一次,累计 1h 后隔 30min 测读一次。

(2) 加载等级

可分为 8~12 级,最大加载压力不应小于设计要求压力值的 2 倍。

(3) 沉降测读时间

每级荷载施加后第 1 小时内以 1min、5min、10min、20min、30min、45min、60min 各测读一次,以后每隔半小时测读一次,直至达到稳定标准。

(4) 稳定标准

1h 内沉降量小于下列规定值时,即可加下一级荷载。

①单桩荷载试验时,稳定标准取 0.1mm/h。

②复合地基荷载试验时,对碎(砂)石桩,稳定标准取 0.25mm/h,其他类型桩均取 0.1mm/h。

(5) 终止加载条件

①沉降量急速增大,土被挤出或压板周围出现明显裂缝。

②累计沉降量已大于压板宽度或直径的 10%。

③总加载量已为设计要求值的 2 倍以上。

(6) 卸荷

卸荷级数一般为加荷级数的一半,卸除每级荷载维持 30min,回弹量测读时间为 15min、30min。但最后一级卸荷至零后应测读回弹量至符合稳定标准。

(7) 承载力的确定

①按相对变形值确定。

a. 碎(砂)石桩:对以黏性土为主的地基,可取 $s/b = 0.02$ 所对应的荷载(s 为荷载板稳定沉降值,b 为荷载板边长或直径);对以粉性土、砂土或杂填土为主的地基,可取 $s/b = 0.015$ 所对应的荷载。

b. 其他类型的桩:可取 $s/b = 0.01$ 所对应的荷载。
　　②当 $p \sim s$ 曲线上有明显的比例界线时,可取该比例界线所对应的荷载。
　　③当极限荷载能确定,而其值又小于对应的比例界线荷载值的 1.5 倍时,可取极限荷载的一半。

二、动力触探试验

1. 适用范围

主要针对挤密砂(碎石)桩进行的桩身施工质量检查。

2. 试验检验频率

一般应取 2% 的桩进行。桩身质量标准应满足 $N_{63.5} \geq 10$ 击的设计要求。

3. 试验技术

(1) 动力触探设备类型和规格

触探设备主要参数应符合《铁路工程地质原位测试规程》(TB 10018—2003)的规定,具体参数为重锤质量 (63.5 ± 0.5) kg,重锤落距 (76 ± 2) cm,探头截面积 $43 cm^2$,探杆外径 42.5mm。

(2) 动力触探作业要点

①动力触探对桩身进行重型动力触探,要求合理锤击,记录每贯入 10cm 相应的锤击数。当桩身较软时,可采用测量每阵击(一般为 1～5 击)的贯入度,换算成贯入 10cm 时的锤击数。对于个别桩重型动力触探贯入有困难时,宜改用特重型动力触探。

②桩身动力触探应结合地层结构,根据触探曲线形状进行分层计算其触探击数平均值;当触探曲线形状分层特点不明显且呈线形分布时,宜给出触探击数的线形关系式。

③现场记录应清晰完整,除填写动力触探记录表外,还应在附注栏中记录工作过程中的异常情况。

④动力触探击数校正。

触探实测击数应按下列公式进行杆长击数校正

$$N_{(63.45)} = \alpha N_{63.5} \tag{4-3}$$

式中: $N_{(63.45)}$ ——重型动力触探校正后击数(击/10cm);
　　　α ——杆长击数校正系数;
　　　$N_{63.5}$ ——重型动力触探实测击数(击/10cm)。

⑤动力触探成果统计原理是根据动力触探校正后的击数与贯入深度曲线图,对碎石桩、砂桩的桩身质量进行综合评定。

三、钻芯取样试验

1. 适用范围

主要针对粉喷桩、搅拌桩、旋喷桩进行的桩身施工质量检查。

2. 检验频率

一般成桩 28d 后取 2‰ 的桩抽芯进行无侧限抗压强度试验,且每工点不少于 3 根,应满足无侧限抗压强度 $q_u \geq 1.2$ MPa 的设计要求。

3. 试验技术

(1) 钻芯设备

钻探取芯检测可采用油压 100 型钻机。该型钻机采用全液压钻进,移动方便、迅速、安全、劳动条件好,钻进效率高,传动荷载平稳,孔内安全。

(2) 钻芯方法

采用定位钻孔取芯法。钻芯深度为自孔口下有效桩头至设计桩底高程处,全程钻取芯样。

4. 桩的质量分类

(1) Ⅰ类桩:岩芯呈长柱状,搅拌均匀,芯样硬,无断灰、夹泥、喷灰不足、喷灰不均、水泥结核状结块等现象。无侧限抗压强度试验满足设计要求。

(2) Ⅱ类桩:岩芯呈短柱状,搅拌均匀,芯样较硬,无断灰、夹泥等现象。无侧限抗压强度试验达到设计要求。桩身有轻微缺陷。

(3) Ⅲ类桩:岩芯呈块状,搅拌均匀程度一般,局部芯样软,有少量夹泥、水泥结核状结块等现象。桩身无严重缺陷。

(4) Ⅳ类桩:岩芯呈角砾状或土状,搅拌均匀程度较差,桩身中上部芯样软,局部有断灰、夹泥、水泥结核状结块等现象。桩身存在严重缺陷。

四 K_{30} 试验

1. 试验原理

在地基上用直径 30cm 的刚性荷载板垂直分级加载,测得下沉量 s 与荷载强度 p 的关系曲线,$K_{30} = p_{1.25}/s_{1.25}$,取 1.25mm 对应的荷载强度 $p_{1.25}$,计算 K_{30} 值即地基系数。

2. 试验仪器

K_{30} 试验仪器主要由荷载板、千斤顶、百分表、基准支架及反力装置组成。荷载板为厚度大于 22mm、直径 30cm 的钢制圆板。千斤顶选用 5t 带有精密压力表(精度 1%)的千斤顶。选用的百分表的最小刻度为 0.01mm,量程大于 30mm。基准支架由长 3m 的杆和支脚组成,基准支架的杆上安装固定百分表。反力装置可利用汽车或其他反力设备,其支点应距荷载板 1m 以外。

3. 试验方法及步骤

K_{30} 试验应按以下步骤做好准备工作。

(1) 平整试验作业面,整平地基土,如有必要可薄薄地铺一层细砂。

(2) 在平整好的土面上安置荷载板。

(3) 将千斤顶放置在荷载板上,并与反力装置对正,反力装置支点应距荷载板 1m 以外。

(4) 安装基准支架,其支脚应放置在距荷载板及反力装置支点 1m 以外的位置。

(5) 将百分表固定在荷载板两侧的基准支架的杆上,并调零位。

(6) 为使读数稳定,先预加 10kPa 的荷载,然后卸除,记录百分表初读数。

(7) 准备工作完成后,就可进行分级加荷试验,分级加荷每级增量为 40kPa。每增加一级荷载,等该荷载的下沉量终止后,记录荷载强度和下沉量读数(注:当 1min 的下沉量不大于该级荷载强度下产生的总下沉量的 1% 时,即可认为下沉已终止)。

(8) 当总下沉量达到 2mm,或者荷载强度超过估计的现场实际最大接触压力,或者达到地基土的屈服点时,试验即停止。

具体见《铁路工程土工试验规程》(TB 10102—2010)。

五、E_{vd} 平板荷载试验

1. 试验原理

E_{vd} 平板荷载试验采用动态变形模量测试仪测定土体承载力的指标,它通过落锤试验和沉陷测定来直接测出反映土体动态特性的指标 E_{vd}(MPa)。

2. 设备构成

由加载装置、荷载板和沉陷测定仪三部分组成。加载装置主要由挂钩装置、落锤、导向杆、阻尼装置等部分组成。荷载板主要由圆形钢板、传感器等组成。沉陷测定仪由信号处理、显示、打印机和电源等部分组成。

3. 测试范围

沉陷测试范围:[(0.1~2.0)±0.05]mm

E_{vd} 测试范围: 10MPa<E_{vd}<225MPa

4. 仪器的校验和标定

(1) 仪器在每次试验前应按使用说明书进行校验。

(2) 仪器每年必须重新标定一次。

5. 试验操作步骤

(1) 测试前的准备工作

①测试面应整平,应使荷载板与地面良好接触。必要时可用少量的细中砂补平。

②导向杆应保持垂直。

③检查仪器标明的落距。

(2) 测试步骤

①荷载板放置在平整好的测试面上,安装上导杆并保持其垂直。

②将落锤提升至挂钩装置上挂住,然后使落锤脱钩,自由落下,当落锤弹回后将其抓住并挂在挂钩上,按此操作进行三次预冲击。

③正式测试时按本条项②的方式进行三次冲击测试,作为正式测试记录。测试时应避免荷载板的移动和跳跃。

④测试时,应记录每个测点的工程名称、检测部位、试验时间、土的种类、含水率以及相关参数。

(3) 实测结果可采用式(4-2)简化计算

$$E_{vd} = 22.5/s \tag{4-4}$$

式中:s——实测荷载板下沉幅值(mm)。

具体见《铁路工程土工试验规程》(TB 10102—2010)。

六、核子密度仪试验

核子密度仪试验可以快速检测压实土体的干密度,湿密度,含水率,并可换算得到压实土体的压实度 K、孔隙率 n 等物理指标。具体见《铁路工程土工试验规程》(TB 10102—2010)。

七 环刀法、灌砂法、灌水法、气囊法

环刀法、灌砂法、灌水法、气囊法主要用来测定土体的干密度、孔隙度等指标。其中环刀法适用于粉土和黏性土。灌砂法、灌水法适用于现场测定最大粒径小于 60mm 的土的密度。具体见《铁路工程土工试验规程》(TB 10102—2010)。

1. 孔隙率 n

孔隙率检测有两种方法：灌水法和灌砂法。

1) 灌水法

(1) 检测仪器

本试验采用仪器设备包括储水筒、台秤、塑料薄膜袋(由聚氯乙烯薄膜制成)、水准尺、钢卷尺、铁锹、盛土容器等。

(2) 现场检测

①将选定试验坑位置处的地面铲平，其面积略大于试验坑直径 150mm，按试验坑直径划出坑口轮廓线，在轮廓线内下挖至要求深度 200mm 处，边挖边将挖出的土放入盛土容器内，称土的质量，然后取代表性土样测定含水率。

②试验坑挖好后，将大于试验坑容积的塑料薄膜袋沿坑底、坑壁紧密相贴，到地面后翻开袋口，袋口周围用重物压牢固定。

③记录储水筒内初始水位高度，打开储水筒的注水管，让水缓缓流入坑内塑料薄膜内。当袋内水面上升到接近坑口地面时将水流调小，待水面与坑口地面齐平时立即关闭注水管，持续 3～5min，记录储水筒内水位的高度。如袋内出现水面下降时，应另取塑料薄膜重做试验。

2) 灌砂法

(1) 检测仪器

本试验采用仪器设备包括密度测定器(包括容砂瓶、灌砂漏斗和底盘)、天平、土样筛、标准砂、小铁锹、小铁铲、盛土容器等。

(2) 现场检测

①称土的质量，然后取代表性土样测定含水率，方法同灌水法现场检测。

②向容砂瓶内灌满标准砂，关阀门，称灌满标准砂的密度测定器的总质量。

③将密度测定器倒置于挖好的坑口上，打开阀门，使密度测定器内的标准砂流入坑内，当密度测定器内标准砂停止流动时关闭阀门。称密度测定器和剩余标准砂的质量，并计算灌满试验坑所用标准砂的质量。

孔隙率的计算可采用：

$$n_1 = \left(1 - \frac{\rho_d}{\rho_s}\right) \times 100\% \tag{4-5}$$

式中：n_1——用颗粒密度计算求得的孔隙率；

ρ_d——土的干密度(g/cm^3)；

ρ_s——土的毛体积密度(g/cm^3)。

八、标准贯入试验

用标准贯入仪检测砂桩的密实程度。具体见《铁路工程土工试验规程》(TB 10102—2010)。

九、改良土检测试验

有重型击实试验、无侧限抗压强度试验、EDTA 滴定法等,具体见《铁路工程土工试验规程》(TB 10102—2010)。

十、击实试验法

用以确定试样的最优含水率和最大干密度。具体见《铁路工程土工试验规程》(TB 10102—2010)。

十一、固结试验

试验目的是测定试样在侧限与轴向排水条件下的变形和压力,或孔隙比与压力的关系、变形和时间的关系,以便计算土的压缩系数 a_v、压缩指数 C_c、回弹指数 C_s、压缩模量 E_s、固结系数 C_v 及原状土的先期固结压力。具体见《铁路工程土工试验规程》(TB 10102—2010)。

任务三 路基评估技术

路基的评估主要包括两方面的内容:一是运架梁路基的评估,评价运架梁前及运架梁过程中路基的安全和稳定性,以保证运架梁的安全;二是铺轨前路基的评估,评价铺轨前路基基床表层级配碎石的各项指标是否符合设计要求,路基工后沉降是否满足铺轨要求,以保证铺轨工作的顺利进行。

一、运架梁路基的评估步骤及方法

1. 确定路基填筑质量

通过审查施工资料,检查路基填筑材料、工艺及隐蔽工程质量;通过现场踏勘,检查路基的外观质量;通过内外业检查,初步了解路基的质量状况。对重要路基段如软弱地基、过渡段等采用地质雷达扫描、动力触探或其他方法抽查局部质量情况。

2. 路基动态观测

在运梁车通过的最不利位置设动态观测断面,最不利位置是指路桥过渡段、路隧过渡段、软硬地质过渡段及软土地基段。每个动态观测断面设 3~5 个沉降标,利用水准仪观测运梁车通过次数与路基表层沉降值的变化关系,并提交软弱地基段的沉降板或沉降计观测资料。

3. 安全性评估

根据内外业质量检查结果确定第一趟梁车是否可以通过。根据运梁车通过次数与路基表层沉降值的变化关系曲线确定运架梁过程中路基是否稳定安全。在规定的频次内,当沉降观测发生突变时,应及时报警。

铺轨前路基的评估

1. 铺轨前路基评估的意义及目的

客运专线路基基床表层填筑完毕后,通过许多施工车辆及运架梁荷载。这样对级配碎石表层有一定的破坏作用。为了保证铺轨前路基的各项指标仍然满足设计要求,以及路基工后沉降同时满足铺轨要求和工后沉降,铺轨前须对路基进行全面检查评估。

2. 铺轨前路基的评估内容

(1) 审查施工资料

重点审查路基填料种类、配比,路基本体和基床底层、表层的检测控制指标是否符合规范要求。

(2) 路基沉降观测资料分析

对一般路基地段,主要通过对路基表层的填土高—时间—沉降观测曲线进行分析,推断年沉降量和工后沉降量是否满足铺轨要求;对过渡段、软弱地基段基底的填土高—时间—沉降观测曲线进行分析,推断年沉降量和工后沉降量是否满足铺轨要求和工后沉降控制要求。

3. 地质雷达检测

对所有路基采用地质雷达进行检测,主要针对路基是否均匀、过渡段范围分界是否明显、级配碎石厚度是否满足设计要求,路堑段开挖是否符合设计要求等。对个别地质雷达检测有怀疑的路段,可采用动力触探、钻探的方法进行补充检测。

4. 级配碎石表层抽检

级配碎石基床表层完成后,由于接触网基础、综合接地等工程的施工,对基床表层有一定的破坏,所以在铺轨前应对级配碎石表层进行抽检,主要抽查 K_{30}、E_{vd} 和孔隙率 n 指标。

通过运架梁路基的评估和铺轨前路基的评估,保证架梁工作的顺利完成,为进行铺轨工作提供依据。

单元五

路 基 维 护

知识目标
1. 初步熟悉路基病害的概念、分布及其危害；
2. 掌握常见路基病害类型；
3. 能分析路基病害成因；
4. 掌握路基病害识别方法；
5. 掌握常用的路基病害整治措施和方法；

能力目标
1. 能根据观察情况分析识别路基病害等，提供整治措施；
2. 能根据相关规范编制路基病害等整治设计方案；
3. 能依据设计文件和相关规范，独立或在专业技术人员指导下进行路基病害等整治施工；
4. 能依据设计文件和相关规范要求，进行施工质量控制与竣工验收。

任务一 路基常见病害

近年来,随着国民经济的快速发展和人民生活水平的不断提高,我国也开始重视提高旅客列车的速度。2002年秦沈客运专线铁路最高试验速度达到了321.5km/h,2008年京津城际铁路最高试验速度达到了394.3km/h,2009年12月武广铁路客运专线在两车重联情况下跑出了394.2km/h的试验速度。2011年开通的京沪高速铁路运营速度为350km/h。京沪高速铁路于2008年4月18日开工,从北京南站出发终止于上海虹桥站,总长1318km,总投资约2209亿元。全线纵贯北京、天津、上海三大直辖市和河北、山东、安徽、江苏四省。是新中国成立以来一次建设里程最长、投资最大、标准最高的高速铁路。2011年6月30日正式开通运营,北京到上海最快只需4小时48分,实现千里京沪一日还。

在高速铁路快速发展的同时,一些问题也逐渐显现出来。由于在轮轨接触的铁路技术中,随着速度的提高,对基础设施和移动的车辆都提出了新的要求,主要可以归结为两个方面,一方面当速度超过250km/h以后,空气动力特性发生显著变化,因此对车辆结构和铁路基础设施提出新的要求;另一方面由于高速运行的列车需具备持久稳定、高平顺性及安全舒适的运行条件,因此对轨下基础提出新的要求。

路基是轨道的基础,也叫线路下部结构。高速铁路的出现对传统铁路的设计施工和养护维修提出了新的挑战,在许多方面深化和改变了传统的设计方法和观念。铁路路基是铁路工程的重要组成部分,是承受轨道和列车荷载的基础,它的稳定和安全将直接影响今后长期运营的安全与效益。对铁路路基的沉降变形进行控制,能够明显地提高高速铁路路基的质量,保证铁路运输的安全。随着国家铁路第六次大提速的完成,铁路运输对路基的抗沉降能力有了更高要求。路基作为高速铁路的基础,它的坚固平稳与否,直接影响线路的运行速度和安全性。然而,路基这种土工结构物的工程性质极为复杂,铁路路基一直暴露在复杂的自然环境之中,其强度与稳定性受各种因素的影响与制约,而且受各种不确定性因素影响较大,路基沉降和遭受破坏等病害在所难免。因此加强对铁路路基沉降变形和控制措施的研究,以保证铁路运输的安全。

路基是条带状结构工程,沿线经过的地质条件差别较大,而不少地区都存在膨胀土、软土、黄土等各种工程性质不良的土,并且受到地理和气候环境常年变化的影响,加之由于技术水平、经济条件以及施工机械设备方面的原因,从而导致各种铁路基床病害成为一种分布广、治理难、多发性强的病害,所以了解路基病害的类型及其发生机理,并对其进行实用的检测,对路基的防护和治理非常重要。

1. 路基边坡病害

路基边坡由于裸露在自然中,除受到所处的地质及水文条件的影响外,还不断受到风化和雨水的冲刷破坏以及人类活动的影响,因而往往会出现不同情况的边坡变形,进而发展成严重的路基病害。常见的路基边坡病害有边坡溜塌、边坡坍塌、风化剥落和坡面冲刷四种类型。

边坡溜塌是黏土质边坡的常见病害,主要有两种表现形式:一是黏土质边坡在长期阴雨和暴雨后,雨水沿边坡上的裂隙下渗,致使边坡表层土的含水率增大,抗剪强度降低,失去稳定,沿着下部未软化的土层发生溜塌;二是边坡表层为黏土质覆盖层,下部为倾斜岩层,表层的黏土受地表水下渗和地下水的影响,产生沿基岩面的溜塌。边坡溜塌,轻者堵塞侧沟,重者掩埋线路,病害继续发展将会造成整个边坡的破坏。

边坡坍塌常发生于边坡坡度陡于天然休止角的节理发育、岩层破坏、风化严重的石质路堑或土质路堑。这种病害发展过程时间较长,开始在堑顶附近出现裂纹,并缓慢地逐渐扩大,当扩大到一定程度时,在坡面水或地下水等自然因素以及列车振动等的作用下,突然顺边坡坍塌下来。在大坍塌之前,常有小的局部坍塌发生。每次坍塌都不按固定的面移动,但坍塌体的下缘均在临空面以上,一直坍塌到边坡坡度接近岩层或土层的休止角为止。由于这种变形具有突然大量塌落的性质,常易造成行车事故。

风化剥落是指整个边坡比较稳定,但边坡表层由于风化作用,边坡表面的土层或岩层从坡面上剥离下来的变形现象。风化剥落常发生于易风化的岩质边坡、黄土路堑边坡的空面下部或软硬交界层。这种病害,初期对行车影响不大,仅增加路基的养护维修工作量,但继续发展将会影响边坡的稳定。

较高的土质边坡和风化严重的石质边坡,在地面水冲刷作用下会形成冲沟、冲坑,边坡下部尤为严重。它不仅破坏了坡面的完整,暴雨时还往往堵塞侧沟,形成泥流漫道并影响边坡。

2. 高速铁路路基病害类型及原因分析

高速铁路路基常见病害有:路基沉降、边坡损坏、雨水风砂冲蚀、特殊地质条件下的病害等。

(1) 路基沉降

路基下沉主要是路基填筑密度不够和强度不足所致,表现形式有路基下沉、道砟囊或道砟袋。填方路基下沉导致断面尺寸改变的病害现象,称为路堤沉陷。由于路基填料密实度不足或地基松软,在水、荷重、自重及振动作用下发生局部或较大面积的竖向变形;一般经过列车运行一段时间后,下沉会趋于缓解。但有时当荷载增加或水的作用使沉降速率加大,局部下沉也会导致陷槽造成线路不平顺。路基下沉分为基床下沉、堤体下沉和基底下沉三种类型,如图5-1所示。

(2) 翻浆冒泥

路基强度因含水过多而急剧下降,在行车作用下发生裂缝、鼓包、冒泥等现象,称之为翻浆冒泥。

翻浆冒泥一般易发生于基床填料不符合要求的部位,特别是以细粒土作路基填料、风化石质作基床,降雨量大的路堤和路堑地段为病害多发地

图5-1 铁路路基遭到破坏

段。一定条件的含黏粒、粉粒的基床表层填料在列车反复振动的作用下,发生软化或触变、液化,形成泥浆。列车通过时轨枕上下起伏使泥浆受到挤压、抽吸而通过道床孔隙向上翻冒,造成道砟脏污、板结进而使道床降低或丧失弹性,轨道几何尺寸变化,危及行车安全。翻浆冒泥分为土质基床翻浆、风化石质基床翻浆和裂隙泉眼翻浆,如图5-2所示。

(3) 挤出变形

挤出变形的表现形式有路肩隆起、侧沟被挤倾覆、路肩外挤和边缘外膨。主要是由于土体强度不足而产生的剪切破坏或塑性流动,基床内的填料经常处于软塑状态,在基床内的影响深度较大,在列车荷载的作用下,基床上发生剪切破坏,导致外挤变形,如图5-3所示。其原因是基床强度不足引起的。

图 5-2 翻浆冒泥

图 5-3 外挤变形

(4) 边坡坍方

边坡坍方的表现形式有剥落、碎落、滑坍和崩坍。剥落、碎落、滑坍主要发生在路堑边坡。剥落是指边坡表层土壤、岩石风化成的零碎薄片，从坡面上脱落下来的现象。剥落碎屑的堆积，会堵塞边沟，影响路基稳定，如图 5-4 所示。

碎落是岩石碎块的一种剥落现象。落石产生的冲击力可使路基、路面遭到破坏，威胁行人及车辆的安全。崩坍是大量土石脱离坡面翻滚于边坡下部形成倒石堆或岩堆的现象。

崩坍的土石方往往造成交通中断，是危害最大的路基病害之一。崩坍的发生主要是路堑的开挖使原有自然坡面失去平衡所致。滑塌是指边坡上的大量土石沿着一定滑动面整体向下滑移的现象。

(5) 边坡冲刷

边坡冲刷指较高大的土质路堑、路堤边坡、岸坡(滨河、河滩、海滩、水库水塘的路堤边坡)或严重风化的软质岩石边坡受到水流的冲蚀、冲刷作用，沿边坡方向形成冲沟或冲坑的现象称之为边坡冲刷。边坡冲刷可分为边坡淘刷和边坡冲沟，如图 5-5 所示。

(6) 陷穴

陷穴指路基下部及其附近存在隐蔽的洞穴，其坍塌可引起基床和道床突然沉落，轨道悬空，中断行车，严重时甚至造成列车颠覆。陷穴病害分为黄土陷穴、岩溶洞穴、盐蚀溶洞、墓穴和兽洞等，如图 5-6 所示。

图 5-4 边坡坍方

图 5-5 边坡冲刷

图 5-6 陷穴

(7) 滑坡

滑坡指影响路基稳定的土(岩)体滑动。可分为边坡的深层滑动、路基滑移及山体滑坡，如图5-7所示。

a)贵州开往南宁货运列车在广西百色因山体滑坡造成多节车厢脱轨(2005年3月)　　b)湘桂铁路411公里处塌方现场(2002年6月)

图5-7　滑坡

(8) 水浸路基

水浸路基指实际浸水水位超过设计水位的路基。被水浸或淹没，引起路基一定的沉降或局部坍塌，当路堤缺乏足够的防护和加固设备时，导致路基稳定性受到影响或破坏，如图5-8所示。

a)　　b)

图5-8　水浸路基

(9) 冻害

冻害发生在寒冷地区，如路基填料为透水性较差的细粒土，当含水率较高或基面积水，在冻结过程中，土中水重新分布和聚集形成冰块，又引起不均匀的冻胀现象，如图5-9所示。

(10) 沙害

在我国北方地区，由于水土流失或者地理、气候条件原因，经常出现风沙掩埋铁路的现象。如图5-10所示。

图5-9　冻害　　　　　　　　　　　　图5-10　沙害

2. 铁路路基病害产生的机理

尽管路基病害表现形式多样,归纳起来主要有两个方面:①病害的发生取决于特定的地质环境;②病害的发生与相应的气候变化和列车振动荷载息息相关。前者是病害发生的内因,后者是病害发生的外因。路基病害的产生和发展与路基填料的工程性质、地表水、地下水、列车振动荷载、土的动力强度特性和温度及其变化。主要是路基填料、水、列车荷载和温度变化等各项因素综合作用的结果,各种因素之间又相互关联。

具体来说,主要是地质不良地段,路基填筑材料的压实密度不足和排水不畅等。

对某一具体的线路来讲,其地质条件是客观存在的,虽然它也在不断地发生变化,但基本上是一种较为稳定的因素,因此,在一定程度上路基病害的发生频率和程度将取决于气象水文条件和列车长期循环振动荷载的叠加影响。研究表明,在列车轮轴荷载的反复作用下,路基的渐进破坏主要表现为过大的塑性变形,这种塑性变形累积到一定程度将会使路基填土产生塑性流动,因而产生路基病害。其危害程度取决于路基填料在循环荷载作用下的抗剪强度特性,而抗剪强度特性与填料的水饱和度密切相关。随着水饱和度的增大,填料的动强度将显著降低。处于轨道下方的路基土因反复受到挤压和固结而产生过大的累积塑性变形,从而形成所谓的道砟囊坑以及枕木下方的积水坑。尤其是在雨季,基床填料含水率达到饱和状态,动强度显著减小,从而使基床的刚度和强度急剧下降,严重时甚至会导致线路产生严重的不平顺而影响行车安全。

3. 铁路路基病害检测

为了对路基病害进行合理整治,必须准确检测病害状况,分析病害成因。

根据铁路既有线的特点,路基检测应不干扰行车或少干扰行车,为此需采用的检测手段应力求准确、可靠、快速,从而为将来的整治工作提供准确可靠的信息。可采用轻型动力触探、地质雷达、瞬态面波法和取土试验等多种手段对线路进行试验检测。

路基病害检测的核心是确定路基表层和其下路基填料的承载能力。

可采用典型地段开挖横沟,了解路基的几何特性。

可采用探地雷达法和瞬态面波法对试验区段内的路基进行大面积的扫描检测。

探地雷达法具有直观反映道床几何形态、基床表层分辨率高的优点,可以探明路基结构的分层,探测路基病害类型、程度和具体位置,分析基床及以下路基各填料层的地质情况;但探地雷达测出的结果是基床的电性参数,不能反映路基填料的力学参数而且测试深度比较浅,而瞬态面波法能够准确反映路基填料的力学参数随深度的变化情况,测试深度也比较深,正好弥补了探地雷达的不足。两种方法取长补短,刚好能够达到路基检测的目的。

4. 路基强度、刚度等参数分析

重型动力触探主要反映路基填料的力学性能,是以击数×$10cm^{-1}$来反映路基各个位置的力学性能指标,击数越高说明填料性能越好,强度也越高,可以从不同深度位置来测试出不同深度下土的力学性能以分析路基状况。轻型动力触探与重型动力触探原理相似,只是后者以击数×$10cm^{-1}$来反映路基各个位置的力学性能指标。

针对既有线路的特点,对既有路基测试应遵循原位(动力触探)和区段测试(地质雷达、瞬态面波法)相结合的测试方法,这样可对既有路基的状况做出一个综合的评价,为路基病害的处理提供基础资料。

任务二　病害的预防与整治

路基病害的预防和整治,应贯彻"预防为主、综合治理"的原则,首先弄清发生病害的原因,经过综合分析,因地制宜地采取整治的措施。

1. 病害的预防

病害预防包括以下内容:①资料收集,包括线路的设计、施工资料及线路区域的气候、水文、工程地质等情况,并了解其变化规律,为防治病害提供第一手资料;②根据线路当前的状态及运营情况,应每3-5行进行一次线路的普查,评估线路的安全状态,提前发现病害趋势并进行相应的处置。调查的方法除了传统的人工调查、轨检车检测外,目前正在推广铁路路基快速物探检测系统,检测深度达轨面下2.5m,速度可达80km/h。

2. 病害的整治

路基病害的整治应从路基填料(改变其填料类型、改变填料的成分)、防止水侵入(改善路基结构设计)、提高路基强度和刚度(改善路基结构设计)入手,路基的整治流程如下:

前期准备→总体方案→检测路基→细化方案→治理施工→效果评价

处理路基病害基本按以下步骤进行。

①检测路基病害,判断路基病害的类型、发生的部位及规模大小、严重程度。
②对产生病害的主要原因进行分析:一般为填料、水分侵入、强度不足等方面的问题。
③拟采取的措施:应采用技术上可行(即可控制病害产生原因)、经济上合理的治理方法。

1) 路基滑坡的防治

(1) 现象原因

对滑坡这一常见的路基病害的预防及治理。中国铁路有些区段滑坡病害较为密集,平均每百公里分布高达20~30处,多为山区铁路。发生滑坡常常中断行车,甚至使列车颠覆,给运输安全带来严重危害。斜坡上的岩土沿坡内的软弱带或软弱面向前和向下发生整体移动的现象,称为滑坡。发生滑坡的软弱带又称滑动带。滑动带在重力作用下,或在其他外力作用下使其剪切应力大于强度,或因振动液化、溶蚀潜蚀、自然、人为开采等因素的作用下,使其结构破坏、岩土性质改变而丧失强度,就会引起滑动带上覆岩体或土体发生滑动。滑坡一般从地表上呈现的裂缝等迹象的变化可大致划分出蠕动、挤压、微动、滑动、大动和滑带固结六个阶段。在发生滑坡的地方,常出现环状后缘、月牙形凹地、滑坡台阶和垅状前垣等独特的地貌景观。但岩体滑坡由于其界面的生成多依附于岩体内既有的构造裂面,因此其后缘和分块裂缝一般呈直线或折线状。滑坡结构如图5-11所示。

(2) 分类与原因

滑坡按其特点可进行各种不同的分类。中国铁路按滑体的物质组成及其成因,把滑坡分为黏性土滑坡、黄土滑坡、堆填土滑坡、堆积土滑坡、破碎岩石滑坡和岩体滑坡等六类。

产生滑坡的原因有内在因素,也有外在因素。内在因素是形成滑坡的先决条件,它包括岩土性质、地质构造、地形地貌等。外因通过内因对滑坡起着促进作用,它包括水的作用、地震和人为因素等。所以,滑坡是内外各因素综合作用的结果。

(3) 防治措施

防治滑坡的原则如下。

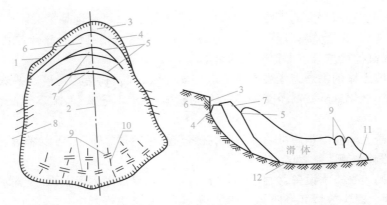

图 5-11 滑坡结构示意图

1-滑坡周界;2-滑坡主轴;3-滑坡壁;4-主裂缝;5-拉张裂缝;6-封闭洼地;7-滑坡台阶;8-剪切及羽毛状裂缝;9-鼓张裂缝;
10-放射状裂缝;11-滑坡舌;12-滑坡床

①预防。对有可能新生滑坡的地段或可能复活的古滑坡,应采取必要的工程措施,以防止产生新的滑坡或古滑坡的复活。

②治早。滑坡的发生与发展,是有一个过程的,早期整治,能收到事半功倍的效果。

③一次根治与分期整治相结合。滑坡一般应一次彻底根治,杜绝后患。但对规模较大、性质复杂、变形缓慢,暂时尚不致造成重大灾害的滑坡,也可在全面规划下,分期整治。同时注意观测每期工程效果,为确定下期工程提供依据。

防治滑坡的措施应在弄清滑坡成因的基础上,对诱发滑坡的各种因素,分清主次,采取相应的工程措施。

常用的防治对策有排水、减重、支挡、改善土体物理力学性质等。

①排水。滑坡的发生和发展都与水的作用有关,排水是防治各类滑坡之本。但应根据具体情况,采用切合实际的排水方式。对滑坡体以外的地表水,应加以拦截和引出,在滑坡可能发展的边界 5m 以外修建一条或多条环形截水沟;对滑坡体以外的地下水,应修建截水盲沟;对滑坡体内的地下水,应疏干和引出,对于浅层地下水可采用支撑盲沟排出,深层地下水采用泄水隧洞,亦可采用垂直孔群或仰斜孔群排水;对滑体范围内的地表水,应尽快汇集引出以防其下渗,在充分利用天然沟谷的基础上,修建排水系统。

②减重。当滑动面不深,且滑体呈上陡下缓情形时,滑坡范围外有稳定的山坡,滑坡不可能向上发展时,在滑坡上部减重,以减小滑坡的下滑力,是一种操作简单、经济实惠的防治措施。将减重的土体堆在坡脚反压,以增加抗滑力,效果更好。

③支挡。根据滑体推力的大小,可以选用适当的支挡结构防滑。

a. 抗滑挡墙。它是广泛应用的一种防治滑坡措施,其施工方便,稳定滑坡收效快。抗滑挡土墙多为重力式,石砌,也有用混凝土或钢筋混凝土的。

b. 抗滑桩。它是利用桩体在稳定岩土中的嵌固力支挡滑体的建筑物。它具有对滑体扰动少,操作简便,工期短,收效快,对行车干扰小,安全可靠等优点。抗滑桩多为挖孔或钻孔而后放入钢筋骨架灌筑混凝土而成。抗滑桩在滑动面以下的锚固深度,应根据滑体作用在桩上的主动土压力、桩前的被动土压力、岩土性质等确定。

c. 锚杆挡墙。它是一种新型支挡结构,由锚杆、肋柱和挡板三部分组成,用于薄层块状滑坡或基岩埋深较浅、滑体横长滑面较陡的滑坡。具有结构轻盈,节约材料,适宜机械化施工,提高生产效率等优点。

d. 抗滑明洞。若滑动面的下缘处在边坡上的较高位置,可视地基情况设置抗滑明洞,洞顶回填土石支撑滑体,或滑体越过洞顶落在线路之外。但这一措施对行车干扰大,施工困难,造价昂贵,只有在其他措施难以奏效时采用。

④改善滑坡土体的物理力学性质用物理化学方法,加固和稳定滑坡。方法很多,如焙烧、成浆、加灰土桩、硅化、电渗、离子交换等。这些方法,由于工序复杂,成本较高,目前中国铁路仅小规模试用。

⑤改线绕避上述整治措施难以奏效时,在经济技术合理情况下,可以考虑改线绕避。

(4) 养护维修要点

①滑坡区的地表排水设备,如截水沟、排水沟、吊沟等应做到无淤积、无漏水、无冲刷、排水畅通、沟涵相通。对失效损坏处所,应及时修补,确保状态良好。

②滑坡区的地下排水设备,如支承渗沟、暗沟、隧洞、渗井、渗管等,应定期检查,及时清理和疏通。对失效或损坏处所,应及时修补或整治。地下排水设施,一般每年在春融之后和冰冻之前,在雨季开始之前和暴雨之后,必须仔细观测其流量,掌握其变化规律和排水效果,发现异常及时处理。

③滑坡区的防护和加固建筑物,应保持完整无损,如有开裂、滑移,必须认真查明原因,采取治理措施,不可麻痹大意,要防患于未然。

④对规模大、情况复杂的大滑坡,虽经整治仍在缓慢变形或间歇变形,应对其认真观测,实行动态监控,掌握变化规律和发展趋势,以便及时采取有效措施。

⑤保护好山坡植被,搞好水土保持,也是滑坡区养护维修的重要任务。

2) 路基崩塌落石的防治

(1) 现象与原因

崩塌落石是(路堑)堑坡或其上山坡的岩块土石发生崩塌或坠落造成危害的地质现象。具有突然、快速和较难预测的特点,是地形、地质比较复杂的山区铁路十分常见的路基病害,对铁路行车安全危害甚大,经常导致中断行车,甚至列车颠覆。形成崩塌的原因有如下几个方面。

①陡峭高峻的边坡或山体斜坡,坡度大于45°、高度大于30m,特别是坡度在55°~75°的斜坡,是崩塌多发地段。

②由风化的坚硬岩层组成的又高又陡的斜坡,如互层砂岩,稳定性更差,容易形成崩塌。

③受地质构造影响严重,有很多结构面将岩体切割成不连续体的斜坡,特别是有两组结构面倾向线路,其中一组倾角较缓时,容易向线路崩塌。

④水的作用是产生崩塌的重要因素。绝大多数的崩塌发生在雨季或暴雨之后,因为水的渗入,对岩石产生软化、润滑和动水压力作用,使岩体强度降低,内摩擦力减小,促使崩塌发生。

⑤其他如地震、爆破、人工开挖斜坡及列车震动等,都是诱发崩塌的因素。

(2) 防治原则

防治以预防为主,治早治小,一次根治杜绝留后患为原则。

①新建铁路应加强工程地质工作,对崩塌落石地段,严重者应予以绕避,不能绕避时,应修建必要的预防性工程,防患于未然。

②养护维修应对可能发生崩塌落石地段,加强检查巡视,发现变形失稳征兆,应及时采取措施,治早治小,防止因病害扩大而导致灾害的发生。

③病害发生后,整治工作要坚持一次根治杜绝留后患。否则,往往会导致大的灾害。

(3) 防治措施

防治措施应根据病害性质、规模及所处地形、地质情况,因地制宜地选择。常用的防治措施有如下类型。

①拦截类适用于小规模、小块体的崩塌落石。拦截构造有落石平台、落石坑、落石沟、拦石墙、钢轨栅栏及柔性拦石网等。

②遮栏类应用于规模较大的崩塌落石,遮栏建筑有各种明洞和棚洞。修建明洞、棚洞,既可遮挡崩塌落石,又可对边坡下部起稳定和支撑作用。

③支挡加固类适用于不宜或难于消除的大危岩或不稳定的大孤石。支挡建筑有支顶墙、支护墙、明洞式支墙、支柱、支撑等。

④护坡、护墙适用于易风化剥落的边坡。边坡陡者用护墙,边坡缓者用护坡。

⑤上述措施不能奏效时,应考虑改线绕避。

(4) 养护维修要点

①崩塌落石地段应进行定期检查、经常检查和雨季汛期检查。所谓定期检查是指春检和秋检,对崩塌落石地段及其防护建筑物进行全面地检查。春检时发现隐患,采取防范措施安全渡汛;秋检是检查汛期过后崩塌落石处所的变化情况及防护建筑物的破损情况,分轻重缓急,安排路基大修、维修计划。巡山工和重点病害看守工对所管责任地段或处所,应经常巡视检查,监视危岩落石的发展动向,防患于未然。雨季汛期应加强检查力度,执行雨前、雨中、雨后检查制度,是防止崩塌落石事故的有效措施。

②及时清理被拦截的崩塌坠落土石方,修理被破坏的建筑物及排水设备。

③对范围大、数量多、危石分散、清除整治困难的崩塌落石地段,应设置报警装置,以防发生事故。

3) 基床翻浆冒泥、下沉外挤的防治

(1) 现象与原因

如前所述,基床翻浆冒泥、下沉外挤是路基本体变形而引起的病害,一般发生在基床填料为黏土类的路基地段,排水不良的路堑和站场比较多见。翻浆冒泥和基床下沉外挤病害,是基床变形不同阶段的表征,翻浆冒泥导致陷槽或砟囊基床下沉,陷槽或砟囊的发展使基床抗剪强度下降,导致路肩隆起或边坡外挤。基床翻浆冒泥引起的轨道不平顺,恶化了列车运行条件,但变形发展缓慢,对行车安全影响不大。而基床下沉外挤,则可能造成行车中断甚至列车颠覆,严重危及行车安全。

病害成因:基床排水不良造成承载力不足或受水浸导致承载力进一步下降的土质基床在列车荷载反复作用下,将逐渐形成基床翻浆冒泥下沉外挤的病害。水若源于降雨,则翻浆冒泥表现为季节性,即雨季发生,旱季不发生;水若源于地下水,则翻浆冒泥表现为常年性,但雨季比较严重。基床填料遇水承载力下降,原因比较复杂,如基床填料为膨胀土未更换或改良;排水系统不完善;基床未作砂垫层或厚度不足;填料密实度未按规定控制;轨道状态不良;速度、轴重增加而轨道与之不相匹配等,都将使基床强度与行车条件不相匹配,以致产生基床病害。

防治原则为"预防为主,治早治小"。应在基床变形的初始阶段及早整治,不要等到砟囊形成,甚至严重到"下沉外挤"再整治,这样做可事半功倍,否则就会事倍功半。

(2) 防治措施

防治措施应视病害性质、产生原因、地段长短及施工条件等情况,合理选择施工工艺,综合整治以求实效。

①排水。适用于排水不良而导致的基床病害,如路堑和站场。疏通或修建防渗侧沟、天沟、排水沟等地表排水系统;修建堵截、导引、降低地下水位的盲沟、截水沟、侧沟下渗沟等排除地下水或降低地下水位系统。以消除或减小地表水和地下水对路基基床的侵害,使基床填料经常保持疏干状态。

②提高基床表层刚度和强度。适用于基床表层填料承载力不足导致的基床病害,如裂土病害。防治措施一般采用换填级配砂砾石或者碎石。换填厚度应以满足承载力要求为原则。

③使基面应力降低或均匀分布。

④土工膜(板)封闭层或无纺土工纤维渗滤层。这是近年广泛应用的防治基床病害的新工艺,它有隔离地表水、过滤基面水和均布基面应力等多种效用,常与换砂、砂垫层配合使用。作为隔断排水层的材料,它能渗水,又能隔断黏土细粒,具有足够的强度,又有延伸性,是整治基床病害的好材料,但这种材料造价较高,使用寿命尚有待测试。

4) 路基陷穴的防治

(1) 现象与原因

路基陷穴是路基下面隐伏的洞穴顶部塌陷引起的一种路基病害。塌陷有时能使轨道悬空,给行车安全带来严重后果,这些洞穴有三类:一是石灰岩地区的岩溶洞穴;二是黄土地区的黄土陷穴;三是人工遗留的洞穴,如古墓、古窖、古井、遗弃的坑道等。有些洞穴,修建铁路时未发现,或发现未作处理,有些黄土陷穴是在铁路建成后,因路基排水不良,水流集中潜蚀而成。石灰岩溶洞主要分布在中国南方广西、贵州和云南东部,湖南、湖北西部及广东的西部和北部,北方主要分布在山西与河北的太行山、太岳山、吕梁山和燕山一带。黄土陷穴主要分布在西北和华北地区,尤其是黄河中游地区。

造成洞穴顶部塌陷的主要因素是水的作用和列车荷载作用。洞穴在水的侵蚀、潜蚀作用和列车动荷载的反复作用下,洞顶的岩土结构逐渐遭到破坏,承载力也逐渐丧失,最终突然塌陷。

(2) 预防措施

预防洞顶塌陷,必须预先弄清楚影响路基稳定范围内,隐伏洞穴的分布情况、形状大小、埋藏深度、顶部厚度、洞穴处工程地质和水文地质情况,以及洞穴的发展趋势等,而后采取工程措施,预防洞穴塌陷。要做到这一点,只有在新线勘测设计或施工阶段才有可能。通车后在运营条件下,很难做到,除非采用新型仪器如地质雷达等。所以,在黄土地区的路基,只要做好路基排水,就能很大程度上预防新生陷穴的发生。

(3) 整治措施

陷穴发生后,首先应根据陷穴发生的部位、规模,对路基稳定性或行车安全的危害程度进行评估,确定是否紧急处理。发生在轨道下面的陷穴,对行车安全危害较大,应采取紧急措施,如填实陷坑,整修线路,扣轨慢行,派人看守,情况危急时,应封锁线路。其次应做细致调查,查清塌陷洞穴的成因,形状大小,平面位置,埋藏深度,工程地质和水文地质特征及可能的发展趋势,为彻底根治提供依据。常用措施如下。

①开挖回填。如暂不危及行车安全,此措施应作为首选,它能确保质量,杜绝后患。

②塌陷洞穴在轨道下方,无法开挖,可钻孔灌砂、灌注泥浆、砂浆或混凝土浆液。

③规模较大或与暗河相通的溶洞塌陷,可采用网格梁、地基梁、框架梁跨越,或其他类似桥梁跨越等。无论采用何种措施,都要做好排水,尤其是黄土陷穴,排水设施是否有效、完善与否是整治成败的关键所在。如图5-12所示。

5）路基冲刷的防治

（1）原因分析

位于河流岸边、河滩或水库岸边的路基，因常年或季节性水流冲刷、波浪和渗流的作用，往往造成路基冲空、边坡滑坍等病害。防治这类病害，必须掌握水流性质、变化规律及可能对岸边或路基造成危害的性质和严重程度，使防治措施准确到位。为此，应细致地调查勘测、精心分析，提出符合实际的科学结论。

图5-12 路基陷穴

（2）防治措施

防护工程分直接防护和间接防护两类。直接防护是对路基本体加固，以抵御水流的冲刷；间接防护是借导流或挑流工程，改变水流性质，间接达到避免或减轻水流对路基冲刷的目的。

直接防护方式有如下几种。

①干砌片石护坡。适用于不受主流冲刷的路堤边坡。

②浆砌片石护坡。适用于主流冲刷及波浪作用强烈的路堤边坡。

③抛石。适用于水流方向平顺，无严重局部冲刷，已被水浸的路堤边坡。

④石笼。适用于既受洪水冲刷又缺少大石料的区段。

⑤挡水墙。适用于峡谷急流和水流冲刷严重地段。

直接防护的每一种方式都有自己的局限性，有的造价太高，有的年限较短，采用直接防护要根据实际情况因地制宜，对经济和质量优化。

间接防护方式有如下几种。

①挑水坝。适用于河床较宽，冲刷和淤积大致平衡，水流性质较易改变的河段，有的地方可以顺河势布置纵向导流建筑物。防护地段较长，更宜采用。

②顺坝。适宜横向导流建筑物。防护地段较长，更宜采用。

③潜坝。适用于河不太宽，洪水时流速较大、河水深较的河段，侵占河槽较少又能减轻对路堤的冲刷，但宜和加固路堤边坡配合使用。

④防水林带。适用于路基外侧河滩季节性洪水冲刷地段。

间接防护成败的关键是导流建筑物的正确选择和布置，因此应切实依据天然河道的特性确定导治线、导治水位和选择导流建筑物的类型。

上述防护工程措施，既可单独使用，也可综合使用，应根据河流形态，地质情况和水流特性合理选用。如山区河流，由于河道窄、纵坡陡，防护工程应尽量顺乎自然，宜选用直接防护措施，若仅以挑水坝等导流措施防护，往往失败的多，成功的少。

（3）防护设施养护要点

①经常检查，特别是洪水期间和洪水过后，应进行全面检查，范围不大的损毁，应及时修补；范围较大的损毁，应充分调查，分析原因，而后制订整治措施。

②调查重点应放在水下部位。特别是直接防护工程的水下部位，基础冲空往往是导致路堤突然坍滑的主要原因。

③水毁设施的修复，应充分考虑原设计意图，以防新增设施造成新的不良后果。

④损毁情况危及行车安全时，应采取紧急措施，护住坡脚，通常抛石或抛石笼紧急防护。

所以在新建线路时，线路选线时应尽可能避免与河流争地。为了防止河岸路基遭受冲刷，可修各种路基挡土墙和圬工护坡,并将基础埋置于淘刷线以下。基础埋深不足时应按不同河床堆积物的情况在脚墙外修较宽的沉排、石笼,或堆垒大量漂砾或混凝土块体,或砌筑圬工护墙,也可用改河和导流的办法避免路基直接受激流冲刷。

6) 路基冻害的防治

(1) 现象与原因

中国东北地区及西北高原地区,多为季节性冻土地区,地表土层一般冬季冻结,春季开始融化,夏季除永冻层外将全部融化。这类地区的路基,在土、水、温度的共同影响下,路基面将发生不同程度的冻胀,春夏又发生融化下沉,使轨面高低、水平产生不均匀变形,严重地段往往伴生翻浆冒泥,道砟陷槽,基床外挤等病害。

冻害发生在寒冷地区,如路基填料为透水性较差的细粒土,当含水率较高或路基面积水,在冻结过程中,土中水重新分布和聚集形成冰块,引起不均匀的冻胀现象。冻胀是由于路基下部的水向上集聚并冻结成冰所致,过大的冻胀可使柔性路面鼓包、开裂,使刚性路面错缝、折断,冻胀是翻浆过程的一个阶段同时也是一种单独的路基病害。

冻胀是由于土中的水在冻结过程中有向冻结锋面迁移的特征,并不断析出冰层,且体积增大9%这一物理力学现象造成。所以,冻结过程中涉及土中水的迁移机理,这是产生路基冻害的基本原因。影响因素有如下几个方面。

①温度的影响。当土层温度处于负温相转换区,且冻结速率较低时,土中水迁移最活跃,以致形成较大的冻胀。

②土质的影响。由粒径大于0.1mm的粗颗粒组成的填料,无冻胀或冻胀较小,如砂、砾石、碎石等;由粒径小于0.1mm细颗粒组成的填料,如砂黏土、黏土等,有较大冻胀性,尤其是黏粒含量大于15%,密度较小的粉粒土,其冻胀最强烈。

③水分的影响。填料的含水率越大,冻胀性也越大,特别是有地下水补给时,会发生强烈的冻胀。

(2) 冻害的表现形态

①从轨面的前后高低变形看,分为冻峰(臌包)、冻谷(凹槽)、冻阶(台阶)。

②从轨面的水平变形看,分为单股冻起、双股冻起、交错冻起。

③从轨面冻胀部位看,分为道床冻胀、基床表层冻胀、基床深层冻胀。

④从轨面冻起高度看,冻起高度小于25mm,为一般冻害;冻起高度25~50mm,为较大冻害;冻起高度大于50mm,为大冻害。

(3) 预防措施

①保持道床清洁,防止泥土混入,及时清除土坡,以利排水。

②路肩和边坡保持平整,无坑洼、裂缝,防止积水下渗。

③侧沟、天沟等地表排水设施及渗沟、暗沟等地下排水设施应保持工况完好,排水畅通,防止或减少水对路基的渗入(补给)。

(4) 整治措施

一旦冻害发生后,首先应认真进行调查,识别冻胀发生部位、形状、高度、起落及发展过程,了解冻胀土层的性质、结构及水文地质条件,分析冻胀产生的原因和变化规律,然后提出相应的整治措施。

常用的整治措施如下。

①修建能减少路基基床含水率的排水设施。如修建具有抗冻防渗能力的地表排水设施,

以防治因地表水而引起的冻胀；修建渗沟、暗沟、截水沟等，截断、疏导地下水或降低地下水位，以防治因地下水渗入(补给)而引起的冻胀。

②换填冻害地段的基床填料，换填为无冻胀或冻胀很小的碎石、河沙、砂类土等。换土深度应在冻结层之下，换土深度应包括路肩在内的整断面更换。

③在基床表层铺设保温层，改善基床温度环境，使表层下的基床填料不冻结或减小冻结深度。保温材料一般用炉渣，其导热系数小、成本低廉，也可用石棉、泡沫聚苯乙烯板等保温材料。国外经验表明，用泥炭或冷压泥炭砖作保温材料，效果良好，使用时间长。湿度大的泥炭在水分冻结时，会释放大量潜热，能防止泥炭进一步冻结。如图5-13、图5-14所示。

图5-13 遮阳板

图5-14 片石通风路基

④人工盐化基床填料。用氯盐(NaCl)整治路基冻害，费工较多。效果虽明显，但有效时间短，一般只用于基床表层冻胀地段。选择上述措施时，应注意总体效果，考虑相互配合，以期达到根除冻害的目的。

7) 路基雪害的防治

黑龙江、吉林、内蒙古等省份，属寒温带大陆性季风气候，全年降雪天数190~200d，积雪天数160~180d，最大积雪深度200~1000mm。年平均风速4.4m/s，最大风速40m/s。这些地区的铁路线路，冬季常被雪埋，严重影响行车安全。

易于积雪地段由于铁路线路的地形、地貌及其与主风向的夹角各不相同，线路积雪的程度也不一样。经验表明，下列地段易于积雪：①车站站场；②路堑与路堤交界处；③深2m以下的浅路堑；④高1.2m以下的矮路堤；⑤复线并行不等高的高差大于0.3m地段。

积雪掩埋线路危及行车安全。积雪融化后，增加路基含水率，降低中期承载能力，形成路基翻浆冒泥和陷槽等病害。易被雪地掩埋，不易发现，对于这种病害，最经济最有效且一劳永逸的防治措施是营造防护林带。它不仅可以防止雪害，还可以改造生态环境。防雪林带的布设位置、形式、树种，应根据地理、气候、土壤条件、风速、风向、积雪程度等情况选定。在无营造防雪林条件或防雪林尚未发挥作用之前，也可修建一些临时防雪设备，如安装防雪栅、防雪堤垣、导风挡板等。冬季有时会发生预计不到的暴风雪，即使平常不积雪地段，有时也会严重积雪而影响行车。为预防不测，应在适当区段，储备一些除雪机，以备急需。

8) 路基沙害的防治

通过沙漠(包括沙质荒漠、戈壁及沙地)地区的铁路，在风的作用下，移动沙流经常给铁路造成不同程度的危害，有时甚至掩埋线路，危及行车安全。

就积沙危害的程度，一般可分为四级。

①特级沙害。积沙超过轨面，直接影响行车安全，必须立刻清除。

②一级沙害。积沙与轨面相平,一遇大风,就掩埋线路,对行车威胁很大,需要及时清理。

③二级沙害。积沙埋没枕木和扣件,对线路上部建筑毁损严重,直接影响行车,需整段治理。

④三级沙害。铁路积沙使道床不洁,但未埋没道床和扣件,易引起枕木腐朽及路线其他病害,需定时维修。

(1) 防治原则与措施

沙害的防治原则是因害设防,因地制宜和就地取材。沙害防治措施分为植物固沙和工程固沙两类。植物固沙是治本良策,既可阻截沙流,防止风蚀,又可调节小气候,改善生态环境和改良土壤。

植物固沙以营造林带为本。林带采用植物混种、均匀透风类型。迎风林带先矮后高,即先灌木,后乔木;背风侧则先高后矮,有效防护宽度一般为树高的15~25倍。沙害严重地段,迎风侧可营造多条林带。防沙林应根据沙漠性质、水文地质条件、气候特征力求所选树种生长快、固沙防风能力强、不怕沙埋。常被选用的植物有沙枣、胡杨、小叶杨、文冠果、花棒、沙蒿、胡枝子、杨柴等十几种。

(2) 工程固沙

工程固沙一般用在没有植物生长条件的地段,或作为植物固沙初期的辅助措施。常用以下两种形式。

①路基本体防护。路基本体防护的原则是根据路基本体遭受风蚀为主的特点,因地制宜,就地取材,以达到不受风蚀的目的。一般有下列措施:截砌碎卵石、路肩栽砌片石、平铺卵石砾石、加宽路面、黏性土覆盖坡面、泥糊抹面、铺草皮砖等。

②路基两侧防护。在路基两侧一定范围内修筑一些阻沙、固沙及导沙设施,确保线路不被流沙掩埋。阻沙设施包括防沙栅栏、防沙沟堤、防沙挡墙等;固沙措施包括麦草沙障、土埂沙障、化学乳剂固沙、铺设卵石或黏土覆盖沙面等。导沙设施包括用卵石铺砌而成表面光滑的输沙平台、在路基迎风侧修建导沙堤等。

任务三 铁路路基事故案例及分析

1. 石太高速铁路路基下沉案例分析

(1) 事故概况

图5-15 石太高速铁路路基下沉

2009年7月7日至8日,我国开工最早的高速铁路客运专线"石太客运专线"发生了路基下沉事故,由于连日普降暴雨,事故发生时,列车晃车严重,其中K178+910、K158+300、K106+300三处路基下沉严重,最大下沉分别达到64.2cm、16cm、9.7cm。这起事故导致多趟北京至太原的动车组限速运行晚点,严重影响了铁路正常运输秩序,危及列车运行安全。原铁道部认定K178+910质量事故为铁路建设工程质量大事故,K158+300、K106+300质量事故为铁路建设工程质量一般事故。如图5-15所示。

（2）事故原因

一是路基填筑不规范。填料控制不严，粒径超标、级配不良，甚至有的填料类别与设计不符；填筑不讲究工艺控制，野蛮操作，虚铺厚度超标；路基断面加宽不够，边坡碾压不实，雨季冲刷严重；过渡段台阶宽度不足，涵洞两侧不对称填筑；土工格栅铺设不平顺、接头搭接长度不够、搭接处理不规范等。

二是路基挡护和排水工程质量问题突出。沉降缝、反滤层不按设计要求施作；片石混凝土片石掺量过多；预应力坡面锚索施工不到位，存在锚索长度不够、数量不足、不做防锈处理等问题，甚至有个别锚索不张拉就使用。排水系统不到位、不完善、不畅通，造成路基、涵洞经常被水浸泡。

三是CFG桩和岩溶注浆施工存在较多的质量隐患。比如，CFG桩不做工艺性试验就开始施工；实际地质与勘察资料有出入时，不及时进行变更，影响处理效果；对施工质量的过程控制不到位等。

（3）事故责任

石太客专K178+910处为中铁三局施工区段，设计单位铁道第三勘察设计院，监理单位乌鲁木齐铁建监理有限公司，建设单位石太客运专线公司。

石太客专K158+300处为中铁十二局施工区段，设计单位铁道第三勘察设计院，监理单位乌鲁木齐铁建监理有限公司，建设单位石太客运专线公司。

石太客专K106+300处为中铁十三局施工区段，设计单位铁道第三勘察设计院，监理单位乌鲁木齐铁建监理有限公司，建设单位石太客运专线公司。

（4）对有关人员的处理

中铁三局，取消10次铁路大中型项目施工投标资格，赔偿损失70%，设计和监理单位赔偿损失各15%。

中铁十二局，取消5次铁路大中型项目施工投标资格，赔偿损失90%，监理单位赔偿损失10%。

中铁十三局，取消5次铁路大中型项目施工投标资格，赔偿损失90%，监理单位赔偿损失10%。

铁道第三勘察设计院，取消2次铁路大中型项目设计方案投标资格。

监理单位乌鲁木齐铁建监理有限公司，取消10次铁路大中型项目监理投标资格。

（5）采取措施

①进一步加强技术交底管理。一是建设项目开工前，由建设单位牵头，设计、施工、监理单位和运营部门参加，对全线进行现场勘察设计技术交底，尤其是防护及排水工程，一定要现场核对，对措施不强的，要研究制订优化措施。二是建设项目一开工，施工单位要及时组织施工技术交底，将设计意图、质量要求、工艺标准、作业标准、安全措施等向施工技术管理人员和作业人员详细准确说明。三是加强技术交底考核评价。技术交底工作纳入勘察设计单位施工图考核和施工单位信用评价。对于勘察设计单位或施工单位技术交底不到位、处理问题不及时影响工程建设的，建设单位应在施工图考核或信用评价中予以扣分。

②增加路基施工专项联合检查环节。在全线路基基本成型或独立标段路基成型后，由建设单位和设计单位牵头，组织运营部门及施工、监理单位，联合对路基本体、防护及排水工程进行现场平推检查，重点检查是否落实了建设标准和设计文件，施工措施是否到位，特别是地形地貌改变后，更要重视这个检查环节。运营部门在建设阶段就要提前介入了解路基和防护工程、排水工程的情况，并提出不符合运输要求的问题，建设单位组织抓好整改。

③补充完善防护及排水工程技术标准。尽快出台《客运专线铁路防护及排水工程设计、施工补充规定》，提高某些技术标准，提高工程措施的针对性和有效性。由建设司负责，尽快出台办法。

④加强特殊地质防护及排水工程设计管理。各设计单位要清理复查有关勘察设计细则、办法，强化接口设计管理；要加强湿陷性黄土、岩溶地质设计理论基础研究，湿陷性黄土、岩溶区段防护及排水工程要进行单独设计，对地质、水文要给予特别重视。建设单位要组织对这些设计进行专门审查和验收。在施工组织方面，附属工程和主体工程一定要一起安排，一起检查，一起验收，不能只重主体工程不重附属工程。有关部门要对相应的验收标准和验收组织方式进行修订。目前，安全形势仍然不稳定。当前要特别抓好两项工作：一要切实做好防洪、防地质灾害和防雷击；二要持续不断地抓好既有线施工安全，隧道施工安全，高架桥、立交桥以及大型施工设备安全。

(6) 经验教训

一是树立新的建设理念；

二是落实"六位一体"管理要求；

三是积极推进标准化管理。大检查主要有四个方面：一是建设标准，包括设计的工程措施；二是质量管理；三是工作作风；四是实体质量。

在大反思大检查过程中，要进一步贯彻落实"高标准、讲科学、不懈怠"要求，抓源头、抓过程、抓细节，切实提高质量意识，强化铁路建设工程质量管理，坚决做到不留遗憾、不当罪人、建不朽工程。

2. 浙江萧甬铁路余姚段路基塌陷事故案例分析

(1) 事故概况

2005年5月9日上午，浙江萧甬铁路路基发生整体下沉事故，发生塌陷的铁路位于浙江余姚市牟山镇境内，塌陷路段全长100多米，两条铁道全部悬空，塌陷处的铁轨严重变形，路基旁的树木、电线杆纷纷倾倒，旁边的一条机耕路也被横向折断，向南侧平移了5~6m，导致行车中断。萧甬铁路是中国浙江一条连接杭州和宁波的铁路，起点是杭州钱塘江南岸的萧山站，终点在宁波南站，全长147.32km。此次塌方软土地基长度超过150m，深度达到5~10m。原铁道部专家组确定抢修方案，抢修单位挑灯夜战，仍有数万方的土石需要回填，而且遭遇世界性难题"软土地基"及作业空间狭小问题的夹击，给抢修工作造成很大的困难。

图5-16 路基下沉事故现场

(2) 事故原因

如图5-16~图5-18所示，从塌陷的情况可以看出，附在软土表层的道砟路基就像鸡蛋壳，而下面的软土就像蛋黄，只要路基出现缺口，里边的软土就会流出，引发塌陷。

铁路线南侧某砖瓦厂取土后，挖成的深坑有大半个足球场大，短时间内根本难以填平。而上次塌陷处流出的软土，形成了一片边缘弧线长达200m左右的"滑舌"——扇形软土坡，并且坡前形成了二三米宽、数十米长的水洼。据施工人员介绍，经过一天的时间，铁路线北侧的鱼塘水面已经下降了1m左右,原因可能是鱼塘里的水渗到了南侧低洼地带里。

图 5-17 事故抢修现场

图 5-18 抢修中的浙江萧甬铁路余姚段再次塌陷现场(深 2m 左右)

(3) 事故责任

当地某砖瓦厂在路基不远处取土造成铁路地基土体移位,是引发事故的主要原因。

(4) 采取措施

在软土地基上修建和维护铁路是世界性的难题,赶赴事故现场的专家组曾考虑过架桥或改线。但经过商议发现,架桥时间太长,改线施工量太大,通过实地测量计算,专家组决定采取"反压法"制服软土滑移。形象地说,就是在线路两侧先筑两道防线。北侧的鱼塘边,将由中铁十二局用钢板桩"钉"牢路基。塌方长度为 159m,而他们要往土里"钉"上 500 根钢板桩,每根长度 12.5m,这些钢板桩再环环相扣,形成 170m 长的铜墙铁壁,牢牢架起铁路路基。

南侧将在滑移的软土外围修筑"反压护道",对软土"滑舌"进行拦截。即在"滑舌"周围筑起一道大坝,可以防止软土继续逃逸。等到南北两翼基础稳固后,再在路基部分填充宕石和道砟,最后才是铺设铁轨。

同时,上海铁路局调配了 400 多名工程技术及施工人员和 50 余台设备到现场进行抢修。余姚当地政府也派出了 50 多台设备和车辆配合铁路抢修工作。

(5) 经验教训

由建设单位和设计单位牵头,组织运营部门及施工、监理单位,重点检查是否落实了建设标准和设计文件,施工措施是否到位,特别是地形地貌改变后,更要重视这个检查环节。运营部门在建设阶段就要提前介入了解路基和防护工程、排水工程的情况,并提出不符合运输要求的问题,建设单位组织抓好整改。设置醒目的各类标志、标识。

3. 胶济铁路路基不稳引发重大事故案例分析

(1) 事故概况

2008 年 4 月 28 日,百年胶济铁路发生一场悲剧:凌晨 4 时 41 分,由北京开往青岛四方的 T195 次客车通过胶济铁路王村站后,在 K289+610 处客车车尾前 9~17 位突然发生脱线、颠覆,而此时一列由烟台开往徐州的 5034 次客车,在汇车时与 T195 次列车相撞,致使机车和五节车厢脱轨,造成重大人员伤亡。5034 次列车上有乘客 1620 人,乘务员 44 人;T195 次列车上有乘客 1231 人,乘务员 35 人,这场灾难已夺去 72 人的生命。另外还有 416 人受伤。本次事故列车是电力机车,事发后并未发生火灾或爆炸等,死者是由于列车相撞时冲击力过大致死。事故现场 648m 铁路轨道损毁,大部分牵引供电设备破坏。另外,现场还散落着一些被褥、暖瓶等物品,其中部分被褥上沾有血迹,部分车厢严重变形。发生火车相撞的胶济铁路,全长 384km,

图5-19 胶济铁路事故发生现场

是连接济南、青岛两大城市，横贯山东的运输大动脉，也是青岛、烟台等港口的重要通道，长期以来客货混跑，非常繁忙。如图5-19所示。

(2) 事故原因

①路基情况：胶济铁路存在路基不稳定情况。

②线路运行状况：在运行过程中存在不符合标准情况，超速行为很明显；北京至青岛的T195次列车严重超速，在本应限速80km/h的路段，实际时速居然达到了131km/h。通过调阅T195次列车运行记录监控装置数据，该列车实际运行速度每小时超速51km。这是导致"4·28"胶济铁路特别重大交通事故发生的直接原因。

③机车技术状况：列车在发车前状况良好，并无非正常状态下运行情况。

④铁路运输调度指令下达情况：通过现场询问及调查，事故发生过程中存在违章指挥、下达错误指令或漏下指令的情况。

⑤铁路信号显示情况：限速牌显示状态良好，并不存在错误显示、信号失效的情况。

⑥机车司机驾驶工作情况：T195次列车司机在驾驶过程中，由于没有认真瞭望，没能发现到限速牌，导致了事故的发生；5034次列车司机在发现T195次列车脱轨后曾经紧急刹车。

⑦铁路安全规章制度建设情况：济南铁路局在5天的时间里连发三道命令，从限制速度到解除限速，随后又再次限速，充分说明了济南铁路局工作人员不负责任。

(3) 事故责任

由济南铁路局承担主要责任。

(4) 对有关人员的处理

国务院事故调查组认为，这是一起典型的责任事故。济南铁路局局长陈功、党委书记柴铁民被免职审查。

(5) 采取措施

"4·28"胶济铁路特别重大交通安全事故发生后，济南铁路局发布紧急救援命令，出动救援。山东省政府立即启动应急预案，组织力量进行救援。

事故发生后，淄博市启动了34家救助站，130辆次救护车，在现场救治的医疗专家、医护人员有700多人，共有19家医院收治伤员400多人。

另外，铁路系统应强化这五大体系。

①检测监控体系。对主要行车设备运行状况实施动态检测；采取人机结合的方式，对提速区段线路封闭情况和沿线治安状况实施动态监控；采用路地结合的防灾系统，对提速区段气候变化情况实施有效监控。

②设备维修体系。铁路部门应制订科学的行车设备维修标准。装备具有世界先进水平的线路和接触网检修设备，建成现代化的动车组和大功率机车检修基地，确保设备质量状态良好。

③规章制度体系。铁路内部所有与提速相关的单位、部门，都应按照时速200公里及以上

的提速需要,建立起包括提速安全责任、分析、检查、考核制度等在内的一整套确保提速安全管理办法。

④应急预案体系。铁路部门应及早建立相应应急预案体系,保证在事故发生后第一时间做出反应,以减少损失。

⑤建设安全防护体系。在建造铁路设施等基础设施的时候应完全按照规定进行施工,不能有偷工减料等行为发生,并做好质量监督工作,保证铁路运行的安全。

(6)经验教训

国务院事故调查组认为,这次事故充分暴露了一些铁路运营企业安全生产认识不到位、领导不到位、安全生产责任不到位、安全生产措施不到位、隐患排查治理不到位和监督管理不到位的严重问题。同时也反映了基层安全意识薄弱,现场管理存在严重漏洞,安全生产责任没有得到真正落实。主要经验教训有如下几个方面。

第一,这些年某些铁路局为显露政绩,片面抓提速,列车时速由 80km/h 提到近 200km/h。而铁路基础设施建设滞后,很多线路上路基、道叉、弯道改造不足。T195 次客车属快速动车,时速都在 150km 以上,而胶济铁路始建于 1904 年,技术改造不足,长年客货混运,出事故的弯道处限速只有 80km,当时的客车时速 131km,由于客车超速,在拐弯处产生离心力作用,造成列车后半部分 9~17 节车厢侧翻而颠覆。

第二,在信息技术发达的当今,T195 列车出事故后,司乘人员却没能及时通知前方调度站转告对开列车司机注意瞭望和减速,若一切都在快速反应之中,本可降低事故损失程度。从中可反思到其通信联络系统工作效率的低下。

第三,我国铁路建设明显滞后于全国的经济发展,改革开放 30 年,我国经济总量提高了 14 倍,而铁路长度增长不足 1 倍,只有 7.8 万 km,铁路总长只是美国的 1/5,俄罗斯的 1/2,铁路建设满足不了经济发展的需求。2008 年南方冰雪灾害造成广州 20 万旅客滞留,几大电厂电煤运输告急,暴露了铁路运输的瓶颈束缚。

4. 京津城际路基沉降控制案例

1) 工程概况

京津城际高速铁路起自北京南站,终于天津站,全长 116.55km,采用 CRTS Ⅱ 型板式无砟轨道结构。全线共 6 段路基,累计长 16.25km,占线路长的 14.0%。路基表层主要为素土、杂填土,以下为淤泥质黏土、黏土、粉质黏土等软土及松软土。全线于 2008 年 8 月 1 日建成通车。

2) 路基沉降变形控制措施

(1) 桩+筏板结构加固

采用 CFG 桩等刚性桩作路基的加固手段。CFG 桩径 0.4m,桩距 1.5m,桩尖置于中低压缩性土层不小于 1.0m。并在桩顶设置了 C30 钢筋混凝土地基板(筏板),板厚 0.50m,板下设 0.15m 碎石垫层。CFG 桩和桩间土共同形成复合地基,筏板将上部荷载均匀地传给 CFG 桩,有效减少地基的沉降变形,提高了沉降控制的可靠度。

(2) 严把填筑质量关

①杜绝大粒径填料。将天然填料集中存放、筛分处理,筛子采用 25mm 的螺纹钢和 20mm 的工字钢焊接而成,筛孔为 14cm×14cm,筛子的倾斜度在 60°左右。将筛余进行破碎,再与合格的填料进行二次混合。装车时将填料拌和均匀,确保运至填筑工地的填料是合格填料。超大粒径填料在摊铺中人工挑拣、破碎并分散石子窝。

②保证填料级配良好。施工中对掺加的土料严格计量,确保掺量适宜。同时派专人在筛分场地控制填料质量,保证填料级配良好。

(3)路基填筑质量控制

路基填筑应严格按照 P139 页表 2-17、表 2-18 要求的指标进行质量控制。

(4)控制沉降变形

在路堤高度大于 5.0m 地段两侧,均设置扶壁式挡土墙加强路基侧向约束,增加路基刚度减少了路堤荷载,提高了沉降控制效果。挡墙高度随填土变化,每节段为 7.5m,每 3 个节段为一个单元节。

(5)加强路基防排水

在路基基床底层表面加设 1cm 单层稀浆沥青封层,防止雨水下渗至路基基床底层。无砟轨道混凝土支承层至电缆沟之间 2m 范围内,铺设 1cm 厚稀浆封层、1cm 厚单层沥青表面处治,防止雨水渗入。沥青防水层使路基本体得到双层保护,提高了路基的强度和耐久性。

任务四　高速铁路路基维修案例

1.路基沉降引起晃车的处理

1)基本情况

×月×日×时×分,工务段调度接到客专调度通知,×次动车组司机反映某客运专线下行K×+×处严重晃车,段调度立即通知车间主任和值班段长,同时向局工务调度汇报情况。

接到通知后车间主任立即组织 15 名职工,携带抢修工具材料,×时×分从车间搭乘抢险车出发,×时×分到达现场。与此同时,工务段驻客专调度台施工联络员向客专调度申请临时上线检查,客专调度×时×分下达上线检查命令后,车间抢修人员分三个小组对下行线严重晃车处所及前后 200m 线路进行了全面检查。经检查发现 K×+×~×+×线路 10m 范围内轨道几何尺寸超限,左股方向 3mm、高低 9mm,右股方向 4mm、高低 8mm,轨距 2mm,轨枕、扣件系统齐全有效。车间主任立即将检查情况向段调度和主管段长汇报,通知驻台施工联络员申请×站至×站下行线 K×+×~K×+×线路封锁,对应上行线限速 160km/h,并在"运统一46"登记。

工务段长、主管段长和安全、技术、质检科科长迅速赶赴现场,组织抢修,×时×分开通线路,第一列限速 25km/h,第二列起至天窗点前限速 45km/h。当日综合维修天窗进行整修,天窗点修完限速 80km/h 开通并安排人员看守,邻线限速 160km/h。

2)原因分析

该段线路为有砟轨道,Ⅲ型轨枕,FC 扣件,经现场检查分析,认为引起严重晃车的原因是天沟上游积水坑汇水下渗至原地表,浸泡路基后导致路基下沉,造成轨道几何尺寸超限。

3)处理方案制订和审批

(1)临时处理方案

根据检查情况,轨道几何尺寸超限是路基局部下沉所致,具备抢修后限速开通的条件,路局工务处组织工务段研究制定了线路临时整修方案,人工回填道砟、捣固整修后限速开通,派人 24h 现场看守;每趟列车通过后检查线路,发现问题及时要点整修;召开专题会议,研究确定了路基疏通排水临时整治方案。

(2) 永久处理方案

铁路局会同客专公司,组织设计、施工、监理单位,局安监室、建设处、工务处、机务处、电务处,工务段、供电段、电务段等单位有关人员,并邀请原铁道部运输局、铁道科学研究院等有关单位专家赴现场实地调查,召开路基下沉病害整治专题会。会议确定由设计单位负责进行地质勘探,制定根治处理方案,方案主要内容包括:汇水面积的测绘、计算;积水坑的根治处理;路基下沉处理;垭口进行检测、处理;侧沟基础进行处理;完善排水系统等。路基病害整治后,加强路基下沉观测和线路动、静态检查监控,待路基沉降和线路状态稳定后,逐步提高行车速度。

(3) 方案审批

铁路局会同客专公司对施工设计进行审查。铁路局主管领导组织对施工组织设计方案进行审查,审批后立即实施。

4) 组织实施

(1) 临时处理

人工回填道砟、起道、捣固整修后本线限速开通,首列限速25km/h,第二列起限速45km/h,当日天窗点集中整修后,提速至80km/h,邻线限速160km/h。工务段24h派人看守,每趟列车通过后检查线路变化情况,每日天窗内进行整修。现场安装一部直通电话,每日向工务段、工务处报告线路设备变化和路基下沉观测情况,工务段安排副段长和安全、技术、质检科长、车间主任现场指导、盯控,发现问题及时整修,确保行车和人身安全。施工单位疏通积水,填实积水坑及天沟外侧空洞;调整汇水路径,确保堑顶地表水流入天沟;采取导流措施,将地表水直接排至河道。

(2) 永久处理

按照批准的施工组织设计,施工单位逐项实施。

①路基病害整治主要工作量和完成时间见表5-1。

路基病害整治主要工作量和完成时间   表5-1

序号	项目	单位	设计数量	完成日期
1	线路左侧挡水帷幕	根/m	201/2412	
2	线路左侧旋喷桩	根/m	176/1528	
3	线路右侧注浆	根/m³	30/791	
4	线路右侧旋喷桩	根/m	163/3199	
5	M7.5浆砌天沟	m³	45	
6	C25混凝土侧沟	m³	56	
7	C20混凝土护墙	m³	687	
8	M7.5浆砌坡面防护	m³	69	
9	M7.5浆砌平台	m³	83	

②主要施工机械。150kW发电机9台,200kW发电机1台,MGJ-50旋喷钻机12台,ZL50装载机2台,PC300挖掘机2台,JS350混凝土搅拌机1台,10t自卸汽车4台,8t拉水车2台,软轴捣固机1台,大型捣固车1台。

③施工条件。旋喷桩施工共计40d,施工期间上下行线K×+×~K×+×限速80km/h。旋喷桩施工结束后阶梯提速:大机两捣一稳作业,开通后第一列限速100km/h,第二列限速120km/h;次日两捣一稳作业,开通后第一列限速160km/h,第二列限速200km/h;第三日两捣

一稳作业,开通后恢复常速(250km/h)。

④施工过程控制。每趟列车通过后,工务段看守人员对路基状态、轨道几何尺寸等检查并做好记录,发现问题及时处理,确保行车安全。施工、监理单位和工务段每日组织召开施工专题会议,通报施工过程中存在问题,制订整改措施。

5)处理效果

(1)线路整修、路基排水临时处理后,通过动态添乘检查、监控,线路无明显晃车。

(2)路基病害永久处理后,每日确认车、车载式线路检查仪均无报警,下沉处经轨检车、动检车未出现Ⅱ级及以上偏差。

(3)路基下沉连续观测数据显示,至×月×日累计下沉量达一定值后路基趋于稳定,路基下沉病害得到彻底根治。

6)经验教训

(1)发生严重晃车后,路局及设备管理单位应立即启动应急处理预案,根据线路状态采取限速或封锁措施,在确保安全的前提下,减少对运输秩序的影响。

(2)设备管理单位应配备抢修车辆、机具和材料,发生设备故障需紧急处理时,迅速组织抢修人员赶赴现场,上线检查确认病害情况并逐级报告。本案例中,上线分组检查压缩了设备故障抢修时间。

(3)本次晃车地点地处山区铁路,交通不便,抢修人员乘坐汽车到现场处理故障,影响了抢修进度。为加快抢修进度,抢修人员可以申请添乘动车组或搭乘轨道车赶赴现场。

(4)针对该处路基下沉引起线路严重晃车的情况,铁路局和客专公司举一反三,组织设备管理单位、设计单位、施工单位对类似地貌情况进行了全面排查,对排查发现的问题和隐患处所安排看守和处理,确保了行车安全。

2.路基下沉的处理

1)基本情况

×月×日×时×分,×工务段添乘发现×线K×+×处严重晃车,立即通知车间进行现场检查。车间工作人员于×时×分到达现场,按规定程序办理封锁手续后上线检查,发现下行线K×+×处线路长约30m范围内路基下沉,轨面高低20mm,路堤左侧骨架护坡断裂,拱圈预制块与坡面分离、局部脱落,坡脚浆砌平台最大上鼓高达170mm,K×+×平台最大下沉80mm,路基边坡有下挫鼓起痕迹;K×+×~+×处上行右侧坡脚浆砌平台下沉,水沟沟埂外挤,如图5-20~图5-22所示。经紧急抢修后于×时×分限速160km/h开通。

图5-20 部分骨架台下沉、开裂

图 5-21　路基外侧地方鱼虾塘中的水被抽干　　　图 5-22　路基外侧鱼塘水被抽干

当日工作人员再次对沉降地段进行捣固整修,在该处软土路基段增设位移和沉降观测桩,派人 24h 进行看守;监测线路、路基变化,并加强添乘检查。

×月×日,召开路基病害分析会,制订永久处理方案。施工期间限速 80km/h,于×月×日×时恢复常速。

2) 原因分析

路基下沉地段地处软土地基,勘测资料与现场软土层埋深、层底横坡不符,造成局部 CFG 桩未达持力层,是本段路基下沉的主要原因;线路左侧护道外水塘近期放水、扩挖、晒塘,扰动路基下流塑状软土,引起护道局部开裂、下沉,是路基下沉的诱因。

3) 处理方案制订和审批

(1) 紧急处理

对线路进行补砟、捣固整修,在软土路基段增设位移和沉降观测桩,派人 24h 进行看守,监测线路、路基变化情况,紧急处理后限速 160km/h 开通。

(2) 永久处理

边坡 CFG 桩中间插打旋喷桩,桩径 0.5m,纵横向间距均为 1.6m,正方形布置;坡脚外旋喷桩三角形布置,桩间距 1.4m;桩尖进入持力层不少于 1.0m;路基主体下的盲区采用花管注浆处理,沿线路方向间距 1.6m。

(3) 方案审批

客专公司组织相关单位专家对永久处理方案进行了审定,设计单位根据审定的永久处理方案进行施工图设计。施工单位编制施工组织设计报铁路局,铁路局按既有线施工有关规定进行审批,并报运输局基础部。

4) 组织实施

(1) 组织机构

项目经理负责现场指挥、组织施工;项目总工程师负责办理方案审批、签订安全协议等相关工作;现场配备技术干部 2 人,负责现场技术管理、质量监控;配备安全防护员 2 人,负责现场安全防护工作;监理单位和设备管理单位派人现场进行监理、监护。

(2) 劳力安排

安排劳动力 105 人,多个作业面同时施工;并储备 15 人的应急队伍。

(3) 施工机具设备

根据具体施工情况,配置相应机具设备,主要有发电机、旋喷钻机、装载机、挖掘机、混凝土搅拌机、自卸车、打夯机、水车、注浆泵、软轴捣固机、大型捣固车等。

(4) 旋喷桩施工

采用挖掘机按照放线位置进行工作面开挖,挖土时保持机械设备作业半径在接触网2m以外,现场安排专职安全员进行防护。开挖时,从上到下进行施工开挖。旋喷桩喷浆压力按不大于20MPa控制,施工期间限速80km/h。具体施工工艺流程如图5-23所示。

(5) 注浆施工

①施工前准备工作。设备器具和材料按时到场,着重做好灌浆试验工作,即调整注浆压力、浆液扩散半径,按孔距和排距将孔位放样至实地。

②施工顺序。根据多台机同时作业、现场施工条件、工程地质条件和注浆方法等,施工顺序从里往外进行。

③注浆流程。成孔→安放注浆管并封堵孔口→搅浆→注浆→待凝→封孔。

5) 处理效果

永久处理后,每天确认车载式线路检查仪均无报警,轨检车、动检车未出现Ⅱ级及以上偏差,路基稳定,整治效果良好。

图5-23 旋喷桩施工工艺流程图

6) 经验教训

(1) 在建设管理过程中,对地质、地貌条件复杂地段,设计部门应加大地质勘察力度,详细查明地质情况,为软土地基处理和病害整治提供准确的依据。软土地基处理应慎用CFG桩。

(2) 施工单位应加强地质复杂地段地基处理的过程控制,当发现现场情况与设计不符时应及时反馈信息,按规定办理变更设计。

(3) 设备管理单位应加强线路周边环境的检查,尤其是地质复杂地段。加强与地方沟通协调,对可能影响铁路运营安全的隐患,及时处理,确保铁路运营安全。

(4) 运营期间应加强软土路基沉降变形监测;定期对比分析动检车检测波形,并加强人工添乘,及时发现设备变化。

3. 路基水害的处理

1) 基本情况

×月×日18时23分,×桥梁车间冒雨检查发现,×线上行线K×+×处,线路左侧距离外股钢轨5m处路基上有一个约长6m、宽3m、深2m的塌陷坑。车间立即向客专调度和工务段调度汇报,并申请上行K×+300～+800限速45km/h,下行K×+300～+800限速160km/h。

接通知后,工务段调度立即启动应急预案:段长、主管副段长和主管防洪副段长立即添乘动车组赶赴现场;党委书记和主管安全副段长在工务段调度室指挥;驻车间包保干部和车间主任带领55名职工,携带工、料具赶赴现场进行抢修;并安排人员及时添乘,添乘中特别注意上行线K×+400～+600区段线路动态情况,并向工务段调度汇报。同时请求客专调度安排轨道车运送抢修人员、机具至抢修地点。

19时11分轨道车开出,19时30分到达现场,19时32分客专调度员下达封锁命令,驻调度台联络员立即通知现场负责人上线检查和整修。抢修人员分三个小组进行检查,发现上行线 K×+510～+525 的 15m 范围内高低 13mm,路基下沉。经对线路进行整修和陷坑回填,临时接通排水沟,于次日 0 时 15 分登记上行线 K×+400～+550 限速 80km/h,下行 K×+400～+550 限速 160km/h。

×月×日,召开路基整治专题会议,研究确定了整治方案。经集中整治后,根据现场设备动、静态检查情况分析,线路已趋于稳定,于×月×日天窗点完毕后恢复常速。

该段线路位于 13‰ 的坡道上,有砟轨道,Ⅲ型轨枕,FC 扣件系统,为半堤半堑路桥过渡段。

2) 原因分析

路基填筑前未对原地面进行挖台阶夯实处理,造成路基填土与原地面结合不良,形成渗水通道;天沟外侧低洼,地表积水下渗形成陷穴,雨水顺陷穴下渗,浸泡路基,并使部分路基填土流失,形成空洞,造成路基塌陷。

3) 处理方案制订和审批

(1) 检查分析

检查发现线路下沉,高低超限。经现场临时整修后,具备限速开通条件。经补充地质勘探,现场校核汇水面积,制订修复方案。

(2) 紧急处理

①抢修人员分两个作业班,一班检查线路,并采用回填道砟、小机捣固等措施整治线路下沉;另一班采用编织袋装沙土回填陷坑,并用 2 根直径 100mm 的 PVC 管临时接通水沟。

②24h 派人看守现场,每趟一检,观测线路变化情况,并安排专人进行沉降观测,每日汇报。

③夯实堑顶积水坑及空洞,采取导流措施,确保地表水流入天沟。紧急处理后,上行线限速 80km/h,下行线限速 160km/h。

(3) 永久处理

①积水坑及陷穴采用三七灰土分层回填夯实,处理深度 2.8m。

②路基上游沿线路长 15m 范围内,采用两排直径 500mm、长 8m(钻入原地面下 4m)的旋喷桩,形成隔水帷幕。

③路基本体沿线路长 15m 范围内,采用斜打直径 600mm 旋喷桩加固,旋喷桩纵向间距 2m,竖向四排,倾角分别为 4°、6°、15°、18°,桩长 15～24m。

④侧沟基础采用三七灰土回填,厚度 0.3m,恢复浆砌片石水沟。

⑤在路堑上方增设一道天沟。

(4) 方案审批

公司组织相关单位专家对永久处理方案进行了审查,设计单位根据审查的永久方案进行施工图设计。施工单位编制施工组织设计报铁路局(图 5-23),按既有线施工有关规定进行审批。

4) 组织实施

(1) 组织机构

项目经理负责现场指挥、组织施工;项目总工负责办理方案审批、签订安全协议等相关工作;现场配备技术干部 2 人,负责现场技术管理、质量监控;配备安全防护员 2 人,负责现场安全防护工作;监理单位和设备管理单位派人现场进行监理、监护。

(2) 劳力安排

安排劳动力50人,多个作业面同时施工;并储备15人的应急队伍。

(3) 施工机具设备

根据具体施工情况,配置相应机具设备,主要有发电机、旋喷钻机、装载机、挖掘机、混凝土搅拌机、自卸车、打夯机、水车、软轴捣固机、大型捣固车等。

(4) 积水坑及陷穴回填施工

拆除紧急处理时回填的编织袋,回填三七灰土夯实、注浆。按设计开挖至灰土填筑位置。灰土采用人工拌和,夯实机分层夯实。灰土运输过程中采用彩条布覆盖保证灰土的含水率,每夯实一层检查压实度。

(5) 旋喷桩施工

采用挖掘机按照放线位置进行工作面开挖,开挖土方沿便道用自卸汽车运输到指定弃土区。挖土时保持机械设备作业半径在接触网2m以外,现场安排专职安全员进行防护。开挖时,从上到下进行施工开挖,每次开挖的深度均比设计桩位低1.35m。旋喷桩喷浆压力控制:第一排桩16MPa,第二排桩20MPa,邻近接触网的旋喷桩按10MPa控制。旋喷桩施工期间限速80km/h。

(6) 侧沟施工

浆砌片石砌筑:采用挤浆法分层、分段挂线砌筑,同时根据设计要求,预留泄水孔。

勾缝:砌筑时,在面石处预留2cm深的缝,平缝压槽勾出凹缝。对黏附住面石表面的砂浆要清理干净,沟缝要求抹灰。

养护:浆砌砌筑完毕后,及时覆盖,并经常洒水保持湿润,常温下养护不得少于7d。防止砂浆开裂、起皮、掉块。

(7) 注意事项

①路基沉陷整治施工应签订安全协议,并经铁路局主管部门审批,不得擅自扩大施工范围、不得延长作业时间,未经申报批准的项目不得擅自施工。

②作业前应根据工程特点编制作业指导书,严格按审定的方案、范围和批准的计划组织施工。

③施工前认真核对施工桩位,确保钻机对准孔位,对所有的机械设备再进行一次检修,确认数量能满足需要,状态良好。

④如施工中发生影响行车安全的险情时,应立即采取果断措施并向客专调度报告,组织人员抢险,确保行车安全和畅通。

⑤施工中确保既有线排水系统、防护设备有效,施工弃砟不堵塞水沟影响排洪。

5) 处理效果

永久处理后,每天确认车、车载式线路检查仪均无报警,轨检车、动检车未发生Ⅱ级及以上偏差。经沉降观测和现场检查路基稳定,整治效果良好。

6) 经验教训

(1) 设计部门应加强半堤半堑地段、路堤路堑过渡段的设计,提出详细的处理措施。施工单位加强现场过程控制,严格按图施工,不得擅自改变施工方案。监理单位应按规定旁站监理,逐个工序确认。

(2) 设备管理单位要加强设备的检查巡视,严格执行铁路局防洪办日报告制度,确保行车安全。同时,要做好整治过程中的勘探、配合、监护工作,确保施工、行车和人员安全。

(3) 交通困难地段发生设备故障,应安排轨道交通运送人员、机具、材料到现场。

(4) 客专公司应组织施工单位、设计单位、设备管理单位对类似地形、地貌地段进行全面排查，对存在问题和隐患及时整治，消除安全隐患。

4. 高速铁路检修重点

（1）沉降变形

根据地质条件、观察资料分析确定检查的区段和重点。观测方案要由专业人员确定，并经审批，由专业人员操作完成。对沉降变形进行系统分析，确定沉降发展的趋势以及采取措施的时机和方式。

（2）冻胀融沉

在进入冬季前，重点检查路基含水丰富的地段，排水不良地段、细颗粒含量高地段、冻胀严重地段，及时记录轨道的不平顺位置、状况和调整情况，建立冻胀台账，做好春融预案和冻胀整治。

（3）差异沉降

差异沉降变形主要集中在各种过渡处，其测量方式有水准观测、尺量、位移计测量、测斜等，详细记录差异沉降值及相应的观测时间，确定其发展趋势以及采取措施的时机和方式。

（4）冲刷冲蚀

对于易出现冲刷冲蚀的地段，可采取人工观察、照相、钎探、激光断面扫描、探测雷达探测等方式检查。降雨时注意观察并记录水流和水的浑浊程度等。冲刷冲蚀处所要及时进行维修。

（5）地基失稳

对于流塑状软土地基应注意沉降变形的发展以及路基变形裂缝情况，尤其是横向裂缝，其整治措施应进行系统分析研究后确定。

（6）防排水不良

阻截地界之外的地表水，疏通排洪渠道、水沟和挡墙泄水孔，及时排出地界之内的水，有效防护路堤、路堑边坡，形成完善的防排水系统。借助探地雷达可以查找到潜在的异常含水区，防止积水。

（7）边坡防护、支挡结构、地质灾害

边坡、斜坡防护设施，支挡结构的变形，危岩落石、滑坡等地质灾害检查。

（8）周边环境

高速铁路安全运营必须营造一个良好的周边环境，对线路周边铁路安全保护范围内的打井抽水、堆土、修筑建筑物、堵塞排水通路等现象重点排查。

复习思考题

1. 名词解释：滑坡、边坡溜坍、道床翻浆、路堤沉陷、边坡冲刷。
2. 高速铁路路基主要的常见病害有哪些？
3. 简述路基病害常用整治方法原理。

技能训练及参考答案

技能训练

单元 一

一、名词解释
1. 到发线有效长度：
2. 闭塞类型：
3. 机车交路：
4. 缓和曲线：
5. 限制坡度：
6. 竖曲线：
7. 圆曲线：
8. 站坪：
9. 线路平面：
10. 线路纵断面：
11. 夹直线：
12. 最小曲线半径：
13. 最大曲线半径：
14. 最大坡度折减：
15. 实设超高：
16. 欠超高：
17. 过超高：

二、文字简答题
1. 简述小半径曲线对工程施工和线路运营的影响？
2. 高速铁路主要施工规范有哪些？铁路基本标准及九项主要技术标准是什么？各有何规定？
3. 什么叫特殊地段的均衡坡度以及加力牵引坡度？
4. 车站分布的原则及设置条件是什么？
5. 线路平面及纵断面各设计什么内容？
6. 曲线半径选择的原则是什么？
7. 什么叫坡度代数差？它有何规定？
8. 竖曲线设置的条件是什么？
9. 竖曲线变坡点处设置有何要求？
10. 什么是坡度折减？折减范围及注意事项是什么？
11. 桥涵、隧道及路基处的线路纵断面有何特殊要求？
12. 车站平面及纵断面设计应满足哪些要求？
13. 简述高速铁路路基的特点。它和普速铁路有何不同？
14. 简述高速铁路路基与桥梁过渡段的处理原则和方法。和普速铁路有何不同？
15. 高速铁路对最小坡段长度和最大坡段长度有何要求？请简要说明。

三、图文简答题(用图形为主配合文字来回答问题)

1. 什么是站坪?其长度如何确定?
2. 线路平面图、纵断面图上有哪些内容?标注时有何具体要求?
3. 车站的作用是什么?按技术作用分为哪几类?各办理哪些作业?
4. 中间站按作业内容如何划分?主要设备有哪些?
5. 站内道岔如何编号?按什么条件选择道岔号数?
6. 站内线路如何编号?
7. 车站警冲标、信号机的位置如何设置?在什么地方设置?
8. 缓和曲线长度如何选用?若自行设计其依据是什么?高速铁路对夹直线及圆曲线最小长度有何要求?
9. 一般坡段长度有何规定?什么情况下允许将坡段长度缩短为200m?
10. 什么叫线路中心线、线路平面及线路纵断面?
11. 与高速公路的汽车运输和中长途航空运输相比较,高速铁路的技术经济优势体现在哪些方面?
12. 什么情况下高速铁路需设置竖曲线?竖曲线半径如何确定?

四、论述题

1. 请简要叙述列车速度的演变情况。
2. 高速铁路具有的主要技术特征是什么?请简要说明。
3. 我国为什么需要发展高速铁路?
4. 在高速铁路路基设计时,为什么要考虑列车动荷载的作用?
5. 在高速铁路路基面设计时,其宽度为什么要大于普速铁路的路基面宽度?
6. 请简要说明高速铁路及普速铁路的路基基床表层厚度的确定方法。两者有何不同?
7. 高速铁路对路基基床以下路堤填料有何要求?和普速铁路的要求有何不同?
8. 请简要说明高速铁路路基的地基条件。
9. 为什么说控制变形是高速铁路路基设计的关键?
10. 为什么高速铁路规定了最大曲线半径的标准?
11. 如何确定高速铁路缓和曲线的长度?请简要说明。
12. 请简要分析高速铁路竖曲线与圆曲线、缓和曲线重叠设置及竖曲线和道岔重叠设置。

单 元 二

一、单选题

1. 《高速铁路路基工程施工质量验收标准》(TB 10751—2010)规定当采用机械挖除换填土时,应预留(   )的保护层由人工清理。

    A. 30~50cm   B. 25~40cm   C. 30~55cm

2. 《高速铁路路基工程施工质量验收标准》(TB 10751—2010)第4.2.7条规定换填基坑坡脚线位置的允许偏差为(   )。

    A. -45mm   B. -30mm   C. -50mm

3. 《高速铁路路基工程施工质量验收标准》(TB 10751—2010)规定换填顶面高程允许偏差为(   ),沿线路纵向每100m检查5处。

    A. ±50mm   B. ±30mm   C. -50mm

4.《高速铁路路基工程施工质量验收标准》(TB 10751—2010)规定砂、碎石垫层填筑完成后必须及时完成两侧干砌片石护坡,并同时做好( )。

　　A. 保护层　　　　　　　　B. 隔层　　　　　　　　C. 反滤层

5.《高速铁路路基工程施工质量验收标准》(TB 10751—2010)规定挖孔灌注桩施工中护壁混凝土强度等级不应低于( ),当作为桩身混凝土一部分时,不应低于桩身混凝土强度等级。

　　A. C30　　　　　　　　　　B. C20　　　　　　　　C. C15

6.《高速铁路路基工程施工质量验收标准》(TB 10751—2010)规定钻、挖孔桩工艺和防护措施必须符合设计和( )的要求。

　　A. 施工技术方案　　　　　B. 图纸　　　　　　　　C. 验标

7.《高速铁路路基工程施工质量验收标准》(TB 10751—2010)规定低能量满夯的搭接不得小于( )夯锤直径。

　　A. 1/4　　　　　　　　　　B. 1/2　　　　　　　　C. 2/3

8. 客运专线桥台与路堤过渡段表层以下采用( )分层填筑。

　　A. 级配碎石掺入适量水泥　　　　　　　　　　　　B. 级配碎石
　　C. 渗水料

9. 客运专线路基填料应按( )来控制,有条件时宜集中供应,确保填料质量。

　　A. A、B 组填料　　　　　B. 土石方　　　　　　　C. 建筑材料

10. 客运专线路基填筑过程中应及时进行沉降观测,一般情况下每天观察( )次。

　　A. 1　　　　　　　　　　　B. 2　　　　　　　　　C. 3

11. 路基沉降观测的目的:一是用来指导现场路基施工的填筑速率,二是用来推算路基的( )。

　　A. 工后沉降　　　　　　　B. 施工周期　　　　　　C. 差异沉降

12. 客运专线一般地段基床表层应采用( )分层填筑。

　　A. A、B 组填料　　　　　B. 级配碎石掺入适量水泥　　C. 级配碎石

13. 路基总沉降是由不同阶段的沉降组成,与铁路运营直接相关的是路基工后沉降,其工后沉降主要是由( )而引起。

　　A. 地基产生沉降　　　　　B. 行车引起的基床累计变形
　　C. 路基填土的压密下沉

14. 路基填筑前须进行试验段填筑,以确定施工( )及工艺参数。

　　A. 地质核查　　　　　　　B. 室内试验　　　　　　C. 填料的各项指标

15. 过渡段级配碎石施工应分层填筑压实,每层的压实厚度不应大于____,最小压实厚度不宜小于____。( )

　　A. 30cm,15cm　　　　　B. 20cm,15cm　　　　　C. 15cm,10cm

16. 客运专线路堤与横向结构物连接处,应设置过渡段。横向建筑物顶至轨底高度小于1.5m 时,横向建筑物顶面以上路堤以及两侧( )范围内基床表层填筑级配碎石并掺入适量水泥。

　　A. 10m　　　　　　　　　B. 15m　　　　　　　　C. 20m

17. 客运专线路基原地面坡度陡于( )时,应自上而下挖台阶,台阶宽度、高度应符合设计要求。

A.1:3　　　　　　　　B.1:5　　　　　　　　C.1:7

18. 客运专线碎石垫层应采用未风化的干净砾石,其最大粒径不得大于(　　)。含泥量不得超过5%,且不含草根、垃圾等杂物。

　　A.35mm　　　　　　B.40mm　　　　　　C.50mm

19. 客运专线砂垫层应采用中、粗砾砂,不含草根、垃圾等杂质,其含泥量不得大于____;当用作排水固结时,其含泥量不得大于____。(　　)

　　A.3%,5%　　　　　　B.5%,6%　　　　　　C.5%,3%

20. 客运专线袋装砂井施工前应有防止砂袋扭结、缩颈、断裂和带起的措施。拔管时应防止带起砂袋,当带出砂袋长度大于(　　)时,必须在旁边重新补打。

　　A.0.3m　　　　　　B.0.5m　　　　　　C.0.35m

21. 客运专线碎石桩桩体应选用一定级配且不易风化的碎石或砾石,粒径宜为20～50mm,含泥量不得大于(　　)。

　　A.3%　　　　　　　B.4%　　　　　　　C.5%

22. 客运专线浆体喷射搅拌桩成桩过程中,当因故停浆继续施工时必须重叠接桩,接桩长度不得小于____。若停机超过____,应在原桩位旁边进行补桩处理。(　　)

　　A.0.5m,1h　　　　　B.0.3m,1h　　　　　C.0.5m,3h

23. 客运专线CFG桩施工桩位(纵横向)的允许偏差为(　　)。

　　A.-50mm　　　　　B.30mm　　　　　　C.50mm

24. 客运专线CFG桩施工的桩身垂直度的允许偏差为(　　)。

　　A.1%　　　　　　　B.1.5%　　　　　　C.2%

25. 客运专线灌注孔桩钢筋骨架直径的允许偏差为(　　)。

　　A.-10mm　　　　　B.±30mm　　　　　　C.±20mm

26. 客运专线路堤填筑时应横断面全宽、纵向分层填筑压实,不得出现____,当原地面高低不平时,应先从最____分层填筑,并由____填筑。(　　)

　　A.纵向接缝、高处、中心向两边
　　B.横向接缝、高处、两边向中心
　　C.纵向接缝、低处、两边向中心

27. 客运专线雨季路基施工,每次作业收工前应将铺填的松土层摊铺压实完毕,且填筑的每一压实层面均做成向路基两侧(　　)的横向排水坡。严禁雨天进行非渗水土的填筑。

　　A.1%～2%　　　　　B.2%～4%　　　　　C.0.5%～2%

28. 客运专线基床以下路堤填料为碎石类及粗砾土时的压实标准:地基系数K_{30}(MPa/m)应____,孔隙率$n(\%)$应____。(　　)

　　A.≥130、<18　　　　B.≥110、<28　　　　C.≥130、<31

29. 客运专线基床以下路堤填筑要求每一层的全宽应用____填料填筑,每种填料压实累计厚度不宜小于____。(　　)

　　A.同一种,30cm　　　B.同一种,50cm　　　C.混合,30cm

30. 客运专线碎石类土和砾石类土每层填筑压实厚度不宜超过____,砂类土每层填筑压实厚度不宜超过____,每层最小填筑压实厚度均不应小于10cm。(　　)

　　A.40cm,30cm　　　B.30cm,20cm　　　C.30cm,40cm

31. 客运专线浸水路基与不浸水路基分界高程的允许偏差为(　　)mm。

A. $^{+50}_{-50}$ B. $^{+100}_{0}$ C. $^{-100}_{0}$

32. 客运专线基床以下路堤中线至边缘距离允许偏差是（　　）mm。

  A. $^{+50}_{-50}$ B. $^{+50}_{0}$ C. $^{0}_{-50}$

33. 客运专线基床以下路堤填筑中，采用碎石类土和粗砾土填料的最大粒径不宜大于（　　）。

  A. 10cm   B. 15cm   C. 20cm

34. 路基施工期，（　　）任意破坏地表植被或堵塞水的通路。

  A. 不得   B. 严禁   C. 不宜

35. 客运专线路堤边坡坡率应符合设计要求，偏陡量不得大于设计值的（　　）。

  A. 1%   B. 3%   C. 5%

36. 客运专线改良土摊铺因故中断超过（　　）时，应设置横向施工缝，横向施工缝采取搭接施工。

  A. 1h   B. 2h   C. 3h

37. 客运专线路桥过渡段基底原地面平整后，用振动碾压机碾压密实，当 H＞3.0m 时，使 K_{30}≥（　　）MPa/m。

  A. 30   B. 40   C. 60

38. 客运专线横向结构物顶部填土厚度大于（　　）后，才可采用大型振动压路机碾压，方可通行大型施工机械。

  A. 1m   B. 1.5m   C. 2m

39. 客运专线路基分层填筑时，上一层填土压实后的局部凹凸差不大于（　　）。

  A. 15mm   B. 20mm   C. 25mm

40. 客运专线当路基各段不同步填筑时，纵向接头处应在已填筑压实基础上挖出硬质台阶，台阶宽度不宜小于（　　），高度同填筑压实层厚。

  A. 1m   B. 2m   C. 3m

41. 防护及排水工程所用砂浆、混凝土应采用（　　）拌和。

  A. 机械   B. 人工   C. 机械和人工

42. 基床表层沥青混凝土的压实层最大厚度不宜大于（　　）cm，当采用大功率的压路机且经验证能达到压实度时允许适当增大。

  A. 5   B. 10   C. 20

43. 基床表层沥青混凝土接缝必须紧密、平顺、不得产生明显的接缝离析。上下层纵缝应错开____cm（热接缝）或30～40cm（冷接缝）。相邻两幅及上下层的横向接缝应错开____m 以上。（　　）

  A. 10,1   B. 15,2   C. 15,1

44. 路堑不易风化硬质岩石基床，应将表面做成向两侧的（　　）排水坡，做到表面平顺，肩棱整齐，对凹凸不平处宜用不小于（　　）混凝土补齐。

  A. 2%，C15   B. 4%，C25   C. 4%，C15

二、填空题

1. _____作为工程施工质量控制的主体，应建立健全质量保证体系，对工程施工质量进行全过程控制。

2. 高速铁路路基的_____达不到设计要求时，严禁进入轨道工程施工工序。

3. 路基工程施工质量控制要求工序之间应进行_____，上道工序应满足下道工序的施工条件和技术要求。相关专业工序之间的_____应经监理工程师检查认可，未经检查或经检查不合格的不得进行下道工序施工。

4. 路基原地面处理施工前应清除路基范围原地面表层植被，挖除树根，做好_____。

5. 路基原地面采用换填方式处理时，当采用机械挖除换填土时，应预留_____的保护层由人工处理。

6. 水泥粉煤灰碎石桩(CFG桩)施工前应进行_____（不少于3根），以复核地质资料以及设备、工艺、施打顺序是否适宜，确定混合料配合比、坍落度、搅拌时间、拔管速度等各项工艺参数，报监理单位确认后，方可进行施工。

7. CFG桩施工开始后应及时进行_____或_____试验，以确认设计参数。

8. CFG桩顶端浮浆应清除干净，直至露出新鲜混凝土面。清除浮浆后桩的_____应满足设计要求。施工单位应对每根桩检验。

9. CFG桩的桩身质量、完整性应满足设计要求，按规定要求采用低应变检测总桩数的_____。

10. CFG桩按复合地基设计时，处理后的复合地基承载力、变形模量应满足设计要求；按柱桩设计时，处理后的单桩承载力应满足设计要求。检验数量：总桩数的_____，且每检验批不少于____根。

11. 强夯加固地基的承载力和有效加固深度的检验数量：施工单位每一工点每_____抽样检验12点，其中：标准贯入试验6点，静力触探试验3点，载荷试验3点。

12. 路堤在进行大面积填筑前，不同填料应选取有代表性的地段作为试验段，进行_____试验，确定施工工艺参数，并报监理单位认可。

13. 土工合成材料运至工地后，应分批整齐堆放在料棚(库)内，防止_____，并保持料棚(库)_____。

14. 路堤填筑应按_____、_____、_____的施工工艺组织施工，每个区段的长度应根据使用机械的能力、数量确定，一般宜在200m以上或构筑物为界。各区段或流程内严禁几种作业交叉进行。

15. 当路基各段不同步填筑时，纵向接头处应在已填筑压实基础上挖出硬质台阶，台阶宽度不宜小于_____，高度同_____。

16. 雨季路堤施工，每次作业收工前应将铺填的松土层摊铺压实完毕，且填筑的每一压实层面均做成向路基两侧_____的横向排水坡。严禁雨天进行非渗水土的填筑。

17. 过渡段基底处理过程中应严格按照设计要求作好地面排水，特别是在软土、松软土、膨胀土和黄土地基地段，应确保____、_____对施工质量无不利影响。

18. 过渡段采用打入桩、挤密桩地基处理措施时，应先施工过渡段打入桩、挤密桩，后施工桥台_____。

19. 过渡段基底处理应按设计要求与_____、_____、_____的基底处理同时进行。

20. 基床表层以下过渡段级配碎石填层应与相邻的路堤及锥体按_____同时施工，并将过渡段与连接路堤的碾压面按大致相同的水平分层高度同步填筑并均匀压实。

21. 基床表层以下过渡段级配碎石填层横向结构物的顶部填土厚度小于_____时，不得采用大型振动压路机进行碾压。

22. 基床表层以下过渡段级配碎石填层加入水泥的级配碎石混合料宜在_____内使用完毕。

23. 路堤与路堑连接处为软质岩石或土质路堑时,应按设计要求开挖_____。

24. 路堑开挖应_____纵向、水平分层开挖,纵向坡度不得小于4%。严禁_____。

25. 膨胀土、黄土路堑不应在雨季施工,基床换填、边坡防护封闭应与开挖紧密衔接。当不能紧跟开挖防护时,应预留厚度不小于_____的保护层。

26. 石质路堑开挖宜采用_____,严禁采用_____。石质边坡面应采用光面或预裂爆破开挖。

27. 路堑开挖至设计高程后,应核对路基面和边坡的_____和_____情况,当与设计不符时,应提出变更设计。

28. 路堑开挖至基床换填底面高程时,开挖表面应平顺整齐,并按设计做成向两侧的横向排水坡,换填底面以下不得_____和_____。

29. 基床底层压实检验数量:施工单位沿线路纵向每100m每压实层抽样检验_____(改良细粒土)或_____(砂类土或碎石类土)6点,其中:左、右距路肩边线1m处各2点,路基中部2点;每100m每填高约90cm抽样检验_____、_____各4点,其中:距路基边线2m处左、右各1点,路基中部2点。

30. 基床表层级配碎石在进行大面积填筑前,应根据初选的摊铺和碾压机械及试生产的填料,在现场选取长度不小于_____的地段进行摊铺压实工艺试验,确定工艺参数,并报监理单位确认。

31. 基床表层级配碎石碾压应遵循_____、_____的原则。各区段交接处应互相重叠压实,纵向搭接长度不小于2.0m,纵向行与行之间的轮迹重叠不小于40cm,上下两层填筑接头应错开不小于3.0m。

32. 基床表层级配碎石(或级配沙砾石)的压实标准用_____、_____、_____三项指标控制。

33. 砌筑砂浆应采用机械拌和,其配合比应通过试验确定;自投料完算起,搅拌时间不得少于_____。砂浆应随拌随用,搅拌好的砂浆应在_____内使用完毕,当施工期间最高气温超过30℃时,应在拌成后_____内使用完毕。

34. 在填土过程中,应根据观测结果整理绘制"_____"关系曲线图,分析土体的侧向位移值及其发展趋势,判断地基的稳定性。

35. 路基施工主要从_____、_____和_____(必要时强度)进行检查,构成质量控制"三要素"。路基工后质量具体表现在_____、_____和_____这三方面。

36. 基床以下路堤施工填料_____不大于15cm,不同填料分别填筑,每层填料粗细摊铺均匀,不应有粗、细集料窝,石块间应用小碎石、石屑填充密实。

37. 路堑开挖前应完善_____,作好堑顶截、排水,开挖时保持排水系统畅通。

38. 基床表层沥青混凝土采用_____施工。

39. 过渡段本体的填筑应与所连相邻路基及锥体填土_____、_____。

40. 基床表层级配碎石碾压应遵循_____、_____的原则。

41. 客运专线桥台与路堤过渡段基床表层,在与桥台连接的20m范围内基床表层的级配碎石内掺入_____。

42. 路基工程的主要内容包括路基_____、_____、_____、_____

_____、_____、_____、_____等相关工程。

43. 路基本体工程包括_____、_____、_____。
44. 路基防护工程分为_____防护和_____防护两种类型。
45. 路基排水工程分为_____、_____、_____、_____。
46. 客运专线相关工程包括_____、_____、_____、_____等与路基相关的工程。
47. 根据路基工程的特点，为了使路基正常工作，路基除断面尺寸应符合设计要求外，还应有足够的_____、_____、_____水热稳定性。
48. 路基工程施工的不同阶段均应进行地质资料核查，不同的阶段是指_____和_____。
49. 客运专线路基填料应按_____来控制，有条件时宜集中供应，确保填料质量。
50. 在地基处理施工前进行_____，以确定施工工艺参数。
51. 由于在短时间内出台如此多的规范，当在高速铁路路基施工中遇到不同规范之间存在矛盾时，原则应执行_____。
52. 路基工程应作为_____来施工。
53. 路基基底处理所用各种原材料，施工单位每批抽样检验____组。
54. 路基基底处理所用各种原材料，监理单位按施工单位抽样数量的_____见证检验或_____平行检验。
55. CFG桩桩体有效直径应_____设计值。
56. 浆喷或粉喷搅拌桩的垂直度检查允许偏差为_____%。
57. 确定高压旋喷桩的复合地基承载力采用的是_____试验。
58. 路基基底处理所用的外加剂检验数量：同一产地、品种、规格、批号且连续进场的外加剂，袋装每_____t为一批，不足上述数量的也按一批计。
59. CFG桩的桩身质量、完整性的无损检测宜采用_____。
60. 路基基底处理各种桩的工艺性试验的试桩数量一般不少于____根。
61. 从事桩基工程检测及试验的单位，必须具备_____级建设行政主管部门颁发的资质证书。
62. 路基基底处理桩的主要常见类型有(列举4种即可)：_____、_____、_____、_____、_____、_____、_____、_____。
63. CFG桩的桩身质量、完整性的小应变检测数量是_____。
64. 浆喷或粉喷搅拌桩复合地基承载力检测，施工单位抽样检验数量为桩总数的_____。
65. 在路堤填筑过程中，必须控制填土速率。控制标准应为：路堤中心地面沉降速率≤_____，坡脚水平位移速率_____。
66. CFG桩振动沉管过程中每沉_____应记录电流表电流一次，并对土层变化处予以说明。
67. CFG桩施工桩顶高程宜高于设计桩顶高程_____左右。
68. 钢筋混凝土桩打入桩的桩节间连接部件应做_____。
69. 预制打入桩堆放场地应平整、坚实，堆放层数不宜超过____层。
70. 采用振动沉桩并进行射水配合时，桩尖沉至距设计高程____时应停止射水并将射水管提高，然后即刻进行干振直至设计高程。

71. 高压旋喷桩现场旁站质量控制要点有(列两项即可):_____、_____、_____、_____等。

72. 浆体或粉体喷射搅拌桩施工开始以后,应该及时进行_____试验,以确认设计参数。

73. _____应配置灰浆量自动记录仪,且要处于检定有效期内。

74. _____二重管,三重管的水、气、浆供应有序进行,衔接紧密。

75. CFG桩浅层断桩主要原因是_____、_____、_____施工期间不当造成的。

76. CFG桩桩体局部松散不密实_____主要是桩机提管速度与混合料泵送速度不匹配造成的。

77. 打入桩开始前桩体吊装就位后,应用经纬仪等在_____方向观察和纠正桩的竖直度或倾斜度。

78. 打入桩的桩尖设计位于一般土层时,应以_____控制为主,_____为辅。

79. 振动沉桩一般适用于松软的或塑态的_____和较松散的砂土中。

80. 路基地基处理桩正式施工前,按要求要进行工艺性试桩,试桩一般不少于_____根。

81. CFG桩成孔到设计高程后,停止钻进,应先提钻_____,开始泵送混合料。

82. 水泥搅拌桩的桩身均匀性及完整性一般采用_____检测。

83. 地基处理搅拌桩一般采用_____工艺进行施工。

84. 用锤击法进行打入桩时宜_____。

85. 喷粉桩施工中断时,第二次喷粉接桩的喷粉重叠长度不得小于_____,中断时间超过_____,应在原桩旁边补桩。

86. CFG桩桩帽或筏板施工前,凿除桩头时宜采用_____。

87. 地基处理的桩体取芯检测时,取芯长度宜取到桩底以下____cm。

88. 路基工程施工前,对_____进行土工试验,确定_____,与设计规定值、规范允许值进行比较,选定_____等各项指标。

89. 基床以下路堤应选用_____和_____、_____填料。

90. 基床底层路堤填筑采用碎石类和砾石类填筑时,分层的最大压实厚度不应大于_____,当采用砂类土和改良细粒土填筑时,分层的最大压实厚度不应大于_____,分层填筑的最小压实厚度不应小于_____。

91. 级配碎石优先采用_____生产,在生产厂、搅拌场、搅拌设备料斗内,集料储备应_____、_____、_____。

92. 基床表层填筑前应对基床底层的_____、_____、_____、_____进行核对。

93. 机械摊铺作业时,两作业段的横缝衔接处应_____、第一段在末端留_____进行初步碾压,第二段施工时,前段留下的未压实部分混合料必须铲除,再将已碾压密实且高程符合要求的末端挖成一横向向下的断面,然后再_____,并同第二段一起碾压。

94. 对细粒土进行改良,应优先采用_____。改良土掺料配比应通过_____和_____进行设计和调整。大规模填筑前,应取有代表性的段落进行_____,以取得施工工艺参数。

95. 施工组织安排中,应优先安排_____过渡段路堤的填筑施工,过渡段地基加固宜在桥涵基础_____完成。

96. 涵洞基坑采用混凝土分层回填至原地面时,涵两侧过渡段填筑必须_____,并应与_____同步施工。
97. 路堑开挖不论开挖工程量和深度大小,均应_____,不得乱挖超挖,严禁掏洞取土。
98. 短而深的路堑开挖采用横挖法,长而深且两端地面纵坡较缓的路堑采用_____,沿路堑以全宽深度不大的纵向分层挖掘前进时采用_____,当路堑纵向长度和挖深均很大时采用混合式开挖法。
99. 路堑开挖前应做好_____,并做好_____;在施工期间需修建_____,并与_____相结合。
100. 雨季施工中不宜安排施工的工点:_____;_____。
101. 在每一个分项工程中,基本包括了_____、_____、_____三部分。
102. 铁路路基施工时,昼夜平均气温在_____且_____时,应按低温施工处理。高速公路路基施工时,昼夜平均气温在-3℃以下且连续10d时,应按低温施工处理。
103. 路基冬季施工除应尽量缩短各工序间的间歇时间外,宜组织_____,压缩_____,以保证施工过程_____。
104. 铁路路基涵顶填土厚度大于_____,而公路的涵顶填土厚度大于_____后,才可使用大型振动压路机碾压。
105. 大型压路机碾压不到位的部位,用小型振动压实设备分层进行碾压,铁路上路基填料的虚铺厚度_____,公路上路基填料的虚铺厚度_____。

单 元 三

一、图文简答题
1. 路基的附属工程包括哪些?
2. 路基排水系统设计的原则是什么?
3. 路基排水有哪两种?各有哪些设备?设置位置在何处?
4. 地面排水设备的标准断面尺寸如何?加固类型有哪几种?
5. 地下水的处理措施有几种?各适用于什么情况?
6. 路基防护类型有哪几种?各适用于什么情况?
7. 边坡渗沟、支撑渗沟的构造和作用有何不同?
8. 防护、加固设备的作用有何不同?
9. 铁路工程中常用的挡土墙类型有哪几种?重力式挡土墙构造有何要求?
10. 何谓沉降缝及伸缩缝?其构造要求是什么?
11. 路基边坡的其他加固类型有哪些?

二、文字简答题
1. 路基排水设备的布置原则是什么?
2. 什么情况下侧沟、天沟和排水沟应采取防止冲刷或渗漏的加固措施?
3. 如何选用适宜的排除地下水设备?
4. 路基坡面防护工程有哪些常用类型?
5. 简述路基的冲刷防护措施?
6. 简述防止地基淘刷的措施?

7. 路基设计时为何要避免高堤深堑，并应与桥、隧等建筑物作比较？
8. 我国铁路路基有哪些新型支挡建筑物？
9. 挡土墙的选择根据什么条件？
10. 挡土墙按结构形式分为几种？
11. 重力式挡土墙根据墙背的倾斜方向分为几种？
12. 轻型支挡结构有哪些？
13. 作用在挡土墙墙背上的土压力有几种，并简述它们的定义？
14. 路基间接防护有几种？
15. 何谓泥石流，它的危害主要表现在哪几方面？
16. 软土处理及加固的一般原则是什么？
17. 路基构筑时必须满足哪些要求？路基稳固措施有哪些？
18. 什么是滑坡滑动面？
19. 如何选用适宜的排除地下水设备？

单 元 四

一、名词解释
1. 滑坡：
2. 边坡溜坍：
3. 道床翻浆：
4. 路堤沉陷：
5. 边坡冲刷：

二、简答题
1. 高速铁路路基主要的常见病害有哪些？
2. 简述路基病害常用整治方法原理？

单 元 五

一、文字简答题
1. 简述道床的病害及整治措施？
2. 路基基床病害与哪些因素有关？路基基床病害分为几类？
3. 路基病害的整治原则是什么？
4. 简述软土地基路堤加固技术？
5. 防治滑坡的主要措施是什么？
6. 为何用粉细砂作浸水部位填料时，应采取防止振动液化措施？
7. 简述路基基床的加固措施？
8. 当路堤基底有地下水影响路堤稳固时，应采取什么措施？
9. 冻害的整治一般有哪些方法？
10. 路基大修、维修的基本任务是什么？
11. 什么是基床病害？如何防治？
12. 何谓崩塌？简述防止崩塌的措施？

13. 冻土地区病害处理的原则是什么?

14. 路基病害的主要类型有哪些?

15. 简单说明软土地区的主要加固措施?

16. 简述滑坡形成的条件及影响滑坡的因素?

参 考 答 案

单 元 一

一、名词解释

略

二、文字简答题

略

三、图文简答题(用图形为主配合文字来回答问题)

略

四、论述题

略

单 元 二

一、单选题

1. A 2. C 3. A 4. C 5. C 6. A 7. A 8. A 9. C 10. A 11. A 12. C 13. A

14. C 15. A 16. C 17. B 18. C 19. C 20. B 21. C 22. C 23. C 24. A 25. C

26. C 27. B 28. C 29. B 30. A 31. B 32. A 33. B 34. B 35. B 36. B 37. C

38. A 39. A 40. B 41. A 42. B 43. C 44. B

二、填空题

1. 施工单位

2. 工后沉降

3. 交接检验;交接检验

4. 临时排水设施

5. 30～50cm

6. 成桩工艺试验

7. 复合地基;单桩承载力

8. 有效长度

9. 10%

10. 2‰;3

11. 3000m^2

12. 摊铺压实工艺

13. 阳光暴晒;通风干燥

14. "三阶段、四区段、八流程"

15. 2m；填筑层厚
16. 2%~4%
17. 降水、地表径流
18. 基础桩基
19. 桥台、横向结构物、相邻路堤、相邻隧道
20. 一整体
21. 1m
22. 4h
23. 纵向台阶
24. 自上而下、掏底
25. 50cm
26. 松动爆破，峒室爆破
27. 水文地质；工程地质
28. 扰动；泥化
29. 压实系数 K、孔隙率 n；地基系数 K_{30}、动态变形模量 E_{vd}
30. 100m
31. 先轻后重、先慢后快
32. 地基系数 K_{30}、动态变形模量 E_{vd}、孔隙率 n
33. 2min；3h；2h
34. 填土高-时间-沉降量
35. 地基、填料、压实度；沉降、基床病害、整体稳定
36. 最大粒径
37. 排水系统
38. 摊铺
39. 同步施工、同步压实
40. 先轻后重、先慢后快
41. 适量的水泥
42. 地基、路基本体工程、防护工程、排水工程、支挡和加固工程、改河和改沟等配套工程
43. 基床以下路基、基床底层、基床表层
44. 植物、工程
45. 地下、地表、过渡段、路堤横向排水
46. 电缆沟槽、接触网支柱基础、声屏障基础、预埋管线、综合接地
47. 整体稳定性、强度、刚度
48. 开工前；施工过程中
49. 建筑材料
50. 工艺性试验
51. 标准高条款
52. 土工结构物
53. 1
54. 20%；10%

55. 不小于
56. 1~1.5
57. 平板荷载
58. 50
59. 小应变检测
60. 3
61. 省(部)
62. 搅拌桩、高压旋喷桩、打入桩、CFG桩、砂桩、碎石桩、挤密桩、灌注桩
63. 全部检测
64. 2‰
65. 10mm/d;5mm/d
66. 1m
67. 50cm
68. 防腐处理
69. 四
70. 2m
71. 高压泵送压力、旋喷桩长、水泥浆拌和计量、喷浆提升速度
72. 复合地基承载力
73. 浆体或粉体喷射搅拌桩机械
74. 高压旋喷桩机
75. 桩间土开挖、桩头破除、褥垫层
76. 离析
77. 纵横两个
78. 桩尖设计高程;贯入度
79. 黏性土
80. 3
81. 10~20cm
82. 取芯
83. 四搅两喷
84. 重锤低击
85. 1m;3h
86. 锯片切割法
87. 50
88. 取土场;路堑挖方及路基填料、填料名称、分类、工程性质等;填料最大干密度、最佳含水率和压实度
89. A、B组填料,C组碎石类、砾石类
90. 35cm;30cm;10cm
91. 厂拌法、分类存放、相互隔开
92. 路基系数 K_{30}、压实度 K、孔隙率 n、E_{vd} 模量、E_{v2} 模量
93. 搭接拌和碾压;0.5m;摊铺新的混合料

94. 厂拌法；室内试验和现场压实情况、填筑工艺性试验

95. 软土地基；施工前

96. 分层对称进行；相邻路堤

97. 自上而下分层开挖

98. 通道纵向开挖法；分层纵挖法

99. 堑顶水沟；防渗工作；排水设施；永久性排水设施

100. 洼地路堤填筑；土质路基的高填深挖

101. 一般规定、主控项目、一般项目

102. 0℃以下，连续15d

103. 昼夜连续施工；新挖土及取土面暴露时间；土壤不冻或少冻

104. 1m；0.5m

105. 不大于20cm；不大于15cm

单 元 三

一、图文简答题
略

二、文字简答题

1. 路基排水设备的布置原则是什么？

【解答】 (1)在路基天然护道外，可设置单侧或双侧排水沟，也可利用取土坑排水；(2)路堑应于路肩两侧设置侧沟；(3)堑顶外应设置单侧或双侧天沟；(4)不同地层组成的较深路堑，宜在边坡中部或不同地层分界处设置平台，并在平台上设置截水沟或挡水墙；(5)天沟、侧沟、排水沟、边坡平台截水沟等各类排水沟的出口，应将水引排至路基以外，以防止水流冲刷路基。

2. 什么情况下侧沟、天沟和排水沟应采取防止冲刷或渗漏的加固措施？

【解答】 (1)位于松软土层影响路基稳定的地段。(2)流速较大，可能引起冲刷的地段。(3)路堑内易产生基床病害地段的侧沟。(4)有集中水流进入天沟、排水沟的地段。

3. 如何选用适宜的排除地下水设备？

【解答】 对路基有危害的地下水，应根据地下水类型、含水层埋藏深度、地层的渗透性等条件，选用适宜的排除地下水设备。当地下水位较高或无固定含水层时，可采用明沟、排水槽、渗水暗沟、边坡渗沟、支撑渗沟等。当地下水位较低或为固定含水层时，可采用渗水隧洞、渗井、渗管或仰斜式钻孔等。

4. 路基坡面防护工程有哪些常用类型？

【解答】 (1)植物防护。(2)喷护。(3)挂网喷护。(4)干砌片石护坡。(5)浆砌片石护墙。(6)浆砌片石或混凝土骨架护坡。

5. 简述路基的冲刷防护措施？

【解答】 水流冲刷是影响路基稳定的主要因素，应慎重地选用适宜的坡面防护、导流、改河等防冲措施。坡面防护是对河岸或路堤坡面予以直接加固，用以抵抗水流的冲刷和淘蚀。导流是借助于沿河布置丁坝来迫使水流流向偏离线路，减轻路基部分的冲刷。当路堤侵占河床较多或水流直接威胁路基安全，在地形地质条件有可能时，方可采用局部改移河道的措施。

6. 简述防止地基淘刷的措施?

【解答】 防止地基淘刷的措施,按其性质分为立面防淘与平面防淘两类。立面防淘是将建筑物的基础设在冲刷深度以下,使基底不受冲刷。平面防淘是用柔性建筑物平铺在河床或散体的材料堆放在主体工程的前面,当河床受到冲刷后,这种建筑物就随之下沉起保护基底作用。平面防淘只适用于不重要的线路或作为立面防淘的辅助措施。

7. 路基设计时为何要避免高堤深堑,并应与桥、隧等建筑物作比较?

【解答】 一般情况下,高路堤的沉降量大,沉降期长,不宜保持轨道的长期平顺和稳定;深路堑边坡高,地层变化复杂,经长期暴露后易发生崩塌、剥落、掉块等病害,不易保持边坡的长期稳定。这些病害的产生都会增加运营期间的养护维修费用及工作量,同时对行车安全及运营效益造成不良影响。为了避免片面地节省初期投资,忽视运营期间的养护维修费用及路基病害所造成的直接损失和间接损失,在工程投资相差不多的情况下,应优先选用桥隧工程、挡护工程及采用新技术、新工艺和新材料的工程方案。

8. 我国铁路路基有哪些新型支挡建筑物?

【解答】 我国铁路路基的支挡建筑物除了传统的重力式挡墙外,还有:锚杆挡土墙、锚定板挡土墙、加筋土挡土墙、抗滑桩、锚索抗滑桩、锚索、土钉等;其中锚索是一种用预应力钢丝来锚固在稳定岩层中的工程措施;土钉是在加固土层或松散岩层时,采用浅层插入锚固钢筋群的一种工程措施。

9. 挡土墙的选择根据什么条件?

【解答】 挡土墙合理类型的选择,根据技术条件、地质、经济和施工各方面因素综合考虑。

10. 挡土墙按结构形式分为几种?

【解答】 挡土墙按结构形式分为重力式(包括衡重式)挡土墙和轻型挡土墙。

11. 重力式挡土墙根据墙背的倾斜方向分为几种?

【解答】 重力式挡土墙根据墙背的倾斜方向分为仰斜式、垂直式、俯斜式三种。

12. 轻型支挡结构有哪些?

【解答】 轻型支挡结构包括:加筋土挡土墙、锚定板挡土墙、卸荷板式挡土墙、锚杆(索)挡土墙。

13. 作用在挡土墙墙背上的土压力有几种,并简述它们的定义?

【解答】 作用在挡土墙墙背上的土压力有三种,分别是:(1)静止土压力。当挡土墙不产生位移和转动时,墙后土体处于弹性平衡状态,此时作用在挡土墙上的土压力。(2)主动力压力。当挡土墙离开土体向前移动,墙后土体达到主动极限平衡状态时,作用于挡土墙上的土压力。(3)被动土压力。当挡土墙挤压墙后土体产生位移,达到被动极限平衡时,作用在挡土墙上的土压力。

14. 路基间接防护有几种?

【解答】 路基间接防护有:挑水坝(丁字坝)、顺坝、潜坝。

15. 何谓泥石流,它的危害主要表现在哪几方面?

【解答】 泥石流是地质不良、地形陡峻的山区,由于暴雨或积雪的骤然大量融化,形成一种携带有大量泥沙、石块的间歇性特殊洪流。危害:(1)淤埋桥涵、隧道、路基、站场以及使导治建筑物失去作用。(2)沟槽摆动流向不定,使桥跨失去作用,甚至建筑物遭到破坏。(3)冲刷冲击力和磨蚀力强,冲毁和损坏建筑物。(4)堵河阻力造成回水,淹没上游沿河建筑物,浸泡山体或建筑物基础,降低其稳定性。

16. 软土处理及加固的一般原则是什么?

【解答】 (1)控制路堤高度,减轻建筑物的自重,以减少其对软土地基的压力,加大承载面积以减小单位面积压力。(2)当软土埋基不深、厚度不大时,采用开挖换土或抛石排淤的方法,排除软土,使路基或建筑物基础置于软土层下面的坚硬土层上。(3)加速软土的排水固结:预压固结,排水固结 – 排水砂垫层,排水砂井,石灰砂桩。(4)防止软土地基塑流挤压:①在软土地基周围打板桩围墙;②反压法,在路基两侧做反压护道。(5)调整不均匀沉降,根据软土地基的容许承载力情况调整建筑物的合理布局,增加基础的刚度或设置沉降缝以消除或减少不均匀沉降。

17. 路基构筑时必须满足哪些要求?路基稳固措施有哪些?

【解答】 路基应修筑在较稳定和较干燥的地基上,如不符合此要求的不良地基,必须加以适当的处理,进行加固,提高路基稳固的措施,首先做好地下水和地表水的排水,做好边坡的防护和加固,修筑挡墙护坡,做好路基的冲刷防护工程,做好崩坍、落石的防治,对不良填土行更换等。

18. 什么是滑动面?

【解答】 滑坡体向下滑动时,它和母体形成了一个分界面,这个面称为滑动面。

19. 如何选用适宜的排除地下水设备?

【解答】 对路基有危害的地下水,应根据地下水类型、含水层埋藏深度、地层的渗透性等条件,选用适宜的排除地下水设备。当地下水位较高或无固定含水层时,可采用明沟、排水槽、渗水暗沟、边坡渗沟、支撑渗沟等。当地下水位较低或为固定含水层时,可采用渗水隧洞、渗井、渗管或仰斜式钻孔等。

单 元 四

一、名词解释

略

二、简答题

略

单 元 五

一、文字简答题

1. 简述道床的病害及整治措施?

【解答】 道床的病害主要有:道床脏污、道床沉陷、道床翻浆。道床病害整治措施为清筛道床、保持道床的弹性和排水良好,加强捣固,必要时设置横向盲沟。产生路基翻浆时,可加铺道床砂垫层,防止地表水渗入路基本体,也可采用路基面换土的办法。

2. 路基基床病害与哪些因素有关?路基基床病害分为几类?

【解答】 路基基床病害是基床土质不良、水的浸入和列车动荷载同时作用的结果。路基基床病害可分为翻浆冒泥、下沉、挤出和冻害四大类。

3. 路基病害的整治原则是什么?

【解答】 路基病害的整治原则是以防为主、防治结合、彻底整治、不留后患。

4. 简述软土地基路堤加固技术?

【解答】 软土地基路堤加固技术分为以下几类:(1)改变路堤的结构形式(包括反压护

道、铺设土工合成材料);(2)人工地基(包括换土、挤密砂桩、碎石桩、生石灰桩、粉体喷射搅拌法);(3)排水固结(包括排水砂井、袋装砂井、塑料排水板)。

5.防治滑坡的主要措施是什么?

【解答】 (1)减少滑动力或穿过滑动面修建防止滑动的坚强挡体,如削平斜坡,或把斜坡刷成阶梯式;修建挡土墙或瓮墙,其基础必须深入滑动面下部,在墙后设渗水或排水设备,用混凝土或钢轨桩,穿过滑动岩层。(2)排除地下水和调节地表水,在滑坡的上方利用天然或人建天沟截除地表水。(3)制止或削弱引起滑坡的直接作用,如修建导流堤、防滑堤、防水坝等,防止坡脚受水流的冲刷。

6.为何用粉细砂作浸水部位填料时,应采取防止振动液化措施?

【解答】 主要是由于粉细砂浸水后,受列车振动压密时,粉细砂孔隙水不能及时排出,致使孔隙水压力增大,有效压力减少,粉细砂颗粒间摩阻力降低,砂粒呈悬浮状而产生液化。因此,应采取防止振动液化措施。

7.简述路基基床的加固措施?

【解答】 (1)就地碾压,当基床表层范围内天然地基土的密度不能满足规范的规定时,可采用重型碾压机械进行碾压。(2)换土或土质改良,当基床土不满足规范的要求时,可采用换土或在土中加入石灰、水泥、砂、炉渣等掺和料的土质改良措施。(3)加强排水,当基床土受水影响时,应增设地面或地下排水设备,拦截、引排水或降低、疏干基床范围内的水。(4)设置土工合成材料,当降水量大,同时基床土为亲水性强的填料时,可在路基面铺设不透水的土工膜或复合土工膜;当水源为地下水时,可在路基面铺设透水的无纺土工织物;当基床土为软弱土层时,可在基床表层铺设土工格室。(5)综合措施,当并存的诸因素均可诱发基床病害时,可采用上述措施的组合。

8.当路堤基底有地下水影响路堤稳固时,应采取什么措施?

【解答】 处理路堤基底地下水的措施是在路堤的上侧拦截地下水的来路,将水引到别处去;或在路堤地基作疏导工程,把地下水引排出来。如以上处理措施都无条件时,则应在路堤底部用渗水土或不易风化的岩块填筑,以保证路堤的稳固。

9.冻害的整治一般有哪些方法?

【解答】 根据产生冻土的原因,形成的条件和类型,分别采取加强地面排水、降低地下水位、铺设保温层、换土和注盐法等措施。

10.路基大修、维修的基本任务是什么?

【解答】 (1)经常保持路基及其排水、防护、加固设备的完成状态,充分发挥其作用,延长设备使用寿命。(2)及时整治路基病害,预防病害的发生和发展;应采用合理的整治方案,有效的工程措施彻底整治,不留隐患。(3)有计划地改善路基设备状态,不断提高路基承载能力和抗洪能力,满足铁路运输需要。

11.什么是基床病害?如何防治?

【解答】 由于基床用土不良、施工压实不足,在列车动荷载的作用及水的浸润下,基床发生变形,形成对线路的各种危害称为基床病害。常用的防治措施:(1)隔离地表水,防止下渗的措施。(2)设置基床表面的反滤层措施。(3)设置基床深度范围内的各类灰土桩,提高基床土的强度。(4)换土。(5)基床加强措施。

12.何谓崩塌?简述防止崩塌的措施?

【解答】 陡峻或较陡的斜坡上,大量的岩块在重力作用下突然发生崩落的现象称为崩塌。防止崩塌的措施：(1) 清除危岩和排水；(2) 镶补和支护；(3) 拦挡处理较小规模崩塌；(4) 绕避。

13. 冻土地区病害处理的原则是什么？

【解答】 一是治水。冻土中水是产生一切冻害的主要原因，它是造成冻胀、融沉、涌水、滑塌各种病害的主要因素之一，所以首先要防止地表水渗入建筑物地基，同时也要拦阻地下水向建筑物地基附近聚集。二是保温。设置保温层，维持地温的相对稳定。三是地基土的改善。采取换土的方法。因粉砂土或砂质黏土的冻胀量和融沉量很大，可考虑把这种地基土换成砾砂等粗粒土，因为粗粒土除它本身承载力大外，还能截断地下水向地表移动；换土后，表层要做封闭层防止地表水的流入。

14. 路基病害的主要类型有哪些？

【解答】 (1) 路基下沉。(2) 翻浆冒泥。(3) 陷槽。(4) 路基冻害。

15. 简单说明软土地区的主要加固措施？

【解答】 (1) 减少路堤或建筑物对软土地基的压力；(2) 采用开挖换土或抛石排淤的方法排除软土，把路基或建筑物基础置于软土层下面的坚实土层上；(3) 加速软土的排水固结；(4) 防止软土地基塑流的挤出；(5) 调整不均匀沉降。

16. 简述滑坡形成的条件及影响滑坡的因素？

【解答】 形成滑坡要具备两个条件：一是促使斜坡滑动的下滑力必须超过抗滑力；二是形成一个贯通的滑动面。影响滑坡的因素：岩石的类型、斜坡的几何形状、水的活动和人为因素等。